"211工程"三期建设项目"世界历史整体发展中的社会转型与文化变迁研究"成果
武汉大学基础学科振兴行动计划资助出版

德意志现代化进程与德意志知识界

李工真　著

商务印书馆
The Commercial Press
创于1897

2017年·北京

图书在版编目（CIP）数据

德意志现代化进程与德意志知识界 / 李工真著. ——
北京：商务印书馆，2010（2017.6重印）
（珞珈史学文库）
ISBN 978-7-100-07358-5

Ⅰ.①德… Ⅱ.①李… Ⅲ.①现代化－研究－德国②
知识分子－研究－德国 Ⅳ.①D751.62②D751.661

中国版本图书馆CIP数据核字（2010）第181300号

德意志现代化进程与德意志知识界

李工真 著

商 务 印 书 馆 出 版
（北京王府井大街36号　邮政编码 100710）
商 务 印 书 馆 发 行
三 河 市 尚 艺 印 装 有 限 公 司 印 刷
ISBN 978 - 7 - 100 - 07358 - 5

2010 年 11 月第 1 版　　开本 787×960　1/16
2017 年 6 月北京第 2 次印刷　印张 27 3/4

定价：48.00 元

总　序

　　"珞珈史学文库"是武汉大学历史学院教师学术研究成果的结集。第一批推出的是二十多位教授的文集。以后将根据情况，陆续推出新的集子。

　　武汉大学历史学科具有悠久而辉煌的历史。早在1913年，武汉大学的前身国立武昌高等师范学校就设置历史地理部。1930年武汉大学组建史学系，1953年改名历史学系，2003年组建历史学院。一批又一批著名学者，如李汉俊、李剑农、雷海宗、罗家伦、钱穆、吴其昌、徐中舒、陈祖源、周谱冲、郭斌佳、杨人梗、梁园东、方壮猷、谭戒甫、唐长孺、吴于廑、吴廷璆、姚薇元、彭雨新、石泉等，曾在这里辛勤耕耘，教书育人，著书立说，在推动武汉大学历史学科和中国现代史学的发展、繁荣的同时，在武汉大学和中国史学史上也留下了嘉名。其中，唐长孺、吴于廑两位大师贡献最为卓殊。

　　改革开放30年间，武汉大学历史学科建设成效显著。1981年，中国古代史和世界史获得全国首批博士学位授予权。1987年，历史地理学获得博士学位授予权。1988年，中国古代史被列为国家重点学科。1995年，历史系被批准为国家文科基础学科人才培养和科学研究基地。1997年，获得历史学一级学科博士学位授予权。1999年，建立历史学博士后流动站。2001年，中国古代史再次被列为国家重点学科。2007 年，中国古代史第三次被评为国家重点学科，世界史新增为国家重点学科。2008 年，历史学一级学科入选湖北省重点学科。2001 年，以中国古代史为核心的国家"211 工程"二期建设项目"中国文明进程与世界历史整体发展"启动。2008 年，分别以中国古代史与世界史为中心的"211 工程"三期建设项目"新资料整理与中国古代文明进程研究"与"世界历史整体发展中的社会转型与文化变迁研究"启动。目前，历史学院设有历史学、世界历史、考古学三个本科专业；史学理论及史学史、考古学及博物馆学、历史地理学、历史文献学、专门史、中国古代史、中国近现代史、世界史、中国文化史、中国经济史、国际关系与中外关系史和地区国别史等 12 个二级学科。在研究机构方面，设有中国 3 至 9 世纪研究所、世界史研究所、历史地理研究所、中国文化研究所、中国经济与社会史研究所、15 至 18 世纪世界史研究所、第二次世界大战与战后世界研究所，以及简帛研究中心、科技考古研究中心。在前一辈学者奠定的基础上，经过后继者的持续努力，逐步形成了严谨的学风和优良的教风，确立了理论探讨与实证研究相结合，断代史与专门史、地区史与国别史相结合，传世文献与出土资料并重的学术特色，成为武汉大学在海内外学界具有重要影响的学科之一。

历史学院的老师，在辛勤教书育人的同时，也为科学研究倾注了大量心血，在各自从事的方向或领域，推陈出新，开拓前行，撰写了一大批有价值的专著和论文。学院决定编撰教师个人的学术文集，是希望各位老师把自己散见于海内外各种出版物上的代表性论文加以整合。这样，通过一种文集，可以约略体现教师本人的研究历程和领域；而于整体方面，也可在一定程度上展示武汉大学历史学的学科格局和学术风格。

每本文集的选篇和修订，由作者各自负责。学院教授委员会对入选文集进行遴选，并提出一些指导性的建议。

　　"珞珈史学文库"的出版，得到了国家"211 工程"三期建设项目的支持，得到了武汉大学"基础学科振兴行动计划"的支持，得到了商务印书馆各位领导和相关编辑先生的支持。在此致以诚挚的谢意。

2010 年 2 月

目录 Contents

德意志现代化进程研究

普鲁士的启蒙运动

　　启蒙运动作为从传统社会向现代化社会转型发展中的重要一环，在欧洲各国造成的政治影响是不一样的。法国的启蒙运动为一场"自下而上"的市民革命准备了思想前提；德意志尤其是普鲁士的启蒙运动并没有产生这样的结果，而是为一场"自上而下"的大改革准备了思想条件，并长远地影响到一条"德意志特殊道路"的发展。

　　这种比较与反思对于加强历史性问题的意识是有意义的，同时也使得分析德意志，尤其是普鲁士启蒙运动的特点显得越来越重要了。那么，普鲁士能成为整个德意志启蒙运动中心的历史背景是怎样形成的？这些启蒙思想家来源于哪些社会阵营？又在哪些社会阶层身上找到了回声？他们有着什么样的目标？运用了什么样的手段？又是如何组织起来的？腓特烈大帝是如何请教启蒙思想家的？普鲁士的改革政策与启蒙运动之间究竟有着什么样的关系？所有这些问题都关系到普鲁士启蒙运动的本质特点。因此，在研究19世纪以后的德意志现代化特殊发展道路以前，事先澄清这些问题非常必要。

一、普鲁士"受过教育的市民阶层"

18世纪初的"德意志民族的神圣罗马帝国",其政治版图是分裂化的。300多个大小邦国、宗教诸侯领地、帝国城市、独立城市在各自为政,并维护着对各地邦君或统治者的忠诚。这种政治分裂化给德意志的启蒙运动带来了三个严重后果:

首先,与英国、法国、瑞典、俄国等这些周边邻居们日益加强的中央集权化相反,这个"德意志民族的神圣罗马帝国"经历的恰恰是一场中央权力的瓦解过程。早期近代中央集权式主权国家的形成只发生在邦国地方性区域空间,而不发生在全帝国领域。因此,当启蒙运动从荷兰、英国兴起,继而在法国形成中心并向欧洲各国广泛传播时,德意志的启蒙运动要想发展成一场影响遍及全帝国的民族性运动十分困难。

其次,自宗教改革以来,教派的分裂像"乘数"一样加剧了已有的分裂,这使得德意志各邦国的启蒙思想家们在政治观念、行动、经历上都彼此不同。加之,德意志缺乏像巴黎、伦敦那种在文化和政治生活中占统治地位的首都,这就进一步加剧了它整个启蒙运动联络上的困难。因此,在德意志空间里,要想兴起一场方向一致的启蒙运动,需要各地的启蒙思想家跨越很远的思想距离才有可能。

其三,极为不同的政治—社会结构存在于德意志各邦国、宗教诸侯领地、帝国城市、汉萨城市、伯爵领地之中,这种多样化与区别化导致了德意志社会结构严重的非匀质性,并涉及一个具有非匀质性的社会阶层——市民阶层。与其他西欧国家作为"第三等级"的市民阶层不同的是,在德意志的"第三等级"内部,既有18世纪中人们通常谈论的"自由帝国城市"那样的"老城市共和国"中的市民阶层,也有社会状况、心理状态、政治观念上完全不同的"汉萨城市"中的市民阶层，更有与前两者都不相同的诸侯国都城中的市民阶层。① 从整体上讲，这个具有非匀质性的"第三等级"在城市工商业经济与工业化技术的发展方面，在作为民族统一体的成长方面，都比西欧各国中那些具有匀质性的"第三等级"要落后得多。他们被各不相同的城市法令、行会法规捆扎在这个等级制社会里，而他们在社会能动性与社会行为准则上各具特色的区别，来源于不同经济领域——手工业或贸易——的所属性。这种区别使他们难以对启蒙时代的德意志发挥整体一致性的正面影响。

这就导致了一种对德意志历史发展来说极为重要的政治与社会局面：对德意志空间来说，恰恰是在普鲁士这个最大的新教邦国里，这个专制主义中央集权最为发达、军事力量最为强大的邦国里，一个新阶层——"受过教育的市民阶层"（Bildungsbürgertum）——的形成，才对启蒙运动的发展具有重大意义。

平民出身而又受雇于国家的公职人员、学者、作家以及出版商是属于这个"受过教育的市民阶层"的，并以特殊的方式区别于各种形式中的老市民阶层。尽管他们在传统的等级社会结构中没有明确固定的地位，但长期以来，正是他们的动力与能动性，才突破了等级制秩序凝固、静止的状态。② 首先，在社会—经济领域中，如在金融业、纺织加工制造业领域中，专制主义的国家需要这个新阶层来发挥他们具有开创性的积极性，从而将重商主义政策推向前进。③ 但更为重要的是，普鲁士专制主义国家要想建立一种有效的管理体制和纳税体制，必须依靠这个日益成长起来的新阶层。而这个新阶

① Horst Möller, *Aufklärung in Preusse*, Berlin: Severin und Siedler Verlag, 1974, S. 268.

② Hans Gerth, *Bürgerliche Intelligenz um 1800. Zur Soziologie des deutschen Frühliberalismus*, Göttingen: Vandenhoeck & Ruprecht, 1976, S. 34.

③ Jersch Wenzel, *Juden und, Franzosen 'in der Wirtschaft des Raumes Berlin-Brandenburg*, Berlin: Colloquium Verlag, 1978, S. 57.

层的成长一方面与专制主义的发展处于一种直接关联之中，另一方面，这种专制主义的发展也为这些平民子弟提供了有限的上升机会。从更长远的政治前景来看，这个专制主义国家也只有借助这个新阶层的帮助，才能插手地方管理，并通过中央管理，从普鲁士邦国议会手中剥夺那些享有等级特权的乡村容克贵族手中的权力。因此，不是那些"占有财产的市民阶层"，而是这个"受过教育的市民阶层"，成为普鲁士—德意志的现代化因素。

这个"受过教育的市民阶层"与普鲁士官僚机构的结合是一个漫长的进程，这个进程尽管并不源于启蒙运动，但它与普鲁士启蒙运动的意图是相一致的："使统治理性化、反对等级制、提高社会能动性。"[①]它服务于一场局部性的现代化，这场现代化的目的在于：增长人口、提高经济效益、增加税收，以达到服务于整个国家的一体化、确保已占有的版图并扩充版图的军事、外交目标。

这场局部性的现代化导致了一种对传统社会结构与法律结构的长期侵蚀，它使普鲁士的启蒙运动在政治与社会领域里与开明专制主义目标同走了一段路之后，终于成为开明专制主义"一体化"进程中的产物。

二、对普鲁士启蒙运动载体的社会学分析

普鲁士启蒙运动的社会载体究竟来自哪些职业阶层呢？当时最重要的启蒙杂志——《柏林月刊》（*Berlinischen Monatsschrift*）——撰

---

① Karl Malettik, *Jahrbuch für die Geschichte Mittel und Ostdeutschland*, Berlin: Springer-Verlag, 1977, S. 86.

稿人的社会出身，提供了最好的说明。在这 300 名撰稿人中，80 名
学者组成了最大的集团，占有 27% 的份额，他们是大学与人文中学
的教授及各级教师；60 名国家官员组成第二集团，占有 20% 的份
额；50 名神学家、教士、牧师等神职人员组成第三集团，其份额也
占近 17%；另有 45 人出身于贵族或上层贵族并构成第四集团，这个
15% 的比率超过贵族在总人口中比率的数倍；剩下的 20%，由来自
其他各社会职业阶层的近 60 人组成，其中包括 15 名"自由职业作
家"、10 名军官、7 名书商和银行家在内。①

　　从《柏林月刊》撰稿人的出身来源上讲，占压倒优势的是来自
"受过教育的市民阶层"，其次是神职人员与"受过教育的贵族圈
子"。这些人都与普鲁士国家有着强烈的物质上的联系，都属于国家
与社会中有影响地位的阶层，而来自手工业、农业和其他经济领域
的成员在启蒙思想积极宣传者的行列中极少。值得注意的是，在这
300 名撰稿人中，一半人有自己的主业，他们本身就是从事写作、教
育、科学工作的。另外，撰稿人中有 10 名犹太人、5 名出身于贵族
阶层的妇女，这两者尽管数量很少，但由于他们过去是完全被排除
在这类活动之外的，因而仍然代表了一种社会进步。

　　《柏林月刊》作者群的这种社会学面貌，典型地反映了普鲁士启蒙
运动载体阶层的基本结构。例如，与著名启蒙思想家弗里德里希·尼
科莱（Friedrich Nicolai）主编的《德意志图书馆汇编》（*Allgemeiner
Deutscher Bibliothek*）杂志进行合作的作者共有 433 名，对他们进行的
一份社会学分析与研究，证明了与《柏林月刊》类似的社会组合。
又如，尼科莱曾于 1781 年组织过一次与启蒙运动相关的穿越德国与
瑞士的旅游，其后，他公布过一份参加这次旅游的近 800 人的名单，

---

① Horst Möller, *Aufklärung in Preusse*, S. 252.

对这份名单进行的一份社会学分析与研究，再度证明了类似的社会组合。①

柏林的启蒙思想家有两个最重要的精英集团，一个是 1749 年成立的"星期一俱乐部"（Montags club），另一个是 1783 年秘密组成的"星期三协会"（Mittwochsgesellschaft）。在这两个集团成员身上，能清楚地看到这些启蒙思想家与政权、教会、学界的密切关系。

在政治上影响最大的是"星期三协会"，它最为突出的特点是，它的成员中有大量身居要职的普鲁士国家官员、政治家和神学家。例如，枢密院最高国务大臣冯·施特努恩斯（Von Struensee），枢密院最高法律大臣冯·施瓦勒茨（Von Svarez）及其助手恩斯特·斐迪南·克莱因（Ernst Ferdinand Klein），枢密院最高金融大臣冯·福勒默（Von Vlömer），枢密院成员、军事顾问、后出任国家公使的克里斯蒂安·威廉·多姆（Christian Wilhelm Dohm），以及新教最高教会理事会成员迪特里希、特勒尔、车尔勒、格迪克，王室图书馆馆员比斯特（格迪克与比斯特两人同时也是《柏林月刊》的编辑）等。哲学家门德尔松与恩格尔，神学家施帕尔丁和格柏哈尔德，王室御医迈尔和默森，著名出版商、时事评论家、历史学家和作家尼科莱以及其他柏林重要的启蒙思想家，这些人也都是"星期三协会"的成员。②

对普鲁士启蒙运动的社会学分析还需要对它响应者的分析来进行补充。但是，要回答普鲁士启蒙主义公众的社会结构问题，却要比回答启蒙思想家的社会出身问题困难得多。

首先需要强调的是，启蒙运动在普鲁士并不涉及"一场广泛的

① Horst Möller, *Aufklärung in Preusse*, S. 198.
② *Ibid.*, S. 229.

群众运动"。从很大程度上讲，启蒙运动的思想作品尽管比它文学和哲学上的相反潮流要通俗得多，但它思想财富的接受者一般限于三个社会阶层的文化上层：即"受过教育的市民阶层"，部分神学家及神职人员阶层，以及"受过教育的贵族阶层"。据尼科莱统计，"1776 年在整个德意志，受过教育、有文化修养的人也就是 2 万人左右"，[1] 这里面还包括知识分子中的反对派。可见，启蒙公众当时在德意志社会并不具有普遍的群众性。

从当时主要的启蒙杂志的销售情况来看，只能反映出启蒙公众的大致规模。例如，《德意志图书馆汇编》在 40 年间共出版 8 万册，1777 年达到过它最高的年出版数 2548 册，但只卖掉了 2000 册左右。克里斯多夫·马丁·维兰德（Christoph Martin Wieland）主编的《德意志墨丘利》（Teutschem Merkur）1774 至 1796 年间的年出版数由 2000 册下降到了 1000 册。在耶拿出版的《文学汇报》（Allgemeinen Literatur-Zeitung）1787 年卖掉近 2000 册，在汉堡出版的《爱国者》（Patriot）同年达到过一次创纪录的销售——6000 册。奥古斯特·路德维希·施勒策（August Ludwig Schlözer）从 1782 至 1794 年间在哥廷根主编过《国家的迹象》（Statsanzeigen），最辉煌的时期每年出版不过 4000 册。[2] 当然，不仅这些杂志彼此之间在展开竞争，而且除买者阅读外，还可能经多人之手。因此，要精确地得出启蒙公众的具体人数十分困难。

在 18 世纪，书籍的出版数量在不断上升，仅 1791 年，整个德意志就出版了 3200 种，但启蒙思想家的作品，连同古典主义作家的作

① Hans-Jürgen Puhle und Hans-Ulrich Wehler. Preußen im Rückblick，Göttingen：Vandenhoeck & Ruprecht，1980，S. 183.

② Rauch Engelsing，Analphabetentum und Lektüre. Zur Sozialgeschichte des Lesens zwischen Feudaler und industrieller Gesellschaft，Stuttgart：Ernst Klett Verlag，1973，S. 56.

品在内，在18世纪的最后30年间也只卖掉了1.2万册。①这还是整个德意志语言空间里的统计数字，可想而知，普鲁士在其中所占的份额当然就更少了。

18世纪的这100年，不仅如约翰·克里斯托弗·弗里德里希·冯·席勒（Johann Christoph Friedrich von Schiller）所言的那样是一个"被墨渍铺盖的世纪"，更是一个"读书成瘾"的世纪。读书的欲望是普遍的，哪怕是最低等的阶级那里，能读书也被视为家庭的幸事。宗教、德行、节俭、取得成就等方面的要求驱使着人们读书。但是，随着书籍内容的重心由宗教、神学著作转移到文学、哲学、教科书以及其他非宗教作品上，读者圈子的扩展却越来越受教育水平的限制，更何况只有部分读物是"亲启蒙运动"的，因此，向那些买不起书的人、只读通俗文学的人、或是不能读书的人介绍启蒙运动的思想财富变得越来越具有意义。②这就使得启蒙神学家在整个启蒙思想家队伍中的意义变得重要起来，因为唯有他们，才能用宗教式的语言将启蒙思想送到学者和作家们用印刷语言写成的作品所达不到的社会阶层那里。

这种传播并非一帆风顺。尼科莱写道："具有启蒙思想的神职人员在柏林经常被'下层暴民'（Pöbel）砸破玻璃窗。"③在18世纪后半叶的同时代人作品中，人们能经常性地读到"Pöbel"这个词，这说明下层民众具有强烈的反启蒙运动、反现代化倾向。从更大程度上讲，中下层民众的思想与行动主要是受传统而不是受文化上层引导的，人们能够在行会手工业者、师傅与徒弟身上看到他们信奉的

---

① Rauch Engelsing, Analphabetentum und Lektüre. Zur Sozialgeschichte des Lesens zwischen Feudaler und industrieller Gesellschaft, Stuttgart: Ernst Klett Verlag, 1973, S. 59.

② *Ibid.*, S. 124.

③ Horst Möller, *Aufklärung in Preusse*, S. 176.

传统生产方式与生活方式的强烈烙印。因此，在普鲁士，启蒙思想家对下层民众的影响相当有限，换言之，广大中下层民众并没有成为普鲁士启蒙运动最直接的受益者。

三、普鲁士启蒙运动的政治取向与组织形式

普鲁士启蒙思想家们有着自己政治上的基本目标：力争公共性影响，拓宽社会基础，追求各等级的法律平等与社会解放。在目标实践的手段方面，占压倒优势的仍然是温和派而不是激进派的方向，这是因为，绝大多数启蒙思想家的成长都是依赖于这个专制主义国家中央集权的发展的。但是，对政治现状的不满、对自由的渴望又将他们推到一种极为矛盾的位置上，他们既将普鲁士看作是"一个具有文明正义性的国家"，同时又将它看作是"一个像罗马神话中的守护神那样显露出双重面孔——军事与哲学——的国家"。因此，他们最直接的要求就是："作为人民大众的代表者和理智的引导者而被君主所接受。"① （克里斯多夫·马丁·维兰德语）这反映出，"人民大众"尽管没有成为与启蒙运动共鸣的真实土壤，但仍然是被作为他们社会—政治要求最为合理的证明来使用的。

在这个欧洲大陆到处都在推行"文化检查统治"的时代里，普鲁士启蒙思想家们在政治批评的公开表达方面仍有相当的自由。正如王室图书馆馆员、《柏林月刊》编辑比斯特所云："尽管在普鲁士，这种自由是限制在'允许戴上面具来进行政治批评与讽刺'上的，但实际上，当人们采用一种间接方法时，这种检查制度就是完

---

① Heinrich Düntzer, *Wielands Werke*, Berlin: Dokumenten-Verlag, 1973, S. 453.

全无效与毫无意义的。"① 这种间接批评的方法多种多样：如运用学者们人人都懂的影射手法；在讨论关于政治与社会的基本问题时，将具体的结论留给读者们自己去想；在表达其他国家类似的关系时，赞扬或批评邻国的国王；突出赞扬先前统治者的功绩，以便让后继者向他看齐等。这类政治表达一般都得到了宽容，只要不触及自己国君在外政上的顾虑。② 当然，这种间接批评方法本身也就将影响效果限制在一个有限的读者圈子中了，将政治远期目标降低到一种局部改善的要求上了，因而只能长期而缓慢地突破现存国家和社会秩序的框架。

　　启蒙思想家们的政治要求在超越空想形成核心以前，需要多方面的组织形式。对这些组织形式的造就，普鲁士君主也或多或少做出过贡献，尽管是在完全没有预见到它种种后果的情况下做出的，一个"学者共和国"联络网的形成证明了这一点。学者们主要集中在柏林的"普鲁士王家科学院"、哈勒大学、柯尼斯堡大学、奥得河畔的法兰克福大学，柏林和哈勒中等专门学院，这些研究与教育机构都是在普鲁士国王的直接支持下建立的，它们在整个 18 世纪中为启蒙运动的杰出代表们提供了发挥才能与作用的场所。例如，"天赋人权"的思想就是首先通过萨缪尔·普芬道夫（Samuel Pufendolf）、克里斯蒂安·托马修斯（Christian Thomasius）、克里斯蒂安·沃尔夫（Christian Wolf）等这些著名法哲学专家的宣传与教育，才影响到市民出身的官员阶层与贵族出身的上层官员的，其长远的效果能通过 1794 年《普鲁士国家全国通用法》（*Allgemeinen Landrecht für die preußischen Staaten*）的出台，通过法律制度和管理上的改革与成就得

---

① Hans-Jürgen Puhle und Hans-Ulrich Wehler. *Preußen im Rückblick*, S. 193.
② *Ibid.*, S. 193.

到证实。①

在杂志和书籍、研究院和大学、书市博览会中开展的思想讨论，只构成这种组织形式的一部分。多方面的接触、长期的通信、多次的旅游、读书协会、爱国者协会，尤其是共济性质的协会，才使普鲁士最后发展成为德国启蒙运动的思想中心。例如，"星期一俱乐部"、"星期三协会"之类的共济协会成为一种"享有社会治外法权的地方"。在它们的内部，废除了社会等级界限，诸侯贵族、高等贵族、市民文化上层在这里都享有平等的权利，以表达对理性思想和人文精神的尊重。这种带有秘密（也即不公开）实践成分的组织形式并没有妨碍它影响的发挥，连腓特烈大帝本人有时也是"星期三协会"的"板凳会员"。②

这种共济会形式的秘密协会，由于能放弃繁琐的礼仪和森严的等级并转向具体的政治与社会问题，因而在18世纪最后20年中成为普鲁士政治变化的一种标志。但这种协会由于其非公开性，仍然将更广泛阶层的群众排除在外，以致"星期三协会"被人们称之为"学者与政治顾问们的最高委员会"，它已超越了"通过公开的理性来达到政治影响"的方法，发展到"通过政治—意识形态上的同类性协会来达到对国家立法和人事政策产生影响"的程度。③

普鲁士启蒙运动的目标、方法和影响，依赖于一种联络结构，这种结构是通过启蒙思想家、公众和统治者之间的一种紧张关系来造就的。由于腓特烈大帝与启蒙运动部分的一致性，由于他对公众性现象相当现代化的理解，因而在他身上，突出反映了这个时代的

① Hennig Thieme, *Humanismus und Naturrecht in Berlin-Brandenburg-Preußen*, Berlin: Springer-Verlag, 1979, S. 157.
② Ernst Lennhoff, Internationales *Freimaurer-Lexikon*, Wien: Propyläen, 1975, S. 706.
③ *Ibid.*, S. 707.

普鲁士政治特征。与法国的发展进行比较，能有助于人们对这种普鲁士政治特征的理解。

首先，国家与王朝在普鲁士并没有像在法国那样面临财政上的破产。大量的整顿尝试，本来仅仅在扫除纳税特权上才有成功的机会，在法国却强化了长期潜在的危机意识。因为这种整顿尝试不仅加强了非特权者对废除纳税特权和社会特权的欲望，同时也尖锐了特权者的对抗。正是在这两个者之间被夹住，优柔寡断的法国国君路易十六的地位不断受到了削弱。

而在普鲁士，腓特烈大帝在引入国内货物税与交通税的国家垄断时，虽也导致了极大的不满，但王室仍保持着一种相当强大的地位。国家官僚机器的效率、廉洁，理性主义、实事求是的治理作风，开明专制主义的改革成就，所有等级的社会纪律化，平民的军事化，所有这些都在政治上发挥了稳定性影响。这不仅使霍亨索伦王朝比波旁王朝更少腐败和无能，而且也使它的国家和社会统治权力的受攻击面比波旁王朝的旧体制要小得多。因此，腓特烈大帝税收政策上的失误，并不足以从根本上危及这个"启了蒙的"专制主义政治—社会体制。

另外，在作为欧洲思想解放中心的法国，启蒙运动是以对封建王朝鲜明的思想与文化反叛形式来出现的，无论是"三权分立"，还是"社会契约论"，无论是"反教权主义"，还是"信仰、言论、出版自由"，都是毫不妥协、直接针对波旁王朝与天主教会的封建专制旧体制的。这些代表新兴市民阶级利益的启蒙思想家们的宣传活动，不仅不可能得到王室与教会的支持或默许，而且反过来使他们成为政治上受打击、迫害的对象，这就使他们的思想容易得多地在那些旧体制下看不到社会上升机会与政治前途的整个"第三等级"中找到了共鸣的土壤，因而启蒙运动在法国能产生出比普鲁士大得多的群众性影响。

　　而在普鲁士，"受过教育的市民阶层"还并没有被定位到等级社会秩序之中，但这个阶层是以特殊的方式与这个普鲁士国家联系在一起的。正是这个国家，才为这个阶层的成员提供了在社会上与政治上的某种上升机会，因此，让这个新市民阶层与上层等级中受过教育者联合起来去反对国王，在普鲁士是不可想象的。而在整个市民阶级内部，新、老阶层无论是在社会利益，还是在政治—意识形态目标，或是在行为准则方面，都不能取得一致性，启蒙运动在整个"第三等级"中的影响力也要比法国小得多，因此，让这个新市民阶层去与各种老市民阶层联合起来反对国王，在普鲁士同样也是不可想象的。启蒙思想家对帝国城市社会经济状况的批评表明：那种受行会法规影响的经济关系与"启了蒙的"新市民阶层的经济观念之间能协调的地方是多么之少，因为普鲁士的行会是顽强抵抗普鲁士国王改革行会制度的各种尝试的。[①] 所有这一切，恰恰导致了普鲁士启蒙思想家力图用接近王室、促进改革，来达到他们改造社会的目的，因而终于使启蒙运动成为这个开明专制"一体化"进程中的产物。

　　最后，腓特烈大帝与法国国君路易十六比较起来，不仅显现出他给人印象深刻的个性，更显现出他"启了蒙的"开明专制君主的形象。与路易十六压制、打击、迫害启蒙思想家的方式不同，腓特烈大帝被他同时代的那些启蒙思想家视为那个"学者共和国"中的一员。启蒙哲学家将他作为"通信伙伴"，启蒙文学家将他视为"谈话对象"，而这正是他用"无知"和"有缺陷"等美学上的判断来证

---

① Hans-Jürgen Puhle und Hans-Ulrich Wehler. *Preußen im Rückblick*, S. 191.

实他对德意志文学独具眼力的评价的时候。① 正是他，在波旁王朝迫害启蒙学者的同时，使柏林和波茨坦的宫廷成为伏尔泰等法国著名启蒙思想家的避难所，而他本人又十分谨慎地控制着法国与普鲁士启蒙学者之间的思想交流。总之，腓特烈大帝是一位受人尊重的智者，一位杰出的国务活动家，一位手段高超的政治家，比较起其他同时代的欧洲君主来，能毫不费力地证明这一点。

四、腓特烈大帝与普鲁士启蒙运动

1784 年春，腓特烈大帝在宰相冯·卡麦尔的建议下作出了一项重要决定，这个决定对一个专制主义君主来说无疑具有革命性意义。他提出《普鲁士国家全国通用法草案》（*Allgemeinen Gesetzbuch für die preußischen Staaten*），供官员与学者们公开讨论。尽管没有出现几年后在法国大革命中的"公民投票"，但这一具有轰动性效应的措施本身就将一种重要的方法与内容置入到国家和政府事务之中，从而在 18 世纪 80 年代将普鲁士启蒙运动推向了高潮。

在这场公开讨论形成的高潮中，启蒙思想家们进行了他们最重要的战役。他们在讨论中涉及后来在法典中承认的"天赋人权"，涉及在法权争端中禁止国王的"权力要求"，涉及"统治的宪法化"，最后还涉及"软化等级制的社会秩序"，而这已经涉及"社会权力位置"问题了。不少启蒙思想家甚至提出"公民的私有权必须通过一部民法典来加以确认"的要求，而大哲学家依玛努尔·康德（Imma-

---

① Joseph Möser, *Über die deutsche Sprache und Literatur*, Göttingen: Vandenhoeck & Ruprecht, 1986, S. 87.

ruel Kant）更是区分了理性的公共使用权与私人使用权，并明确提出："唯有学者，而不是君主，才能拥有这种理性的公共使用权！"[1]

如何解释腓特烈大帝作出的这一对国家改革计划展开公开讨论的重大决定呢？这个进程究竟是证明了这位国君的启蒙思想意识，还是仅仅涉及一种更熟练的政治操纵技能呢？对于这个问题的回答，显然涉及普鲁士启蒙运动的本质，正如对这个"启了蒙的"开明专制主义的评判一样，其解释直到今天都仍有争议。[2]但是在此，看看同时代的那些普鲁士启蒙思想家当年如何评判腓特烈大帝这一重大举措，显然是有帮助的。

普鲁士启蒙思想家恩斯特·帕特（Ernst Pate）从腓特烈大帝奖励"有价值意见提出者"的方式中来认识这一举措的意义，他讲道："这种程序使人们强烈地回忆起18世纪科学研究院的有奖竞赛，这说明国王从启蒙的理念出发，想通过自由思想家们的竞赛将真理揭示出来。"[3]这种解释不无道理。至于腓特烈批准这项决定的动机究竟是什么，另一位启蒙思想家弗里德里希·奥古斯特·路德维希·马维茨（Friedlich August Ludwig Marwitz）认为，"腓特烈必须考虑启蒙改革家卡麦尔、施瓦勒茨、克莱因等人的计划，因为这些人显然得到了学者和时事评论家们的公开支持"。他甚至将这部法典称为一部"平等法典"。[4]

必须承认，这场公开讨论的出现，是腓特烈大帝与他的臣民，尤其是与"公共舆论"的关系发生变化的一种体现。这位专制君主

[1] Wilhelm Weischedel, *Immaruel Kants Werke*, Darmstadt：Wissenschaftliche Buchgesellschaft Verlag, 1968, S. 53.

[2] Karl von Aretin, *Der aufgeklärte Absolutismus*, Köln：Bund-Verlag, 1974, S. 4.

[3] Hans-Jürgen Puhle und Hans-Ulrich Wehler. *Preußen im Rückblick*, S. 196.

[4] Hase Hattenhauer, *Einführung zum Allgemeinen landrecht für die preußischen Staaten von 1794*, Frankfurt am Main：Fischer Taschenbuch Verlag, 1970, S. 21.

属于当时为数不多的承认公共舆论日益增长之意义的统治者之一，因此，要评价他所做出的这一重大决定，还应考虑到另外三个更为广泛的方面：

（一）这位君主身上明显打有启蒙运动的烙印，腓特烈大帝与他父亲威廉一世在思想意识上的区别能充分说明这一点。对此，康德曾作过这样的评价："唯有一个自己启了蒙的人，才不害怕自己的影子。尽管腓特烈是一个手中握有大量纪律严明的军队的人，这本身足以保证公众的平静，但他同时还想不断倾听到更多不同的声音，而这是他的父亲所作不到的。"① 试问当时的欧洲君主中，又有哪一位像腓特烈大帝那样经常性地参加类似于"星期三俱乐部"这样的秘密组织的活动呢？

（二）尽管还谈不上人民大众对政治的参与，哪怕是局部性的参与，但腓特烈大帝在国家政治塑造方面采用的这种"征求意见的内部探寻机制"，已经具有了某种"替代性国会的功能"，② 这在当时的欧洲专制国家中也是独一无二的。

（三）腓特烈大帝尽管并不支持启蒙思想家提出的"法律平等"和"废除贵族等级特权"的要求，但他早在 1763 年就曾下令解放农奴，只是由于地方容克贵族的反对，这个命令才仅在王室领地上得到贯彻，而受到他本人严厉批评的"再版农奴制"和土地贵族庄园制仍然存在。因此，在这场公开讨论中，他与启蒙思想家们一致认为，"必须从根本上改变普鲁士东部省份中毫无人身自由的农奴们的状况"。③ 这在欧洲君主的执政史上也是没有先例的。

---

① Wilhelm Weischedel, *Immaruel Kants Werke*, S. 61.
② Helga Grebing, *Der Deutsche Sonderweg in Europa 1806—1945*, Stuttgart：Verlag W. Kohlhammer, 1986, S. 60.
③ Horst Möller, *Aufklärung in Preusse*, S. 259.

至于腓特烈大帝究竟多远地展望过这场公开讨论的后果，至今仍然是一个值得探讨的问题。但无论怎样，直接参与了这场讨论的《柏林月刊》，在 1785 年第 5 期上以"诸侯们通向永恒的新道路"为题发表社论，提出了"必须进行一场大改革"的要求，这种要求远远超越了 18 世纪普鲁士的法律结构。

这篇社论这样写道："当一位诸侯想造就一部能特别持久的法律时，他就必须给这个国家一部宪法，唯此，他的后继者才不能专横地修改由他引入的法律。从现在起，他必须做到这一点：除了整个国家赞成而产生的这部法律以外，不再有其他的法律。一句话，他必须将这个国家变成一个共和国。在这个共和国中，统治家族的首脑占有的仅仅是一个主席的位置。"社论作者以具有预见性的目光观察到："唯有一部共和主义的宪法，才可能被长久地贯彻，才不会因偶然事件引起的平民骚乱而受到危及，因为它是由一批有代表性的、充满智慧的人通过争论之后才平静地起草的。"社论作者继续写道："从来就没有哪位君主能无限制地稳定他的统治，除非他将这种统治交到人民的手中。""诸侯们应习惯于让人民分阶段地参与公共事务，并寻求有能力的人作为代表来关照这个民族的幸福。当诸侯将选择上级的权利转让给人民的时候，就是为此作了最好的准备！"① 这样的政治要求竟然能在首都柏林的杂志上公开刊登出来并四处传播，说明在腓特烈大帝统治时代末期的普鲁士，舆论表达已达到了相当自由的地步！

在这场公开讨论中，人们还提出了这样一个关键性问题："当君主不履行统治契约中承诺的义务时该怎么办？"枢密院最高法律大臣冯·施瓦勒茨区别了暴君与立宪君主，他指出："暴君是反对履行

---

① Hans-Jürgen Puhle und Hans-Ulrich Wehler. *Preußen im Rückblick*, S. 198.

义务的，而立宪君主是拥有来自公民契约所赋予的权力的，当他自己取消了这个契约，他就变成了暴君。"① 康德则强调："不仅人民对国王有义务，而且反过来讲，人民也拥有不可丧失的针对这个国家首脑的权力。"② 但是，几乎没有任何一位地位重要的普鲁士启蒙思想家，得出过"那么，人民就有权推翻这个忘记义务的统治者"的结论。这也反映出，普鲁士启蒙思想家们的政治理想还仅仅处于"君主立宪制"的边缘上。

参加了这场讨论的腓特烈大帝本人显然也研究过这种"君主立宪"统治形式的阴暗面，他认为："如果人民拥有这种权力，只会引起日益增长的无政府主义，放逐长久的内部斗争，王储也会经常性地煽动人民来反对执政统治者。"因此，他表示，他"只想到了一种临时性的解决手段"，即"当君主不履行统治契约中承诺的义务时，只能投入能干的大臣和顾问，而不是人民大众，来反对这个最高统治者"③。对此，康德发出这样的惊叹："尽管他的论证并不具有说服力，但是，一位专制主义的君主，竟然能在 18 世纪与启蒙思想家们一起讨论君主统治的合法性问题，以及推翻君主是否合法的问题，这不能不是一个激动人心的例外！"④

在启蒙思想的影响下，腓特烈大帝对"社会契约"与"统治契约"原则的部分承认，直接导致了普鲁士君主的义务：废除刑讯，实行宗教上的宽容，推行重商主义政策，进行各种法律制度上的改革。但是，他的许多改革计划并没有带来预期的结果。例如，《普鲁士国家全国通用法》是在他去世 8 年后的 1794 年才真正生效的，而

---

① Hase Hattenhauer, *Einführung zum Allgemeinen landrecht für die preußischen Staaten von 1794*, S. 141.

② Wilhelm Weischedel, *Immaruel Kants Werke*, S. 161.

③ Hans-Jürgen Puhle und Hans-Ulrich Wehler. *Preußen im Rückblick*, S. 200.

④ Wilhelm Weischedel, *Immaruel Kants Werke*, S. 231.

那时，启蒙思想家的许多原则或是被修改，或是遭到拒绝。另外，由于地方容克贵族的强烈抵制，该法的宣布并没有能使普鲁士东部省份的"再版农奴制"与土地贵族庄园制受到真实的触动。而且，启蒙思想家们"解放犹太人"的要求也遭到腓特烈大帝的拒绝。当然，这位君主还是通过采取实际措施对犹太人经济上的解放作出过贡献，例如给予犹太人自由经商的权力等。但这些措施不是从人文主义—启蒙思想的信念出发，而是从财政—经济政策上的考虑出发才采取的。

1786 年腓特烈大帝去世后，他在政治上的无论是积极还是消极的影响都得到了加强，从根本上讲，普鲁士的启蒙运动还必须忍受一次反弹，而且这次反弹经历了整整 20 年！但在这 20 年里，启蒙思想家们并非沉默无声地度过的，尤其是法国大革命的爆发，使普鲁士启蒙思想家实现自身政治理想的要求变得迫切起来。1792 年，启蒙思想家阿道夫·冯·克尼格（Adolf Freiherr von Knigge）男爵直截了当地指出："若不进行改革，就存着革命的危险，必须用改革来避免革命！这种理由也特别针对诸侯的自身利益，手中掌握权力的统治者，现在正是时候了！"[1] 1798 年，克里斯多夫·马丁·维兰德在他的著名文章《关于公共舆论》一文中，不仅重复了他在 1789 年以前就曾提出过的"必须进行一场自上而下的革命"要求，而且还这样警告当时的普鲁士君主、腓特烈大帝的儿子威廉三世："在一个国家里，数千万人再也不会允许自己被作为'道义上的零头'来对待了。理智的每句格言都应具有法律的力量，必须维护这种力量，只要它预示着多数人的意见。君主必须尊重公共舆论，尽管不是出于

---

① Hans-Jürgen Puhle und Hans-Ulrich Wehler. *Preußen im Rückblick*, S. 198.

'高尚的动机',而是出于自我确保和自我维护上的明智。"①

　　但是,唯有当这个陷入一场深刻的欧洲现代化危机之中的普鲁士国家,由于反拿破仑法国的战争失败而被迫进行 1806 年的大改革时,启蒙思想家们的政治目标才真正找到了实现的机会。20 年前就想进行这场大改革的普鲁士启蒙思想家们,曾要求过思想自由和舆论自由,但并没有要求过政治行动自由,这种"信任理性力量"的特点也在 19 世纪初期的施泰因—哈登堡改革中呈现出来,并长远地影响到一条"德意志特殊道路"的发展。

　　法国的启蒙运动为一场"自下而上"的市民革命准备了思想前提,但将这场"启蒙—革命"教条化是狭隘的。革命只是启蒙运动可能的结果之一,改革则是启蒙运动另一种可能的结果。作为从传统社会向现代化社会转型发展中的重要一环,启蒙运动使人的思想革命化,并产生出巨大的社会与政治影响力。它以一种新的国家和社会理解为方向,但它的起源并不是以暴力行动为目标的,是否导致这种暴力的出现,本身得依赖于具体的社会—政治环境。

　　从思想准备的意义上讲,普鲁士的启蒙运动,与其说解放的是人民大众的思想,还不如说解放的是专制统治者的思想。正因为如此,是专制统治者,而不是人民大众,成为普鲁士启蒙运动最大的直接受益者。在法国,是"启了蒙的"人民大众面对着"未真正启蒙的"专制统治者,要将这个社会推向前进,走"自下而上的"革命道路便成为一种非常自然的选择。而在普鲁士,是"启了蒙的"专制君主面对着"未真正启蒙的"人民大众,要将这个社会推向前进,走"自上而下的"改革道路便同样成为一种非常自然的选择。

---

① Wilhelm Weischedel, *Immaruel Kants Werke*, S. 433.

固然，导致一场重大历史转折的原因总是多种多样的，但是，当人们要去谈论普鲁士当年为什么没有像法国那样爆发一场市民革命的原因时，当人们要去探寻那条"德意志特殊道路"发展的源头时，必须注意到普鲁士启蒙运动的特点。

（原载《武汉大学学报》[人文科学版] 2001 年第 4 期）

德国现代化进程与威廉时代的德意志民族主义

要想深入了解欧洲各国的民族主义，有必要对两种民族主义进行区别：一种是以法兰西为主要代表的民主政治意义上的民族主义，它从个体自由意志出发，将民族建立在平等公民权和人民主权原则基础上。在国际斗争中，这种民族主义整体性地决定着这些民族的帝国主义行为。另一种民族主义是以德意志为代表的浪漫主义的民族主义，它基于这两个基本假设：（一）所有的文化都是民族的，也都能被民族地理解；（二）一个民族通过它自身成员文化上的共同性来定义。由于这种浪漫主义的民族主义将文化、生活方式看作决定民族的本质性因素，看作一种统一力量的表达，同时又将这种表达称之为"文化民族的灵魂或精神"，因而在国际斗争中，甚至能更好地将本民族整合化，更有力地、也是帝国主义式地发出它特有的"浮士德动力"。

仅仅停留在这种对概念的了解上，人们还不能理解德意志浪漫主义的民族主义为什么能在德帝国威廉时代发展成一种侵略性极强、整合性极高的民族主义。为此，我们必须探讨德意志这种民族主义在思想发展史上的根源，它在特定政治和社会环境中的演变过程，它与现代化进程及其压力之间的关系，以及它在内、外政治活动中的运用及意义。

一、德意志民族主义的文化思想根源

德意志浪漫主义的民族主义有着它文化和思想史上的发展根源，它本身就是文化民族运动的产物。启蒙运动、德意志古典主义、普鲁士改革以及德意志唯心主义哲学的发展，给这场新的文化民族运动打下了烙印。对这种浪漫主义因素具有决定性影响的奠基人物是约翰·哥特弗里德·赫德尔。他从"前浪漫主义"的反理性主义出发，将具有共同语言和文化的民族独特性强调为"具有无限价值的东西"。① 另外，还有两种因素对浪漫主义的民族主义的奠基来说也特别重要：第一种因素是新的语言哲学，它通过洪堡、黑格尔、格林等人不断得到了发展。"语言"被他们看作"是人类享有世界、解释世界的体系，它不仅是人的产物，而且也是不断给人打下烙印的体系"②。这种对语言基本意义的强调，本身指出了语言—人种上的区别，指出了通过语言而形成的文化民族以及以后的政治民族的中心意义。第二种因素来自赫德尔，他强调了从"学者、精英们的高等文化"向"普通的、前知识型的大众文化"的转向。在这里，讲着同样语言的"人民大众"被包括进文化反思的对象当中，因而本身具有一种民主—平等主义倾向。因此，"文化民族原则"成为浪漫主义设计方案中的本质部分。

古典主义也是浪漫主义的民族主义的来源之一。自18世纪晚期以来，人们在对希腊文化的研究中，创立了一种"文化统一体"思想。也就是说，将文化理解为一个统一体，这种统一体具有一个人

---

① Wolf D. Gruner, *Die deutsche Frage. Ein Problem der europäischen Geschichte seit 1800*, München：C. H. Beck Verlag, 1985, S. 32.

② Thomas Nipperdey, *Nachdenken über die deutsche Geschichte*, München：C. H. Beck Verlag, 1986, S. 116.

类集团（即民族）在语言—人种上的共同性。黑格尔发展了这种思想，他将这种对统一文化所作的古典主义—美学上的和浪漫主义—历史学上的解释系统化了。他的整个美学哲学的艺术体系，都是为这个目标服务的。对此，德国历史学家托马斯·尼佩尔代作出这样的评价："在19世纪的德意志大学里，所有人文科学中的主流派，都是由这种首先是古典主义、唯心主义的，然后也是浪漫主义的整体把握顽强地决定着的。"[1] 因此，"民族精神"、"民族感"等关键性概念，被当作科学的解释产生出来，"民族特点"也就被浪漫主义地看作是一种长久、永恒的现实。这种有着古典主义美学根源的思维方向，无疑给浪漫主义的民族主义的形成，给自身民族价值的特别抬高带来了好处，并与之紧密结合在一起。它力图理智地解释世界，却妨碍了人们去真实地认识科学的理智，因而往往具有非理性主义色彩。

从历史发展的根源上讲，浪漫主义的民族主义首先是那些有着共同文化，但并不生活在一个共同国家里的人们的一种民族主义，是那些受压迫的民族（如东欧、东南欧诸民族，以及爱尔兰人、挪威人、佛兰德人）或是那些被分裂的民族（如意大利人、德意志人）的民族主义。在这些地方，由于长期以来并不存在一个共同的国家，这些人口是靠语言、文化和历史来组成一个民族的，而不是像那些有着共同国家里的人们那样，由政治意志来组成民族。在这些没有共同国家的民族那里，文化上的民族主义走到了政治上的民族主义的前面；而在那些已用民族国家组织起来的民族那里，民族主义早在民族的共同属性中得到发展了。因此，浪漫主义的民族主义首先更加适应于那些没有共同祖国的民族。在这些民族身上，对

---

[1] Thomas Nipperdey, *Nachdenken über die deutsche Geschichte*, S. 117.

语言—文化身份同一性的强调，比较起那些已生活在同一民族国家中的民族来，有着不同的、也是更为重要的功能和意义。

对那些生活在早已得到巩固的民族国家中的各民族来说，社会成员个体在文化上的同一性身份是完全不成问题的。而在像德意志这样的没有在一个共同国家里生活的民族那里，同一性身份问题却一直是个中心问题。法国大革命使德意志社会的这个中心问题变得更为尖锐。正是作为对法国在欧洲统治地位的一种反应，作为对打有法国烙印的"启蒙运动"文化统治地位的一种反应，作为对雅客宾专政和拿破仑帝国"欧洲划一化统治"威胁的一种反应，浪漫主义的民族主义才真正开始走上德意志的政治舞台。正是反拿破仑的抵抗运动，才使原本是德意志教育、知识界的抵抗，转而发展成群众性的反对"异族统治"和"划一化统治"的斗争，从而也浪漫主义地唤醒了德意志民众的民族意识。

事实上，法国大革命的冲击对德意志民族运动最大的影响就在于，它使德意志的浪漫主义的民族主义者们明白："唯有在一个共同的国家里，文化上的同一性身份才能发展并得到保护，也才能真正地将个体整合成民族。"① 因此，从"世界公民"到"民族国家"，成为德意志民族的发展道路。

由于德意志民族的分裂与封建诸侯国林立的政治局面相联系，对民族统一政治目标的追求，使德意志的民族主义与市民资产阶级的人民主权论、自由主义者的自由权力思想结合在一起。因此，德意志民族统一运动的早期无疑具有进步的民主性和革命性。但是，当个人自由、平等的要求与民族自由、平等的要求不能同时获得的时候，正如1848年革命中的困境所表现的那样，围绕着两者优先权

---

① Thomas Nipperdey, *Nachdenken über die deutsche Geschichte*, S. 121.

的问题便在具体的政策上和争执中陷入长期的冲突。在这场冲突中，对于民族主义者来说，民族的要求自然具有优先权。这就是为什么德意志市民资产阶级的自由主义者，如果他同时也是一位民族主义者的话，最终会放弃自由主义的优先权，转而拥护容克贵族集团于 1871 年建立和统治的德意志帝国的原因。当然，由于将奥地利中的德意志人排除在外，这个"小德意志统一"帝国还并不是一个真正具有这个文化民族全面统一意义的民族国家，因而它在这个时代中所体现出来的民族主义，仍然是一种具有浪漫主义色彩的"没有民族的民族主义"（Nationalismusohne Nation），从而也为德意志人以后建立具有完全统一意义上的"大德意志民族国家"的努力，继续提供着一种潜在的"合理依据"。①

二、现代化进程与德意志民族主义的发展

德意志民族之所以会成为欧洲浪漫主义的民族主义的主要代表，与德帝国自身现代化发展的快速进程以及由此产生出来的巨大压力分不开。尽管这个进程早就开始了，但正是在帝国时代的高速工业化阶段，才使传统与现代社会环境上的区别变得日益鲜明，才使社会中个体承受的压力极大地增强了。

在传统社会里，人们生活在一种分散化的社会结构之中，生活在小集团之中，生活在地方、区域、等级的社会之中。与统治的联系、忠诚的要求，首先是建立在人事上直观形象的基础上的。人们

---

① Johannes Wiilms：*Nationalismus ohne Nation*，*Deutsche Geschichte 1789—1914*，Frankfurt am Main：Fischer Taschenbuch Verlag，1985，S. 11.

受着传统的引导，行为准则在传统中被保留下来，并传递给下一代。由于人们面对着的是这种有具体形象物的直观世界，生活的意义是简单的，也是现存的。总之，人们传统的行为模式，是与农业社会结构中那种占统治地位的组织类型——如封建庄园、行会等——狭窄的"共同体"相适应的。

德意志的现代化进程使所有这些关系趋于瓦解。特别是在德帝国时代这个走向统一化的进程中，工业化社会已占据了统治地位，并逐渐取代了农业社会的"共同体"。越来越多的人，最后是绝大多数人，开始从传统中走出来，走进一个商品流通和市场化的社会，走进一个具有理性的、无形的、抽象结构的大集团。个体现在面对着一种猛然变大了的抽象概念——"国家"。从传统以及它的准则中解放出来的个人，本身在"个体化"，他的行为也变得越来越要靠"内心"来引导了。当个体的存在变得具有独立性时，也就使统治者个人的权威，或是君主的，或是王朝的权威，越来越只具有相对性了。但与此同时，由于传统负载集团的瓦解，在这个新的社会大集体中，绝大多数成员之间又彼此并不认识，每个人都得依赖许多对他来说是陌生的人，个体因此被"孤立化"了。终于，"准则"、"联系"和"忠诚"再也不能形象具体地、象征性地被提供了，感觉从直观形象的世界移进了思考的世界之中。这种过渡导致了一种新的心理状态，它使个人的自我理解发生了变化，并朝着批评传统的方向发展。

现实生活中的行为准则和生活意义在传统中越来越难找到了。觉察出这种危机的首先是敏感的知识界，因为任何准则首先都要以语言和文化上的抽象为中介，进行反思和讨论的媒介物也正是语言和文化。于是，"这些知识界的学者们，便首先从那种由他们自己的语言记录下来的文化中，从艺术、文学、哲学和时事评论中，来获得他们自身的行为准则和同一性身份。总之，要寻找一种能将特定社会的不同特征表达为一种不变的传统时，'文化'这个概念，无疑能非常好地履行这种功能"①。更重要的是，在这个教育普及化、社会学校化的德帝国时代里，他们能够通过学校、出版部门将他们称之为"民族文化传统"的东西介绍给社会各阶层。这就是为什么在这个正在形成的新社会联系中，语言和文化以及知识界能获得前所未有的影响和意义的原因。

换句话说，传统瓦解的结果之一就是造成了个体的无保障性与无归宿性。由于对传统的赞同变得只具有相对性了，与别人的共同性就必须重新确定。于是，一种新的社会整合化作出了回答："民族!"这个植根于共同的语言和文化的民族，这个具有大得多的非人格化特征的象征物，成为个体与集体感情联系的纽带，它甚至不需要作任何事实上的解释，就能成为这种新社会整合化的形式。这是因为，它毕竟能联结起这个社会，能将超越个体的身份介绍给个体，并在一个多层复合、错综复杂的社会中为个体减轻无保障性和无归宿性，因而能满足个体文化身份上的同一性与联络交往上的新要求。总之，正是这种新的社会心理局势，为浪漫主义的民族主义在德帝国社会的崛起首先准备了条件。

这种民族主义的形成与发展，也是以基督教信仰约束力的削弱为基础的。随着帝国时代现代化进程的加速，在人们内心世界的价值地位上，在生活意义的确定上，宗教的分量在不断缩小。事实上，连宗教本身也在世俗化。于是，各种政治运动成为信仰的替代物，有的甚至赢得了越来越多的宗教性质。而"民族主义是属于这

---

① Norbert Elias, *Studien über die Deutschen*, Frankfurt am Main: Suhrkamp Verlag, 1990, S. 117.

种政治运动的，它向追随者们许诺了获得拯救的理想，同时也要求他们作出牺牲，并使他们坚信，这种牺牲是值得的"①。因此，这种民族主义继承了相当部分的宗教功能和风格，从而成为一种新社会凝聚力的载体。

三、威廉时代内、外政治中的德意志民族主义

德意志帝国建立之初，浪漫主义的民族主义已与自由主义的传统发生分离，并转而与保守主义结合在一起，强烈地反对"天赋人权"、反对个人自由的政治传统，并开始成为一种为现存国家统治服务的意识形态。德帝国保守主义的国家官僚集团力图将这场现代化的政治后果减少到最低程度，便借助黑格尔的国家哲学理论，设计出一种新的国家统治方案。在这种方案中，整体民族观念得到了加强，凡是能找到"理性的"（rational）这个词的地方，也总能找到"民族的"（national）这个词。而"整体高于局部"、"国家高于国民和社会"、"秩序高于多样性的自由"成为统治者的口号。②

这种国家方案并非浪漫主义的民族主义产物，却能很好地与之结合在一起。正是在这个基础上，民族主义者们对个体提出了"绝对服从国家统治"的道德上的特别要求。在他们看来，"这个民族是一种自然、有机地组织和发展起来的共同体，它是和谐的，是没有个体与共同体之间冲突的共同体"。③ 显然，这种乌托邦的理想，与

---

① Thomas Nipperdey, *Nachdenken über die deutsche Geschichte*, S. 120.
② Ralf Dahrendorf, *Gesellschaft und Demokratie in Deutschland*, München：Deutscher Taschenbuch Verlag, 1968, S. 48.
③ Thomas Nipperdey, *Nachdenken über die deutsche Geschichte*, S. 124.

高度工业化的德意志资本主义社会的现实处于绝对矛盾的位置上，因为这种社会现实恰恰是以个体之间的区别化和反差为基础的，是以个体之间的冲突以及个体与社会之间的冲突为基础的，也是以工人阶层与容克贵族、资产者阶层之间的利益冲突为基础的。但是，这种理想与现实之间的尖锐矛盾，却被他们轻而易举地解释为"外部力量渗透的结果"。[①]

激烈的市场竞争释放出来的压力越大，个体的无保障性与无归宿性就越是明显，社会整合化的要求也就变得越是强烈。但是，浪漫主义的民族主义并非只能与保守主义结合在一起，它同样也能与激进的反启蒙精神的、反现代主义的种族主义结合在一起。自从1873年经济大萧条开始以来，德意志具有现代性质的反犹运动的兴起，提供了这种结合的证明。这场反犹运动是一种极端狭隘、反动的政治文化反应，就其性质而言，还仅仅只是德意志非犹太中间阶层，在面对这个社会内部的犹太少数民族职业同行竞争者时，运用浪漫主义的民族主义作出的一种自发性的社会整合化努力。值得注意的是，在1890年以后，知识界青年极右派们发表的大量反犹作品，已在公开鼓吹"人和种族不可改变的天然属性"，并公开叫喊"经济上的崛起和对海外地区的征服，应归功于民族的特别本质，也就是它种族上的特性"，为了"条顿人的世界任务"，对内"必须同时清除低质、危险的犹太因素"。[②]这种具有"前纳粹主义"性质的反犹主义，竟然能在和平时期，通过在社会内部树立民族对立面的尝试，动员起德意志社会中相当广泛的非犹太中间阶层，无疑是

① Hans-Ulrich Wehler, *Das Deutsche Kaiserreich*, *1871—1918*, Göttingen: Vandenhoeck & Ruprecht Verlag, 1988, S. 134.

② Hermann Graml, *Reichskristallnacht*, München: Deutscher Taschenbuch Verlag, 1988, S. 77.

一个极其危险的信号，它表明德意志浪漫主义的民族主义对种族主义的反犹主义完全缺乏免疫力。

19 世纪末到 20 世纪初，高工业化社会的一个重要特征是：社会所有阶层之间存在着一种日益增长的相互依赖性，而工人与资产者阶层之间存在着一种持久的紧张性，这两者本身又具有一种同时性。因此，所有不同职业集团之间许多附带的紧张关系，都聚集在这一矛盾之中。在这种局势中，对"民族感情"和"忠诚"的呼唤，目的是为了维护这个社会中统治集团的局部利益。当工人运动事实上是以推翻现存统治秩序为目标的时候，那么，容克贵族和资产者阶层对民族主义信仰和价值体系的强调，本身能作为维护这个现存统治秩序的工具。

尤其在国际局势紧张化时期，"民族"这个集体的象征物，在政治上能够形成一种巨大的压力。因为它本身负载了一种深深的感情，并能将这个社会大集体中的人与别的社会大集体中的人区别开来，谁对它提出疑问，谁就意味着"背叛"和"不忠"。连德国社会民主党最后也在 1914 年屈服于这种压力，与其他各政党缔结"城堡和平"并"为祖国而战"。这场工人运动的加盟，使这种民族主义具有了更大动力，同时也恰恰说明了德国工人运动的民族化特点。一位老资格的社会民主党人在 1916 年的回顾中这样讲道："我们社会民主党人长期以来被骂成是'没有祖国的家伙'，我们为之奋斗的就是要使那些自大狂们的幸灾乐祸归于失败。在这场战争中，我们已经重新学会了我们几乎忘记了的东西；即在所有的阶级冲突之外，这个民族的所有阶级是具有某些共同性的。在这场战争中，我们德意志社会民主党人已经重新学会了把我们自己看作是这个德意志民族的一部分，当然不是最坏的那一部分。因为，我们不想被无论是右派或是左派中的哪个人，剥夺走我们是属于德意志民族的那份感情。"①

当德帝国主义的强权政治以"民族"的名义来推行时，当负载这种自我赞扬的价值体系的集体非常强大时，这种浪漫主义的民族主义便获得了它自身近乎于机械性的推动力，这种推动力通常是任何个人或集团所不能控制的。究其根本原因，就在于民族主义这种特殊的信仰体系与保守主义、共和主义、自由主义、社会主义这四大信仰体系之间的区别。这四大主义是同一社会内部正在变化着的力量平衡中的产物，仅仅第二位地影响到国家间的关系；而民族主义是不同国家间正在变化着的权力平衡中的产物，仅仅第二位地涉及国家社会内部不同阶层之间的紧张和冲突。因此，民族主义的信仰者可以是来自不同社会集团、不同政治派别中的任何人。毫不奇怪，与民族同胞的认同感一旦加强，那么，与其他国家同样阶层或等级的人们之间的认同感也就自然减弱，反过来说也是一样。这种认同与排斥模式上的变迁，本身就是民族感、民族价值、民族信条发展的一个决定性前提。

1914 年世界大战爆发前的各资本主义工业化国家，都以"民族"的名义来推行自己的强权政治目标。这种工业民族之间日益上升的战争气氛，本身又能反过来加剧各国民族主义的恶性发展。正如德国历史学家路德维希·德约（Ludwig Dehio）所指出的那样："对于德意志人来说，不是在 10 年间，而是在几年内，便触及国际问题中的所有高度和深度。在 1914 年，由于面临'全世界敌人'的仇恨，我们体验到整个人类那种使人沉醉的强化感。我们政治上的孤立导致了这种突然的、精神上的孤立，这种孤立必然会带来过度行为的种子。这种发展被大多数人积累起来的情绪所催促，它粉碎

---

① Ralf Dahrendorf, *Gesellschaft und Demokratie in Deutschland*, S. 209.

了这个民族的精神平衡。由于被仇恨所包围，这个民族便依赖于它自己的仇恨。社会和国家机器被这种孤立的、光荣的、然而也是命运不佳的斗争弄得紧张过度，传统已完全被歪曲了。极端主义和偏执狂的意识，在一个更为平静的环境里，本来可能只会是一种残存现象，但现在已开始在全社会蔓延开来。"①

　　民族主义的帝国主义并不是德帝国特有的现象。但威廉时代的德意志民族主义却始终有着它自身浪漫主义的民族主义特点。从大战前夕德意志知识界鼓吹的"1914年德意志精神"中，人们不难看到这种特点："用文化、生活方式相同的德意志人之间的自然联盟来对抗法兰西自由人之间的政治联盟"，"用义务、秩序、正义来对抗自由、平等、博爱！"②

　　总之，德意志浪漫主义的民族主义是一种处于现代性与反现代性之间的意识形态。它首先是现代化推动力的产物，在它形成的初期完全是现代主义的，因为它是德意志民族感受到自身落后性的一种反映。它在政治上的登场，本身也推动了现代化的继续前进，因为它所具有的集中化和动员化特点，克服了地方分裂化，造就了一个民族的社会。它提供了一种新社会整合化的框架和工具，并用社会成员个体身份上的同一性，来替代被现代化发展破坏了的传统。它促进了所有社会成员对共同事件日益增长的参与，从而证实了现代人的潜力和能动性。

　　但是，人们还必须看到它的消极因素。浪漫主义的民族主义也

---

① Ludwig Dehio, *Germany and World Politics in the Twentieth Century*, New York: Alfred A. Knopf, 1959, S. 19.

② Christian Graf von Krockow, *Die Deutschen In Ihrem Jahrhudert*, *1890—1990*, Hamburg: Rowohlt Verlag, 1990, S. 100.

是现代化危机的一种反映，一种由于行为标准、传统和宗教的家乡遭到毁坏而出现的"思乡病"产物，一种由于异化、理性化、经济主义、个人主义、毁灭历史的未来主义、进步主义、抽象的普遍性等带来的现代化压力的产物。它用造就一个新的、更大的感情上的家乡，用一种包括整体的新条件，用一直通向"光明未来"的文化历史上的辩解，用向社会个体们介绍身份上的同一性，用一种对政治乌托邦的现代许诺，来企图摆脱由于现代化进程及其压力所带来的种种痛苦，因而本身又具有一种反现代主义倾向。同时，它总是极力证实自身民族有着与众不同的独特优越性，并将这种优越性归结为文化来源甚至是人种。它通过对民族独特优越性夸张式的宣扬，唤起了成员的民族荣誉感和崇高感，从而也形成了它自身特有的强烈内聚力。因此，自从 19 世纪 70 年代以来，特别是 90 年代以来，它能够作为威廉时代民族主义"集合化运动"的工具，作为德帝国主义的战争工具来服务。在外部因素的压力之下，它固有的种族主义成分，汇集到现代法西斯主义运动的潮流之中。

（原载《武汉大学学报》[哲学社会科学版] 1999 年第 1 期）

德意志帝国时期的反犹主义

德意志社会中存在一种反犹思想，由来已久。纳粹匪徒在第二次世界大战中屠杀了600万犹太人的罪行是人们十分熟悉的。但是人们总在问："为什么纳粹主义者那么痛恨犹太人？"要解答这个问题，我们就必须首先弄清楚：纳粹德国的反犹主义并不是从天上掉下来的，而是德意志社会历史中反犹运动长期发展的结果。德意志帝国时期反犹运动由旧式传统的反犹向新式现代反犹的转变，与纳粹的反犹主义有着直接的关系。

一、德意志犹太人的"同化"与"解放"之路

反犹主义的思想倾向首先来源于基督教文化反犹太教的古老传统。犹太民族自从作为"巴比伦之囚"，失去祖国，漂泊流浪，客居他乡，作为各个国家的少数民族顽强地生存下来，已有2000多年的历史了。在漫长的历史中，世界各国的犹太人大多保持着自己的宗教信仰、语言、文化和脆弱的社会组织。但是在中世纪的欧洲，这些"外来户"既无资格做农民，又被孤立于基督教世界之外。千百年来他们就一直是宗教迫害、文化歧视的靶子，也只能在当时"低

人一等"的商业贸易和现金交易之类的行当里艰难谋生。因此，在欧洲大陆上，犹太人这个概念，一直就是"叛徒"、"下等人"、"黑死病带菌者"、"寄生虫"、"守财奴"、"刻薄鬼"以及一切恶名声的同义词。

德意志犹太人的"解放"要归因于拿破仑战争，这场战争将法国大革命"自由、平等、博爱"的思想传播到了德意志。德意志世界中最大邦国之一的普鲁士在战败之后，为了从拿破仑法国的统治下解放出来，就必须改革，必须发展经济，而发展经济的高手是犹太人，因为当其他人还不懂得如何经商时，犹太人却已经在商海中遨游了 2000 多年了，只不过经商在中世纪时代被人称为"贱业"，为人瞧不起罢了。自近代"重商主义时代"以来，他们便已经成为德意志各邦国中的主要纳税者。因此，在 1806 年开始现代化大改革后，普鲁士政府于 1812 年宣布"解放犹太人"，即在法律上承认这些过去的"贱民"有信仰犹太教的自由，同时承认他们有与德国公民同样的社会身份。

然而，这种"自上而下"宣布的法律上的"平等"，并不意味着事实上的平等，更不意味着这种"平等"意识为非犹太的德意志日耳曼人所普遍接受。首先，与西欧诸国的犹太人不同的是，在这些国家里，由于受法国大革命和《拿破仑法典》精神的直接影响，资本主义获得了更快的发展，也更充分地体现了"自由、平等、博爱"的精神，因而西欧犹太人的解放是一种"集体性的、一次性的解放"，他们与当地人融合、同化的速度远远超过了德意志犹太人。而在德意志日耳曼人看来，这种对犹太人的"解放"应有所保留，因为"解放"犹太人的目的，只是为了让日耳曼民族摆脱法国人的统治，获得民族的解放和振兴，而犹太人从种族和文化上讲并不属于这个民族，因而必须限制他们。例如，犹太人可以自由经商，但不能做国家的公务员，除非皈依基督教；犹太人可以在非传统性的职业中谋生，但不能在传统性的职业行当里与日耳曼人抢饭碗；犹太人要想取得德国的国籍，必须走出"隔都"与日耳曼人打交道，也就必须放弃自己的希伯来语而使用德语，并接受全套的德意志文化教育。由此可见，在1812年德意志开始的这场对犹太人的"同化"进程中，本身就充满了对犹太人形形色色的歧视。因此，中欧德意志的犹太人没有能像西欧诸国的犹太人那样获得那种"集体性的、一次性的解放"，他们只有"个体性地走出隔都的机会"，在他们之间，与德意志社会"同化"的速度也是不一样的。当然，无论怎样，犹太人的这种"解放"还是与德意志经济现代化的进程几乎同时起程了。

工业革命的成果及资本主义的市场经济为德意志提供了前所未有的发展机会，它极大地促进了德意志的技术、组织和生产的革新。这种迅速加强的社会变革所产生出的压力是既能为人们所利用，同时又是人们所必须加以忍受的。在历史上具有经营商业传统的犹太人，值此如鱼得水，因为他们不仅已在商海中遨游了2000多年，而且拥有一个几乎遍布全世界的亲戚网络，这在商业世界里是一笔多么了不得的人际关系资源！事实上，也正是由于德意志犹太徒不能进入政治圈子，却只能自由经商，才使商业成为他们与这个社会"同化"的一条通道，成为他们适应这个新市民社会的主要方式。

在这场商品经济的大潮中，德意志犹太人的确表现出他们最能适应这种形势。从比例上看，他们往往在收入和所受教育的程度上胜过了非犹太人。在1871至1910年，德意志帝国内的犹太人口从51.2万人上升到61.5万人，而占总人口的比率上则由1.25%下降到

0.95%。[1]犹太人 2／3 生活在普鲁士，并集中在大城市里。"1914 年已有 60% 的犹太人成为大城市人口，而非犹太人中只有 20% 是大城市人口。1914 年每 4 个犹太人中有 1 个在柏林市内有住所。尽管犹太人仅占柏林人口的 5%，但他们缴纳了该市 1／3 的所得税。别地的情况也是如此。100 个最富有的普鲁士人中有 30 个是犹太人。"[2]在高收入人口中，犹太人的比例极大地超过了平均值。"到 1871 年，在德国生活的犹太人中大约 60% 上升到中产阶级和上层纳税等级。"[3]而到 1900 年，德意志犹太人中的 4／5 已属于上层和中层资产阶级，其中 50% 以上是独立经营者（大都是小店铺老板），这是非犹太人的 2 倍。[4]

与经济地位的提高相应的是，犹太人在文化方面也居于优越的地位。"19 世纪 90 年代初，柏林的某些人文中学里有 25% 的犹太学生。在高等学校里犹太学生一直占 8%，到 1895 年，这个数字上升到 10%。而在法学、医学和自然科学等专业中，他们的比例则更高。"[5]与此同时，德帝国时代涌现出一批著名的犹太学者，其中获诺贝尔奖的不乏其人，如奥托·瓦拉赫（Otto Wallach）、理查德·威尔斯泰特（Richard Willstätter）、弗里茨·哈伯（Fritz Haber）、保罗·埃利希（Paul Ehrlich）。在社会科学方面也有一批著名学者，如洛温·戈德施密特（Löwin Gottschmidt）、保罗·拉班德（Paul Laband）、赫尔曼·科恩（Hermann Koln）。在出版界、文学界、戏剧艺

[1] Ismar Elbogen und Eleonore Sterling, *Die Geschichte der Juden in Deutschland*, Frankfurt am Main: Athenäum Verlag, 1988, S. 249.

[2] Bernd Martin und Ernst Schulin（Hrsg.）, *Die Juden als Minderheit in der Geschichte*, München: Deutscher Taschenbuch Verlag, 1985, S. 251.

[3] Hermann Graml, *Reichskristallnacht*, *Antisemitismus und Judenverfolgung im Dritten Reich*, München: Deutscher Taschenbuch Verlag, 1988, S. 46.

[4] Bernd Martin und Ernst Schulin（Hrsg.）, *Die Juden als Minderheit in der Geschichte*, S. 251.

[5] *Ibid.*

术界，犹太人也发挥了重要作用。许多人成为作家、记者、编辑、出版人，如著名的文学出版界人物萨穆尔·费歇尔（Samuel Fischer），报纸发行业的莫泽尔·乌尔斯坦（Mozel Ullstein）。在社会活动家中，除了流亡海外的无产阶级导师卡尔·马克思（Karl Marx）以及大诗人海因里希·海涅（Heinrich Heine）外，共产党奠基人罗莎·卢森堡（Rosa Luxemburg）、工人运动的著名人物斐迪南·拉萨尔（Ferdinand Lassalle）、最著名的民主主义者路德维希·伯勒（Ludwig Börne）、埃玛努尔·腊斯克（Emanuel Lasker）、路德维希·班贝格（Ludwig Bamberger）都是犹太人。

这个在人口比例上不过1%的德意志少数民族，不仅具有如此之高的富裕程度，而且又具有如此之高的文化和教育水平，并产生出如此之多具有世界性影响的人物，这不仅反映出他们在资本主义商品经济社会中的自由上升能量，而且也反映出他们在智慧和知识上的巨大潜力以及对社会进步的重要影响力。

但是，犹太人经济、文化、社会地位的提高，在这个他们曾世世代代遭受宗教迫害、社会歧视的德意志社会里，必然会加剧他们与非犹太德意志人之间紧张的社会关系的。而且，在这个不是通过彻底的资产阶级民主革命，而是通过容克贵族阶级"自上而下"的改革和王朝统一战争来进入工业化时代的国度里，犹太人"解放"的速度越快，他们与非犹太人之间的矛盾就越是尖锐。

二、德意志非犹太中产阶级的经济反犹主义

激烈竞争造成的压力使不少人找到了在资本主义市场经济中通往胜利的道路，但对大多数人来说则是一条相反的道路。犹太人由

于自中世纪以来就一直在从事商业贸易、现金交易之类的行当，因而造就了他们对商品经济的适应能力。这样，犹太人便表现出他们似乎比其他人更熟悉那条通往胜利的道路，因而也就表现得像是资本主义的发起者一样。这使得德意志非犹太中产阶级的反犹具有了一种现代意义上的经济基础。

从职业上讲，德意志非犹太中产阶级一般又可分为老中产阶级、新中产阶级以及小农阶级。作为老中产阶级的非犹太小手工业者和小商人，对工业资本主义的快速进程既陌生又怀有敌意。在激烈的竞争中他们感受到自身传统的中间地位受到了强烈震动。那种害怕"在大资产者和无产者之间被撕碎"的恐惧，使他们传统的仇犹心态不仅具有了竞争上的强烈意向，而且还具有了某种反资本主义、反社会主义、反自由主义的性质。由于他们将大部分困境归因于日益增多的百货商店，而在他们看来，"这些百货商店就是典型的犹太人的发明"，① 因此，将造成困境的根源归于犹太人最符合他们宗教传统中的仇犹观念。这大大促进了他们的"民族意识"，以至于他们认为："犹太人是黄色国际（国际金融资本）与红色国际（共产国际）的幕后操纵者。"②

新中产阶级是指商业和货币流通领域中的受雇者，即商店和银行职员。作为受雇者，他们与产业无产者最大的区别在于：在劳动时间、劳动收入以及劳动独立性方面，他们具有比产业工人有利得多的地位。因此，从意识上讲，他们是向中产阶级靠拢的。这首先决定了他们在私人占有问题上不同于产业工人阶级的态度。由于产业无产阶级在受剥削的生活实践中看不出犹太与非犹太资本家究竟

---

① Helmut Berding, *Moderner Antisemitismus in Deutschland*, Frankfurt am Main：Suhrkamp Verlag, 1988, S.124.
② Bernd Martin und Ernst Schulin (Hrsg.), *Die Juden als Minderheit in der Geschichte*, S.281.

有什么本质区别，而且也由于犹太人在产业资本中的确没有什么地位，因此，在马克思主义的影响下，在产业无产阶级的反资本主义运动中，反犹是没有市场的。但是，犹太资本最集中的领域正是商店和银行，[①] 这就首先使那些受雇于犹太资本的职员中萌发了经济上的反犹情绪，因为融于民族主义中的反犹情绪能够为这些职员求得一种特殊的意识地位，而这种地位又恰恰是与他们当中日益发展起来的要与国际无产者区别开来的强烈愿望相一致的。因此，他们将经济上反资本主义剥削的念头都转移到对犹太人的仇恨和种族情绪上来了，从而使得他们的反犹情绪打上了反社会主义、大日耳曼民族主义的烙印。

小农阶级反犹情绪的爆发是以德意志农业结构性危机为背景的。这个阶级的成员，由于传统的反犹观念，本身就对犹太银行家、典当商、谷物商人、牲畜商人的存在感到恼火，但又往往要依靠一个犹太当铺和银行家的贷款，或通过一个犹太商人将农产品销售出去。而在工业化的快速进程中，农业在整个经济中的意义不断下降，造成的后果恰恰是农产品价格的下跌和信贷利息的上升。这自然加剧了农民的困境。因此，将犹太人视为"罪魁祸首"便成为他们的一种相当自然的表达。因而在他们的反犹意识中带有强烈的反自由主义、反工业现代主义以及不明确的反资本主义的保守性色彩。

著名评论家特奥多尔·冯塔纳（Theodor Fontane）表达了整个非犹太中产阶级的仇犹心理，他这样写道："犹太人太目空一切了，以至于我不仅乐于看到他们会有一场真正的失败，而且希望他们会有一场真正的失败。每当他们现在不再遭受苦难，并且也不再像过去那些时代中那样的时候，我就坚信，会有一场大灾难降临到他们头

---

① Helmut Berding, *Moderner Antisemitismus in Deutschland*, S.124.

上的!"①

1873 年开始的资本主义经济危机和萧条不仅结束了帝国建立以来的经济繁荣，而且也揭开了帝国时代反犹运动的第一页。写下第一本反犹专著的是汉堡记者威廉·玛尔（Wilhelm Marr），在 1873 年发表的《犹太人对日耳曼人的胜利》一书中，将造成这场危机的责任完全推到了犹太人身上，而且还头一个发明了"反犹主义"（Anti-semitismus）这个词。该书在 6 年中竟再版 12 次之多。正是在这本书里，他明确地提出"犹太人是将基督教徒们钉在十字架上的人"以及"犹太人是我们德意志民族的剥削者"的观念。②于是，一场由中产阶级发起的"反对犹太交易所的骗人买卖和剥削勾当"的运动登场了。

自 1873 年以后，在各地的农业、手工业、商业以及中小企业中贫困化阶层的支持下，各种保守或激进的反犹政党和组织纷纷出笼，它们是"基督教社会党"、"社会帝国党"、"泛反犹联盟"、"德意志社会党"、"德意志社会改革党"、"农业联盟"、"德意志民族店员联盟"，"德意志大学生反犹联合会"，以及臭名远扬的"泛德意志同盟"与"德意志祖国党"。势力最大之时，甚至有 16 位帝国的达官贵人与他们为伍。

三、德意志文化知识界右翼集团的反犹主义

在德意志帝国时期，一直获得稳步发展的还不是那种由于经济

___

① Kurt Schreinert, *Theodor Fontane：Briefe III*, Berlin：F. Fontane Verlag, 1969, S. 58.
② Ismar Elbogen und Eleonore Sterling, *Die Geschichte der Juden in Deutschland*, S. 255.

原因而触发起来的反犹主义，而是来自文化知识界右翼集团的反犹主义。从严格的经济地位上讲，文化知识界成员也属于中产阶级的范畴。这个领域里的成员是可能为任何一个阶级的利益服务的，而这一点往往取决于他们的出身、经历以及思想体系的影响。最极端的反犹主义出现在这个领域中的右翼集团里，与他们有特别多的犹太同行有关。没有这些竞争者，他们无疑会过得更好。但最为关键的原因还在于，这个集团传统的文化观念受到了知识界先驱者们的挑战，而相当部分的犹太人是属于这个先驱者阵营的。

在这里还需要说明的是：德国有长期分裂的历史和封建传统，正是在法国大革命的冲击和拿破仑占领之后，在德意志民族自尊心遭受了严重挫伤之后，德意志人才开始去完成民族统一的任务的。然而，在文化知识界的右翼思想家那里，"民族"这个概念从来就不是作为一种政治意义上的表达，而是作为某种在语言、文化、传统上具有"独特天性"的东西来理解的。由于他们想用"生活方式相同的德意志人之间的自然联盟"的德意志模式来对抗"自由人之间的政治联盟"的法兰西模式，所以他们追求的不是什么"自由"、"平等"、"博爱"，不是对政治社会关系进行彻底的变革，而是本民族的统一、强大、影响和权力，以及重建所谓德意志的"传统美德"。这样，在1871年帝国建立后，在这些自诩为德意志民族文化传统的"价值精英"，而在文化观念上还基本是乡村式的"思想家们"那里，不仅犹太人社会地位的提高被视为敌对民族的思想——1789年法兰西革命思想——在德意志社会渗透的结果，而且连他们所反感和仇视的一切东西，如现代城市文化，包括现代戏剧、无调性音乐、现代建筑风格、绘画和文学中的表现主义，以及西方个人主义、自由民主主义、阶级斗争和共产主义，都与犹太人相提并论了。

这个集团的成员又可以分为两派：即右翼保守派与右翼激进派。1890 年以前，在这个集团中占优势的是前者，他们大多来自容克贵族家庭，并往往与皇室有着较密切的联系。他们极力主张建立"基督教民族国家意识"，因而又与中世纪的宗教反犹有着千丝万缕的联系。

在德意志帝国建立后的头 10 年时间里，俾斯麦政府是与自由主义者结盟的，与此同时，为了"政教分离"的需要，采取了反教会的政策，因此，右翼保守思想家是处于守势的。但是到 19 世纪 70 年代末，当经济危机的尖锐化导致了帝国政治上的自由主义方案被保守主义方案所取代时，他们建立"基督教民族国家意识"的要求获得了发展的机会。由于这种意识中所宣扬的对"德意志民族特性"、"文明教养"的赞扬有利于使广大民众忘掉他们所受的压迫形势，特别是非犹太中产阶级中普遍的仇犹情绪也能在这种意识中找到一种政治上的寄托，因此，利用反犹主义来驯服工人运动、巩固中小资产阶级对皇室和旧式传统忠诚的重要性在社会上显示出来。在这种背景之下，1879 年容克贵族思想家、柏林大学的著名历史学家海因里希·冯·特莱契克（Heinrich von Treitschke）头一个说出了保守派们的心里话："犹太人是我们的不幸！"①

特莱契克并没有在犹太人洗礼改宗和文化"同化"的问题上提出疑问，但他宣称："我们并不想在日耳曼文明的千年之后来一个'德意志—犹太混合文化'，因此，必须规定，犹太人要么无条件的德意志化，要么滚出去！"并且号召："必须在唯一神圣的民族文化上加速征服。"② 在这里，犹太少数民族已经不是被指控为经济上的

---

① Walter Boehlich（Hrsg.），*Der Berliner Antisemitismusstreit*，Frankfurt am Main：Insel-Verlag，1965，S. 11.
② Bernd Martin und Ernst Schulin（Hrsg.），*Die Juden als Minderheit in der Geschichte*，S. 255.

"犯罪集团"，而是被作为"外来文化的异体"，并因此被作为这个年轻帝国的远久性的威胁来看待了。这种观念不仅在容克——大资产阶级的保守党中，而且在天主教的中央党中都引起了共鸣，以致它们也开始玩弄起反犹把戏，并在中产阶级中拉选票了。

随着俾斯麦的下台和威廉时代（1890—1918）的到来，工业革命的社会效果充分显示出来。在现代化经济强有力的推动下，社会力量的多元化以及集团利益开始登上政治舞台，从中得到好处的首先是资产阶级民主主义以及社会上的合法关系，它们获得了更多的"机会均等"。当然，这种机会也是能够为右翼激进的知识分子们所利用的。而且，由于《非常法》的废除，社会民主党人更加快了这种变化的速度。一个有组织的妇女解放运动也登场了，大量"公民倡议"在公众中不仅提出了对帝国统治的种种批评，而且提出了对国家政治进行改革的种种方案。因此，工业化开放性社会形态对帝国旧式的大农庄社会结构的挑战性处处显示出来。在应付这种挑战方面，鼓吹"基督教民族意识"的右翼保守派已经日益显得力不从心了。

与此同时，德意志帝国的外交形势变得更加复杂。在帝国主义列强分割地球的竞争中，为了"阳光下的地盘"，冒险主义变得更为明显。欧洲"旧世界"的分裂以及美洲"新世界"的威胁性之影响是全面的，它使扩军备战的要求显得更为紧迫。这就必须有一种能在德意志民众眼睛里证明这种扩军努力是合理的意识形态。由于同属于"白色人种"的西方列强在宗教上有着与德国基督教同源的性质，因此，在这方面，"基督教民族意识"便显得无济于事了。另一方面，技术和组织上的进步和变化，使得对社会发展趋势进行调整成为可能，而19世纪90年代重新出现的经济繁荣和高涨，也确保了德意志社会中的种种大胆尝试。所有这些都使得"要求更多民族团结"的意识获得了一种进攻性的态势，同时也为文化知识界中宣扬"日耳曼种族优越论"的右翼激进派的反犹主义发展创造了条件。

右翼激进派成员往往有这样的社会背景，他们大多是来自中产阶级家庭的人文学科的大学毕业生。①犹太大学生就学率的超比例，本身就使他们在就业前景中面临了与犹太文人激烈竞争的局面；而犹太人在文化思想界的进步角色，更使他们的自尊心受到了严重的挫伤。因此，在从事文化职业的同时，他们往往通过激进的反犹来谋求政治上的生涯。正是这些人，在源源不断地为反犹政党和组织提供着政治和理论上的指导者。

尽管激进派与保守派的反犹主义同样具有反社会主义、反自由主义、反现代主义的特点，但是在保守派那里，反犹还只是作为一种捕捉选票的工具来使用的，而在激进派这里，"解决犹太人问题"始终都是他们的真实目标。在他们看来，犹太民族是不可能获有"种族来源与血缘关系上是德意志民族成员"的证明的。因此，他们所鼓吹的民族主义，导致了以种族界限为标准的划分"朋友—敌人"的政治大退化。

在这场政治大退化中，海因里希·克拉斯（Heinrich Claβ）是作为一位"划时代的人物"出现的。这位特莱契克的学生、"泛德意志同盟"的领袖，表达了对老一辈人身上的"宽容精神"和"人道主义"的愤慨。当一位82岁的同乡老人向他表示，他是将犹太人看作与自己一样平等的同胞时，克拉斯这样对他说："我们年轻人是要进步的……当宽容在善待民族和国家的敌人时，我们并不想从这种宽容中学习任何东西。我们将抛弃这个意义上的每一种自由主义观

---

① Helmut Berding, *Moderner Antisemitismus in Deutschland*, S. 112.

念中的人道主义!"①而且他还公然宣称:"所有那些从法国大革命中
所产生出来的,以及由自由主义、社会民主主义所体现和宣传的东
西都应抹掉!"②他们的反犹主义已无须再用宗教、文化、经济上的
理由来遮遮掩掩,它现在直接的理由就是人种上的理由,即所谓"人
和种族的不可改变的天然属性"。

正是这种与种族主义的结合,使德意志的反犹主义完成了由旧
式传统向新式现代的划时代转折。因为这种具有反启蒙主义、反理
性主义色彩的、为人类不平等进行公开辩护的教义已经彻底否定了
环境和教育的因素,因而也就否定了任何"同化"的可能性,更不
要说被作为"民族和国家的敌人"的犹太人获得"解放"的可能性
了。在特莱契克那代人的"同化"运动中还起一点作用的"和解精
神",在克拉斯这代人身上已经完全枯死了。

马克思主义的政敌、柏林大学的编外讲师欧根·杜林(Eugen
Dühring)此时发表了名为《作为种族、习俗和文化问题的犹太人问
题》一书,为这场现代反犹运动提供了伪科学的根据。他大骂:"毫
无创见、文化上毫无价值可言、狂放不羁、自私自利的犹太人处于
种族阶梯的最下层,其下流本性几乎不耻于人类。犹太人事实上是
所有民族的敌人,首先是德意志民族的敌人。拯救德国的办法在于
坚持不懈地进行首先是反犹太同化和解放的斗争。"③与此同时,这
些"理论家们"以同样重的分量极力描述所谓人类最上等的种族——
雅利安日耳曼人的等级与创造才能。赫斯通·施特瓦尔特·张伯伦
(Houston Stewart Chamberlain)在他那部浅薄拙劣的作品《十九世纪

---

① Heinrich Claß, *Wider den Strom*, Leipzig: Köhler Verlag, 1932, S. 17.

② Bernd Martin und Ernst Schulin (Hrsg.), *Die Juden als Minderheit in der Geschichte*, S. 258.

③ Eugen Dühring, *Die Judenfrage als Rassen-, Sitten-und Culturfrage: Mit einer weltgeschichtli-chen Antwort*, Karlsruhr: H. Reuther Verlag, 1881, S. 32.

的基础》中这样写道:"条顿民族是人类命运真实的安排者和指挥者,是新思想和原始艺术的创造者。我们今天所有的文明和文化都是一个特定的人种——日耳曼人的杰作。"①总之,这些作品创造出一种反命题,在其中,犹太民族仅仅只是作为日耳曼民族理想模式的对照物来出现的。即他们认为:犹太人毫无根基,而日耳曼人土生土长;犹太人依赖于外部的法律,而日耳曼人在习俗上是独立自主的;犹太人满脑袋只有商业意识,而日耳曼人的所作所为都具有思想深度,犹太人喜欢的只是流于表面的无所事事,而日耳曼人则具有扎根家乡的历史固定性,以及由此产生出来的富有创造性的个性。

随着社会达尔文主义在德国的泛滥,政治思想上的生物化倾向在现代反犹主义中成为强有力的因素,以致这些反犹理论家们认为,不仅犹太人与非犹太人之间的障碍从原则上讲是不可逾越的,而且绝对优秀种族与绝对低劣种族之间的战争也自然是不可避免的。因此,他们叫喊:"这场生存竞争是民族之间根据自然法则所必然要进行的。"并主张"首先必须清除低质、危险的犹太因素"。②1890 年赫尔曼·阿尔瓦尔德(Hermann Ahlwardt)发表了《雅利安民族与犹太人最后的斗争》一书。此人于 1895 年在帝国议会的讨论中,竟头一个将所有犹太人称为"掠夺性的野兽"和"霍乱病者"③。所有的反犹文章都少不了这样的警告:"犹太人企图统治世界,并首先对德意志进行征服。"与此同时,反犹的具体行动计划也开始被设计出来。克拉斯在这方面也是最出名的人物之一,他在1912 年出版的《假如我是皇帝》一书中提供了剥夺犹太人财产和权

---

① Houston Stewart Chamberlain, *Die Grundlagen des 19. Jahrhunderts*, München: Fink Verlag, 1899, S. 7.

② Hermann Graml, *Reichskristallnacht*, *Antisemitismus und Judenverfolgung im Dritten Reich*, S. 77.

③ *Ibid.*, S. 79.

力，将犹太人全部逐出德国的措施表。而卡尔·帕希（Karl Paasch）在这方面超越了他。此人在《反犹明镜》（*Antisemiten Spiegel*）杂志上发表的文章中这样写道："最简单、最实际的解决犹太人问题的方法，无疑在于将犹太人消灭掉！这是合乎逻辑的目标，因为驱逐并不能解决问题，犹太人还会在另外的国家发挥影响。"① 而这正是1933 年后希特勒纳粹德国所要达到的反犹目标！

总之，来自文化知识界右翼集团的现代反犹主义是一种既顽固又反动的意识形态。它不仅能通过经济危机来扩大其社会基础，而且能通过经济繁荣来得以加强，因而能在德国以后的剧烈政治变迁中保留下来，并最终发展成为纳粹主义世界观的核心内容。

四、德意志犹太人在德帝国继续生存下去的理由

人们一定会问：既然反犹主义在德意志社会已如此地有市场，那么究竟是什么因素在支持着德意志犹太人在德帝国继续生存下去的呢？

除了左翼自由主义者以及受社会民主党影响的广大工人阶层不反犹外，一个更重要原因在于：在德意志帝国时期，权力不在政党集团手里，而是在君主和贵族手中，以及由他们所操纵的官僚机器手中。尽管帝国宪法形成了一种"人民代议制"，允许言论、结社自由（除《非常法》曾禁止过社会民主党外），但这种体制是不允许政党集团竞争最高权力的。

需要进一步指出的是，帝国政府拒绝激进的反犹主义方案的原

---

① Hermann Graml, *Reichskristallnacht*, *Antisemitismus und Judenverfolgung im Dritten Reich*, S. 79.

因，不在于它所鼓吹的"日耳曼种族优越论"在对外政治上的作用，也不在于它反社会主义、反自由主义的特点，而在于这种方案同时还具有强烈的反保守主义的特点。反犹激进派公然将矛头指向了现存的权力关系和保守党，最后是整个社会秩序，而这种秩序主要是对容克大地产主和工业大企业家们有利的。他们"要求取消普鲁士的三级选举制和实行累进税制"，并企图"将所有反帝国秩序的反犹民众集合在共同的旗帜之下"[1]。这种方案就连保守的反犹主义者也不能接受。因此，统治集团中有人认为："对它的让步必然会导致对整个德国的战争。"[2]

另外，俾斯麦和威廉二世仍然是搞"开明专制"的，这种"开明专制"的特点就在于"吸收一切可能有用的东西，来维护和加强皇帝的统治"。尽管威廉二世本人也对犹太文人在文化生活中的进步角色表示反感，但是，他看到了近 4/5 已进入到纳税等级的犹太人对德意志帝国经济发展的积极作用，尤其在增加军备变得日益紧迫的情况下，他很自然地得出了与俾斯麦同样的结论："犹太人的益处大大超过了他们的危险性。"[3]并认为激进的反犹主义"太幼稚了！"[4]

在犹太人问题上，国家当局采取了"貌似中立的立场"。尽管政府一再声称坚持 1871 年帝国宪法中所规定的"不同宗教信仰的国民享有平等权利"的立场，也从未对任何反犹方案表示过公开的支持，但还是在实践中对保守的反犹主义采取了半接受的态度。一方

① Helmut Berding, *Moderner Antisemitismus in Deutschland*, S. 105.
② Paul W. Massing, *Vorgeschichte des politischen Antisemitismus*, Frankfurt am Main: Europäische Verlag-Anstalt, 1959, S. 113.
③ Hermann Greive, *Geschichte des modernen Antisemitismus in Deutschland*, Darmstadt: Wissenschaftliche Buchgesellscgaft Verlag, 1988, S. 32.
④ Helmut Berding, *Moderner Antisemitismus in Deutschland*, S. 139.

面，国家保证了犹太人与所有国民一样的人身自由和私有财产权，
并在反犹事件中出动军警给予保护，而另一方面，国家却拒绝向未
改变信仰的犹太人提供国家公职，所有体现国家权威的岗位和职业
都是对犹太人关闭的。犹太人受排挤的现象在军队中表现得最为明
显。在普鲁士的德国，与军队的关系决定着通向国家领导的生涯，
而犹太人，无论他是否改变了宗教信仰，连个预备役中的少尉都不
能担任。当然，对于犹太人想成为具有犹太教信仰的德意志国民的
愿望，威廉二世还是表示了尊重。例如："在柏林市法萨仑大街上的
犹太大教堂，采取了古典式的给人印象深刻的外观，它的婚礼厅内
嵌着宝石的瓷砖正是由威廉二世的私人瓷器制作师设计的。"[1] 它成
为犹太人在法律上受到保护、经济上富裕的象征。因此，尽管犹太
人在军队和学校里受到了种种歧视，也看到了自己是明显地被排除
在有权有势的圈子之外的，但他们仍然认为自己在未来的生涯中是
有前途的，也是能指望在与日耳曼人的冲突事件中得到国家的保护
的。德意志犹太人正是在这种"开明专制"的精神中找到了在德国
生活下去的理由和保证。

　　当第一次世界大战爆发时，犹太人的从军热情之高也是这方面
的一个极好证明。参军的德意志犹太人总计达 10 万之众，即 1/6 的
犹太人上了前线，其比例丝毫不低于非犹太人。德国军队中最年轻
的志愿兵是 13 岁的犹太人约瑟夫·齐帕斯（Josef Zipels），帝国议会
中的第一位志愿兵是有犹太血统的社会民主党人路德维希·弗朗克
（Ludwig Frank）。他们的口号是："正因为我们是犹太人，所以我们
要为祖国尽更多的义务！"[2]

---

[1] Bernd Martin und Ernst Schulin（Hrsg.），*Die Juden als Minderheit in der Geschichte*, S. 263.

[2] Sigbert Feuchtwanger，*Die Judenfrage als Wissenschaftliches und Politisches Problem*，Berlin：Carl Heymann Veralg，1916，S. 65.

因此，在德意志民族运动扭曲离奇的过程中，出现了一种似非而是的形势，即极端的非自由主义的德国现代反犹主义，当它想在政治上贯彻其纲领、享受其权力的时候，它需要这个"开明专制"的君主制国家的崩溃，以及权力向一个"自由"、"民主"的议会政党制的过渡，作为它绝对必要的前提。而德意志帝国在第一次世界大战中的战败，恰恰为这种发展铺平了道路。

德意志帝国时代反犹主义的发展是与犹太少数民族的经济、文化、社会地位迅速提高直接发生关联的。这场反犹运动不仅有着宗教迷信和传统偏见上的根源，更是对社会超强变化的压力作出的反应之一。这种压力是从工业革命以及资本主义商品经济的迅速发展中释放出来的。非犹太中产阶级在与犹太同行的激烈竞争中所触发起来的反犹主义，是可以随着经济形势的波动而时落时涨的，然而，作为对这种压力的否定式回答，来自非犹太文化知识界右翼集团中的激进的反犹主义，采取了与反启蒙精神的种族主义、非理性的民族主义结合的形式，从而完成了从旧式传统的宗教反犹到新式现代的种族仇犹的划时代转折。由于这种现代反犹主义的力量是以"捍卫民族和国家"的冠冕堂皇的名义来行事的，因此，它既能通过经济危机在社会上扩大基础，又能通过经济繁荣来得以加强，因而能在德意志政治和社会发展的联系中保留下来。最后，这种现代反犹主义，带着19世纪"德意志民族文化传统"的体面烙印，走进了第一次世界大战，并极大地影响了德意志历史在20世纪的前半期。

德意志帝国时代的反犹主义还没有成为国家力量，但帝国政府的犹太人政策导致了这种局面。一方面，它使犹太人走上"同化"和"解放"之路成为可能，但同时也使社会上的反犹思潮和政治上的现代反犹力量的公开发展成为可能。另一方面，它又使犹太人的真正解放成为不可能，但同时也使那些反犹力量问鼎最高权力成为不可能。

　　在第一次世界大战中，现代反犹主义在很短的时间里就发展成为德意志民族主义意识形态的一部分了。随着德意志帝国战争胜利前景的动摇，这种民族主义所极力鼓吹的"内部更加统一化"，只能导致这样的社会发展趋势：德意志人越是"德意志化"，犹太人就越是"异体化"。虽然这种民族主义的极端化发展还要走过魏玛共和国的历程，但是在"魏玛道路"的尽头，就是德意志犹太人以及欧洲犹太人的大难临头之日！

　　　　　　　　　　　　（原载《武汉大学学报》1991 年第 6 期）

德意志"福利国家化"政策的起源及意义

德国是资本主义世界中福利制度的开创国,也是当今世界上最大的"福利国家"。为什么自从 1883 年以来,尽管德国经历了那么多的危机、战争、灾难和那么多的政治败落和转折,而它的福利制度却能一直保持它起源时的标志,并能根据它最初的原则不间断地得到发展呢?要回答这个问题,人们就必须首先探讨德意志"福利国家化"政策的起源及其意义。

一、德意志工业化进程与"社会裂变"

德意志"福利国家化"政策的起源,是与这个社会从封建农业经济结构向资本主义工业经济结构的转型,以及"工业无产者问题"联系在一起的。自 1807 年以来,在法国政治大革命和英国工业大革命的冲击之下,普鲁士容克贵族"自上而下"大改革的实施以及"农民解放"、"城市自治"、"就业自由"、"废除行会限制"等法令的公布,不仅在德意志人口中唤起了一种经济自由主义的冲动,从而极大地推动了生产力的发展,而且也意味着德意志传统社会关系"大裂变时代"的到来。

传统价值标准的动摇，旧有社会联系的崩溃，是与新的工业生产关系的转变、来自农村的人口大规模移动联系在一起的。自由放任的资本主义经济，使技术性生产资料的占有者能充分利用企业主所有权，单方面地对收入和财产分配施加有利于己的决定性影响，从而大大加速了两极分化。因此，工业繁荣不断产生出越来越多的"失去了等级"、仅靠工资为生的无产者。

固然，漫长的劳动时间、低微的酬劳、超经济的剥削在封建农业经济时代里早就存在，但在当时，由于植根于"服从"义务上的"国家观念"，在生产者的头脑中，所有这些都是被视为"命运"的安排而不得不忍受的。而现在，"资本主义经济对新的自由、个性理想原则的承认，使得即便是同样事实也变得不堪忍受了"①。

在过去的乡村社会里，本身存在着一种农业社会的安全机制，它是由容克贵族农庄的父长制和等级制、普鲁士宗法制度中的慈善机构，以及团体性的社会秩序所共同组成的，它为可能发生的灾难性局势提供了一种预防性的措施。而现在，随着自由资本主义经济的发展，不仅这一安全机制在乡村生活中已不断萎缩和丧失，而且对于那些脱离乡村进入都市化生活的工业无产者来说，一种工业社会安全机制是从来都不存在的。②更何况，随着工业化的进程，生产过程的危险性，生产者生存的无保障性已大大加剧了。

在这个工业化发展的最初阶段里，"工业新机械完全缺乏足够的安全装置，使得技术失误造成的工伤事故变成了一种日益增长的危

---

① Friedrich Lütge, *Deutsche Sozial-und Wirtschaftsgeschichte*, Heidelberg：Springer Verlag, 1979, S.499.
② Peter Koslowski / Philipp Kreuzer / Reinhard Löw（Hrsg.）, *Chancen und Grenzen des Sozialstaats*, Band I, Tübingen：J. C. B. Mohr Verlag, 1983, S.42.

险"①。工人的工资收入不仅受着经济形势的影响，而且由于随时可能发生的失业，其来源也毫无保障。涌入城市的大规模人口移动又造成了日益紧迫的住房问题。与此同时，疾病、工伤残疾、老龄等问题对产业工人的生存来说已显得越来越具有威胁性了。

农业社会的那种"共同体文化"消失了。资产者狂热的"拜金主义"仅仅只能使无产者群众更深切地感受到自身的贫穷。严酷的经济事实意味着他们不过是劳动力的载体，不存在对他们自由、尊严、个性的任何承认，不存在人与人之间任何合乎道义的约束，只有冷酷无情的现金交易。

1844 年西里西亚的织工起义，标志着德意志无产者已形成自己的阶级意识并开始奋勇反抗。马克思主义的诞生进一步推动了德国工人运动的发展。各种各样的工人组织纷纷建立。1863 年，斐迪南·拉萨尔组织起全德第一个工人独立的政治组织"全德工人联合会"。1869 年在埃森纳赫，奥古斯特·倍倍尔（August Bebel）、威廉·李卜克内西（Wilhelm Liebknecht）将自己领导的"德国工人协会联盟"与"全德工人联合会"合并，组织起德国工人阶级的政党——"德国社会民主工党"。该党将政治斗争的矛头直接指向了现存统治秩序。

工人运动的发展不仅标志着德意志社会出现了新的政治力量，而且也意味着"社会裂变"造成的压力已危及现存统治秩序。它迫使这个国家的统治者最后不得不去进行一场新的社会组织化的转型。"福利国家化"政策正是作为这种新的社会组织化的重要内容才出现的。

① Jürgen Mirow, *Geschichte des Deutschen Volkes*, *Von den Anfängen bis zur Gegenwart*, Gernsbach: Casimir Katz Verlag, 1990, S. 676.

二、德意志"福利国家化"思想的形成

最先提出应对这场"社会大裂变"施加一种有控干预的并不是容克国家的最高统治者，而是一批在政治上具有敏感性的官僚、学者、企业主和神职人员。

在德意志，官僚与学者阶层，这两个不直接占有生产资料的社会集团，是被格奥尔格·威廉·弗里德里希·黑格尔（Georg Wilhelm Fridrich Hegel）作为"国家理想主义的载体"、"现代国家的普遍阶层"来看待的。官僚阶层的成员绝大多数是受过良好的大学教育、具有强烈的理性主义色彩的容克世家子弟。他们以"国家整体利益的辩护人"、"超党派公益的保护者"自居。[①]"社会裂变"并导致工人运动的发展是与这些官僚改革派们的愿望相反的。尤其是那些直接与社会发生接触的地方管理部门的官僚，对这种"社会裂变"可能导致的统治危机最为敏感，他们认识到："国家与社会应用足够的手段来阻止贫困的尖锐化，以维系现存关系的稳定"，并极力主张："国家当局应在抛开了旧有的开明专制主义的'整体福利'之后，重新返回来承担某种程度的社会义务。"[②]

学者阶层的绝大多数成员，从不将自己理解为属于哪个固定的阶级，而是以"真理的化身"、"民族文化的载体"自居的。那些既不占有生产资料也不支配国家权力的大学教授们，认为自己"可以去充当资本与雇佣劳动之间的调解人"。[③]加之当局的各级官员往往不是他们的同学，就是他们的学生，这又使他们认为，他们的理想

---

① Nipperdey, Thomas, *Nachdenken über die deutsche Geschichte*, München: C. H. Beck Verlag, 1986, S. 48.

② Rüdiger vom Bruch, *Weder Kommunismus noch Kapitalismus*, München: C. H. Beck Verlag, 1985, S. 23.

③ Rüdiger vom Bruch, *Weder Kommunismus noch Kapitalismus*, S. 62.

可望通过这种与官僚阶层的天然联系来实现。所有这些，都唤起了他们愿为缓解这场社会裂变而主动承担社会义务的极大热情。因此，当他们看到"无产者日益增长的骚动会将整个现存统治秩序带入危险的激流之中"时，他们主张："部分调整现存社会经济结构，平衡现存社会集团之间的不平等，并使社会重新结成一个整体。"①

作为资本拥有者的企业主则主要根据切身经济利益的需要来作出反应。当"社会问题"尖锐到工人的罢工能经常性地中断生产过程，并影响到他们利润的获取时，他们往往倾向于作出某种让步。"这种让步是由生产政策上的必要性、工人再生产能力的维持、生产效率对利润的赚取关系等来决定的。"②至于是否作出让步或作出多大让步，则往往取决于罢工威胁性的程度、资产者财力的大小。因此，在德意志，恰恰是那些最大的、也是财力在日益壮大的工业巨头们首先打算在工矿企业中"办福利"，并将其视为"对付工人暴动的社会保障的前提"。③相反，那些正处于资本与雇佣劳动两极分化磨石之间苦苦挣扎而自顾不暇的中小企业主们，却对工人的罢工听之任之。

基督教的"君权神授"观念是与专制国家"无冲突的理想社会"的观念牢固联系在一起的。在神职人员对"社会裂变"的敏感反应中，不仅有对工业技术现代化的反感和对现代"大城市文明"的厌恶，而且更有对"拜金主义"狂潮带来的道德沦丧的痛心疾首。但其中最起作用的，还是经济现代化所导致的两极分化，以及

① Erik Böttcher（Hrsg.），*Sozialpolitik und Sozialreform*，Tübingen：J. C. B. Mohr Verlag，1957，S. 20.
② Wolfgang J. Mommsen und Wolfgang Mock（Hrsg.），*Die Entstehung des Wohlfartsstaates in Großbritannien und Deutschland*，*1850—1950*，Stuttgart：Klett-Cotta Verlag，1982，S. 142.
③ Jochen Struwe，*Wachstum durch Sozialpolitik. Wie Sozialpolitik Wachstum und Wohlfart fördert*，Köln：Band-Verlag，1989，S. 39.

这种两极分化正在日益加快的"非教会化"和"非基督教化"。因为当作为教民的产业工人无论怎样通过"虔诚的祈祷上帝"和"内心生活化"也无法改变自己不堪忍受的境遇时，他们当中相信"上帝救世主"的人便越来越少。因此，特别是城市中的神职人员，普遍赞成"进行一场反贫困的十字军远征，并在社会上重建基督教信仰的统治地位"①。

在对 1844 年"西里西亚事件"的反应中，这批最具政治敏感性的官僚、学者、企业主和神职人员自发组织起一个分支遍布普鲁士的"劳工福利中央协会"。他们企图依靠普鲁士国家的传统、基督教的社会伦理以及"个别企业家的首创精神"中的社会改革潜能，来防止威胁到现存统治制度的社会革命。他们提出的改革方案是"设立地方性、储蓄性的保险金库，建立医疗金、残疾—抚恤金保险机构，并在德意志人口中广泛宣传'公益'知识"②。

尽管这个组织的成员大多是用"前工业化时代"的价值尺度和观念水准去看待贫困化问题的，但由于他们"自由主义"的结社形式，以及部分知识分子成员甚至与在海外的卡尔·马克思、弗里德里希·恩格斯（Friedrich Engels）有通讯往来，因此，该组织连同它的不过是维护现存统治秩序的补救性方案，立即遭到了普鲁士内政部粗暴的干涉。这使他们感受到，"一种无阶级冲突的市民社会的蓝图，看来在一个坚持非自由主义原则、具有权威凝固化特点的政府之下是不可能达到的"③。因此，毫不奇怪，这个协会中的大量成员，尤其是知识分子成员，不仅参加了 1848 年的资产阶级民主革命，而且在其中扮演了重要角色。

① Lorenz von Stein, *Der Sozialismus in Deutschland*, Darmstadt: H. Pittmann Verlag, 1974, S. 46.
② Rüdiger vom Bruch, *Weder Kommunismus noch Kapitalismus*, S. 29.
③ Lothar Gall, *Liberalismus und bürgerliche Gesellschaft*, Köln: Hanstein Verlag, 1976, S. 166.

　　1848 年革命的失败，50 年代工业化进程的划时代突破，1871 年普鲁士容克贵族政治家奥托·冯·俾斯麦（Otto von Bismarck）领导下的建立德帝国的统一战争的最后成功，使德意志资产阶级再度由革命转向了改良。这种历史发展在思想界和学者阶层中导致了"讲坛社会主义"（KathederSozialismus）的出现。

　　"讲坛社会主义"作为这场改良运动的指导思想，是以 19 世纪60 年代末的那场经济学界的"思想突破"为基础的。这场"突破"所表达的不仅有对无产者革命的恐惧，而且也有对曼彻斯特自由放任主义、绝对利己主义的尖锐批评。"讲坛社会主义者"们强调："如果要在各种不同的民族经济中走一条在历史上、经验上能得到证实的独立发展道路，那么德意志就应该走一条以新教伦理道德原则、公共福利和社会公正为方向的文化国家的发展道路。"[1]对于这一点，马克斯·韦伯（Max Weber）后来指出："那些最后造就了资本主义的东西是理性的技术，理性的法律，但还不仅仅是这些东西，还必须有如下的东西做补充：即理性的思想，理性的生活方式，理性的经济上的伦理道德。"[2]"讲坛社会主义"在德意志历史上首次提出了"民族共同体"以及"文化民族"的概念，并从中导出这种观点："维持现存社会、经济、国家秩序的健康发展，仅仅只能通过改革的道路来达到。在今天的社会危机中，真正的危险不在于出现了经济上的变化，也不在于出现了新的阶级，而在于民族的文化和权利地位受到了这种发展所伴随的革命的危及，必须用改革来避免革命！"[3]这一观点得到了保守主义者与自由主义者们一致赞同。

---

[1] Rüdiger vom Bruch, *Weder Kommunismus noch Kapitalismus*, S. 63.

[2] Johannes Winckelmann, *Die protestantische Ethik*, Gütersloh: Gütersloher Verlagshaus, 1981, S. 360.

[3] Rüdiger vom Bruch, *Weder Kommunismus noch Kapitalismus*, S. 62.

　　"讲坛社会主义者"们于 1872 年建立起来的"社会政策协会"，是一个除了"德国社会民主工党"以外的所有政党都有其成员参加的社团组织。在这个协会的影响下，一些地方管理部门的官僚开始在自己的管辖区内建立起公益性、合作性、地方性的保险机构，并开始修建工人住宿区。基督教教会也开始建立起"慈善同盟协会"、"内心使命协会"之类的救济机构。① 而少数企业主，尤其是那些更大的经济巨头，如克虏伯、施图姆、施汀纽斯、博尔西吉、阿贝等，不仅设立了企业辅助性保险机构，还开始实行"带薪假日"制，开办托儿所、工人食堂、工人医院，并建造起工人住宿区。② 对工伤事故造成的个人损害承担处理义务的制度，也开始在大型厂矿中实行。"但由于这种制度是将工人的技术失误所造成的伤残归于工人自身的责任的，因此，在这些企业中，80％的工伤事故并未得到担保。"③ 更为重要的是，所有这些私人性保险机构的建立仅仅取决于少数雇主的自愿，它根本不可能为所有的工人提供一种最低限度的生存保障。

　　面对这种局面，"社会政策协会"纲领的设计者、柏林大学经济学教授阿道夫·瓦格纳（Adolph Wagner）认为："必须动用国家法律的强制性规定来推行一项'福利国家化'政策。"他极力主张实行一种"国家社会主义"。④ 这表明"讲坛社会主义者"已开始越过"中央协会"的"福利私人地方化"的补救性方案，迈向了"福利国家化"的新社会组织方案。但这种方案能否实施，不仅取决于帝国最高当局的态度，而且也取决于这个帝国内各种政治力量能在多大程度上达成妥协。

---

① Otto Heinrich Müller, *Deutsche Geschichte*, Frankfurt am Main: Hirschgraben-Verlag, 1950, S. 195.

② Friedrich Lütge, *Deutsche Sozial-und Wirtschaftsgeschichte*, S. 528.

③ Jürgen Mirow, *Geschichte des Deutschen Volkes*, *Von den Anfängen bis zur Gegenwart*, S. 676.

④ Rüdiger vom Bruch, *Weder Kommunismus noch Kapitalismus*, S. 66.

三、德意志"福利国家化"政策的开端

国家最高当局通过"福利国家化"政策来阻止"社会裂变"的决心，是在 1871 年德帝国统一之后由以下因素促成的：

首先，1869 年"德国社会民主工党"的成立、1871 年法国巴黎公社起义的发生，引起了俾斯麦对无产者革命夺权的恐惧。尽管俾斯麦也曾在 1867 年《北德联盟宪法》和 1871 年《德意志帝国宪法》中满足了工人在普选权上的要求，但这并未能阻止"德国社会民主工党"的发展。

其次，1873 年开始的那场漫长的经济危机和萧条（1973—1896）加速了两极分化的"社会裂变"。国家当局过去一直坚信："德意志社会在工业化进程中是能够维持一种稳定和谐的自然秩序的，也是能够通过那只'看不见的手'有目的的支配作用来对市场进行自我调节的。"[①] 然而，这场危机和萧条却使经济自由放任的弊端进一步暴露出来，以至于国家当局的这些信念发生了严重动摇。帝国宰相奥托·冯·俾斯麦感到："公益再也不可能通过经济上的绝对自由、自我决定的手段、国家的克制，而只能通过再度加强国家的主动性措施才能达到了。"[②]

再者，阿道夫·瓦格纳的改革纲领鼓励了宰相采取行动。[③] 瓦格纳仔细研究过马克思的《资本论》，并认为"社会民主工党"的绝大多数理论是"有道理的"。更为重要的是，这位宰相府中的常客向

---

① Jochen Struwe, *Wachstum durch Sozialpolitik. Wie Sozialpolitik Wachstum und Wohlfart fördert*, S. 36.

② Peter Koslowski / Philipp Kreuzer / Reinhard Löw（Hrsg.）, *Chancen und Grenzen des Sozialstaats*, Band I, S. 47.

③ Hermann Kellenbenz, *Deutsche Wirtschaftsgeschichte*, Band II, München：C. H. Beck Verlag, 1981, S. 245.

俾斯麦宣扬的改革目标是与容克国家的内外政策目标完全一致的，即"通过解决社会问题来巩固现存统治体系，通过建立福利国家来达到这个民族国家对全体国民的'一体化'"[1]。通过与俾斯麦思想上和私人关系上的接近，瓦格纳的"国家社会主义"思想深深影响了俾斯麦，以至于在两次内容相同的表态中，俾斯麦使用的完全是"瓦格纳式"的语言："只有现在进行统治的国家政权采取措施，方能制止社会主义运动的混乱局面，办法是由政府去实现社会主义要求中看来合理的、并能与国家社会制度相一致的东西。"[2]

在俾斯麦看来，通过"福利国家化"政策便能在无产者中制造出忠于国家的保守主义思想。他公开声称："这种思想是随着有资格领取退休金的感情才可能产生出来的。谁可望有一份养老金，谁就比没有这种可能的人要满足得多，也好对付得多。"[3] 因此，这位"铁血宰相"开始用"皮鞭加糖块"的手法来应付这场"社会裂变"和工人运动的挑战，在用 1878 年的《非常法》来打压"社会民主工党"的同时，他也开始用社会保险上的立法来赢得工人阶级对这个国家政权的好感。

1881 年夏季的"俾斯麦提案"，揭开了一场长达两年的议会辩论拉锯战。通过国家立法来强制规定对工人实行福利保险的原则，除"社会民主工党"外，没有遭到其他政治势力的反对。在帝国议会中，"社会民主工党"议员认为："这只会使工人阶级更多地依赖于现存的国家。"[4]而大资产者利益的代表都对"俾斯麦提案"表示了赞成。克虏伯认为："我们为工人节省这些钱就是在为我们自己节

[1] Rüdiger vom Bruch, *Weder Kommunismus noch Kapitalismus*, S. 13.
[2] Dieter Ralf, *Deutsche Geschichte*, München：Max Hueber Verlag, 1985, S. 165.
[3] Hans-Ulrich Wehler, *Das Deutsche Kaiserreich*, 1871—1918, Göttingen：Vandenhoeck & Ruprecht Verlag, 1988, S. 137.
[4] Otto Heinrich Müller, *Deutsche Geschichte*, S. 196.

省。"① 而施图姆声称："正如工人服从雇主是义务一样，雇主也可以因上帝和法律的原因大大超过劳动合同的界限来关照雇员。"② 但俾斯麦想建立一种完全由帝国政府和企业主们出资、工人无须缴纳任何保险费的"帝国保险制"的计划，却由于强调"联邦主义、反对国家专权"的天主教中央党和自由主义进步党、改革党人的坚决反对而告失败。

直到1883年，第一部保险立法《医疗保险法》才在一场保守主义与自由主义的妥协中诞生出来。随后又有了1884年的《工伤事故保险法》、1889年的《老龄—残疾保险法》。所有这些法规当时都只是针对年工资收入低于2000马克的受雇者的。在医疗保险方面，雇员缴纳2/3的入会费，另外1/3由雇主缴纳，入会费平均占雇员工资的2%至3%。在工伤事故保险方面，所有的支付均由雇主单方面承担。在老龄—残疾保险方面，雇员与雇主各支付一半的入会费，这笔入会费占工人工资的1%，同时，国家对投保人每人投放50马克的帝国津贴。③ 一种涉及国家法律强制原则、社会自我管理原则、投保原则、法定标准索赔原则、组织多样化原则的"社会福利保险制"开始形成。

但是，俾斯麦用保险立法来阻止工人运动的企图并未成功。因为医疗保险公司是在没有国家参与的情况下，根据投保人的出资份额来选举管理小组的，工人有权选出其中2/3的多数，"社会民主工党"很快觉察到并利用了这一点。这样，"医疗保险公司的各种管理机构，很快变成了社会民主工党中层干部和领导人发挥实际政治

① Jochen Struwe, *Wachstum durch Sozialpolitik. Wie Sozialpolitik Wachstum und Wohlfart fördert*, S. 39.
② Friedrich Lütge, *Deutsche Sozial-und Wirtschaftsgeschichte*, S. 528.
③ Volker Hentschel, *Geschichte der deutschen Sozialpolitik*, *1880—1980*, Frankfurt am Main: Suhrkamp Verlag, 1983, S. 15.

影响力的更高级的学校和场所"①。因此,"社会民主工党"在《非常法》条件下获得了前所未有的发展。1884 年,他们只获得 55 万张选票,而到俾斯麦下台的 1890 年,已获得 142.7 万张选票。

　　威廉二世上台后,认为"皮鞭加糖块是一种愚蠢的结合"。他明确提出:"唯有废除《非常法》,保险制度才可能有助于改变工人阶级对国家的态度。"②因此,他不仅支持废除《非常法》,而且主张越过俾斯麦保险体制的界限与规模。为此,他开始大胆启用那些具有强烈的"讲坛社会主义"思想的官僚,如阿尔图·波萨多夫斯基(Arthur Posadofsky)、特奥巴尔德·贝特曼－霍尔维格(Theobald von Bethmann‐Hollweg)等人,来担任主管社会问题的内政部国务秘书,这些改革派官僚们从 19 世纪 90 年代开始,便着手制定了"星期日休息"、"禁止雇佣童工"、"11 小时工作制"、"建立劳资仲裁法庭"等劳工保护立法,并大规模修建工人住宿区。

　　"福利国家化"政策也在更广的范围内推行开来。1900 年,《工伤事故保险法》得到了扩展:"凡由于工伤事故而丧失劳动能力者,可从企业主那里得到相当于他年收入的 3 / 4 作为养老金,而过去仅为年收入的 2 / 3。"在养老保险方面,1900 年也作了新规定:"凡支付了 24 年之久投保费并年满 60 周岁的投保人可享受养老保险金,而以前的规定是必须支付 30 年之久。"1903 年,《医疗保险法》开始"对工人家属承担医疗义务",并规定:"将病人无法工作两天后支付给他的每日 2 马克保险费的有效期由过去的 13 周延长到 26 周。"1911 年新颁布的《帝国保险管理条例》中增设了《遗属保险法》。该法规定:"凡作为养老保险投保人的遗属,而自己又丧失了劳动能

---

① Volker Hentschel, *Geschichte der deutschen Sozialpolitik*, *1880—1980*, S.17.
② Hermann Kellenbenz, *Deutsche Wirtschaftsgeschichte*, *Band II*, S.246.

力者，或是其 16 岁以下的子女，每人有权享受相当于死者收入 20%
的保险费。"①

　　1911 年，帝国议会还一致通过了《职员保险法》，它不仅将社
会福利网络扩大到所有的受雇者阶层，而且也是与国家的内部战略
联系在一起的。当初，俾斯麦没有去考虑那些年工资收入 2000 马克
以上的受雇者——作为"白领"的职员。然而，自 19 世纪 90 年代以
来，随着技术与企业管理的突破性发展，以及工业结构的变动，职
员的数量在日益增长，这个阶层尽管与产业工人同样属于受雇者阵
营，却在劳动时间、劳动独立性、劳动收入上处于有利得多的地
位。作为企业主"私人官员"的这种社会存在，导致了他们向中产
阶级靠拢的社会意识。现在，帝国当局和企业主们希望通过一种特
别的保险法规来促进他们这种等级上的自傲感，这既能达到对受雇
者分而治之的目的，又能在不断裂开的两极分化鸿沟中填进一种"平
衡力量"。《职员保险法》成为这个"新中产阶级"的"出生证"，
因为该法将职员在劳动关系中优于产业工人的特权转移到社会保险
的享受待遇上去了。该法规定："用一个帝国统一的主管机关来管理
职员的保险事务。职员与雇主各缴纳一半的入会费，该会费占职员
工资收入的 7% 至 8%"，明显高于产业工人，而且"享受的保险金
额与国家官员的退休金看齐"。"职员去世后，其遗属无论有无劳动
能力，均可享受其工资的 40%。"②国家当局通过"福利国家化"
政策，将国家与人口中的特定阶层联系起来的战略，至少在职员阶
层里获得了极大的成功。至此，"福利国家化"政策已走出了它的
开端期。

---

① Volker Hentschel, *Geschichte der deutschen Sozialpolitik*, *1880—1980*, S. 28.
② *Ibid.*, S. 27.

四、德意志"福利国家化"政策的影响与意义

德帝国当局推行"福利国家化"政策最重要的动机，是传统权力精英们的"国家利益至上"原则，这项政策最初是作为反对工人运动的国家力量和传统权力因素由上推行下来的。从本质上讲，它不是为了穷人的政策，而是为了对付有威胁性的穷人的政策。

"福利国家化"政策的主要得益者首先是容克贵族和霍亨索伦王室。在容克阶级、资产阶级、工人阶级并存的复杂化局势中，"福利国家化"政策的推行扩大了工人运动与资产阶级自由主义者之间的距离，因为这些自由主义者在这种政策的推行中感受到："一个更为强大的社会民主工党，只会使容克政权更有理由以具有纳税能力的资产阶级为代价，去软化工人的反抗。"[1] 这就扫除了自由资产阶级中的开明人士与工人运动之间政治结盟的可能性。同时，这项政策的推行也对德国工人运动长期的政治方向产生了深远的影响。特别在 1890 年《非常法》废除之后，它在社会民主工党领袖人物中培养起这种意识："只要我们拥有了议会的大多数，这个国家是完全可能像贯彻资本的利益那样，来贯彻工人的利益的。"[2] 这就极大地减轻了容克贵族政权所面临的政治压力，并提高了霍亨索伦王朝的地位。所有这些效果正是这个帝国当局所期待的。这个由"前工业化的传统权力精英"们所执掌的政权，竟能在工业化发展的快速进程中死里逃生，并不断强大，直至走向第一次世界大战，其部分答案是不难在"福利国家化"政策的推行中找到的。

---

[1] Arno Klönne, *Die deutsche Arbeiterbewegung*, *Geischichte*, *Ziale*, *Wirkung*, Köln：Deutscher Taschenbuch Verlag, 1980, S. 59.

[2] *Ibid.*, S. 67.

　　"福利国家化"政策作为"避免内部冲突的战略"，[①] 也是有利于德意志的对外竞争与扩张的。正如当时的立法者们都看出的那样："人们几乎不可能从缺乏任何公正待遇、丧失安全保障、陷于饥饿的工人那里去期待必要的爱国主义。"[②] 这项政策的推行在帝国时代"民族集合化"道路上的作用与影响，也是不难在 1914 年"社会民主工党""为祖国而战"的口号中，在各德意志政党"城堡和平"的缔结中找到的。

　　当然，"福利国家化"政策还有它更为鲜明地推动现代化进程的另一面，它使德意志资本主义获得了更为旺盛的生命力。因为它的产生，既是对 19 世纪自由资本主义基本原则的一种否定，也是对自由放任的资本主义的一种克服。它的思想内核中包含着对这个事实的承认："纯粹资本主义的、自由主义的法律形式上的自由，并不能为工人阶级的生存提供真正的自由，因而必须通过这种社会福利保障去补充这种法律上的自由。"[③] 固然，这项政策的推行不可能根本解决资本主义制度的固有矛盾，但在客观上具有缓和社会矛盾的功能。因为它不是一项加剧穷人痛苦的政策，而是一项减轻穷人痛苦的政策。它毕竟在应付疾病、工伤、老龄—残疾等问题上为毫无保障的工人提供了一张"社会福利网"，这在当时其他所有的资本主义国家里都是找不到的。

　　"福利国家化"政策对生产力的发展也是有益的。它使生产过程、国民收入的分配结构以及分配的绝对量，都开始朝着有利于生产者的方向滑动，并同时使这种滑动成为生产者继续进入生产过程

---

① Hans-Ulrich Wehler, *Das Deutsche Kaiserreich*, *1871—1918*, S. 138.

② Hannsjoachim W. Koch, *Sozialdarwinlismus*, *Seine Genese und Einfluß auf das imperialistische Denken*, München: C. H. Beck, 1973, S. 127.

③ Friedrich Lütge, Deutsche Sozial-und Wirtschaftsgeschichte, S. 529.

的一种必不可少的条件。而且，一旦从国家法律上打开这个缺口，这种滑动方向便难以逆转，它将迫使统治者得不断地去调整经济社会的现存秩序。

"福利国家化"政策在客观上也形成了一种推动科技进步的社会机制。例如：企业主单独支付全部工伤事故保险金的法规，由于大量工伤事故的出现，意味着企业主必须为此支付大量金额。这种经济上的"不划算"，迫使企业主和科技工作者不断改进陈旧机械，采用更安全、更有效益的技术装备，研究安全生产措施，这无疑推动了技术的进步，促进了生产力的发展。又如，"医疗保险制度的推行，也使得医院对于工人来说，不再只是最后拖延几天生命的场所，而是名符其实的治疗机构了"[1]。由于工人的医疗和住院现已成为可能；医院"人满为患"的状况，又迫使政府和社会投资增设医学院、护士学校，增加医护人员和医疗设备，并推动医药研制和药械制造业的发展。所有这些，都无疑促进了整个社会文明的进步。

当然，所有这些进步都首先是德国工人运动的一种不断斗争的结果，其次才谈得上统治者作出的让步。就连俾斯麦后来也承认："要不是有社会民主工党，要不是有那么多人害怕他们，我们迄今为止在社会改革中已有的那些进步也就不存在了。"[2]正是在这种斗争与让步之间，我们找到了德意志"福利国家化"政策的起源。

如果说有一条德意志独具特点的现代化发展道路的话，那么"福利国家化"政策无疑是其中最为重要的特点之一。它在缓和劳资矛盾、增强民族竞争力、促进生产力发展、推动科技进步方面的特

---

① Volker Hentschel, *Geschichte der deutschen Sozialpolitik*, *1880—1980*, S. 23.

② *Ibid.*, S. 9.

点，使它自从 1883 年开创以来，便一直在帝国时代、魏玛时代、甚至第三帝国时代，直到今天的联邦德国不断得到了继承和发展，最后也陆续为所有发达的西方工业化国家所仿效。

（原载《武汉大学学报》1993 年第 3 期）

德国魏玛时代"社会福利"政策的扩展与危机

在 19 世纪工业现代化进程所引起的"社会裂变"的压力下,奥托·冯·俾斯麦领导的德意志帝国接受了"讲坛社会主义者"的改良理论,于 1883 年在世界上最先创建起对工业受雇者阶层的医疗、养老、残疾—工伤保险制度。这一制度的成功贯彻,曾在帝国时代获得过"社会内部集合化"的效果。然而,在随后的魏玛共和国时代里,福利制度尽管有着远比帝国时代大得多的扩展,却不仅未能获得在帝国时代的成功效果,反而陷入了严重危机,其原因究竟何在呢?本文力图通过对魏玛时代福利制度的发展过程进行分析,试作回答。

一、魏玛时代"福利国家"原则的确立

第一次世界大战中战败的德国并没有出现一场社会结构上的真正变化,而是出现了一场政治结构上的大变动。1918 年 11 月 15 日,雇主联合会与自由工会通过双方领导人签订的《斯汀纽斯—列金协定》,宣告了"中央劳动共同体"的诞生。劳动与资本达成的这场利益妥协,构成了 1929 年世界经济大危机爆发前的魏玛国家历届

"大联合政府"的政治基础。随着议会民主制共和国的建立，普鲁士容克贵族传统权力精英以及大资本的权力垄断已被打破，大量来自中间等级的民主派成员与天主教徒进入了国家政治的决策机构，社会民主党人领导的自由工会运动摆脱了政治上受歧视的地位，并参与了对国家的负载。这种政治力量的新组合无疑有利于福利保险制度的扩展。

然而，魏玛国家面临的社会问题远比帝国时代广泛得多，也严峻得多。不仅资本主义市场经济所导致的两极分化已因战争的失败而大大加剧，还出现了从战争经济向和平经济转轨过程中安置 800 多万潮水般涌回社会的士兵复员问题，400 万以上的伤残者和阵亡者遗属的救济问题，几百万被战争中的通货膨胀掏空了社会福利金的投保人的生存问题，以及提高受雇者的工资问题。所有这些都证明，战后具有现实性的困境已开始突破过去"社会问题"仅仅只与"工人问题"相联系的传统界限。

新执政者们决心以"另一场斯泰因改革"来拯救战败后的德意志危局，帝国时代福利保险制的成功经历使国会中大量专家、教授和学者认为："所有的社会问题都能通过国家干预和在经济上的投入找到它们理性的解决方案，正如医学的进步能杀死细菌那样。在公共干预中，科学家与社会技术专家们的合作，能够消除所有已形成的社会问题。"[①]"讲坛社会主义者"信奉的国家社会主义"社会福利工程技术论"思潮现已得到了跨党派的拓宽。因此，这个新建立起来的民主国家一开始就在"阶级合作主义"的试跑中进入了"进

---

① Detlev J. K. Peukert, *Die Weimarer Republik*, *Krisenjahre der Klassischen Moderne*, Frankfurt am Main：Suhrkamp Verlag, 1987, S. 138.

化式社会改良的轨道"。[1]1919 年 8 月 11 日颁布的《魏玛宪法》，至少从法律上勾画出他们为之奋斗的"社会福利国家"的特点。宪法第 161 条规定："为了保持健康和劳动能力，为了保护母亲，为了应付由于老年和生活中的软弱地位以及情况变化造成的经济上的后果，国家政府将在投保人的决定性参与下，创造一个全面广泛的福利保险制度。"[2]

因此，《魏玛宪法》使战败后的德国在西方世界中首先开始了一场史无前例的试验，即将国家的合法性建立在民主决断性、法制性、福利国家性三大原则的基础上。新生共和国的威望也就与福利制度的发展荣辱与共了。

二、魏玛"福利国家"制度上的客观发展

尽管在政治权力的紧张争夺中，在各政党力量的消长中，呈现出德国政局前所未有的不稳定，但从 1920 至 1928 年 12 届走马灯式的内阁更替中，负责"社会福利工程"的国家劳动部长却始终是由同一位天主教中央党人海因里希·布劳恩（Heinrich Brauns）来担任的。这一事实不仅说明了在 1929 年经济大危机前共和国历届联合政府解决一切社会问题的决心，而且也反映了这个时代福利制度发展上的连续性。

魏玛大联合政府首先面临了如何供养 150 万伤兵和 250 万阵亡将士的遗属问题。在过去伤亡不过数千人的情况下，这笔供养费是很

---

① Rüdiger vom Bruch, *Weder Kommunismus noch Kapitalismus*, München：C. H. Beck Verlag, 1985, S. 191.

② Detlev J. K. Peukert, *Die Weimarer Republik*, *Krisenjahre der Klassischen Moderne*, S. 135.

容易由军费来负担的。但第一次世界大战制造出 400 万人的供养负
担，这不仅是军事当局所无力承受的，而且《凡尔赛和约》也明文
规定了对这类军事供应机构的"非军事化"。因此，1919 年 10 月，
这种供养责任被过渡给国家劳动部。1920 年 3 月的《帝国供给法》
和《健康严重受损者法》，将这种源于传统的处理程序正式纳入福利
体系之中。"战争牺牲者"们获得了有关医疗、职业恢复、教育培
训，以及养老金方面的法律保证和许诺。[1]

共和国福利制度的第二次扩展，是"社会救济制"的出台，它
源于基督教"贫民救济"的传统。在中世纪，贫穷极少被视为社会
环境影响的结果，而被视为个人的无能，凡接受这种源于基督教慈
善精神恩惠的人，同时也就被剥夺了一切政治权力。[2] 然而，第一次
世界大战在物质上造成的影响嘲讽了这种原则。失去财产和收入的
数百万人，首先是那些拿社会福利金的人，既不是由于自己拒绝工
作，也不是由于自己个人的过错，他们之所以陷入贫穷，唯一真实
的公共性原因就是国家发动了一场失败的战争并引起了通货膨胀，
而且在没有公共资助的情况下已经不能生存下去了。对这种经历的
理解，其法律上的结论就是 1924 年 2 月《关于救济义务的帝国条
令》和同年 4 月的《关于公共救济的前提、方式、程度的帝国原
则》的出台。[3] 尽管贫穷不再与不光彩相提并论，受济者也不再被
剥夺政治上的权利，但是只有当一个人的收入低于工人平均工资水

---

① Volker Hentschel, *Geschichte der deutschen Sozialpolitik, 1880—1980*, Frankfurt am Main: Suhrkamp Verlag, 1983, S. 125.

② Wolfram Fischer, *Armut in der Geschichte. Erscheinungsformen und Lösungsversuche der 'Sozialen Frage' in Europa seit dem Mittelalter*, Göttingen: Vandenhoeck & Reprecht Verlag, 1982, S. 33.

③ Karl Dietrich Bracher / Manfred Funke /, Hans-Adolf Jacobsen, *Die Weimarer Republik, 1918—1933*, Düsseldorf: Droste Verlag, 1987, S. 208.

平的 1 / 4 时，才能领取到救济费。[1] 即便如此，这也仍然耗去了通货膨胀期间国家财政支出的 4 / 5。

传统的医疗、养老、工伤—残疾三大保险制带着机构的空壳熬过了通货膨胀。在 1924 年进入"相对稳定"后，它们不仅重新开始正常运转，而且很快得到了如下扩展：

首先，所有的保险都考虑到投保人的家属，并增加了给投保人子女的津贴费。在残疾保险中，子女津贴费由战前每月的 2 马克提高到 10 马克。在工伤保险中，每位受伤索赔者子女也有权领取保险金的 10%。在医疗保险方面，规定了对投保人家属全面提供医疗处置。病假津贴不仅支付工作日，而且也支付星期日和节假日。由于人口政策方面的原因，所有的生育妇女，无论是否投保人家属，均能获得生育后的免费助产服务、医药、分娩津贴，以及先是 8 周、后是 10 周（1927）的产假补助。

其二，1925 年以后，工伤事故保险不仅对劳动事故进行赔偿，而且对上下班途中发生的事故，以及看护劳动工具时发生的事故进行赔偿，越来越多的职业病也被列为工伤事故并给予赔偿。

其三，养老保险将家庭手工企业的雇员也纳入其内。投保人所获取的养老金已由战前最后几年的每年平均 180 马克提高到 1929 年的 400 至 700 马克；根据工龄长短，工人每月为 33 至 58 马克，职员每月为 65 至 70 马克。[2]

其四，在遗属年金方面，丧失就业能力的工人寡妇能享受亡夫年金的 6 / 10（过去为 3 / 10），孤儿享受 5 / 10（过去为 2 / 10）。若孤儿在接受教育，这笔年金的领取时间可延续到他 21 岁（过去只能

① Karl Dietrich Bracher / Manfred Funke / Hans-Adolf Jacobsen, *Die Weimarer Republik*, *1918-1933*, Düsseldorf: Droste Verlag, 1987, S. 209.

② Volker Hentschel, *Geschichte der deutschen Sozialpolitik*, *1880-1980*, S. 122.

延续到 16 岁）。[1]

对于魏玛国家社会福利体制的发展来说，1927 年 7 月 16 日《劳动介绍与失业保险法》的颁布具有特别重要的意义。该法规定，将用职业咨询、职业进修、改行培训等方面的福利对失业保险金加以补充；所需的费用将由投保人的"投保入会费"支付，"投保入会费"占工人毛工资的 3%，由雇员与雇主各缴纳其中的一半，但国家保证用财政手段来平衡会费筹集与支出总额之间的差额。一位有两名子女的失业者，根据其工资等级，最长能在半年时间里获得他最后劳动收入的 50% 至 80%。半年后，如有必要，将由一种"危机救济金"来替代这种失业保险金。[2] 这笔救济金需根据个人需要的程度来测定，并完全由公共开支负担，其中，国家财政负担 4/5，地方乡镇财政负担 1/5。[3]

至此，魏玛德国的"福利国家"政策获得了空前的发展。它不仅扩充了帝国遗传下来的对工人、职员的三大保险和遗属保险，而且还新增设了"对战争牺牲者供养"、"公共救济"、"失业保险"和"危机救济"，仿佛"福网恢恢，疏而不漏"了。然而，它能够像帝国时代那样获得"内部集合化"的效果吗？

三、经济上的结算与利弊争端

第一次世界大战的战败及战后的经济危机，严重影响了魏玛德

---

① Karl Dietrich Bracher / Manfred Funke / Hans-Adolf Jacobsen, *Die Weimarer Republik*, 1918—1933, S. 211.

② Statistisches Reichsamt（Hrsg.）, *Statistischen Jahrbuch für das Deutsche Reich*, Berlin：R. Hobbing Verlag, 1927, S. 93.

③ 卡尔·迪特利希·埃尔德曼：《德意志史》第 4 卷上册，商务印书馆 1986 年版，第 309 页。

国的经济发展。《凡尔赛和约》不仅给德国带来了领土和资源的沉重损失，而且还导致了德国所有的铁路和商船均被战胜国没收。尽管后来有《道威斯计划》的扶持，但 1320 亿金马克的沉重赔款义务毕竟造成了强烈的出口压力。所有这些，不仅使魏玛德国处于远比帝国时代狭窄得多的发展框架内，而且严重也干扰了战后经济的恢复和发展。仅以工业生产为例，若以 1913 年发展水平为 100，整个魏玛时代只得到起伏不定的缓慢恢复。①

　　要维持这个民主共和国，唯一的办法就是保持企业家集团与工会集团之间的平衡。大联合政府便借助通货膨胀手段来苟延残喘，因为通货膨胀可以使企业家将成本上的负担转移到价格上去，同时又能使国家用滥发纸币来支持社会福利金的发放。②总之，通货膨胀一时间掩盖了一系列的分配问题，并奇迹般地维系着 "中央劳动共同体" 这个共和国民主大联合的政治基础。

　　战争导致的通货膨胀本已造成了保险金的大幅度贬值，依靠帝国银行的大量贷款来发放国家津贴，却促进了新一轮的通货膨胀，进一步恶化了保险机构的支付能力，导致德国丧失赔款能力，以及法、比军队强占鲁尔。大联合政府号召的 "消极抵抗" 更使通货膨胀于 1923 年 11 月 15 日达到了 1 美元兑换 4.2 万马克的空前绝后的高峰，从而引起了国内政局的剧烈动荡。③但是，对民主制的挑战，主要并不来自在 "消极抵抗" 中仍能保持合作关系的企业家集团与自

---

① 若以 1913 年的发展水平为 100，那么 1919 年为 38，1920 年为 55，1921 年为 66，1922 年为 72，1923 年为 47，1924 年为 70，1925 年为 83，1926 年为 80，1927 年为 100，1928 年为 103，1929 年为 104，1930 年为 91，1931 年为 60。参见 Detlev J. K. Peukert, *Die Weimarer Republik, Krisenjahre der Klassischen Moderne*, S. 125。

② Detlev J. K. Peukert, *Die Weimarer Republik, Krisenjahre der Klassischen Moderne*, S. 114.

③ Friedrich-Wilhelm Henning, *Die Industrialisierung in Deutschland, 1914 bis 1978*, München: C. H. Beck Verlag, 1978, S. 66.

由工会集团。当 1924 年 1 月的"货币稳定"结束了"通货膨胀魔术"之后,"中央劳动共同体政策"的物质基础便趋于瓦解。劳资冲突的加剧迫使大联合政府开始频繁使用"国家仲裁制度"。坦率地讲,"在贯彻工资原则时,85% 至 90% 的仲裁处理,以及 70% 至 80% 的有法律约束力的解释,都是应工会的建议才形成的"。[1] 但由于"相对稳定时期"的工资起点定得很低,因此,直到"相对稳定"结束时,雇员平均的实际收入才提高到与 1913 年平均实际工资大体相同、略有波动的水平。[2]

企业家们不仅反对工资的提高,而且也反对保险制度的扩展,因为工人"投保入会费"的一半要由老板来支付。当用通货膨胀来转移生产成本负担的方式成为问题时,企业家们便"寄望于'生产合理化运动',以图提高生产率,降低生产成本,减少劳动力需求,减少为工人和职员所支付的'投保入会费',进而达到重新夺回由于战败和革命而失去的地位,并再度成为世界市场和国内经济生活中主人的目的"[3]。与之相反,工会和社会民主党人却希望通过"合理化运动"来获得一种改良社会的推动力,因为生产率的提高本身是可能为工资的提高和劳动时间的缩短创造更好条件的。[4] 由于企业家集团与工会都拥护"合理化运动",因此,为应付"合理化运动"必然造成的失业,"1927 年 7 月 16 日,《建立失业保险制度的提案》在国会中是以几乎闻所未闻的多数票通过的,就仿佛'社会合作伙伴的精神'终于得到了贯彻,并能成为这个民主共和国的

① Reichsarbeitamtministerium, *Die deutsche Sozialpolitik*, *1918—1928*, Berlin: R. Hobbing Verlag, 1929, S. 109.
② 卡尔·迪特利希·埃尔德曼:《德意志史》第 4 卷上册,第 310 页。
③ Eberrhard Kolb, *Weimarer Republik*, München: R. Oldenbourg Verlag, 1984, S. 88.
④ Rüdiger vom Bruch, *Weder Kommunismus noch Kapitalismus*, S. 117.

负载力量一样"①。

然而，这场"合理化运动"并没有打开通过社会管理技术上的领导使经济生活井井有条的理智王国的大门，相反的是，在企业主对更高利润的追求中，导致了一种日益加速的对工人的"磨损"。每一位在流水线上向新生产率纪录冲刺的工人，也正在制造他自身结构性失业的可能性。但是，失业保险"入会费"是在 1927 年工业生产刚刚恢复到 1913 年水平时，按低于 80 万失业金领取者的规模来设计的，而德国失业工人的人数却从 1927 年的 50 万人上升到 1929 年底的 300 万人，这自然得进一步求助于国家财政对社会保险不断追加的支出额，否则无法缓和社会矛盾。②

魏玛共和国福利制度的扩展本身就是由战争后果、货币稳定危机、出口困境、合理化、生产过剩等多种因素造成的，但它同时又是靠着对一种几乎萎缩了的国民生产总值引人注目的重新分配来发挥影响的。因此，即使在美元扶植下的"相对稳定时期"，国家财政也一直在赤字经营。为改变这种局面，国家便增加税收，这就降低了企业的赢利性，加重了企业资本构成的困难，并削弱了德国企业在国际上的竞争力。企业便更为疯狂地合理化，其结果是更多工人的失业，国家又得投入更多的津贴费。这种恶性循环使德国经济早在 1928 至 1929 年冬便已缓慢滑入危机轨道。③而到 1929 年，国家和地方财政为各种新、老保险机构支出的总额已达 93 亿马克，而不是1913 年的 13 亿马克了，这相当于当时国民收入的 13%，而不是过去

① Karl Dietrich Bracher / Manfred Funke / Hans-Adolf Jacobsen, *Die Weimarer Republik*, *1918–1933*, S. 213.

② Friedrich-Wilhelm Henning, *Die Industrialisierung in Deutschland*, *1914 bis 1978*, S. 130.

③ Karl Dietrich Erdmann und Hagen Schultze（Hrsg.）, *Weimar. Selbstpreisgabe einer Demokratie*, Düsseldorf: Droste Verlag, 1980, S. 228.

的 1.8% 了。即使考虑到货币价值的上升，也是 1913 年的 5 倍多。[①]
因此，它已经越来越难以为国家财政能力所负担了。

　　大危机的到来终于使一场围绕着福利国家利弊的争端公开爆
发，其实质则是一场关于共和国政治经济体制利弊的争端。企业家
集团将福利制度的扩展和工资的增长视为引发经济危机的根本性原
因；自由工会和国家各级劳动和社会福利机构则进行反驳："社会福
利金和工资的增长稳定了购买力，它所造成的影响，与其说削弱了
生产和经济的繁荣，还不如说刺激了需求。"[②]这场争端已经表明，
共和国要想继续贯彻一种能同时满足它两个主要合作者之愿望的经
济和社会政策已无可能。这就标志着魏玛时代"阶级合作主义"的
最后破产。

四、魏玛共和国"社会福利国家"的危机

　　在高失业率的背景下，工人的罢工已不再是一种对企业家有威
胁性的斗争手段了。1930 年 3 月，社会民主党人赫尔曼·米勒（Her-
mann Müller）主持的联合内阁倒台，标志着企业家集团掌握了主动
权并占据了上风。依靠总统委任上台并向右转的布吕宁内阁，企图
用经济紧缩政策来寻求避难所，为此目的，于 1930 年 7 月 26 日、
1931 年 6 月 5 日、1931 年 12 月 8 日先后通过三个"紧急条令"，对
经济生活施加有利于大资本的干预，并对社会福利金进行大规模的
削减。而继布吕宁内阁之后，新上台的巴本内阁颁布的 1932 年 6 月

① Statistischen Bundesamt（Hrsg.），*Bevölkerung und Wirtschaft, 1872—1972*，Stuttgart：Kohl-
　hammer，1972，S. 219.
② Volker Hentschel，*Geschichte der deutschen Sozialpolitik, 1880—1980*，S. 128.

14 日"紧急条令",则急欲撤除社会福利保险制。

传统的医疗、养老、工伤—残疾三大保险首先成为攻击对象。1930 年 7 月"条令"规定:医疗保险公司须等候 3 天时间再支付病假津贴。1931 年 12 月又规定:取消所有免费医疗项目和疾病预防支付。工伤事故保险不再赔偿发生在上下班途中的事故。就业能力损伤度不足 20% 者,不再得到工伤年金。其他损伤程度的工伤事故年金缩减 15%。残疾保险中发放的儿童津贴费,由每人每月 10 马克减少到 7.5 马克。寡妇年金由亡夫最后工资的 6/10 减少到 5/10,孤儿年金则由 5/10 减少到 4/10。15 岁以上的孤儿不再享受孤儿年金。[1]

受到最强烈震动的是"失业保险"和"危机救济",由于失业率猛升,"投保入会费"的筹措自然减少,已由 1929 年的 52 亿马克减少到 1932 年的 35 亿马克。而布吕宁政府的几个条令逐步将失业保险的"投保入会费"由基本工资的 3% 提高到 6.5%,从而使个人所有的"投保入会费"由 1929 年毛工资的 15.5% 上升到 1930 年的 19%。[2] 由于通过"投保入会费"的提高所筹措到的款项仍不足以满足长期不断增长的要求,布吕宁、巴本政府便不断通过大幅度削减失业保险金和危机救济金、延长领取这些金额的等候时间、缩短支付持续时间等手段来减少福利金支出。1931 年 6 月,失业保险金已被削减了 14.3%,而到 1932 年 6 月,所剩的失业保险金又被削减了 23%。同时,危机救济金也减少 10%,领取失业保险金的等候时间却不断延长。1931 年 6 月以后,一名单身汉要在失业的 21 天后才能领到失业保险金。但失业保险金最长的支付时间已由过去的半年,

---

① Volker Hentschel, *Geschichte der deutschen Sozialpolitik*, *1880—1980*, S. 134.

② *Ibid.*, S. 130.

即 26 周，减少到 1932 年 6 月后的 6 周，危机救济金的最长支付时间则由 39 周减少到 32 周。[①]

然而，撤除社会福利制度的动机并非意味着撤除的绝对后果，因为大萧条的动力抵制着这种企图。当登记注册的失业人数于 1932 年上升到 612 万时，[②] 个人失业持续时间也明显变长，绝大多数人不可能在 6 周之内重新找到工作。因此，尽管拿失业保险金的人因支付时间缩短而持续减少，但领取危机救济金的人以及被停发了危机救济金而被转入到地方乡镇公共救济领域中的人都不断增加。由于这两种救济都是由国家或地方财政来支付的，这就自然又扩大了公共费用的支出。布吕宁，尤其是巴本所颁布的"紧急条令"在不断地恶化这种关系。例如，在 1928 至 1929 年的结算中，国家为 180 万失业者提供了 14.1 亿马克的资助，而在 1931 至 1932 年的结算中，国家为 550 万失业者提供了 39 亿马克的资助。但个人平均费率则由 780 马克下降为 560 马克，在领取失业保险金的 120 万人中，每人平均领到 1045 马克，在领取危机救济金的 150 万人中，每人平均领到 605 马克，而在领取地方乡镇公共救济金的 190 万人中，每人平均领到 463 马克，还有 90 万失业者什么都没有领到。[③] 这一局面直到希特勒上台之时仍在恶化。

布吕宁、巴本的紧缩政策带来了极为荒唐的局面：一方面，投保者个人所得的费用在不断减少，这自然导致了民怨沸腾；另一方面，国家公共支出却增加了一半，1932 年底，这种支出在国民收入

① Volker Hentschel, *Geschichte der deutschen Sozialpolitik, 1880—1980*, S. 131.

② Friedrich-Wilhelm Henning, *Die Industrialisierung in Deutschland, 1914 bis 1978*, S. 97.

③ Institut für Konjunkturforschung, *Konjunkturstatistisches Handbuch*, Berlin：R. Hobbing Verlag, 1936, S. 165.

中的份额已由 1929 年的 13% 上升到 20% 以上。[1]其结果是，紧缩政策既克服不了危机，也摆脱不了财政破产的厄运。更为重要的是，由于共和国从一开始就将其威望与"福利国家"的许诺联系在一起，因此"福利国家"的危机自然使它失去了人心。

五、两点结论

如果将魏玛时代福利制度从扩展到危机的过程与战前帝国时代"福利国家化政策"相对成功的经历加以比较的话，至少可以得出以下两点结论：

（一）在资本主义市场经济社会里，福利制度的顺利运行和扩展，必须要有经济上的稳步发展作为前提条件。因为根据"投保原则"以及"法定标准索赔原则"运行的保险体制，作为一种经营体制，是要以投保人多而索赔者少才能维持下去的。在这里，低失业率是关键。而低失业率，只有在经济稳步发展中才可能出现，而且也只有在生产增长的条件下才可能有更多的分配。

当然，资本主义经济在一定发展阶段上是有可能使福利制度的扩展与经济稳定增长同步的，正如战前德帝国时代所呈现的那样。在这一时期，失业人数从未超过 80 万人，失业率也一直是在 1% 至 4.5% 之间滑动的。[2]但这并不是唯一的发展线路。在特定的资本主义经济发展阶段，福利制度的扩展却往往是资本主义国家在社会紧

① Karl Dietrich Bracher / Manfred Funke / Hans-Adolf Jacobsen, *Die Weimarer Republik*, *1918-1933*, 1987, S. 217.

② Jürgen Mirow, *Geschichte des Deutschen Volkes*, *Von den Anfängen bis zur Gegenwart*, Gernsbach：Casimir Katz Verlag, 1990, S. 806.

张局势逼迫之下的一种迫不得已，这种形势又往往与经济不景气联系在一起。魏玛时代正处于这样一种特定的历史阶段上。特别是在 1929 至 1933 年世界经济大危机期间，德国失业率在 1932 年甚至高达 43.8%。① 当失业人数猛升而使"投保入会费"猛降的时候，也正是保险费支出的任务猛然增大的时候，它迫使国家财政唯有向福利保险制作更大的投入才能保证它的运转，而财政困难的国家采取的一切平衡财政的措施又必然导致更多的失业者。这种恶性循环充分暴露出福利制度运行机制中固有的基本矛盾：当需要帮助者个人所面临的困境最大的时候，也恰恰是他能从这个社会中得到的帮助最小的时候。这是西方福利国家直到今天都一再面临的、也远未得到解决的矛盾。

（二）福利制度本身有着发展方向上的绝对要求，只能使它朝着增加福利保险金、扩大福利保险面的方向扩展，而不是相反，否则它不仅不能达到缓和社会矛盾的效果，而且会激化社会矛盾。

当福利制度在德帝国时代被开创出来时，它是使生产过程、国民收入的分配结构和分配的绝对量都朝着有利于生产者的方向开始滑动的，因而也就使这种滑动成为生产者继续进入生产过程的一种必不可少的条件了。生产者不仅不愿再度丧失已争取到的条件，恰恰相反，他们是要去争取更好的条件的。因此，任何减少福利保险金、缩小福利保险面的措施都是在不断加剧穷人的痛苦。

但是，这种方向性上的绝对要求，并不意味着它必然与作为前提条件的经济局势的发展方向相一致。社会民主党人和某些自由主义政治家们看到了前者，但没有看到后者，更没有看到福利制度的

① Dietmar Petzina, *Die deutsche Wirtschaft in der Zwischenkriegszeit*, Wiesbaden：Steiner Verlag, 1977, S. 16.

扩展是要受到经济发展条件和时代特点的制约的，宪法上的许诺与状况现实性之间的鸿沟，甚至也只有在有利的政治和经济条件下才可能有步骤地跨越。而他们的"福利国家纲领"却是在没有考虑到实现它所需要的物质前提的情况下拟定出来的，因而终于成为这个"新的社会福利工程师阶级"平庸的证明。

布吕宁、巴本政府的愚蠢甚至反动则表现在，他们看不到：不断削减个人福利保险金恰恰能起到激化社会矛盾的效果。因此，他们不惜以工人那点可怜的福利保险金为代价去满足大资本家的利益。当然，削减的幅度是与激化矛盾的程度成正比的，更不要说撤除福利保险制了。尽管从实际价值上讲，1929 至 1933 年间数百万失业者个人拿到的各种福利保险金并不少于战前的帝国时代，[①] 然而由于这种款项是处于急剧减少的过程中的，因此它在受济者心理上造成了安全保障的完全丧失感。这就自然导致了社会矛盾的激化，从而也为纳粹党力量的壮大提供了良机。

魏玛共和国尽管扩展了福利保险制，但是福利保险制并没有能挽救魏玛共和国。这一历史性的结论，充分说明魏玛时代整个资本主义世界经济体系固有矛盾的复杂性和尖锐性。然而，福利保险制却奇迹般地存活下来，它带着深刻的教训、内在的矛盾、固有的规律度过了纳粹时代，最后被传递给第二次世界大战后的德意志联邦共和国，因为对于所有现代资本主义国家来说，没有福利保险制，就不能生存。

（原载《武汉大学学报》1997 年第 2 期）

---

① Volker Hentschel, *Geschichte der deutschen Sozialpolitik*, 1880—1980, S. 135.

魏玛共和国时代的德国反犹主义

在欧洲历史上，各国的反犹主义情绪一直是普遍存在的，但是在德意志社会里，种族主义越来越发展成为纯粹的反犹主义。到纳粹时代，反犹主义已成为种族主义的德意志形态，它不仅成为纳粹主义者进行迫害的手段，而且也被他们作为真正的生活观念而接受。正是这种生活观念，决定了整个纳粹主义的世界观，并最终导致纳粹暴徒犯下屠杀 600 万欧洲犹太人的滔天罪行。由于纳粹主义的成长、发展、夺权都是在魏玛时代进行的，因此研究魏玛时代的德意志社会与反犹主义的关系便有了特殊的意义。

一、魏玛共和国初期德国反犹运动强化的原因

在魏玛共和国初期（1918—1923），德国的反犹主义活动猛然加强。这种反犹主义煽动的触发性因素是什么呢？

以下材料清楚地说明，它的触发性因素具有完全压倒优势的政治性质。1919 年 6 月 25 日，民族主义刊物《东德意志评论》的社论这样写道："犹太人阻挡了我们的胜利进程，盗走了我们的胜利成果。犹太人扫除了帝制，并将君主制宪法打成了碎片。犹太人瓦解

了内部战线，也因此瓦解了外部战线。犹太人毁灭了我们的中产阶级，像一场瘟疫那样发展高利贷，煽动城市反对农村、工人反对国家和祖国。犹太人给我们带来了这场革命，并使我们在失去了战争之后又失去了和平。犹太人有如此之多的罪过，因此，德意志民族首先要做的就是：从犹太统治下将自己解放出来！"[1]这与纳粹党的腔调一模一样！

在德帝国的萧条年代（1873—1896）里，以反犹太人解放为目标的现代反犹主义第一冲击波，就曾将造成这场严重经济震荡的罪过推到了犹太人身上。当然，中世纪基督教教义中关于"犹大出卖了耶稣"的指控也一直在广大日耳曼民众的内心深处发挥着影响。1918年11月以后，犹太人又成了德国军事失败及其后果的"替罪羊"。

对历史的真实性总是应该维护的，尽管犹太人也参加了1914至1918年的这场非正义的帝国主义战争。参战的犹太人总计在10万人以上（犹太人在1910年总计只有61.5万人），其中1.2万人阵亡，78%在前线服役，1万人以上是志愿兵，3万人表现极为出色，1.2万人得到嘉奖，2000多人被提升为军官。"犹太大学生联合会"的1100名成员中有991人参军，1/7阵亡。德国军队中最年轻的志愿兵是13岁的犹太人约瑟夫·齐帕斯（Josef Zipels），帝国议会中第一名志愿兵是犹太出身的社会民主党人路德维希·弗朗克。[2]最后一任帝国宰相马克斯·冯·巴登亲王在他的回忆录中写道："在停战协定签署前的那些商谈中，犹太银行家马克斯·瓦尔堡（Max Warburg）

---

① Ottokar Stauf v. d. March, *Die Juden im Urteil der Zeiten. Eine Sammlung jüdischer und nichtjüdischer Aussprüche*, München：Deutscher Volksverlag, 1921, S. 178.

② Ismar Elbogen und Eleonore Sterling, *Die Geschichte der Juden in Deutschland*, Frankfurt am Main：Athenäum Verlag, 1988, S. 282.

曾恳求陆军最高司令部的代表坚持到底，这位代表就是鲁登道夫将军，而正是这个人最先传播着'犹太人要对战败负责和犹太人在德军背后捅刀子的神话'。"[①]举出这些例子或许对反犹主义者的荒谬之词是一个有力的回答。

犹太人"天生的替罪羊"功能早在战争期间就设计好了。1918年10月，"泛德意志联盟"主席海因里希·克拉斯要求该组织的积极分子们"吹响反犹的进军号，利用犹太人作为所有不法行为的避雷针"。[②]在战后初期的岁月里，他们大肆宣传：战争和通货膨胀的得利者主要是犹太人，犹太人引起了这场革命，东方犹太人不停地涌进德国，他们是犹太布尔什维克主义的使者，为的是使德意志民族接受外来的影响。

尽管举出几位犹太富翁在战争中所获取的金钱和影响并不困难，甚至人们也可以点出在"斯巴达克团"和"独立社会民主党"领导人中那些著名的"东方犹太人"的名字，如罗莎·卢森堡、卡尔·拉德克（Karl Radek）和欧根·内维勒（Eugen Leviné）等，但事实上，在资本主义经济活动中，犹太投机商和黑市商人的所作所为与非犹太人中的这类人物并没有什么差别。而许多犹太知识分子与工人运动结合在一起，则是有深刻原因的：产业无产阶级始终证明是反对反犹主义宣传的，并且也是这个体制中唯一与反犹主义作斗争的阶级。从根本上讲，工人和犹太人是排斥右派思想的。当社会民主党人在世界大战中扮演起机会主义角色，并放弃国际主义时，许多犹太出身的社会主义者转向了左派阵营，并拒绝"战争贷

---

① Max von Baden, *Erinnerungen und Dokumente*, Berlin: Deutsche Verlags-Anstalt, 1928, S. 344.
② Werner E. Mosse (Hrsg.), *Deutsches Judentum in Krieg und Revolution*, *1916－1923*, Tübingen: Mohr Siebeck Verlag, 1971, S. 439.

款"和"城堡和平"。1918 年德意志革命的爆发是并不是因为犹太人的什么活动，而是因为帝国在军事上遭到了失败，德国人口的广泛阶层——不仅仅是工人——希望和平与民主，这当然意味着君主制要想继续统治下去已无可能。而且大多数犹太人一般也是支持中间派的、自由主义的"德意志民主党"，而非"斯巴达克派"。

　　"东方犹太人"成了反犹主义者宣传上最偏好的题目。事实上，"东方犹太人问题"在很大程度上是由于战时陆军最高司令部的政策造成的，而这也是他们闭口不谈的。从 1914 年起，德军剥夺了俄国和波兰占领区上生活的犹太人的财产，并用强制手段将他们中的一部分迁到了德国，为德国军火工业卖命。"新迁来德国生活的东方犹太人在 1914 至 1918 年间达 7 万人，而 1914 年以前就在德国居住的东方犹太人已有 8 万人，因此，到战争结束时，其总数达到了约 15 万人。"[1] 战后，大部分东方犹太人作为军火工业的工人已经失业，要想迅速回到自己的出生地已无可能。由于魏玛政府没有表示愿接受这批失业者，因此"大约有 3 万人在 1920—1921 年前往东方犹太人长期以来的移居地美国，到 1933 年，在德国生活的东方犹太人的数量已下降到了 98000 人"。[2]

　　存在着一个社会上的"东方犹太人问题"，但这仅仅是对直接受到影响的人而言的。世代居住在德国的犹太人中，有一部分对这个少数民族中的"少数民族"的反映是惊慌的。因为那些已被"同化"的德意志犹太人看到了这些"正统的"东方犹太人，便回想起他们自己的过去。但大多数德国犹太人在帮助这些失业的东方犹太人找工作、减轻其痛苦方面也并不是完全没有成就的。

---

[1] Bernd Martin und Ernst Schulin（Hrsg.）, *Die Juden als Minderheit in der Geschichte*, München, Deutscher Taschenbuch Verlag, 1985, S. 274.

[2] *Ibid.*, S. 275.

这些早已成为德意志国民的犹太人的情况又如何呢？"1925 年，7000 万德意志人中有 564379 人是犹太人，与 1871 年他们在德国总人口中的 1.25% 相比较，此时已下降为 0.9%。1933 年 6 月，这个数字下降到 50 万以下或 0.8%。"① 在社会结构中，1925 年大城市中的犹太人与非犹太人在各自总人口中的比例为 48：16。几乎 1/3 的犹太人在柏林有他们自己的住所。犹太人在农、林业中如同在工业和手工业中一样，只有极少的代表，在贸易和交通业中则有较强的体现。犹太人作为独立经营者在独立职业中的人数大大超过了平均值。作为独立经营者，犹太人大多是小店铺老板。在经纪人、律师、医生、编辑和导演中，犹太人有特别大的比例。"1933 年，100个医生中有 11 个犹太人，100 个律师和公证人中有 17 个犹太人。在纺织业和废钢铁贸易中，40% 的企业为犹太人所有，犹太人控制了德意志百货商店营业额的 4/5 以及私人银行的近 1/5。"②

的确，魏玛时代的德意志犹太人再也不是中世纪的"犹太牲口"和"家奴"，而是以医生、律师等身份成为德意志犹太人的社会象征性人物。这种社会地位的上升是从 1848 年革命中开始的，并在德帝国时代才得到加速的。犹太人对独立职业的向往，部分可解释为：他们希望避免与反犹主义的雇主和工作同伴发生摩擦。犹太人对经济活动的偏好，是因为在这种活动中没有传统所添加的限制。自中世纪以来，欧洲封建社会一直就是"重农抑末"的，而他们却连当农民的资格都没有，只有诸如贸易、现金交易、远程交通之类的行当才是对他们开放的。犹太人与纺织工业的强烈联系是从旧有的布匹贸易的传统中产生出来的，与卫生事业的联系则是从古老的

---

① Ismar Elbogen und Eleonore Sterling, *Die Geschichte der Juden in Deutschland*, S. 284.

② Bernd Martin und Ernst Schulin（Hrsg.）, *Die Juden als Minderheit in der Geschichte*, S. 276.

江湖医师的传统中产生出来的。另外，犹太人之所以集中于自由的文化、教育界的职业里，是因为在德帝国时代，国家公共性的职业，如文官、军官、法官等，对他们基本上是完全关闭的。以上犹太人职业集中上的种种例子，从根本上讲，只是他们对德意志社会中广泛、长期存在的歧视所作出的反应罢了。

关于犹太人控制了德意志经济的说法显然不能成立。他们在关键性的工业部门中实际上根本没有代表，他们也远远没有将整个国家的银行体系掌握在自己手中。"自1882年以来，在商业中非犹太人的份额上升了5倍，而犹太人的份额下降了1/8。在贷款业中，犹太人的份额从22%下降到3.84%，而非犹太人得到了相应的提高。"[①]当然，在文化领域里，犹太人的比例以及他们所取得成就都是非常突出的，例如，"到1933年，170名诺贝尔奖得主中，就有20名是有犹太血统的人，占12%，其中的15人来自德意志的文化领域"。[②]但以上所述的德意志犹太人的社会状况，都不过是"解放"与歧视的产品，都不过是犹太人对有限的自由空间顽强适应的反映。

总之，魏玛早期导致反犹力量加强的决定性原因是军事上的失败，革命、内战式的社会动荡和通货膨胀，简言之，是一种普遍的不安全感和对政治剧变的恐惧感所引起的对"替罪羊"的寻求。在德意志民族主义者看来，犹太人特别适合充当这种"替罪羊"角色，因为魏玛的政党议会制是被他们视为与"德意志人的本性"相矛盾的。他们要求在"基督教—日耳曼国家"的复辟哲学基础上建立一个独裁政体，这种政体的"国家一体化"原则是对传统的、非理性的德意志民族观念的赞扬，也是对仇恨所有敌人的赞扬，这些

---

① Ismar Elbogen und Eleonore Sterling, *Die Geschichte der Juden in Deutschland*, S. 285.

② Siegmund Kaznelson（Hrsg.）, *Juden im deutschen Kulturbereich*, Berlin: Jüdischer Verlag, 1934, S. 78.

敌人对外来说是法国人、斯拉夫人，对内来说，与以前一样，是犹太人。而"东方犹太人"更是成了反犹民族主义的理想目标，因为他们仍然生活在犹太人老式的、具有消极特点的外来方式中，因此，从充当"替罪羊"的作用上讲，他们比已同化了的德意志犹太人要合适得多。

二、魏玛时代的德意志社会与反犹主义

魏玛社会中的各种社会力量在反犹问题上的态度，直接关系到纳粹党宣传的极端仇犹意识能否广泛传播和扩散的问题。

反犹主义煽动在德国工人中是没有什么市场的。对产业无产者来说，剥削和压迫者不单单只是犹太资本家，而是所有的资产阶级。这不仅是马克思主义的理论原理所一再强调的，而且也完全符合广大工人的日常生活经历。"斯巴达克派"以及后来成立的德国共产党认识到：反犹主义不过是一种企图将为社会主义而斗争的群众吸引过去的意识形态。因此，他们从未停止过与反犹主义者的斗争。然而，德国共产党人与左翼知识分子一样，对反犹主义的注意力首先集中在它为资产阶级服务的功能上，而对反犹主义者们所具有的那种"种族意识功能"却很少被他们提到。由于从概念上讲，纳粹主义只是法西斯主义的一种表现形式，因此他们往往用意大利法西斯的模式来衡量它，而意大利法西斯在反犹问题上并不太引人注目，这就使他们大大低估了纳粹主义中反犹主义的价值地位。

在1919年以后的10年里，仍然认为自己是一个工人党的社会民主党，一直是德国的第一大政党，它在反犹问题上的态度也一直是最坚决的。尤其在魏玛后期下野时，它与"犹太教信仰的德意志国

民中央协会"紧密合作，开展过一场宣传运动，以回击反犹煽动，并力图动摇纳粹党的威信。

　　天主教集团以及它们的政党中央党和巴伐利亚人民党，对犹太人和犹太人的敌人采取了一种矛盾的态度：一方面，它们对反犹主义者的不法行为和种族煽动是反对的；另一方面，它们自己又推行着某种文化上的反犹主义。在天主教 1926 年发行的一部辞书中这样写道："反犹主义从本质上讲是占主体地位的多数民族对被视为外来方式感受的、部分自我隔绝封闭的，但却有不同寻常影响力的少数民族的反感，这个少数民族表现出较高的精神价值以及超越自我的意识。"最后的评价是："反犹主义来源于基督教的立场，但当反犹主义者因犹太人的外来血缘而与犹太人斗争，或是用非基督教的斗争方式来服务于这场斗争时，天主教教会是抵制这种做法的。"[①] 当然，这种模棱两可的态度是不可能长久维持的。1931 年，"犹太教信仰的德意志国民中央协会"要求当时的中央党总理布吕宁出面阻止反犹煽动时，布吕宁拒绝了这一要求。因为他想赢得纳粹党对他政策上的一种支持，不想引火烧身。

　　基督教教会中的许多人，尤其是路德教的领袖，从来没有对任何一种哪怕是最温和的反犹主义表示过反对，因为马丁·路德自己就是德意志历史上思想家中"头一个直言不讳的、狂烈的反犹主义者"。[②] 由于政治上的保守，基督教人士大多同情德意志民族人民党，而该党就是德帝国时代保守党的继承性载体，它在自己的纲领和竞选宣传中完全是公开认同反犹主义的。

　　德意志民族人民党的反犹行动，采取的完全是德帝国时代容克

---

① Bernd Martin und Ernst Schulin（Hrsg.），*Die Juden als Minderheit in der Geschichte*，S. 279.

② Franz Neumann，*Behemoth*，*Struktur und Praxis des Nationalsozialismus*，*1933—1944*，Frankfurt am mMain：Fischer Taschenbuch Verlag，1977，S. 144.

贵族大地产主们曾惯用的传统手法:"在反犹主义口号的帮助下,将城乡中产阶级拉到保守党人的车前。"因此,"反犹主义可以说是容克贵族地主们伪民主化的一部分"。[①]

重工业界中的极右分子大多是德意志民族人民党的成员,这些人也都是积极支持反犹主义运动的。例如,德国矿山协会和矿区联盟主席阿尔弗雷德·胡根伯格(Alfred Hugenberg)大力促进反犹主义的"德意志民族保护联盟"的发展,而钢铁大王弗里茨·蒂森(Fritz Thyssen)以及埃米尔·基朵夫(Emil Kirdorf),为了将群众拉向右边以支持纳粹党的事业,是把反犹主义作为一种受欢迎的方式来使用的。但是,"直到1932年,大工业界的大部分代表还是认为玩弄反犹主义冒险了点,因为它将释放出可怕的威胁性力量,有朝一日也是有可能用来反对整个资产阶级的秩序的"。[②]

像老式企业家政党"德意志人民党"及其领袖古斯塔夫·施特莱泽曼(Gustav Stresemann),一般是避免在公开场所进行反犹宣传的,但另一方面,他们也并不反对正在蔓延的仇犹情绪。总之,该党既不想使犹太人来损害自身,也不想使犹太人的仇恨者来损害自身,因而尽可能地不理睬反犹主义。

自由主义的"德意志民主党",自认为是捍卫德意志犹太人公民权的唯一资产阶级政党。该党也得到了一部分企业家以及很大部分犹太资产者的支持。但该党自1930年后影响力越来越小,在1932年的两次选举中,它都只得到1%的选票。

在纳粹党于大危机中崛起以前,"德意志民族保护联盟"是反犹主义者中最大的统一组织,在1922年遭受禁止的情况下,它就拥有

---

① Hans Rosenberg, *Die Pseudodemokratisierung der Rittergutsbesitzerklass*, in ders., Machteliten und Wirtschaftskonjunkturen, Göttingen: Vandenhoeck & Ruprecht Verlag, 1978, S. 83.

② Bernd Martin und Ernst Schulin (Hrsg.), *Die Juden als Minderheit in der Geschichte*, S. 280.

18万之众，其主要成员都来自臭名昭著的"泛德意志联盟"。"该组织由商人、小企业家、手工业者以及职员、官员、教员等中小资产阶级成员组成，值得注意的是，还有许多自由职业者、大学教授，首当其冲的是医生和律师，也加入其中。"[1]

　　中小资产阶级的仇犹运动在19世纪中后期就已经形成。他们的反犹主义不仅具有与犹太职业同行竞争的意向，而且还带有某种不明确的反资本主义性质。犹太人过去是"低人一等"的，并被迫集中于商业活动中，然而随着德国工业化的发展，犹太经商者在他们所熟悉的行当中，从比例上讲，比非犹太人更多、更快地进入了中间层，这自然引起了非犹太中小资产者们的嫉妒和愤恨。"到1871年，在德国生活的犹太人中大约60%上升到中产阶级和上层纳税等级。"[2]因此，他们将犹太中产阶级的出现视为资本主义的一种具体表达。但若是将资本主义与犹太人完全画等号，这种见解似乎会将他们逐入社会主义阵营，这又是他们所不能采取的一种不符合他们传统的步骤。而且，他们本身也是最害怕在竞争失败中落入国际无产者行列中去的。因此，他们便将经济上的反资本主义渴念都转移到对犹太人的仇恨和种族情绪上来了，但是这种转移并不彻底，因此他们不明确的反资本主义情绪也自然影响到他们的反犹运动。在他们当时的反犹宣传中，已经出现了这种理论："犹太人不仅站在国际马克思主义的后面，而且也站在国际金融资本的后面，他们操纵着'红色'和'黄色'国际。"[3]这也正是后来纳粹党所使用的标准反犹语言。

---

① Bernd Martin und Ernst Schulin（Hrsg.），*Die Juden als Minderheit in der Geschichte*，S. 281.

② Hermann Graml，*Reichskristallnacht*，*Antisemitismus und Judenverfolgung im Dritten Reich*，München: Deutscher Taschenbuch Verlag，1988，S. 46.

③ Bernd Martin und Ernst Schulin（Hrsg.），*Die Juden als Minderheit in der Geschichte*，S. 281.

中产阶级内部的争斗、1896 年以来德帝国经济的再度复苏、反犹政党的衰落，尽管使他们的仇犹在政治上的分量减少了，但并没有连根拔除。这样，当 1918 年德国在战争中面临失败前景、德国社会出现一种极右的反犹煽动时，这个传统上的反犹主义阶层便很快成为这场反犹主义运动的主要群众基础。

1923 年以后，货币关系稳定下来，魏玛政治也进入"相对稳定"时期，激进的反犹宣传又不能被视为是一种能博得中小资产者好感的保证了。1924 年春，连极右报纸《西北德意志手工业报》也承认："带着一种狂热的反犹主义负担，无论怎样都是不能适合实际工作中的希望的。"① 此外，这也是一个很好的例子："纳粹主义者和民族主义者的联盟在 1924 年 5 月的国会选举中还获得了 6.5% 的选票，而在同年 11 月的选举中仅仅只得了 3% 的选票，到 1928 年 5 月的帝国选举中，纳粹党落到了 2.6 ％，人民—民族集团降到了 0.9％。"②

但是，在零售商人集团和文化知识界右翼集团内，反犹主义的倾向是从未受到根本削弱的。在零售业中，非犹太零售商人感到自己受到了犹太财产占绝大部分的百货商家以及被他们称为"马克思主义"的"犹太"消费者协会的强烈排挤。对优势竞争者的恐惧，使他们产生出一种特别强烈的仇犹倾向。类似的情况也出现在文化知识界右翼集团内。右翼知识分子在"德意志民族保护联盟"领导层中占有极高的比例，因为犹太人对他们来说，体现了他们对这个新德国所仇恨的一切东西：分裂的知识界、软弱的和平主义、议会制、阶级斗争、西方文明和东方布尔什维克。这种强烈的反犹倾向

---

① Heinrich August Winkler, Mittelstand, Demokratie und Nationalsozialismus, *Die politische Entwicklung von Handwerk und Kleinhandel in der Weimarer Republik*, Köln: Klepenheuer & Witsch Verlag, 1972, S. 160.

② Bernd Martin und Ernst Schulin (Hrsg.), *Die Juden als Minderheit in der Geschichte*, S. 283.

也可以得到一种物质上的解释：这与他们有特别多的犹太职业同行有关，"没有这些竞争者，他们无疑会过得更好"。他们赞同对犹太人采取普遍的敌视态度是有着充分的利己主义动机的。

同样的动机也在大学生中发挥着突出的作用。著名德国文化史专家米夏埃尔·H.卡特尔（Michael H. Kater）认为："大学生的反犹主义是一种社会经济上无保障的结果。"他指出："通货膨胀扫荡了存款，而有教养的中产阶级成员正是靠这些存款来资助他们孩子们在大学里的学习的，而此时公共奖学金已几乎没有了。""犹太人在当时仅占人口的不足1%，却占了大学生中的4%—5%，在柏林和法兰克福，甚至超过了10%，而且他们在某些大学职业中也占有特别突出的份额，这早在1929年'大崩溃'以前就滋养了非犹太大学生的忌妒感。"[1]1930年以后，反犹主义越来越变成害怕社会继续衰退的反映。1932年，纳粹党人发出了这样的号召："非犹太大学生，你是否知道你将成为10万个失去工作位置的受过大学教育者中的一个？我们非犹太大学生必须在文化职业上摆脱犹太人的统治地位！"[2]纳粹党人能在1931年7月轻而易举地接管"德意志大学生联合会"的领导权是相当有原因的。

在大学教授中，只有极少数的人敢于抗拒这种来自大学生的种族主义反犹潮流。1933年以前，尽管在讲台上进行公开的反犹表达并不常见，但在大学教师中对犹太人进行社会抵制的思想情绪则在广泛蔓延。

总之，除了工人运动以外，在所有的德国社会各阶层中都存在

[1] Michael H. Kater, *Studentenschaft und Rechtsradikalismus in Deutschland*, *1918—1933*, Hamburg: Hoffmann und Campe Verlag, 1975, S. 145.

[2] Michael H. Kater, *Studentenschaft und Rechtsradikalismus in Deutschland*, *1918—1933*, S. 146.

着反犹主义情绪。在 1924 年后"相对稳定"局势的影响下,右派激进的反犹主义一时失去了普遍的共鸣,但与文化知识界相联系的反犹主义仍在广泛蔓延。这些反犹主义者在犹太人那里看到的仅仅只是分裂瓦解的知识界、堕落的大城市文明、"地地道道的现代化",因此,他们将犹太人视为"外来方式"加以拒绝。犹太人在文化生活中所扮演的进步角色,使他们所偏爱的保守主义文化目标受到了挑战,因此知识界中的这些右派与大学生们,发挥出比德帝国时代更多的反犹社会先锋的作用。与德意志犹太人社会地位上升相应的却是反犹主义在社会上的崛起,这种反犹主义已经过了意识形态上的修饰,也经过了文化上的修饰,而贯穿其中的,是他们在自身环境中对犹太竞争者的反感。

三、反犹主义在纳粹党上台中扮演的角色

反犹主义在纳粹党上台中扮演了什么角色呢?

阿道夫·希特勒在 1924 年出版的《我的奋斗》一书中写道:"谁要想赢得最广大的群众,谁就必须知道打开他们心灵大门的钥匙,它不是客观性,也不是软弱,而是意志和力量。""推动这个地球上最强有力变革的动力不是理智和知识,而是不断使群众带有生气的狂热,一种不断推动他们向前奋斗的歇斯底里。"① 这种"向前奋斗的歇斯底里"的推动力就是在德国和奥地利漫长历史中能轻易察觉到的反犹主义,它被作为克服所有社会和经济实际利益分歧者们的"一体化"因素。按希特勒的说法,"反犹主义是德意志民族

① Adolf Hitler, *Main Kampf*, München: Kindler Verlag, 1936, S. 44, S. 196.

一体化的粘固剂，在仇恨'犹太世仇'上，日耳曼人共同的生活方式以及民族共同体便能得到证实"。而且希特勒自鸣得意地认为，与"基督教社会"中德意志民众的仇犹不同，他的"种族反犹主义是建立在纯粹生物科学的基础上的，因而具有一种全面统一德意志民族的潜力"①。在纳粹主义理论家们看来，"党的元首与追随者之间的'同类性'是生活的必要前提"，②而"同类是一种发自从情绪上最深奥的无意识冲动到最细小的脑细胞活动的自然现象。在反对其他种类的斗争中，这点必将得到证实。'同类意识'和民族共同体成员首先体现出这种能力，即一眼就能识别朋友和敌人，这个敌人就是'犹太世仇'"。③

　　像一切种族主义者那样，纳粹党人熟练地将一切国内的灾难都推到了犹太人身上。1930 年后任纳粹党宣传部长的约瑟夫·戈培尔这样写道："犹太人是我们受奴役的根源和祸害者，这个堕落的、活生生的恶魔已经导致了德国的战败。一方面，它是阶级斗争思想的发明者，另一方面，它同时也是国际现金交易、资本主义的创造者和承担者，以及德意志自由的头号敌人！"因此，自第一次世界大战以来德国的所有艰难经历和可怕前景全部都被作为"奴役这个民族"和"建立犹太人世界统治"的犹太人阴谋的结果和"令人信服"的证据。戈培尔继续写道："魏玛共和国就是犹太共和国，是建立、巩固、利用、统治德意志人的权力工具。犹太人已经腐蚀了我们种族，败坏了我们的道德，破坏了我们的风俗，瓦解了我们的力量。现在他们已经从隐秘转为公开，对各个民族进行罪恶颠覆，也

① Eleonore Sterling, *Der Unvolkommene Staat*, *Studien über Diktatur und Demokratie*, Frankfurt, am Main：Europäische Verlagsanstalt，1965，S. 8.
② Carl Schmitt, *Staat*, *Bewegung*, *Volk*, Hamburg：Hanseatische Verlagsanstalt，1935，S. 42.
③ Ernst Forsthoff, *Der totale Staat*, Hamburg：Hanseatische Verlagsanstalt，1935，S. 36.

必然会歼灭这些民族的，并首先从德国开始！"①

　　对大量的老上层、中产阶级和小资产阶级以及农民家庭来说，他们本来就长期接受了反犹主义的信念和思想，因而毫无困难地相信了纳粹主义对危机的解释，这是不难理解的。但是在 1930 年以后，特别是在社会民主党下台后，纳粹党人再要向国家领导发出"这个共和国是个犹太共和国"的谴责之词，要比过去困难得多了，然而，那些过去对原始的非理性主义世界观并无好感的大多数人，在阅读了纳粹的文章后，却部分或是全部地接受了纳粹的思想，这种现象又应作何解释呢？这是因为这些人特别希望从纳粹党以及希特勒那里得到经济和社会利益上的具体满足，而纳粹党的宣传不仅提供了满足各种利益的许诺，而且还提供了一种"在未来健康的秩序中克服现存混乱、困境、冲突的希望"。因此，可以说，在这些人身上，恰恰是纳粹主义给反犹主义提供了浮力。爱娃·莱希曼指出："纳粹所取得的成果与经济形势如此一致的画面，本身证明了人们企图在纳粹主义当中寻求摆脱危机的出路。人们容忍了反犹主义宣传，但对这些人来说，反犹主义并没有构成他们政治决断的出发点。"②

　　总之，反犹主义对于纳粹运动内部的"一体化"来说是具有决定性作用的，而且在号召、动员那些具有传统反犹主义倾向的中小资产阶级的社会集团时，反犹主义也往往居于中心地位。希特勒的纳粹党尽管不是仅仅依靠反犹来上台的，但它的上台依靠了广大民众对它反犹宣传的容忍，这是毫无疑问的。这种对反犹宣传的容忍，证明了德意志社会对仇犹口号已是多么的熟悉！

---

① Josef Goebbels, *Die verfluchten Hakenkreuzler*, *Etwas zum Nachdenken*, München：Franz Eher Verlag, 1930, S. 15, S. 16.

② Eva G. Reichmann, *Die Flucht in den Haß*, *Die Ursachen der deutschen Judenkatastrophe*, Frankfurt am Main：Europäische Verlagsanstalt, 1956, S. 277.

反犹的偏见此时不仅在许多东欧国家，而且也在西方民主国家里广泛蔓延。但是，在这些西方民主国家里，资本主义民主有着长期的传统和广泛的社会基础，反犹的政治对手们很少有机会通过一场反民主的群众运动来站住脚，也很难将仇犹要求变为国家政策，因为首先在这些国家的领导层中，就有着一种反独裁和反种族主义的强烈平衡力量。无论在美国、英国和法国，都是如此，只不过在这种平衡力量的量上有所差别罢了。因此，尽管这些国家都有法西斯组织，但它们始终无法夺取最高政权。

在德国魏玛共和国晚期，却完全缺乏这种平衡力量的纠正措施。要解释这一点，我们不能不给予德帝国时代以更多的否定。具有封建军国主义性质的普鲁士传统权力精英的统治地位是一种德意志特点，在其他西方国家中是找不到与之相应的东西的。这种特点经过 1918 年之后还在长期继续地产生着影响，这个传统权力精英集团在 1918 年以前一直在德国行使着统治，而在 1925 年保罗·兴登堡元帅当选为共和国总统后，又再度对国家政权施加了直接影响，并积极充当起所有反民主右派的盟友角色。在德国的上层中，没有哪个其他的部分像这帮来自易北河以东的传统权力精英那样为毁灭魏玛共和国、为希特勒夺权而如此坚决、积极地工作的。

在德帝国政治体系中表面上有进步作用的普选权，本身也具有模棱两可的效应。一方面，它使社会民主党人的上台成为可能，另一方面，它又为 1918—1919 年没有出现与旧德国统治力量的彻底决裂起了显著的作用。半个世纪的普选权经历仅仅证实了在德帝国和共和国时代中那些民主敌手们取得了最大的成就，证明了他们在蛊惑人心方面是最擅长的能手。因此，强调 1918 年前后时代的连续性是很有必要的。

右翼保守派集团在 1933 年将希特勒扶上了总理宝座，并向他宣誓效忠，但它们的反犹实际行动并不像他们所唱得那么认真。然而，反犹对希特勒来说从来就不是达到目的的手段，它一直就是目的本身！当然，谁有反犹主义情绪，谁就不会想到广泛的公民权利遭到了剥夺，谁就会对犹太人的被驱逐保持沉默，甚至还会对犹太人的肉体以及影响的消除而感到心满意足。

早在希特勒上台的 10 年前，1923 年 3 月 4 日，精神分析学的奠基人、奥地利著名犹太学者西格蒙特·弗洛伊德（Sigmund Freud）便在给法国著名作家、诺贝尔文学奖得主罗曼·罗兰的信中这样写道："您的名字对我们来说是与所有美妙幻想中最有价值的东西联系在一起的，它将爱扩展到全人类。尽管我属于这样一个种族，在中世纪，它为所有民族间发生的那场瘟疫而无辜受过，而今天，它又为奥匈帝国的崩溃和德国的战争损失而承担罪责。这样的经历正发挥着影响，以至于我很少愿意再去相信梦幻了……但是，当这些梦幻几乎无论如何都不会实现的时候，当我们在发展过程中不懂得将毁灭我们的推动力从像我们这种地位的人身上转移开的时候，当我们还在因为一些细小的区别而彼此仇恨、为一些小小的赢利而互相杀戮的时候，当我们越来越在使用统治自然力中的巨大进步来为我们彼此之间的毁灭服务的时候，那么我们将会面临一个怎样的未来呢？"①第二次世界大战所造成的巨大毁灭以及其中包括纳粹暴徒屠杀了 600 万欧洲犹太人骇人听闻的历史事实，回答了弗洛伊德，也回答了整个人类。

（原载《德国史论文集》，青岛出版社 1992 年版）

---

① Sigmund Freud, *Briefe：1873—1939*, Frankfurt am Main：S. Fischer Verlag, 1960, S. 341.

德意志中间等级与纳粹主义

德意志中间等级泛指处于以工业大资产者、农业大地产主、贵族权力精英为代表的社会上层与以工人为代表的社会下层之间的社会中间层，即人们通常所说的"中产阶级"、"中间阶级"、"中间阶层"。1929 至 1933 年世界经济大危机期间，德意志中间等级各职业集团对纳粹党的参与都超出它们各自在全国总人口中所占的比率。例如，1930 年 9 月大选前，在纳粹党的 39.8 万党员中，城市独立经营者（在总人口中的比例为 9%）占 21%，小农（在总人口中的比例为 10%）占 14%，职员（在总人口中的比例为 12%）占 26%，官员和教员（在总人口中的比例为 5%）占 8%，他们（在总人口中共占 36%）总共占纳粹党全部成员的 69%。[1] 三年后纳粹党膨胀 10 倍，人数达 390 万人时，中间等级成员的超比率优势仍然保持在 62% 以上的水平。这些党员中的 62.2% 充任纳粹党各级领导。[2] 至于党的最高层成员，更是清一色地来自中间等级家庭。因此，人们不难得出这样的结论：中间等级是纳粹党的"载体阶层"与"中坚力量"。

---

① Helga Grebing, *Der "deutsche Sonderweg" in Europa, 1806—1945*, Stuttgart：Kohlhammer Verlag, 1986, S. 190.

② Eike Hennig, *Bürgerliche Gesellschaft und Faschismus in Deutschland*, Frankfurt am Main：Suhrkamp Verlag, 1982, S. 165.

如何理解德意志中间等级与纳粹主义之间的这种亲和性呢？要回答这个问题，就必须首先认识德意志中间等级各职业集团的基本特点，它们在德国现代化进程中呈现出来的共同点，以及在危机状态下的意识倾向与纳粹主义的联结点。

一、作为"老中间等级"的"独立经营者集团"

在大资本与劳动之间，以小手工业者、小商人、小企业主、小农为代表的"老中间等级"构成一个"独立经营者集团"。在英国，这些人被平稳、快速地融入工业化社会，成为都市化社会中令人瞩目的装饰图案；在法国与美国，独立经营者始终是一支不可低估的政治力量，他们不仅构成了民主政治的基础，甚至成为工人的一种职业理想；而在德意志，这些处于中间地位的独立经营者从来就不意味着充满活力的历史先行者，与早期资本主义的布尔乔亚也没有多少共同之处，因为德意志从来就没有出现过这种充满活力的布尔乔亚。

自15、16世纪以来，德意志"市民社会"的梦想被一系列历史因素所击碎。地理大发现导致欧洲经济中心的西移，地处内陆无法参与远程殖民贸易，极度的邦国政治分裂化与关税壁垒，"三十年战争"对德意志古老城市工商业的破坏，所有这些都一再中断了德意志本应具有连续性发展的都市化进程。[1] 如果说18世纪以后城市"独立经营者集团"能有所发展，那倒要感谢德意志各邦国君主"开明

---

[1] David Clleo, *The German Problem Reconsidered*, London：Cambridge University Press, 1978, S. 60.

专制"下的"重商主义"政策。对国家保护性政策的长期依赖性，使他们从来就缺乏对民主政治的强烈信念。

19 世纪上半期开始的德意志工业化浪潮给家庭手工业者带来灭顶之灾，制皂工、蜡烛工完全绝迹，织布工、玻璃工、木桶工、制绳工、毛皮工、旋木工、铁匠、马鞍匠等受到强烈排挤，唯有与人们切身需求直接相关的手工业者，如裁缝、鞋匠、厨师、理发匠、泥瓦匠才能存活下来。[①]面临严重"超员"的手工业者对任何变动都感到威胁，对陌生外来者倍加防范。他们反对工业化，反对工商业自由，反对自由迁徙的公民权。在经济行为上，他们不具有冒险精神，而是充满胆怯的；在市场上，他们不具有扩张性，而是防御性的；在政治观念上，他们不是自由主义的，而是保守主义的，因而在现代化进程中不是一种进步因素，而是一支妨碍性力量。

独立的小企业主、小商人们也属于这个集团，在激烈的工商业竞争中，其行为态度同样是防御性的。他们大多以冷淡的观望态度来面对经济发展与工业化扩张。德国历史学家詹姆斯·希汉（James Sheehan）指出："这些人并不以一个生机勃勃的工业化社会为理想，他们希望的是他们中的每一个人都能领导一个自己的企业，他们想要的是一个不断繁荣的小企业和个体商业的独立经营者共同体，来避免那种在文化上起破坏作用的工厂制度。"[②]

自 19 世纪后半期德帝国（1871—1918）进入高工业化阶段以来，城市"老中间等级"受到现代化进程更强烈的排挤。这个过去城市居民的主体在总人口中的比率不断下降，由 1848 年的 44% 下降

---

① Thomas Nipperdey, *Deutsche Geschichte*, *1800—1866*, München: C. H. Beck Verlag, 1983, S. 214.

② James Sheehan, *Der deutsche Liberalismus. Von den Anfängen im 18. Jahrhunder bis zum Ersten Weltkrieg 1770—1914*, München: C. H. Beck Verlag, 1983, S. 40.

到 1882 年的 27% ，到 1930 年仅剩 9% 。[1]

这种直线下降与德国在工业化世界中最早完成向"有组织的资本主义"过渡相关。对于实行民主政治的美国来说，这个阶段开始于第一次世界大战期间的战争经济中央组织化，结束于 20 世纪 30 年代的罗斯福"新政"；而德国早在 19 世纪 70 年代下半期就开始了，并在第一次世界大战前完成了这场过渡。究其原因在于，那些高高在上的容克贵族传统权力精英们认为："经济上的巨型组织要比这些中、小企业有效率得多，指挥起来也要方便得多。反过来讲，'老中间等级'即使在经济上发生虚脱，也不会产生大工业界在虚脱状态下所带来的那么广泛的政治、社会和经济后果。"[2]因此，国家通过提供无息贷款、关税保护，承认卡特尔协议为合法等手段，[3]虽然满足了工业大资产者经济上的发展需要，也带来了经济"跳跃式的发展"，但却首先危及"老中间等级"的社会安全。由于不再能得到国家的资助，他们当中只有极少数幸运者才可能跻身于工业大资产者上层，绝大多数不能保持中间地位的人，则滑落到无产者行列之中。在工业化快速进程中，小农的社会地位不断下降，农产品价格的下落与农业贷款利息的上升导致了小农人口大量流失。1871 年，德意志人口的 64% 还居住在乡间，而到 1910 年，乡间居民只剩35% ，其中，除大地产主与农业工人外，小农仅占 15% 左右，而到1930 年只剩 10% 。[4]国家对贵族大地产特别的优待和资助，本身意味着对小农的冷落和歧视，因此，他们与城市"老中间等级"一样，作为一种小资产阶级附属物，其意识是以一种过了时的"前工

① Helga Grebing, *Der "deutsche Sonderweg" in Europa*, *1806—1945*, S. 190.

② *Ibid.*, S. 169.

③ David Clleo, *The German Problem Reconsidere*, S. 64.

④ Thorstein Veblen, *Imperial Germany and the Industrial Revolution*, New York：Viking Press, 1954, p. 228.

业化时代"的社会追求为方向的。

等级上的隔阂感、对工业化的陌生与畏惧以及要求国家保护，刻画出整个"老中间等级"的心理特点。丧失旧有独立性的威胁和陷入社会分化过程的担忧，使他们中的败落者早就在寻求一种向后退却的反经济自由主义、反工业资本主义、反都市化运动的反现代主义意识形态了，这种人也总是习惯性地在犹太同行竞争者身上寻找"替罪羊"。

二、作为"新中间等级"的"职员集团"

作为"新中间等级"的"职员集团"，其成员是第三产业服务性行业中的执行者：如餐厅酒吧的服务员、商店的售货员、银行的出纳员、邮政局的邮递员、加油站的接待员，以及大企业中的参与管理者：如秘书、会计、监督员、管理员、技术员、工程师和司机，总之，一切能被称之为"白领阶层"的受雇者。随着第三产业的日益发展、工业技术和企业经营管理的不断现代化，这个"白领阶层"的人数一直呈上升趋势，并在总人口中具有最快的增长率，他们从 1882 年的 1.9% 上升到 1907 年的 5.7%，并在 1930 年占据了总人口的 12%。[1]

"服务型职员集团"形成一个独特的职业新世界。他们的工作特点就是与各式各样的社会圈子里的人打交道，跟来自任何阶层的人"套近乎"，这尽管造就了现代社会的一种文明条件，但他们并不羡慕自己的社会角色。这个集团也很难称得上是真正的"中间等级"。

---

[1] Eike Hennig, *Bürgerliche Gesellschaft und Faschismus in Deutschland*, S. 113.

在经济上，他们并不是"独立经营者"，这使他们有别于"老中间等级"；在政治上，他们并不属于统治阶层，这又使他们有别于"公职人员集团"。如果人们寻找这些服务型职员与非产业工人之间的区别，如百货公司的女售货员与女裁缝、餐厅服务员与泥瓦匠之间的区别话，只能从一种"自我意识"中才能找到。那种"高于工人一等"的意识在现实中并没有坚实的基础，以至于他们也被称为"虚假的中间等级"。①但恰恰是这些自我社会身份最成问题的人，比任何人都更为响亮地捍卫中间等级的思想与特权。

对于大企业中的"参与管理型职员"，德国社会学家卡尔·伦勒尔作过这样的概括："这是一些资本家花钱雇用的帮手，他们不是作为工人，而是作为受雇于老板的'私人官员'出现的。他们虽没有受雇于国家，但仍在私人企业的小社会里表现出一种浓厚的官僚主义气息。因此，除产业工人外，还出现了这种管理技术意义上的'服务等级'。"②从根本上讲，这类职员与产业无产者一样属于受雇者，但作为受雇者，他们又与产业工人有着重要的区别：他们在劳动时间、劳动收入、劳动独立性方面有着比产业工人优越得多的地位。他们与产业工人还有思想方法上的不同，德国社会学家海因里希·波皮茨（Heinrich Popitz）作过这样的比较："产业工人用两分法的观点来看待这个社会，他们将社会视为一个被分裂的世界，一种人高高在上，一种人处于底层，而他们自己正处于底层。职员则从等级观念出发来看待这个社会。他们只认他们的上级和下级，并看到自己处于中间位置，因而在等级上有着敏锐的辨别力和敏感性。这种人总是力图证明自身也具有特别的社会地位，其目的是想

---

① Ralf Dahrendorf, *Gesellschaft und Demokratie in Deutschland*, München：Deutscher Taschenbuch Verlag，1968，S. 103.
② Karl Renner, *Wandelungen der modernen Gesellschaft*, Wien：Siegler Verlag，1953，S. 211.

掩盖他们靠工资为生的依附性现实。"①

　　职员身上呈现出强烈的现代化进程的痕迹。专业化资格和劳动位置上的区别，将技术员与企业管理人员、女秘书与女售货员区别开来，而机械化、传统工作方向的丧失，劳动市场上的流动性和无名性，又总是偏爱那些更有效率、更年轻、更漂亮的后继者。这种社会蒸馏形式有着共同的方向，它用宣传媒介来操纵大城市的业余时间，来满足消费世界的需求。正如德国社会学家西格弗里德·克拉考尔（Siegfried Kracauer）指出的："这个理性化的、精神空虚的、以消费为方向的工业现代主义世界正是职员思想意识矛盾性发展的致命性象征物。"②

　　"职员集团"这种介于无产者与资产者之间的状态，将其所有成员推进了社会和政治地位难以确定的"冷、热水交替浴"中。他们在政治上的摇摆性，随着经济局势的波动表现得尤为明显。早在德意志帝国时代，"他们的政治选择已经表现出一种无法估量的多样化，没有任何一个以阶级名义进行宣传的政党能有把握地赢得他们的支持"。③

　　现代性、优于工人的特权虚构、"向上爬"的方向、对地位下降的恐惧，在职员中造就了一种爆炸性的混合。一旦他们对理性化未来的希望在危机中破灭后，从中发展起来的只能是一种超比例地向反理性的右翼激进主义的政治转向。尤其是那些在犹太资本占优势的第三产业中的职员，他们表达出来的愤慨中，早已经流露出反保守主义、反马克思主义的激进反犹主义情绪特征。

---

① Heinrich Popitz, *Das Gesellschaftsbild des Arbeiters*, Tübingen：J. C. B. Mohr Verlag, 1961, S. 242.
② Siegfried Kracauer, *Die Angestellten*, Frankfurt am Main：Suhrkamp Verlag, 1971, S. 97.
③ Ralf Dahrendorf, *Gesellschaft und Demokratie in Deutschland*, S. 103.

三、作为"普遍阶层"的"官员集团"

在普鲁士—德意志这条专制国家的道路上，容克子弟之所以能处于国家政治与军事领导的顶尖位置，主要依据的不是个人能力，而是贵族世家的高贵血统，这种"权力精英贵族血统化"传统可追溯到腓特烈大帝的理论："唯有这种血统才能确保他们对政权的忠心耿耿。"[①] 因此，不是由这些搭上"血统直通车"、担任高级公职的容克子弟，而是由他们代表国家招募来的市民子弟，才构成了真正意义上的"公职人员集团"主体。

"公职人员集团"由两大类成员组成：一类是由中、下级官员组成的"官员阶层"；另一类是由各级教师组成的知识分子"学者阶层"。现代化管理上的多重复杂性，教育对社会的重要作用，使"公职人员集团"的人数随着人口的增长而增长，1907 至 1930 年，这些依靠政府财政拨款、拿国家薪水的人，一直较为稳定地维持在总人口的 5% 左右。[②] 中、下级官员虽然构成"新中间等级"的一部分，但在意识上将自己作为"普遍阶层"来感受。这种感受源于黑格尔所下的定义："这是一种现代国家的普遍阶层，它并不占有生产资料，但具有将社会的个别利益与进行平衡的国家行动彼此联系起来的功能。"[③] 作为受雇于政权的专门性管理人员，这个"为国家服务的等级"在整个官僚机构中拥有强有力的职业地位。"国家公益保护者"角色的自我理解，使他们几乎毫无例外地成为具有独裁主义、官僚主义气质的国家主义者。

---

① Peter Baumgart, *Erscheinungsformen des preussischen Absolutismus*, Germering：Deutscher Taschenbuch Verlag, 1966, S. 75.

② Eike Hennig, *Bürgerliche Gesellschaft und Faschismus in Deutschland*, S. 113.

③ Hans-Ulrich Wehler, *Moderne deutsche Sozialgeschichte*, Köln：Kiepenheuer und Witsch Verlag, 1970, S. 55.

　　每一位非贵族出身的官员都在经历一种"暂时不为人知的渺小"，并具有"参与了政治执行"的自我意识。在这里，引证德国著名社会学家特奥多尔·盖格尔（Theodor Geiger）的话，最能描绘出这些人的心理状态："他们觉得口中嚼着由可怜的工资组成的干面包很有味道，因为他们大量参与了国家权力的履行。他们手中掌握的实际权力越多，就越是追求那些能体现社会威望的等级身份；他们承担的管理功能越小，个性可能产生的效果和发展的可能性也就越少；他们越是被置于上级指令之下，首创精神和主动性就越是受到压抑，也就越是对'公众'保持着不可接近的'窗口距离'；他们越是对肩章、佩剑这些代表当局非人格化的庄严象征物感到兴奋，就越是证明他们自身受到了这些象征物的保留所带来的伤害。"①

　　与那些大权在握的传统贵族权力精英比起来，中、下级官员充满了自卑感，权力金字塔的顶尖让他们可望而不可即，经济不景气时期的政府裁员使他们胆战心惊。尽管他们也力图通过"德意志官员联盟"之类的组织来保护自身利益，但集体的"罢工"从无可能。这是因为所有的官员都想"往上爬"，因而维持了官僚机构中的组织性与纪律性，也构成了官员个人之间竞争性结构的前提。但是，由于这种竞争是在一种依附性的上、下级联系中进行的，竞争的最后终点取决于一个处于权力顶尖的精英阶层的立场，而这个精英阶层又并不属于这个阶层，所以，中、下级官员并不能从政治上代表自身，但又必须被代表，正因为如此，他们最为直接地需要篡权者，这样的篡权者也往往最容易借用他们的名义，来扩大自己的合法性基础。②

---

① Theodor Geiger, *Die Soziale Schichtung des Deutschen Volkes*, Stuttgart：Ferdinand Enke Verlag，1932，S.98.

② Ralf Dahrendorf, *Gesellschaft und Demokratie in Deutschland*，S.100.

一般来说，能保住现存地位并有升迁可能的官员，信奉的是右翼保守主义的独裁主义，而他们中的被辞退者，则往往是力图粉碎现存秩序、并向右翼激进主义的独裁主义转向最快的人。这种特点也特别是那些军队中非贵族出身、又遭解职的中、下级军官们所共有的，因为这种心怀不满的人，本身就是力图篡权的人。①

四、作为"知识分子"的"学者阶层"

以各级教师为主体的"学者阶层"，作为另一类"公职人员"，最易使人产生误解。在真正的统治者看来，这些人属于"被统治者"，而在一般被统治者看来，这些人属于"统治者"。从社会上讲，他们同样属于"普遍阶层"；从精神上讲，他们是这个民族的"思想精英"；从等级上讲，他们是国家的一批受雇者；从经济地位上讲，他们处于社会的中间层。唯有"通过学术符号与政治保持距离"这一特点，才使他们与其他所有职业阶层真实地区别开来，因此，他们有着"处于社会正中央"的感受。②

德意志"学者阶层"在政治上有过骄傲的历史，作为整个中间等级的政治代言人，他们曾在1848年革命时期的"法兰克福国民议会"中有过2/3的代表。革命遭到镇压而失败后，他们便从政治上退却，退缩到校园的"相对自由"之中。英国社会学家伯特兰·拉塞尔（Bertrand Ruscell）曾这样描绘过德国的知识分子："他们不是去适应这个社会，而是寻求一种避难所，以便能享受到一种孤寂的

① Francis L. Carsten, *Reichswehr und Politik*, Köln：Kiepenheuer und Witsch Verlag, 1964, S. 58.

② Seymourr Martin Lipser, *Political Man*, New York：Doubleday and Company, 1960, p. 311.

自由。这种气质的人有时能具有重大的历史意义，因为他们既敢于拒绝服从，又能抵抗大众化诱惑，更能从事重要的科学研究或制造思想舆论，这些思想舆论或是超前的，或是对当局不满的，或是与之相矛盾的，至少是彼此不一致的。"① 从思想倾向上看，德意志学者大致可分为四种类型：

第一类是"批评型"学者，也称为"左翼知识分子"，以马克斯·韦伯、格奥尔格·西默尔（Georg Simmel）等人为代表。他们是有独立意识的自由主义者，但并不是民主主义者。他们没有卷入统治与服从的纪律之中，而是用巧妙的学术语言、充满机智的幽默绕开纪律走。他们利用知识界成员资格展开对社会批评的做法，使他们成为统治者容忍界限之内的"不快"。②

第二类是"悲观型"学者，也称为"流亡型知识分子"，以弗里德里希·李斯特（Friedrich List）、海因里希·海涅等人为代表。他们往往经历了从"自由主义者"向"民主主义者"的转化，但对这个国家的政治前途已悲观失望。在整个 19 世纪，世界上还没有哪个国家像德国那样，产生出如此之多具有民主思想的知识界流亡者。这说明这种专制政治已不能容忍这类学者了。德国著名社会学家拉夫·达伦多夫（Ralf Dahrendorf）指出："对于他们来说，谁开始对这个社会的统治提出疑问，谁就必须考虑最后摆脱这个社会。"③ 因此，这个时代的德国"民主"是与"流亡"联系在一起的。

第三类是"浪漫型"学者，也称为"内心流亡型知识分子"，以斐迪南·特尼斯（Ferdinand Tönnies）等人为代表，最为清楚地表达了从政治中退却出来的态度。他们的浪漫主义首先能在"文化悲观

---

① Bertrand Russell, *Power. A New Social Analysis*, London：George Allen & Unwin, 1957, p. 19.
② Ralf Dahrendorf, *Gesellschaft und Demokratie in Deutschland*, S. 306.
③ *Ibid.*, S. 302.

主义"中找到表达，其中宣传着一种奇特的两分法：农业文化与工业文明，乡村与都市，天然共同体与契约社会……而他们是赞美前者，反感后者的。① 他们总是用一种"原本"来反对一种体现现代化现实的"非原本"。在他们的笔下，对现代化现实的贬低阻碍着每一种对现实严肃认真的评价。

第四类是"古典型"学者，也称为"右翼保守主义知识分子"，以海因里希·冯·特莱契克、阿道夫·瓦格纳、古斯塔夫·施莫勒（Gustav Schmoller）等学者为代表。这些人与德帝国占统治地位的权力关系达成了和解，但仍在知识分子角色的框架内，运用学术符号，对现存社会发挥"纠错机能"，例如，特莱契克强烈要求德帝国必须变得"更加普鲁士化"，瓦格纳坚决反对自由放任的资本主义，并一再敦促俾斯麦实行"国家社会主义"。② 他们以社会"校正力量"的姿态出现，总在寻找那些真正能运用他们方案的权力人物。

后三类知识分子实际上都在为传统政治体制的稳定化服务。"悲观型"学者通过流亡表达了他们对现政权的否定态度，但是，当他们永远地离开这个国家，即使在遥远的外国继续他们的批评，其影响效果仅仅充当了现存统治关系"仍然巩固"的证明。"浪漫型"学者对现政权既不赞成也不反对，这种政治上的弃权给政府加重不了任何困难，倒是他们通过学术符号表达的研究成果，无论是人文社会科学上的还是自然科学上的成果，往往能为统治者提供根据自身需要对政治现状进行宽泛解释的优点。对于"古典型"学者来说，现存社会统治关系和秩序的巩固，实际上是与他们的愿望相一致的。

数量上占绝对优势的"浪漫型"与"古典型"学者之间，靠牢

---

① Manfred Hettling, *Was ist Gesellschaftsgeschichte*? München：C. H. Beck Verlag, 1991, S. 297.
② Rüdiger vom Bruch, *Weder Kommunismus noch Kapitalismus*, München：C. H. Beck Verlag, 1985, S. 70.

固的"民族文化传统代表者"意识来联系。在这里，"民族"这个概念从来不是作为一种政治意义上的表达，而是作为某种语言、文化、习俗、传统上具有"独特天性"的东西来理解的。他们追求的不是法兰西式的"自由"、"平等"、"博爱"，而是本民族的统一、强大、影响和权力，以及重建民族的"传统美德"。这种追求使他们中的绝大多数转向反犹主义，以致"除了莱辛、约翰·沃尔夫冈·冯·歌德（Johann Wolfgang von Goethe）、谢林、黑格尔等少数学者外，几乎德国历史上所有著名学者都具有反犹倾向"。[1]究其原因，在于他们的价值观念受到了犹太学者们的挑战，这些犹太同行是属于知识界自由、民主先驱者阵营的。因此，他们将他们反感、仇视的一切东西，如现代城市文化、西方资本主义、个人主义、自由民主主义、阶级斗争和共产主义，都与犹太人相提并论了。在这里，不仅有着大量地位卑微的中、小学教师思想右翼激进化的原因，更有"批评型"学者队伍难以发展、"悲观型"学者选择流亡的深层次原因。

总之，德意志"学者阶层"早已是一个内部处于分化、并不断丧失政治、文化"优越感"的阶层。那种"捍卫民族与国家"的呼唤，通过他们的课堂教学与出版物，感染到"渴望行动"的大学生与社会青年。在这些年轻人身上，表现出来的已不是他们老师辈的"文化悲观主义"和"保守主义"，而是进攻性的反自由民主主义与反马克思主义、激进的种族主义与反犹主义了。[2]

---

① Franz Neumann, Behemoth, *Struktur und Praxis des Nationalsozialismus*, *1933—1944*, Frankfurt am Main: Fischer Taschenbuch Verlag, 1977, S. 144.
② Helga Grebing, Der *"deutsche Sonderweg" in Europa*, *1806—1945*, S. 169.

五、德意志中间等级的共同特点

新、老中间等级各职业集团尽管有着社会局势上的种种区别，但也有共同的特点。作为社会中间层，他们普遍具有这种心理状态：即不仅从对容克贵族、工业大资产者奢侈豪华生活的羡慕、嫉妒以至怨恨中，产生出"向上爬"的欲望，而且从他们相对于产业工人的优越地位中，产生出强烈的自傲感，以及一旦竞争失败后便可能落入无产者行列的恐惧与担忧。面临德意志帝国时代传统专制的统治，整个社会中间层的感受是矛盾和复杂的：一方面，在这场由传统权力精英推行的"有组织的资本主义"现代化进程中，他们本身受到了等级上的歧视，因而对这个权威国家总是表达出厌恶、反感或不满；另一方面，这个权威国家毕竟还能在政治安定上发挥作用，这种安定又是他们的生存所需要依赖的。因此，正如德国著名社会学家埃里希·弗洛姆（Erich Fromm）概括的那样："他们往往具有这样的社会性格：渴望服从，又向往权力。"[1]

如果说从他们对服从的渴望中，反映出对一种能为他们的利益提供确保的权威政治的寻求的话，那么从他们对权力的向往中，则产生出一条激进主义的新政治路线。这条政治路线在传统上是处于中间位置的，它通过对另外两条明确路线的厌恶来体现自身：一条是关系到大地产和大资本切身利益的右翼保守主义路线，另一条是代表产业无产者利益的社会民主党左翼共和主义路线。正如特奥多尔·盖格尔指出的那样："这些中间等级激进主义路线的捍卫者们，极力寻求不受来自从左到右占主导地位的阶级斗争的感染，他们寻求的是'强大的国家'和'强大的民族'，以便能在这两条道路之间

---

[1] 埃里希·弗洛姆：《逃避自由》，工人出版社1987年版，第90页。

找到第三条道路，因为他们是将这条两道路同样作为灾难和痛苦的经历来感受的。"①

这条道路首先通过一系列激进主义的反犹组织获得了它最初的雏形，其最初的行为载体是一批出身于中间等级家庭的青年大学毕业生，以及由他们组织起来的中间等级落泊者集团。这些不能被国家机构吸收、并打有不安全烙印的年轻人，早就在通过组织激进的反犹团体来寻求政治生涯了，如帝国时代的"德意志农业联盟"、"德意志民族店员联盟"、"德意志大学生反犹联合会"以及"泛德意志同盟"等，都是由他们来充任政治与理论指导者的。②这些组织就其性质而言，正是德意志中间等级在面对这个社会内部的犹太少数民族职业同行竞争者时，进行的一种自发性的社会整合化努力。自1890年以来，这种激进主义已经发展成一种具有鲜明种族主义、反犹主义、反现代主义色彩的东西，一种可以称之为"前纳粹主义"的东西。只不过这条反现代主义的激进主义路线，在帝国时代一时还难以形成真正强有力的社会统一化组织。

究其原因，主要有以下两点：一是由于整个中间等级的成分是复杂而分离的，他们在帝国时代的命运和意识倾向也彼此不同。"老中间等级"突出体现的是浓厚的"前现代化意识"；"新中间等级"中的职员，更倾向于反保守主义、反马克思主义的思想情绪；中、小官员则往往具有独裁主义、国家主义的传统性格；学者中更多体现的还是保守主义的民族文化观。他们之中境遇较好者，尤其"新中间等级"中的地位较稳定者，也可能选择自由主义政党、甚至是社会民主党来作为自己的政治代表。唯有他们中最深刻地感受到现

---

① Theodor Geiger, *Die Soziale Schichtung des Deutschen Volkes*, S. 126.

② Helmut Berding, *Moderner Antisemitismus in Deutschland*, Frankfurt am Main：Suhrkamp Verlag, 1988, S. 112.

代化进程给自己带来威胁的人，才通过这条激进主义路线来体现自身。二是由于帝国时代的政治安定中，依然有一些因素在支撑着这些惶惶不安的中间等级个体，如财产，相对于产业工人的社会优势地位和特权，作为施展自身权威的最好阵地与逃避竞争的避风港——家庭，最后还有作为强大帝国一员的民族自豪感。危险在于，一旦这个中间等级集团的地位受到强烈震动，总是极力在政治领域中寻求激进的新独裁主义解决手段。①

六、德意志中间等级与纳粹主义

魏玛时代（1918—1933）的灾难性经历使中间等级的命运趋同化了。不足 15 年的共和国历史，竟然带来了前后长达 10 年的经济危机和 20 次内阁换届！中间等级的复杂性和分离性被贫困化和碎片化的统一性取代了，安定的政治环境被动荡的社会局势取代了。

共和国头 5 年，中间等级便在经济上迅速败落。1923 年的"超通货膨胀"达到了 1 美元等于 4.2 万亿马克的史无前例的高峰，将他们多年的积蓄一扫而光，就连过去相对超脱的"学者阶层"，也陷入"被贫穷追赶的局势"之中。② 如果说 1924 至 1929 年的"相对稳定"又给中间等级带来了一线希望的话，那么 1929 年 10 月由美国席卷而来的世界经济大危机又使他们的努力付之东流。小手工业者贫困潦倒，小企业、小商家大量倒闭，小农被迫出售自己的土地，职

① Heinrich August Winkler, *Organisierter Kapitalismus, Voraussetzungen und Anfänge*, Göttingen: Vandenhoeck & Ruprecht Verlag, 1974, S. 207.
② Erhard Schütz, *Romane der Weimarer Republik, Modellanalysen der Deutschen Literatur*, München: Wilhelm Fink Verlag, 1986, S. 159.

员大规模失业，布吕宁政府反危机的"财政紧缩政策"，导致的是大量官员与教员的被解雇。新、老中间等级各职业集团终于整体性地陷于全面破产的境地。

与经济地位急剧下降相伴随的是，他们的社会声望和特权一落千丈，就连"学者阶层"也"成为人们用半同情、半厌恶的目光来看待的一种人物形象了"。[1]这严重影响到他们作为家庭个体权威的地位，当他们作为子女经济支持人的作用丧失掉时，便导致了他们获取安全感的最后堡垒——家庭作用的毁灭。人们所面临的是在对付社会角色多重性和角色变换方面的困难，在未经自己成熟反思情况下可靠地调整个人行为的困难，在变化中维护稳定性和一致性的困难，在家庭中找到兴趣与幸福的困难，这些困难尽管在每个阶层的成员中都是存在的，但在地位迅速变化的中间等级成员身上，总显得特别尖锐。

德国中间等级对《凡尔赛条约》报有特别的愤恨是有原因的。像英、法、美这些早起国家进入工业化阶段后，大多经历了100年从自由竞争向垄断过渡的漫长发展，海外广阔的殖民市场为这些国家的中间等级长期稳定的"向上爬"创造了较好条件。而在德意志，自由竞争只经历了至多50年时间，便立即出现国内市场被完全垄断的局面。将"向上爬"的希望寄托于海外扩张上的中间等级，在世界市场被瓜分完毕的严酷事实面前，毫无困难地成为德意志帝国时代民族沙文主义意识形态的社会基础，以致声势浩大的"泛德意志同盟"、"德意志祖国党"完全成为中间等级的群众性好战组织。[2]一战的失败以及《凡尔赛条约》的签订，意味着他们通过向外扩张

---

[1] Theodor Geiger, *Die Soziale Schichtung des Deutschen Volkes*, S. 100.

[2] Bernd Martin und Ernst Schulin, *Die Juden als Minderheit in der Geschichte*, München: Deutscher Taschenbuch Verlag, 1985, S. 268.

来"向上爬"的理想遭到了迎头痛击。

《凡尔赛条约》剥夺了德国 1／7 的国土和全部的海外殖民地，意味着中间等级的发展余地变得比过去更小；限制德国军队规模的条款，将战时急剧膨胀的 800 万军队猛然裁减到 10 万人，唯有"出身良第"的容克贵族世家子弟方能留用，数百万中间等级家庭中的年轻人"入伍从军谋求政治生涯"的梦想被击得粉碎。战后"复员潮"中，退伍的工人子弟能很快被下层普遍劳动者岗位所吸收，而中间等级子弟既不想、也不能适应战后日常生活的困境，但作为脱离原有地方、社会、环境的人，已难以找到退回的归路了，因而大多成为无环境依托者、失业者和社会边缘者。① 因此，当战胜国强加的民族屈辱以及随之而来的一切经济灾难降临到他们头上时，他们轻而易举地将个人的痛苦与国家、民族的屈辱联系了起来。

在对待民主制度的态度上，德意志中间等级也不同于产业工人。产业工人尽管在一战中也曾为帝国而战，但正是在由战败和革命导致的帝制垮台中，才得到了某些在帝国时代没有得到的政治、经济权利。社会民主党代表的那条共和主义路线得到部分贯彻，但他们信奉的"阶级合作主义"导致的依然是那条冷落中间等级的"有组织的资本主义"路线的继续、甚至是强化。因此，中间等级中相当部分的成员，从一开始就对民主制怀疑、反感。就连像托马斯·曼（Thomas Mann）这样具有自由主义精神的大学者，也以这样的态度来对待民主政治："我不想去过问议会政治，我想要的是公正、秩序和财产，如果说这是市侩，那么，我想当一个市侩！"②

---

① Rainer Lepsius, *Extremer Nationalismus. Strukturbedingungen vor der nationalsozialistischen Machtergreifung*, Stuttgart：Kohlhammer Verlag, 1966, S. 87.
② Gorden. A Craig, *Deutsche Geschichte, 1866-1945*, München：C. H. Beck Verlag, 1989, S. 363.

那些 1929 年以前还对民主制抱有一线希望的中间等级成员，当贫困化的威胁在大危机中向他们再度袭来时，对魏玛体制的信心已完全丧失。代表中间等级利益的自由主义政党，德国民主党与德国人民党，在 1920 年曾获得过 20% 的选票，而在 1930 年仅仅只得到 2% 的社会支持率。[1] 但是，中间等级的"无产阶级化"并不能导致他们与马克思主义者共命运，这是因为，一方面，任何以阶级名义进行的政治宣传都无法吸引他们，另一方面，马克思主义意味着进行一场废除私有制、实现生产资料公有化的共产主义革命，这也包括扫荡中间等级所拥有的一切特权。因此，这个成员复杂而分散的社会中间层，害怕"会在有组织的资本主义与有组织的工人的磨石之间被碾碎，因而极力寻求一场能替他们鸣不平的、统一的新政治运动"。[2] 这场政治运动只需完成与帝国时代的右翼激进义政治路线的接轨，就能争取到德意志中间等级各职业阶层中的绝大部分人。

陷于没落之中的中间等级成员现在相信，唯有通过强调"民族"思想，才能防止自己与那些一直作为无产者的产业工人相混淆了，因为"工人阶级无祖国"，是国际性的。因此，在这场大危机带来的"中间等级恐慌"中，当希特勒举起"民族"旗号走来时，他们自然而然地成为纳粹宣传的热心听众。希特勒向他们提供了这种证明："这个受到无产阶级化威胁的中间等级就是民族本身！这个民族不仅由于自由、民主意识的毁灭性影响，而且由于马克思主义阶级斗争动力的毁灭性影响而受到了威胁！"[3] 于是，德意志中间等级

[1] Detlev J. K. Peukert, *Die Weimarer Republik*, *Krisenjahre der Klassischen Moderne*, Frankfurt am Main：Suhrkamp Verlag, 1987, S. 159.

[2] Rainer Lepsius, *Extremer Nationalismus. Strukturbedingungen vor der nationalsozialistischen Machtergreifung*, S. 112.

[3] Hans Speier, *Die Angestellten vor dem Nationalsozialismus*, Göttingen：Vandenhoeck & Ruprecht Verlag, 1977, S. 120.

通向纳粹运动的道路终于被勾画出来。这个具有"独裁美德"的"民族共同体"，为实现"前工业化时代的社会健康"理想，终于在这场"反对阶级斗争的斗争"中释放出令人难以置信的侵略性能量，被希特勒称之为"促进正常国家秩序的健康的民族感"，正是"元首"与其追随者之间联系的酵酶。①

　　在现代化进程中，如何将"老中间等级"平稳地接纳进工业化社会，并促进"新中间等级"的健康发展，直接关系到这个社会的秩序能否真正获得稳定。因为中间阶层是联系社会最高层与下层民众的阶梯与桥梁，它的健康发展，能造就一个合理的社会斜坡，从而增强社会流动性与灵活性，并给社会带来长久的稳定。即使面临重大危机，这样的社会往往也能通过内部的调整，维持现有体制与秩序的稳定性，这也是英、法、美等国在面临 1929 至 1933 年大危机时仍能保存民主政治的一个重要原因。因此，在工业化时代，一个中间阶层充分发达并健康发展的社会，才是最为稳定的社会。

　　但是，在德意志，传统权力精英统治的干预型国家关注的只是大资本与大地产的利益，却使中间阶层长期处于半发达、受挤压的状态。那种"有组织的资本主义"政策给社会中间层带来的只是一场内部的加速分化，因而在一战战败、帝制崩溃后的那个现代化全面危机的"魏玛年代"里，他们中的绝大多数人仍然不能真实地理解和适应这个工业化社会。那种与现实经济状况并不相称的反现代主义价值观念，是通过浪漫与保守主义学者们的"文化批评"，通过破产的经济中间层对未来的绝望情绪，通过乡村居民对都市化进步

---

① Rainer Lepsius, *Extremer Nationalismus. Strukturbedingungen vor der nationalsozialistischen Machtergreifung*, S. 13.

的敌意来标志的。他们反对"罪恶的都市化"、反对"应对一切灾难负责的工业化"、反对"战胜国强加的民主化",并从渴望稳定与和谐的心情出发,相信纳粹运动是一种政治工具,利用它才能控制正在改变一切、摧毁一切的技术和结构变化的力量。

从思想上讲,纳粹主义代表了德意志中间等级中早已广泛扩散、绝无新奇之处的愤慨和思想的混杂。这幅激进的民族主义画面中集合了如此之多的"主义",如反犹主义、反启蒙主义、反民主主义,反保守主义,反经济自由主义、反异族资本主义、反马克思主义,以至于当人们要问"纳粹主义究竟是什么"时,只能用这样一句话来概括:"纳粹主义就是反对现存社会的一切!"①但也正是人们经常强调的"纳粹主义意识形态缺乏独创性"这一"大杂烩"特点,才赋予了它根本的吸引力,正是由于纳粹主义具有如此之大的包容性,才首先将中间等级、继而将越来越多对社会现状不满的人集合在它的旗帜下。

从这个意义上讲,纳粹运动作为德意志社会中由来已久的反现代主义运动发展的一个结果,体现了一场激进性的新高潮和一场大众化运动的新开端,它反映出这个社会的中间阶层对一场猛烈的、也是在政治和社会上承受不起的现代化危机后果的激进反叛。德意志中间等级正是这场运动真实的社会基础,而这一点并没有妨碍这个运动向社会结构的上、下两端迅速蔓延,从而最终将它发展成一场全民族的法西斯主义"褐色革命"。它从极右方向上"改天换地"的历史灾难,提醒着后人注意:必须将"促进社会中间层的健康发展",作为工业化国家稳定发展战略的一项重要内容。

(原载《世界历史》2000 年第 6 期)

---

① Gorden. A. Craig, *Deutsche Geschichte*, 1866—1945, S. 482.

德意志"民族共同体意识"与纳粹主义

　　无论是希特勒国内的还是国外的政治对手，都没有否认过这个事实：到 1933 年 1 月，至少 1／3 以上的德意志人，都是支持纳粹党以及它的"元首"阿道夫·希特勒的，而当时任何其他政治派别的德意志政治家，都没有达到或接近过这样高的支持率。

　　当人们注意到纳粹运动的追随者中不仅包括来自"新"、"老"中间等级的群众，而且也包括来自其他社会各阶层、教派的群众时，就不难看出纳粹运动"独裁式大众聚合化运动"的特点。事实上，希特勒要在这个时代里夺取政权，并实现他对内建立纳粹极权独裁统治、对外夺取"生存空间"的目标，不仅需要组织起中间等级的反民主队伍，而且更需要组织起一个具有更大包容性的社会联盟，以作为他采取行动的手段。这个社会联盟就是纳粹主义的"民族共同体"。

　　纳粹主义的"民族共同体"是专为这样的人设计的，这些人在现代化进程中，一直在忍受着日益增长的"孤独"之苦，因而渴望在日常生活中能过上一种"令人愉快的集体生活"。这种"共同体意识"从根本上否认工业化社会中多元利益之间的矛盾与冲突，因而不仅具有反马克思主义的功能，而且具有反民主主义、反自由主义、反共和主义的性质。但是在 1929—1933 年的大危机年代里，德意志社会对这种"共同体意识"的需求竟是如此强烈，以至于纳粹党能成功地通过对这种意识的强调，召集到广泛的群众队伍，来实现它所要达到的目标。对于这种因果关系，人们只能从德意志现代化的长期进程中，从这个社会占统治地位的意识形态的发展中去寻找。

一、"共同体意识"的起源

"共同体意识"的最初来源是与 19 世纪德意志现代化的快速进程联系在一起的，也是与工业化所带来的"异化"感受联系在一起的。这场现代化不仅导致了向资本主义工业新生产关系的转变，而且也带来了传统价值标准的动摇和旧有社会联系的崩溃。

在这场"社会大裂变'中，客观世界以比主观想象的行为模式快得多的速度变化着，个人在旧有的社会中失去了传统的法规，而又没有能在这个新的社会中获得一种安全地位。伴随着德意志快速工业化的成果一起来临的，还有社会两极分化的加剧、现代新阶层的形成以及各阶层利益之间的矛盾与冲突。市民资产者阶层在没有来得及从政治上战胜容克贵族的情况下，又面临了工人运动的挑战。处于社会底层的产业工人登上政治舞台的同时，社会中间层却经历了一场快速的分裂化，因而导致了这样的结果：过去市民自由主义运动中的民主进步因素，在 1848 年革命后的年代里，已逐渐地被挥发掉了，而与此同时，出现了一种现代主义的共和主义，它将共和国理解为与君主制相反的"民主主义和社会自由的国家"，但这种共和主义不是形成于市民资产者阶层之中，而是形成于反对容克贵族和市民资产者统治的德国工人运动以及力量日益壮大的社会民主党之中的，因而也使所有的财产占有者们都神经紧张起来。

　　在对"自由放任"资本主义的厌恶以及对工人运动的恐惧之中，工业资本主义经济增长所带来的"社会控制问题"提出来了。19 世纪 70 年代中期，"讲坛社会主义"理论家们为威廉帝国的传统君主制专制提供了这种证明："强有力的国家当局，是能够使个人追求赢利的结果协调一致起来的。"①这种德意志"国家社会主义"思想，确切地讲，促进的只是一种"有组织的资本主义"发展。正是在这种背景下，一种"文化共同体"的思想发展起来。这种思想尽管带来了现代福利国家政策的起源，也反映了部分理性的现代主义思想路线，但是，这条路线在当时仍然首先是为维持威廉专制帝国对这个正在发展着的多元化社会进行"自上而下"的控制服务的。不仅如此，这种思想还同时助长了一种"社会利益无冲突论"，它在工人运动内部导致了一种"阶级合作主义路线"，并极大地影响了社会民主党主流派在帝国晚期和魏玛共和国时代的政治方向。而在知识界右翼保守主义的阵营内部，这种"社会利益无冲突论"却转而发展成一种反现代主义理论。这一理论最著名的代表人物，就是保守主义的社会学家斐迪南·特尼斯。

　　特尼斯在他 1887 年出版的《共同体与社会》一书中，集中地反映了受到两极分化威胁、丧失了社会安全感的德意志中间等级对现代化进程的抱怨。这种对资本主义的"异化"感受，导致的却是对过去的非现代性社会特点的追念之情。与"讲坛社会主义"理论家们不同的是，在这种感情中，特尼斯头一次公开地将臆想中的"无冲突"的过去，"农业文化共同体"，与现实存在的"工业阶级社会"，作为一对反命题提出来了。他是这样来描绘过去那个非现代性的社会的："在这个农业文化共同体中，占统治地位的是日益增长的

---

① Manfred Hettling, *Was ist Gesellschaftsgeschichte*? München：C. H. Beck Verlag，1991，S. 296.

统一，各部分是有组织地进行协作的，因而也是一个人类家庭温暖的世界。它是通过和睦一致、习俗和宗教来巩固的，也是建立在人的本质愿望的基础上的。这种共同的生活方式和秩序才代表着必然的永恒和进步，而且也唯有在这种共同的生活方式和秩序中，民族性和它的文化才能得到保持。而阶级斗争毁灭着国家，它使整个民族文化在社会文明中变味了，所以，文化也在不断变化的文明里濒于死亡。"①

事实上，被特尼斯美化了的这样一种"共同体"从来就不存在。因为就是在那个早已过去了的农本经济的时代里，也一直存在着剥削、压迫和利益冲突，存在着疾病、早夭、饥饿、战争、人身依附性与屈辱。然而，在他的笔下，出现的却是一个过去充满感情、无限美好的"共同体"与一个现今冷酷无情、不堪忍受的"契约社会"之间的对立，他甚至声称："这个天然的人类共同体已经受到了一种非自然的阶级社会的威胁。这种发展是令人不愉快的，因而必须加以阻止。"②

这种阻止社会变迁的企图尽管在历史发展中证明是失效的，然而正是由于这种失效所带来的恐慌，才首先在传统权力精英的统治层里引起了不同的凡响。这个强调普鲁士"美德"和纪律化的统治集团，不仅早已在一场政治制度现代化与传统专制体制决裂的前景中，猜测到对他们等级特权地位的危及，而且也在这种"共同体意识"形态中，看到了能为他们现存统治权力的凝固化服务的功能。因此，利用这种"无冲突论"，不仅能为这个受到现代利益冲突震动的统治集团提供一个柔软舒适的枕头，而且在这种意识形态的掩护

① Ralf Dahrendorf, *Gesellschaft und Demokratie in Deutschland*, München：Deutscher Taschenbuch Verlag, 1968, S. 145.
② Ralf Dahrendorf, Gesellschaft und Demokratie in Deutschland, S. 146.

下，他们也能减轻令人头痛的"阶级斗争"问题的打扰。当然，这个统治集团同时也在那些充满担忧的"老中间等级"身上找到了支持，因为这些以"独立经营者"为特征的"老中间等级"成员发现，他们仅仅只有在对经济、社会和政治现状的维持中，才可能找到死里逃生的机会。这样，在知识界右翼保守主义集团的协助下，也在他们之间，结成了一个反现代主义、反自由民主主义、反马克思主义的"好古者联盟"。尽管工业化、都市化、社会利益多元化的发展在不断地打破这个联盟的美梦，但这个联盟仍然顽固地将它所强调的"内部利益无冲突化"作为现实，或者至少是作为基准点和目标来看待的。

二、德意志民族主义的崛起

自19世纪末20世纪初以来，威廉帝国与外部世界的商业竞争变得日趋激烈。帝国政府积极推行"世界政治"，力图跨出"中欧盒子"，夺取"阳光下的地盘"，因此，与其他列强国家争夺殖民地的外部冲突提出了对"内部利益无冲突化"更强烈的要求。"要求更多民族团结"的意识获得了一种进攻性的态势，它带来的一个显著结果就是，"共同体意识"形态在德意志社会上的广泛传播。

这种非理性主义的、浪漫主义的"共同体意识"形态的传播，恰恰是与"福利国家"这种具有现代理性精神的政策手段的实施联系在一起的，而且这项政策的推行本身就是帝国时代"民族集合化道路"的重要组成部分。马克斯·韦伯这样写道："在这条道路上，我们要给我们的后代带来的不是全人类的和平与幸福，而是我们民族方式的维护和发扬。我们社会福利政策的目的，为的是使这个民族能够在未来的艰苦斗争中达到整个社会的团结一致，它将强行打开现代经济发展的大门。"① 因此，继 1883 年福利保险制度开始在产业工人身上贯彻以来，1911 年又有了进一步的扩展。《职员保险法》的推行，其目标在于将正在崛起的又一个受雇者新阶层，即作为"白领"的职员阶层，纳入到国家的关照之下，并通过使这个新阶层得到比产业工人优厚一倍的福利待遇，来培养他们"新中间等级"的自我意识。这不仅旨在分化整个受雇者队伍，更在于"将这支种族情绪强烈、内政上表现出矛头向上、具有攻击性的社会力量，纳入到保守主义国家当局的指挥棒下，并引向外部"②。

总之，这种"避免社会内部冲突的战略"营造出一种"内部无冲突化"气氛，它使"共同体意识"不仅为"新"、"老"中间等级所普遍接受，而且也为不少工人，尤其是农业工人和天主教集团中的工人所接受，以至于它发展成为德意志社会自我理解的民俗学的一部分了。在这种民俗学中，引出了一连串的反命题，即"德意志文化"与"西方文明"的对立，"共同体"与"契约社会"的对立，"集体主义"与"个人主义"、"国际主义"的对立。在这些反命题中，前者是作为理想出现的，而后者则是作为深深厌恶的、也是坚决加以反对的东西来出现的。这种反现代主义思潮的影响，对于德意志民族主义在 19 世纪末 20 世纪初崛起的影响和意义无疑是巨大的。

德意志民族主义运动本身就是由于 19 纪初法国拿破仑军队的入侵才真正诱发起来的。这个运动中占上风的文化浪漫主义、非理性主义的思想潮流，从来就是决定性地拒绝 1789 年法国大革命的"自由、平等、博爱"思想的。在这种思想潮流中，"民族"这个概念从

---

① Ralf Dahrendorf, *Gesellschaft und Demokratie in Deutschland*, S. 48.

② Helmut Berding, *Moderner Antisemitismus in Deutschland*, Frankfurt am Main：Suhrkamp Verlag, 1988, S. 105.

来就不是一种政治意义上的表达，而是作为"某种语言、习俗、历史上具有独特天性的东西"来理解的。在 19 世纪后半期快速的工业化进程中，人们在现实社会生活中失去的传统联系越多，这种占上风的民族主义思想潮流就越是紧密地与"共同体意识"形态结合在一起，因而也神话般地、不加批评地将"民族"理解为"一个发展起来的命运集体，个体是无条件地为这个共命运的集体服务的。必要时，个体必须为这个共命运的集体而献身"。德国历史学家洛塔尔·加尔（Lothar Gall）对此做出了这样的评价："在这里，首次显示出，民族主义的思想也是能从它原始的关联中分离出来，变成落后的东西，并为反动的目标服务的。"①

　　正是这种非理性主义的潮流，才造就了威廉时代的"德意志民族意识"，它在两代人的时间里，发展成一种包括了所有居民组织的一体化力量，国民的效忠最后也几乎排他性地遵循着帝国权力扩张的方向。对社会结构来说，"它造成的后果是，由于以命令和服从为基础的等级秩序，民族运动中原有的平等原则被排挤掉了。在威廉帝国对外狂妄目标追求的影响下，民族主义变成了民族沙文主义，变成了一种具有奇特动力，而又失去了目标的不知疲倦的一代人的政治宗教"②。

　　在这里，这种社会内部"团结一致"的意识形态被统治者有意地移进了一幅"民族处于被包围状态"的图画之中，因而这个民族中的所有成员都必须同舟共济，形成一个为之而献身的"共同体"。正是在这里，"外部压力必然加强内部统一"的法则，由于威廉帝国夺取世界霸权的冒险目标而被滥用了，因为那种自己制造出来的外

① Lothar Gall, *Die deutsche Frage im 19. Jahrhundert*, Bonn：Bouvier Verlag, 1971, S.31.
② Wolf D. Gruner, Die deutsche Frage. Ein Problem der europäischen Geschichte seit 1800, München：C. H. Beck, 1985, S.34.

部压力，以及经常挂在嘴边的外部压力，连同现实中的外部压力一起，被用来充当将人们的注意力从社会内部的"混乱局势"中转移开来的工具。德意志"反西方的战斗"、反"1789 年精神"的"1914年思想"正是这种真相的表达。①第一次世界大战爆发之际，那种"用义务、正义、秩序来反对自由、平等、博爱"的"1914 年德意志精神"，在帝国内部政治实践中最为突出的体现就是：1914 年 8 月全德意志社会的各政治集团之间达成了"从感情上克服阶级对立"、"消除党派斗争"、"一致对外"的"城堡和平"。

这个"城堡和平"的缔结，标志着德意志已建立起一个民族主义的"战争共同体"，它起先还并没有在内部采取公开敌视犹太人的态度，也就是说，"被同化的"德意志犹太人还是被包括在这个"团结一致"的"战争共同体"内部的。但是，这种带有文化浪漫主义强烈色彩的德意志民族主义，本身总是极力证实自身民族有着与众不同的独特优越性，并将这种优越性归结为文化来源甚至是人种上的优越性。因此，随着德帝国战争胜利前景的动摇，民族主义者们所鼓吹的"内部更加一体化"导致了这种发展趋势：德意志人越是"日耳曼化"，犹太人就越是"异体化"。这是因为，唯有将不利的战争局势归罪于"混入内部的敌对种族"——犹太人——的破坏，才能安慰受到挫伤的民族自尊心，才能再度鼓舞起日耳曼民族在战争中的斗志，也才能证明日耳曼民族本身是不可战胜的。由此可见，这种"内部更加一体化"，已经反映出这个正在日益多元化的社会，唯有在反对"异族敌人"的战争状态下，才有可能维持"内部一致"了，而且这种"内部一致"，也唯有通过一种与独裁政治

---

① Christian Graf von Krockow, *Die Deutschen In Ihrem Jahrhudert*, *1890－1990*, Hamburg: Rowohlt Verlag, 1990, S. 341.

直接发生联系的民族主义，才能得以维持了。这对于后来的希特勒来说，无疑是个极为重要的启示。

三、纳粹主义的"民族共同体"

希特勒的纳粹主义"民族共同体"，是从对"1914 年德意志精神"以及"城堡和平"的回忆中才获得灵感的，从本质上讲，这种民族共同体也正是 1914—1918 年"战壕意识"的体现。这个"民族共同体"是一个由中间等级右翼激进派们进行组织，由希特勒个人实行极权独裁统治，吸收社会各阶层、教派参加，并以军事化作为永久性冲击方向的社会联盟。不过希特勒还在其中添加了更为鲜明、更为激进的种族主义思想内涵，从而将德帝国时代的"民族共同体意识"改造成了"种族共同体意识"，因而带来了一场对 1918 年"城堡和平"的"超越"。通过这场"超越"，传统的"文化共同体"、民族主义的"战争共同体"发展成为"种族主义军事共同体"，而这被他称之为一场"民族革命"。希特勒这样宣称："在这个共同体内，日耳曼人作为纯洁的雅利安人，是健康、强壮的人，这就是理想；他们朴实、简单、勤劳、忠诚，没有身体上、精神上的缺陷；在民族伙伴令人愉快的关系中，作为生机勃勃的能动者，他们将时刻听从领袖人物的召唤，去实现古老的人类梦想；他们是英勇的战士，他们将毫不犹豫地为整体献身！"[1]

通过将自身民族提高到超凡脱俗，直至天庭的无以复加的高度，来获取民族的自我价值感、荣誉感和崇高感，通过对"共同体

---

[1] Joachim Fest, *Hitler*, *Eine Biographie*, Frankfurt am Main: Prophyläen Verlag, 1973, S. 278.

意识"的呼吁，来唤起并组织这个民族，固然可能给这个民族带来超凡的成就，但也同样可能给这个民族带来超凡的苦难，这早已是德意志人在第一次世界大战的失败中得到过证明的结论。然而，在这个"共同体意识"不断获得市场的社会里，这样一种激进的"种族共同体"理想，不仅对日耳曼"新"、"老"中间等级，而且对保守主义的传统权力精英们以及容克贵族和大资本家，甚至对相当多的工人来说，都产生了日益增强的吸引力。

这种"共同体意识"之所以能不断获得市场，要归因于德意志民族在第一次世界大战中的战败以及战后魏玛时代的艰难岁月。

首先，这个民族在战争中的失败，对于不明军事局势而听信最高军事当局战争宣传的广大群众来说，是"普遍感到意外"的，因为直到1918年上半年，德军还在东部战线上夺取过大量地盘。而战争的失败，以及以"1789年法兰西思想"为基础的魏玛共和制的建立，使这个自从拿破仑战争以来从未吃过败仗的民族，这个数百年以来一直与王朝发生着密切联系的民族，在社会心理上一次性失去了中心基准点。民族主义的意识和"共同体"的文化价值观念，并不能适应这种变化。战败是由于"背后有人捅刀子"的神话，能从右派圈子中向外迅速传播开来，正是这种不能适应的反映，它将战败的责任推到了犹太人和"犹太化的"社会民主党人身上。[1] 由此可见，这种与过去时代的普遍精神联系，自然成为对魏玛民主共和制的一种潜在威胁。

其二，如果魏玛共和制，这场德意志历史上的头一次民主制度的尝试，能有一场长期稳定的经济繁荣作保证的话，这种潜在的威

---

[1] Detlev J. K. Peukert, *Die Weimarer Republik*, *Krisenjahre der Klassischen Moderne*, Frankfurt am Main：Suhrkamp Verlag, 1987, S. 212.

胁或许是能够慢慢加以克服的，不少历史学家都指出了这一点。但是，这种期待不过是一场过眼云烟，1918 至 1923 年的"超通货膨胀"，1929 年至 1933 年的"经济大危机"，仅仅 14 年的民主生涯中竟然就有近 10 年的经济灾难！魏玛共和国危机重重的经济状况与粗暴发展的"生产合理化"，导致了德意志社会由多元化向"碎片化"的发展趋势，即使是同一阶层中的人也完全可能处于不同的境遇之中，更不要说不同阶层中人的不同处境了。与此同时，这场步履艰难的现代化进程还导致了社会福利保险制的危机以及广大群众在安全保障上的完全丧失感，因为在高失业率的背景下，当需要帮助者个人的社会困境最大的时候，也正是他能从这个社会中得到的帮助最小的时候，这个在帝国时代经济增长时期不易察觉的福利制度运行结构中的固有基本矛盾，在大危机年代里清楚地暴露出来了。因此，当民主主义被排挤到政治边缘上去的时候，当坚持传统世界观的保守主义再也无力控制现代化社会的尖锐矛盾的时候，当马克思主义只能为部分失业工人所接受的时候，唯一还有可能跨越传统性与现代性之间区别和矛盾的政治信仰就只剩下民族主义了，因为民族主义的信仰者可以是来自不同社会集团、不同政治派别中的任何人。对于陷于日益"社会孤立化"之中的人们来说，除了还能在"民族同一性身份"上找到共同一致的东西外，再也找不到他们彼此之间能得到一致认同的其他东西了。

因此，当这种社会心理上的损失，与一场西方民主国家、也是战胜国所强加在头上的"凡尔赛民族耻辱"联系在一起的时候，不满的民族情绪，便成为共和国时代自始至终唯一得到不断发展的东西，并在大危机中获得了加倍的膨胀。民族主义情绪越是得到膨胀，对"共同体意识"的认同感就变得越是强烈，这是一点也不奇怪的。正是在这种背景下，希特勒的“民族革命”才获得了它日益增强的“感召力”。

这种寻求“内部一致性”的需求本身有着一种在外部寻找一致性对立物的倾向。对于纳粹党的宣传来说，将外部世界“魔鬼化”无疑是最便利、最有效的手段，而这个外部的魔鬼就是“犹太人”。因为在纳粹种族教义的解释中，“犹太人既是阶级斗争思想的发明者，同时也是国际金融交易体制的创造者，以及德意志自由的头号敌人！”[①]因此，无论是西方的国际金融资本主义，还是东方的布尔什维克主义，都被说成是“犹太人企图统治世界的阴谋”。约瑟夫·戈培尔（Joseph Goebbels）这样宣称：“这个外部世界的魔鬼已通过魏玛共和国——这个犹太人的共和国——在统治日耳曼人了，迄今为止的所有灾难就是证明！这个民族不仅已被包围，而且已经开始被渗透了！……犹太人腐蚀了我们的民族，败坏了我们的道德，破坏了我们的风俗，瓦解了我们的力量……因此，必须迅速重建起这个民族自身纯洁、坚强的共同体！”[②]

当然，所有这些关于“种族共同体意识”的宣传，正是为那些对现代化严酷的现实性感到愤慨，而又在政治上天真烂漫的人们设计的，为那些在精神上迷失了方向的人们设计的，也是作为建立、巩固、强化纳粹极权独裁统治的一种手段而设计的。

众所周知，德意志新、老中间等级总是迫切地想将自己与作为“国际无产者”的产业工人区别开来的，然而，纳粹党“社会主义工人党”的名称，不仅没有成为之日耳曼新、老中间等级加入这个“共同

---

① Josef Goebbels, *Die verfluchten Hakenkreuzler*, *Etwas zum Nachdenken*, München: Franz Eher Verlag, 1930, S. 15.

② Josef Goebbels, *Die verfluchten Hakenkreuzler*, *Etwas zum Nachdenken*, S. 16.

体"的阻力，反而成了为这个"共同体"召集社会各阶层民众具有吸引力的标签，其关键并不在于纳粹党党名向不同阶层的人"各投所好"，而在于"社会主义"、"工人"这两个概念，在希特勒绝妙的解释中，是完全与他的"种族"意识画等号的，在这里，他只强调了一件东西，那就是日耳曼人的"共同体"。对党名中的"社会主义"标签，希特勒作了这样的说明："任何人，只要了解我们伟大的国歌《德意志高于一切》的意思是：在他自己的心目中再也没有任何东西高于德国、德国人和德国的土地的人，这样的人就是社会主义者!"①在回答纳粹党的党名上为什么要安上"工人"字眼时，他这样说道："每个民族同胞都应将自己看作是这个民族的工人，无论他是资产者，还是无产者!"②由此可见，"社会主义"和"工人阶级"之类的概念，已完全被他的"共同体意识"偷梁换柱了。当然，也唯有通过对这种带有"社会主义"和"工人"标签的"民族共同体意识"的强调，希特勒的独裁者地位才能真正建立起来，这是因为，唯有在"克服"了阶级对立的"城堡和平"秩序下，每一位"纯种的"民族同胞与作为"民族化身"的"元首"的关系才是一样的，即都是这位"第一工人——元首"的工人，无论他是资产者，还是无产者! 而且也唯有通过这个"民族共同体"，这位"元首"才能率领一支"一致对外"的日耳曼队伍去发动一场"夺取生存空间"的战争。

对于这场所谓的"民族革命"，希特勒的忠实信徒罗伯特·列伊（Robert Ley）曾作过这样的说明："这场伟大的革命是从 1914 年 8 月

---

① 艾伦·布洛克：《大独裁者希特勒，暴政研究》，北京出版社 1986 年版，第 60 页。
② Max Domarus (Hrsg.), Hitler, Red und Proklamation, 1932—1945, Bd. 1, München: C. H. Beck Verlag, 1965, S. 350.

就开始了的，因为唯有在战壕里，这个民族才再度地聚集在一起了，炮弹与地雷是不会去寻问你出身的高贵与低贱，你是富人还是穷人，你属于哪个教派、哪个等级的。而今天，唯有跟随元首去进行战斗，也唯有用暴力的方式，才能检验这个共同体的意志和精神！"①

如果说在毁灭魏玛议会民主制上，希特勒最后成功地做到了自由军团的贵族领导们在共和国初期所没有做到的事情，那么这种成功的部分原因显然在于：希特勒的纳粹党以这场大危机为契机，充分利用了它的"种族共同体意识"中更大的包容性和模糊性，通过议会外的宣传手段，才成功地动员起日耳曼民族内广泛的民众阶层。自由军团固然属于他最重要的先行者和开路先锋，而且他们彼此的目标在许多方面都是一致的，甚至希特勒在德国的崛起，若没有前自由军团成员在组织上和军事上所作的贡献，也几乎是不可能的。但是，自由军团的领导们是与容克贵族军官团的社会传统联系在一起的，这种传统本身就在妨碍这场反民主运动朝群众性的方向发展。而希特勒这位上等兵，突破了这种军官团贵族精英传统的障碍，并将这场反民主运动发展成一场没有精英限制的广泛的大众化运动。正如德国著名历史学家、社会学家诺伯特·埃里阿斯（Norbert Elias）所指出的那样："希特勒是比过去所有的右派都更加强调'民族共同体意识'的，而这种'日耳曼种族成员资格'，比较起那种所谓'出身良第的贵族社会成员资格'来说，无疑为更多的人打开了通向'希望'的大门。"②

在这里，人们不难找到希特勒纳粹党夺权成功的一个重要原

---

① Christian Graf von Krockow, *Die Deutschen In Ihrem Jahrhudert*, *1890—1990*, S. 205.

② Norbert Elias, *Studien über die Deutschen*, Frankfurt am Main：Suhrkamp, 1990, S. 261.

因。这个政党尽管没有成功地通过选民来夺得政权，但它在议会竞选上的成就，无疑是这个政党最后能获取政权的一个广泛而根本性的前提，而这种成就本身得益于对日耳曼"种族共同体意识"的煽动性呼吁。

（原载《历史教学问题》1998 年第 6 期）

德意志犹太人向巴勒斯坦的移居（1933—1941）

　　在 20 世纪 30 至 40 年代的移民潮中，巴勒斯坦是接受德意志犹太难民在数量上仅次于美国而居第二位的地方。移居巴勒斯坦的德意志犹太难民占所有外移的德意志难民总数的 1/5 以上，同时也占全世界移居到巴勒斯坦的犹太难民总数的 1/4 以上。正是他们为巴勒斯坦提供了素质最高的移民人口。尤为令人惊奇的是，为逃离纳粹德国，移往其他国家的德意志犹太难民大多是个体流亡，而唯独向巴勒斯坦的移居却具有高度组织化的特点，这自然引起了笔者的兴趣。究竟是什么原因导致了这种移居形式的组织化呢？这种有组织的移居与国际上的犹太复国主义运动的发展有什么关联，与纳粹政权的排犹措施又有什么关联呢？这种有组织的移居究竟是如何进行的、又是如何终结的呢？本文将探讨这些问题。

一、移居巴勒斯坦的历史背景

　　1933 年 1 月 30 日希特勒登上德国总理宝座，标志着德国历史上最极端的种族主义反犹政党纳粹党掌握了国家政权，也意味着德意志社会长期发展的反犹潜力现在已经能够动用国家机器来实现它的目标了，同时也预示了德意志犹太人苦难的来临。

自 1933 年 4 月 1 日冲锋队发起抵制犹太人商店的行动以来，纳粹党人对德意志犹太人的歧视与迫害便再也没有停止过。在 4 月 7 日颁布的《重设公职人员法》开除了所有"非雅利安官员"后不到一个月的时间里，根据所谓"雅利安条款"，有犹太血统的知识分子几乎都被逐出了教、科、文、卫领域。5 月 10 日的"焚书运动"更是将这场反犹运动推向了一个高潮。在德国这片土地上，犹太人的生活已没有任何前途了。

1933 年 7 月 26 日，帝国财政部颁布的《关于严惩"帝国逃税者"的公告》最先发出了逐犹信号："除'帝国逃税者'外，所有的犹太人都滚到外国去！"①随后一系列旨在将犹太人从经济生活中排挤出去的法令，其目的均在于剥夺犹太人的财产并将他们驱逐到外国。纳粹当局在此的险恶用心是"让这些一贫如洗的人到那里去引起社会混乱，而犹太人将要对这种混乱负责，这样便可由那些西方民主国家去承担反犹主义任务"。②正是这一迫犹、逐犹政策，才导致了犹太人向外移居的浪潮。据统计，仅在 1933 年这一年，50 万德意志犹太人口中就有 3.7 万多人被迫移居海外。③

如果想用驱逐的方法来解决德国的犹太人问题，显然只有让犹太人更大规模的向外移居才有可能。然而，从整个国际形势来看，海外国家欢迎欧洲政治和宗教迫害牺牲者的时代早已过去。德意志犹太人现在的这场外移悲剧恰恰发生在这样一个时代里，"整个世界

① Wolfgang Benz, *Die Juden in Deutschland, 1933－1945*, München: C. H. Beck Verlag, 1988, S. 740.
② Hannah Arendt, *Elemente und Ursprünge totaler Herrschaft*, Frankfurt am. Main: Europäische Verlagsanstalt, 1955, S. 434.
③ Herbert A. Strauss, *Jewish immigrants of the Nazi Period in the USA*, Vol. 6, München: A. Huber Verlag, 1987, S. 151.

正笼罩在一场严重的经济危机之中，它使得犹太人移居海外的可能性变得比以往任何时候都要小，特别是美国、不列颠自治领地和拉丁美洲，由于农业和工业原料价格的崩溃而受到了强烈震动，因而，在一种普遍的封锁性措施中，这些国家都用拒签护照的方式，来阻止每一位新移民。而戈培尔的宣传部又将全世界的犹太人污蔑为'寄生虫'和'害人精'，这就更强化了各国对犹太移民的敌视态度"。①

尽管纳粹当局不断地向犹太人施加生存压力，并将他们逼向境外，但在向外移居的问题上，德意志犹太人的社会共同体内部却出现了思想倾向不同的三大集团：非犹太复国主义者集团、"同化圈子"和犹太复国主义者集团。

为应付受迫害的局面，非犹太复国主义组织"德国犹太人全国代表机构"自1933年9月17日成立以来，便一直积极支持犹太人向德国境外所有可能的国家和地区尽快移民。9月23日它的第一份主席团报告中这样写道："为了向另一种生存方式过渡做准备，向外移居现在大概是所有在德国的犹太人唯一还能做的一件事了"，但它"并不主张将巴勒斯坦作为唯一的移民目的地"。②

"同化圈子"主要以"全国犹太人前线士兵联盟"、"民族德意志犹太人联盟"这类魏玛时代（1918—1933）成立的组织为代表，它们的成员仍然主张继续待在德国。例如，直到1935年初，"全国犹太人前线士兵联盟"的创立者莱奥·勒文施泰因（Leo Löwenstein），还在一封给希特勒的信中言及"本联盟的建议一再包括这种请求：请

---

① Arthur Prinz, *Der Stand der Auswanderungsfrage*, Berlin：Duncker & Humblot Verlag 1935, S. 77.

② Salomon Adler-Rudel, *Jüdische Selbsthilfe unter dem Naziregime 1933—1939. Im Spiegel der Reichsvertretung der Juden in Deutschland*, Tübingen：Mohr Siebeck Verlag, 1974, S. 13.

特别关照这些土生土长的、在上一场世界大战中为德意志流过鲜血的德意志犹太士兵们的家庭"。他甚至认为，纳粹的迫害"只应针对那些 20 世纪初以来移入德国的东方犹太人"。[①] 至于"民族德意志犹太人联盟"的成员，大多坚持这样的信念："决不离开家乡，决不能背叛祖国，这是每一个德意志人，无论他是犹太教徒或是基督教徒的义务！"[②] 这表明他们仍生活在一种虚幻之中。

德意志犹太复国主义组织此时则极力劝说所有的犹太教徒向巴勒斯坦移居。例如，早在 1933 年 5 月"焚书运动"之后，"德意志拓荒者联盟"便在它发行的小册子《什么是拓荒者？向每一位犹太青年说几句话》中公开声称："现在，犹太人在这种环境中已没有任何同化的可能性了，向别的国家移民却给犹太人带来了分裂和飘零。唯一的出路是历史上的那条道路：犹太人回到巴勒斯坦去。这就是犹太复国主义者的道路！"[③] 同年 9 月，"德国犹太复国主义联合会"领导人格奥尔格·兰道尔（Georg Landauer）更是将"移居巴勒斯坦"提高到"决定德意志犹太人生存问题"的高度，"在巴勒斯坦面前，犹太复国主义者与非犹太复国主义者的对立，自由主义者与正统主义者的对立，企业家与工人的对立，东方犹太人与西方犹太人的对立都沉默无声了，巴勒斯坦问题已变成了决定德意志犹太人命运的问题"。[④]

选择巴勒斯坦作为未来的家乡，有着不说自明的意识形态背

① Klaus Hermann, *Das Dritte Reich und die deutsch-jüdischen Organisationen*, Köln: Carl Heymanns Verlag, 1969, S. 20.
② Charlotte Zernik, *Im Sturm der Zeit*, Düsseldorf: Droste Verlag, 1977, S. 51.
③ Hechaluz Deutscher Landesverband, *Was ist der Hechaluz? Einige Worte an jeden jungen Juden*, Berlin: Hechaluz Verlag, 1933, S. 3.
④ Georg Landauer, *Die Bedeutung Palästinas für die jüdische Gegenwart*, Berlin: Jüdischer Verlag, 1933, S. 106.

景。尽管在巴勒斯坦重建一个新犹太国的梦想古已有之，但犹太复国主义作为一场世界性的政治运动，则是由奥地利犹太记者特奥多尔·赫茨尔（Theodor Herzl）于 1896 年开创的。从实质上讲，这种政治运动是为召集分散的流亡者并在巴勒斯坦造就一个新国家公社的理想服务的。犹太复国主义的发展史说明，遭受迫害和歧视本身就是散居在不同信仰地区的犹太教千年历史中的一个典型的组成部分，只不过它想通过这种犹太民族国家的理想，来提供了一种解决方案罢了。正如许多犹太复国主义的术语那样，"Alijah"，这个希伯来语名词本身就具有宗教上的含义，它原本就是"号召人们去耶路撒冷的犹太庙堂朝圣"的意思，而在这些德国的犹太复国主义者手中，它成了"向巴勒斯坦移民"的同义词，移入这片古老土地也就自然被他们理解为一种"升华"。他们将 1880 年至 1905 年俄罗斯和罗马尼亚的犹太人大规模移往巴勒斯坦的行动称之为"第一次 Alijah"，并认为"唯有经过这种'升华'的移民，才能体现这样一种精神上的历程：这个分散的文化民族终于找到了回乡之路"。① 令人惊奇的是，犹太复国主义运动在纳粹德国的发展，不仅没有遇到什么危险，而且还得到了纳粹党人的间接支持。这是因为此时的纳粹政府还没有一种关于犹太人问题明确的"解决方案"，当局内部也并没有达成一致意见，而纳粹党人又急于将犹太人尽快从德国清除掉，因而从某种程度上讲是支持这种向外移居愿望的。甚至连纳粹主义的意识形态专家们也公开承认："移居巴勒斯坦，意味着犹太民族作为一个'种族'将从德国境内消失，这本身就能充分证明，区

---

① Hechaluz Deutscher Landesverband, *Was ist der Hechaluz? Einige Worte an jeden jungen Juden*, S.47.

分德意志人和犹太人是绝对合理与必要的。"① 因此，他们主张，"禁止犹太人在公共场所使用希伯来语的同时，应允许犹太人为移居巴勒斯坦而练习使用希伯来语"。②

不同犹太集团在向外移居问题上的不同观点，对于纳粹当局来说也并非秘密。1935 年 8 月 17 日，符腾堡地方警察局的一份分析报告中这样写道："同化论者在犹太教上仅仅只看到一种宗教上的方向，并认为犹太人今天已经与德意志民众如此紧密地融化在一起了，以至于寻求一场分离是不可想象的。犹太复国主义者则反其道而行之。某些犹太人尤其是东欧犹太人认为，同化论者解决犹太人问题的尝试将会因雅利安主人民族的反抗而失败。因此，在他们当中出现了在巴勒斯坦重建犹太国家的思想。犹太复国主义作为文化民族运动是对纳粹主义的文化民族和种族思想的一种肯定。迎合犹太人这种向外移居的要求，有助于德意志追求犹太人问题实际解决的努力。"③

这种"迎合态度"并不意味着纳粹当局的反犹政策有丝毫的放松，恰恰相反，它成了加速迫害犹太人的有力依据。1935 年 9 月 15日颁布的《纽伦堡法》掀起了新一轮的排犹浪潮，它不仅剥夺了犹太人作为德国公民的权利，而且禁止了犹太人与"雅利安人"的通婚。已经沦为失业者的犹太人在经济上重新适应德国环境的可能性变得更小了，在欧洲邻国和美国普遍拒绝接收德国犹太难民的情况下，巴勒斯坦无疑成为人们的首选目的地，就连非犹太复国主义的

① Herbert S. Levine, *Die wissenschaftliche Untersuchung des Verhaltens der Juden zur Zeit der nationalsozialistischen Verfolgungen und die Hemmungen einer unbewältigten Vergangenheit*, Bonn: Fischer Taschenbuch Verlag, 1988, S. 415.
② Paul Sauer, *Dokumente über die Verfolgung der jüdischen Bürger in Baden-Württemberg durch das nationalsozialistische Regime*, 1. Teil, Stuttgart: Kohlhammer Verlag, 1966, S. 278.
③ *Ibid.*, S. 276.

"德意志犹太人全国代表机构"也在 1935 年 9 月 26 日的《促进外移的新计划》中声称："必须用一个更大的计划来适应这种日益上升的移居需求。首先以巴勒斯坦为目标，但也不排除其他所有那些合适的国家。"①

正是在这种局势下，犹太复国主义运动在德国获得了它前所未有的发展。那种关于"巴勒斯坦是唯一为接纳大量德意志犹太移民做了具体准备的地方"的宣传，更是使得越来越多不是出于宗教信念，而是急于寻求避难所的人们走上了移居巴勒斯坦的道路。就连不少过去按"德意志意识"来思考的"同化圈子"中的犹太人，也开始放弃他们的传统信念，并与犹太复国主义运动联结在一起。这是因为，巴勒斯坦毕竟能为这些在德国生活了长达 70 多代的犹太人，在逃离他们迄今为止的家乡后提供一种有着古老文化渊源的新同一性身份。因此，犹太复国主义运动在德国已不再仅是一种理论，而是一个事实了。

二、移居巴勒斯坦的手续与条件

德意志犹太人向巴勒斯坦的移居活动主要是由犹太复国主义最重要的机构"巴勒斯坦犹太人办事处"来组织的。作为处理整个巴勒斯坦移民事务的国际性机构，"巴勒斯坦犹太人办事处"从全世界的犹太复国主义者和非犹太复国主义者的募捐活动中获得了它的经济来源，由于这种相对有保障的金融背景，它能够用必要的手段来资助那些由它设在 40 多个国家里的"巴勒斯坦中央局"。

① Wolfgang Benz, *Die Juden in Deutschland*, 1933—1945, S. 438.

　　在各国的"中央局"中，头一个是 1908 年设在海法（今以色列）的"殖民事务中央局"，第二个是 1918 年设在维也纳的"奥地利巴勒斯坦中央局"。在 1922 年英国与国联的托管协定生效后，"巴勒斯坦犹太人办事处"又于 1924 年在柏林设立了"德国巴勒斯坦中央局"。为了适应 1933 年后变化了的局势，"德国巴勒斯坦中央局"先后在各行省设立了 22 个分支部门和大约 400 个代理机构。①

　　"德国巴勒斯坦中央局"面临的任务是复杂的。头一个问题就是如何才能将德意志犹太人合法移往巴勒斯坦的问题，而这个问题从根本上讲涉及与纳粹当局以及英国托管政府之间的交涉。

　　自 1933 年纳粹当局开始推行迫犹、逐犹政策以来，"德国巴勒斯坦中央局"考虑到德意志犹太人严峻的社会和经济局势，决定首先组织人员前往巴勒斯坦收集信息。这种旅行当然必须得到纳粹当局的批准。早在 1933 年 5 月，他们便开始于与纳粹当局交涉。由于此时的纳粹当局想尽快将犹太人从德国驱逐出去，因此，对前往巴勒斯坦的这类性质的旅行一般都是批准的。

　　"德国巴勒斯坦中央局"移民问题顾问海因兹·科恩（Heinz Cohn）博士，在他 1938 年出版的《对德国犹太人移民的规定》一书中，谈到了领取这种旅行护照的条件："一位拥有德意志帝国国籍的犹太人若想前往巴勒斯坦，必须首先向'巴勒斯坦中央局'的下属机构出具证明材料，并附上与移入地当局、移入组织或是与某位移入地亲戚之间的往来信件，以表明这次旅行的确是为计划中的外移收集信息服务的。当'巴勒斯坦中央局'的下属机构根据提交的证明材料，将这种有计划的旅行视为一种为以后的移出服务时，它便为这位申请者提供一份护照证明书，并将它与一份手写的个人旅行

① Wolfgang Benz, *Die Juden in Deutschland*, 1933—1945, S.454.

申请书一并交给所在管区的警察局。在签发护照以前，警察当局还要求出境者提交当地财政局和城市税务局的资信，以证明他不是'帝国逃税者'。"[1]

在 1937 年以前，德帝国当局对无论去哪国进行这类性质旅行的犹太人一般都是放行的，但他们一般都无法获得一年以上的有效护照。这是由于纳粹当局有这种担忧，即"有帝国国籍的犹太人旅行到外国后将会干出危及帝国根本利益的事情"。[2] 但是，由于有德国国籍并持旅行护照的出境者，只要能在护照有效期内获得移入国方面签发的接受证明，便能作为正式移民留在移入国。因此，随着越来越多的犹太人利用这种方式留在了外国，护照有效期的问题已显得意义不大，问题的关键已变成究竟允许什么样的人进行这种旅行了。1937 年 11 月 16 日，帝国内政部的公告宣布："去外国的有效旅行护照可以签发给犹太人，当这份护照对移出准备是必需的时候，应允许有效护照的无限制延期。但必须估计到在他移出之后，这位护照的申请者会从事一种敌视德意志的活动，因此，这一规定的有效性不涉及特别危险的犹太人"。[3] 这意味着对凡是因"种族原因"而非"政治原因"想离开德国的犹太人放宽尺度，而前往巴勒斯坦的犹太人一般都属于前者。因此，他们在前往巴勒斯坦的手续上没有碰到特别的困难，只是在随身携带的财产上有严格规定，并强调"出境时必须用 10 帝国马克的硬币或外币来支付护照登记费"。[4]

仅有德国方面的旅行护照不足以提供合法移民的身份，移入国

---

[1] Heinz Cohn, *Auswanderungsvorschriften für Juden in Deutschland*, Berlin：J. Jastrow Verlag, 1938, S. 11.

[2] Heinrich. G. Adler, *Der Verwaltete Mensch*, Tübingen：J. C. B. Mohr Verlag, 1974, S. 4.

[3] Heinz Cohn, *Auswanderungsvorschriften für Juden in Deutschland*, S. 13.

[4] *Ibid.*

的规定才构成一种真正难以克服的障碍。要移入英国的托管地巴勒斯坦要受一种移民体系的制约。尽管在 1917 年 11 月 2 日的《贝尔福宣言》中英国政府宣布，它将考虑"在巴勒斯坦为犹太民族造就一个幸福的民族国家"，但每年移入巴勒斯坦的人数是有限额的。英国于 1922 年受国联委托作为巴勒斯坦的托管人以来，便将这片土地接受能力的判断权授予了"巴勒斯坦犹太人办事处"。这个在国际法上得到承认的全世界犹太人在巴勒斯坦事务中的总代表，能提供一种有效的入境批准书。这种权力后来被具体分配给了它设在各国的"巴勒斯坦中央局"，各国的"巴勒斯坦中央局"能根据自己的判断来决定合适的申请者。①

　　但是，自 1929 世界经济大危机开始以来，由于有大量贫穷的东欧犹太难民移往巴勒斯坦，英国托管政府便开始对移入者的资格进行日益严格的限制，先是只允许那些拥有 500 巴勒斯坦镑证明的"资本家"自由移入巴勒斯坦，后又将这一标准提高到 1000 巴勒斯坦镑。由于纳粹当局的迫犹行动不断升级，要求移居巴勒斯坦的德意志犹太人也越来越多，在这种压力之下，经"巴勒斯坦犹太人办事处"多次交涉，英国托管政府才在 1933 年颁布的《移民条例》中，对移民进行严格分类，允许下列人员可以获得官方许可证并入境巴勒斯坦，这一内容也被刊登在"德国巴勒斯坦中央局"1934 年发行的《犹太移民手册》上。

　　　　A 类，特殊人材类：A1，拥有 1000 巴勒斯坦镑现金的"资本家"；A2，拥有 500 巴勒斯坦镑现金的自由职业者，或根据移

---

① Petez Leshem, *Straße zur Rettung. Der Weg deutscher Juden nach Palästina*, Köln: Carl Heymanns Verlag, 1973, S. 5.

民部门的观点能证明有这种经济能力的人；A3，拥有至少250
巴勒斯坦镑现金的手工业者（手工工具和机械能部分折算）；
A4，每月至少有4巴勒斯坦镑现金的养老金接受者；A5，拥有
至少500巴勒斯坦镑现金并从事稀缺职业的人。

B类，生计得到确保的人：B1，生计得到官方机构确保的
16岁以下的孤儿；B2，宗教职业者；B3，在从事职业实施前生
计得到确保的大学生和中学生。

C类，拥有工人证书者：年龄在18至35岁（个别情况可达
45岁）之间的工人，其数量通过巴勒斯坦托管政府每年分两次
决定，并由巴勒斯坦犹太人办事处分配名额。

D类，有所要求者：D1，妻子、子女、父母，当他们提出要
求时，在巴勒斯坦已定居的家庭成员又肯定能关照他们生计的，
可获得移入许可证；D2，企业家在例外情况下要求的特殊工人。

E类，对于15至17岁之间的年轻人，巴勒斯坦托管政府可
提供大量特别证明书，由巴勒斯坦犹太人办事处分配名额。①

根据这一《移民条例》，尽管来自德国的犹太移民在1937年11
月17日以前一般都没有一年以上的有效护照，但巴勒斯坦犹太人办
事处都能够在他们旅行护照的有效期内，通过设在海法和柏林的中
央局之间的有效联络，为他们签发合法证书进而从英国托管当局手
中取得正式移民的合法身份。正是通过这种方式，从1933—1936
年，巴勒斯坦接受了34400多名来自德国的犹太移民。②

① Zentral Palästinaamt für Deutschland, *Handbuch für die jüdische Auswanderung*, Berlin:
　 Jüdischer Verlag, 1934, S. 143.
② Wolfgang Benz, *Die Juden in Deutschland*, *1933—1945*, S. 447.

三、移居巴勒斯坦前的职业培训

第一批逃离纳粹德国并到达巴勒斯坦的新移民，面临许多在其他任何国家都不可能遇到的困难，这是德国巴勒斯坦中央局当初没有预见到的。

与魏玛共和国时代不同，当时只有少量的犹太人移往巴勒斯坦，这些人大多属于 20 世纪 20 年代以来由东欧经德国过境前往巴勒斯坦的东方犹太人。1933 年纳粹夺权后，由于迫害的矛头首先针对有知识背景的犹太人，因此，第一批逃离德国移往巴勒斯坦的犹太人，不仅绝大多数属于土生土长的德意志犹太人，而且是教师、医生、律师这样的脑力劳动者。他们原以为在此立即就能再度建立起一种适当的生存条件，但巴勒斯坦的生活现实很快使他们感到了深深的失望。

像所有的移民社会一样，新移居地的日常生活模式往往是由那些人数上占据优势的老定居者们来决定的。而巴勒斯坦现存的犹太社会共同体则是由 50 年来那些来自俄国、罗马尼亚等国的东方犹太人组成的。这些老定居者的生活水平比这些新移民在德国时的生活水平要低得多，这就迫使新移民在相当大的程度上降低了他们的生活水平。事实上，"当第一批德意志犹太移民在 1933 年到来时，城市的卫生设施、头一批现代街道以及海法的港口等，这些英国人带来的文明进步才刚刚显示出它的萌芽。对于这种进步，老定居者往往是用 10 年或 20 年前的标准来衡量的，因而其结论也是充分肯定的；而德意志犹太移民则是按他们离开德国时的生活水平来衡量的，其结论却是完全否定的"①。

---

① Gerda Luft, *Heimkehr ins Undekannte*, Wuppertal：Hammer Verlag, 1977, S.32.

　　这些新移民中的许多人虽然分配到了土地，但在这片土地上，除了杂草以外什么都没有，他们得在这片土地上自己动手盖房子，这个事实给新移民的打击是沉重的，因为这些人中间几乎没有哪一个惯于体力劳动。而且对于这些大专院校工作者、律师和医生来说，要找到专业上对口的职业尤为困难。例如，移入巴勒斯坦的律师必须通过一种"外国律师资格考试"才能开业。这种考试特别难以通过，因为它要求人们必须熟练掌握希伯来语和英语，而这两门语言对于德意志犹太人来说一般都是陌生的。此外，还要求他们具有英国和土耳其法律上的知识。"能通过这种考试的人极少，在1933年有150多名来自德国的律师报名参加考试，只有20人获得通过，还有200多名律师最后决定转行于农业"；"600名定居巴勒斯坦的医生中，有200多人决定转行农业，200人被其他行当雇用，只有200人勉强维持了私人行医。至于教师，其状况也与他们差不多"。[1]这说明在20世纪30年代的巴勒斯坦，正如每一种过剩商品那样，智力劳动严重贬值。

　　由此看来，这个仍是一片荒漠的新家园与西方发达国家是完全不一样的，它眼前最需要的还只是善于经营农业和手工业的劳动者，而这些行当恰恰是作为一个传统的商业民族的犹太民族所不熟悉的，加之自1812年普鲁士宣布"解放犹太人"以来，德意志犹太人已逐渐走上了与德意志文化的"同化之路"。在这120多年中，希伯来语也已只是在犹太教的宗教仪式上还能听得到的语言。因此，现在要想在巴勒斯坦重建起一种他们能够忍受的生活条件，一个重要的前提就是，他们在离开德国之前必须完成一种职业转换和语言上的准备。所以1934年以后，德国巴勒斯坦中央局的宣传出现了一

---

① Gerda Luft, *Heimkehr ins Undekannte*, S. 76.

种变化，一方面继续号召人们前往巴勒斯坦，另一方面也向人们强调："犹太人在巴勒斯坦从事他们迄今为止的那些职业只有很少的可能性，那里需要的是会说希伯来语的熟练和半熟练的劳动力。"[①]

为了在移居巴勒斯坦前做好职业和语言上的准备，德国巴勒斯坦中央局规定："年龄在 18—35 岁的男女青年，必须事先在德国参加由德意志拓荒者联盟组织的职业转行培训班……通向巴勒斯坦的道路是一条拓荒者的道路，必须进行一场职业结构和思想上的转变，结论已经得出：所有的一切都已经过去，一切都必须重新开始，唯有当每一个犹太人在巴勒斯坦都能有一份工作时，才能使陷入混乱的难民群众形成一个民族！"[②]

这种在希伯来语中被称之为"Hachscharah"的职业培训班，其目的是教育年轻的工人和定居者不仅要为自己的工作而奋斗，而且要为后来的定居者创造更好的条件而奋斗，并要经受得住任何经济和政治危机的考验。因此，这场从培训班开始的教育运动也就具有了一场青年运动的特点。拓荒者联盟声称："投身于这场青年运动中的人是自愿放弃原有财产以及生活方式的，这些财产以及生活方式并不能衡量他们在这个世界上的真实地位，相反会使他们改造整个犹太共同体的努力瘫痪。"[③]这样，对未来的巴勒斯坦工人进行思想和职业教育的任务便交到了拓荒者联盟这一青年组织手中，它同时也构成了这场犹太复国主义运动的一个重要组成部分。

拓荒者联盟的首要任务是对那些想去巴勒斯坦的德意志犹太青年进行职业培训。拓荒者联盟负责培训工作的卡兰·施特恩贝格

---

① Zentral Palästinaamt für Deutschland, *Handbuch für die jüdische Auswanderung*, S. 139.
② *Ibid.*, S. 146.
③ Senta Josephthal, *Hechaluz 1918 und 1938. Seine soziale und erzieherische Idee*, Berlin: Hechaluz Verlag, 1938, S. 112.

（Chanan Sternberg）后来回忆道："一般情况下，这些职业培训机构或是通过拓荒者联盟与德意志犹太地产占有者之间缔结的合同，或是通过德国犹太复国主义联合会自己建立的企业，或是通过德国巴勒斯坦中央局与部分德意志农场主和企业主之间达成的某种协定来造就的。接受职业转行培训的人则由设在柏林迈内克大街10号的拓荒者联盟来挑选，他们在职业培训班的期限为：农业学习一年半，手工业学习两年。"[①]

独立向外移居，只有年满18岁的人才有可能，因此，那些在十四五岁就离开了国民学校、又未达到参加职业培训班最起码年龄的青少年便成了一个问题。由于他们不能获得正式的手工业学徒资格而又必须为移居巴勒斯坦做准备，因此，"在1935年春，拓荒者组织便特别为这种年龄的青少年设立了8个中级职业培训班，并接受了200名青少年"[②]。

盖世太保和帝国经济部对这种职业转行培训班的组织最初是表示赞成的。1935年1月17日，盖世太保总头目莱因哈德·海德里希（Reinhard Heydrich）在给全国警察机关的一封信中谈道："犹太复国主义青年组织的活动是符合纳粹主义国家领导者的意图的，这个组织在研究如何向农业和手工业的结构转变，其目的在于向巴勒斯坦移民。在凡是符合职业结构转变活动所需要的地方，我都听任或允许与我所下达过的工作方针例外的情况出现，并不会用那种对待所谓'德意志同化组织'的严厉措施，来对待这些采取移居巴勒斯坦行动的犹太复国主义联盟的成员。当然，必须检验这种结构转变是

---

① Wolfgang Benz, *Die Juden in Deutschland, 1933—1945*, S. 457.

② Herbert A. Strauss, *Jewish Immigrants of the Nazi Period in the USA*, Vol. 6, S. 142.

否真的在追求这种外移目标。"[①]帝国经济部长黑加尔玛·沙赫特
(Hjalmar Schacht)也支持这种转行培训班。当 1935 年 3 月初德国手
工业联合会禁止拓荒者联盟在柏林开办手工业培训班时,沙赫特曾
于 3 月 8 日颁布过一份公告,其中明文规定:"不得阻止或刁难外移
自愿者的手工业培训班的开办,因为促进犹太人向外移居的每项措
施都是值得欢迎的。"[②]

　　然而,在帝国农业部里存在着强大的反对派势力。1935 年 3 月
15 日,帝国农业部种族权力司负责人伯恩哈德·勒塞内尔(Bernhard
Lösener)表达了他对这类培训班的愤慨:"与国家秘密警察的立场相
反,帝国农业部坚决反对任何形式的转行培训,从根本上讲,基于
以下原因:这种城市劳动力会导致诸如梅毒之类的传染病在农村蔓
延。除这种危险外,将大量犹太人职业新手移居到农村进行职业培
训,足以进一步保持这个种族。"[③]由于帝国农业部以及德国手工业
联合会继续坚持反对立场,盖世太保、帝国经济部对维持犹太转行
培训班的赞同在实践上没有产生太大的意义。因此,只有很少的手
工业培训班能在柏林重新开办,农业转行培训也只能在犹太人的企
业里实施,其中最为著名的是地处柏林以西 70 公里的施特克尔斯多
夫(Steckelsdorf)培训庄园和洛因多夫(Neuendorf)培训庄园,它
们的所有者都是犹太地产占有者。

　　随着纳粹政府对职业转行培训班施加的限制越来越严格,德国
巴勒斯坦中央局便开始尝试将这种职业培训迁往国外,因为当出于
移居巴勒斯坦的目的而需进行出国培训时,盖世太保还是签发旅行

---

① Institut für Zeitgeschichte. München, *Unveröffentlichte Dokumente der Nürnberger Prozess*, München: K. G. Saur Verlag, 1985, S. 282.

② Herbert A. Strauss, *Jewish Immigrants of the Nazi Period in the USA*, Vol. 6, S. 125.

③ Institut für Zeitgeschichte. München, *Unveröffentlichte Dokumente der Nürnberger Prozess*, S. 72.

护照的。1935 年，在荷兰政府的允许下，由美国犹太人联合捐助委员会出资，在排干了海水的情况下，德国巴勒斯坦中央局在荷兰海岸边建立起第一个国外的职业培训班。"这个培训班占地达 140 公顷，有来自德国的 150 名学生。1937 年，它的第一批结业生共 41人，其中 30 人去了巴勒斯坦，7 人去了阿根廷，1 人去了南非，其余 3 人去了其他国家。"[1] 这类国外职业培训班很快也在毗邻的丹麦、法国、意大利、卢森堡、捷克斯洛伐克以及南斯拉夫等地开办起来，1936 年，它已在 10 个以上的欧洲国家中开办，并接受了 1131 名来自德意志的犹太青年男女。[2] 这就为德意志犹太人的拓荒者联盟提供了一种"绕道"培训的可能性。

拓荒者联盟的培训班实践是有成就的，巴勒斯坦托管政府接纳的来自德国的 C 类移民，即持工人证明书者的数字不断上升证明了这一点。仅在 1935 年，来自德国的 C 类移民就达 2719 人，占当年移居巴勒斯坦者总数的一半以上。1937 至 1941 年间，通过合法途径移往巴勒斯坦的 1.8 万多人中，培训班的结业生同样占总数的一半以上。另外，从 1934—1939 年 3 月底，共有 3262 名 15 至 17 岁的男女青少年作为"拥有确保收入的大学生和中学生"，从德国移居到巴勒斯坦。"托管政府为这些青少年提供了 B3 类证书，这类证书是与这种条件相联系的：即两年的安置费与培训费已得到确保。"[3]

在这些干巴巴的费用背后，隐含着不少动人的故事。父母们已意识到德国局势的严峻性以及极为有限的出逃可能性，"为了拯救自己的孩子，他们中许多人去熟悉他们原本陌生的犹太复国主义思

[1] Salomon Adler-Rudel, *Jüdische Selbsthilfe unter dem Naziregime, 1933—1939. Im Spiegel der Reichsvertretung der Juden in Deutschland*, S. 206.
[2] Petez Leshem, *Straße zur Rettung. Der Weg deutscher Juden nach Palästina*, S. 8.
[3] Salomon Adler-Rudel, *Jüdische Selbsthilfe unter dem Naziregime, 1933—1939. Im Spiegel der Reichsvertretung der Juden in Deutschland*, S. 98.

想，并将他们经过培训班的儿女送往巴勒斯坦，为此，他们不惜卖掉他们所有的贵重物品。尽管他们中的大多数人一直坚信：这种家庭的分裂只是暂时的，但送别的场面仍然像是一场永别"①。

今天看来，这些在培训班结业的犹太青年仍然是那个时代的"幸运儿"。当德军于 1941 年征服了几乎整个欧洲大陆后，纳粹当局便再也不允许犹太复国主义组织进行任何自己的工作了。那些在培训班里还没有结业的最后一批学员，除混血儿外，最后都于 1943 年 4 月送进了奥斯维辛集中营。

四、财产转移与移居巴勒斯坦

自从 1933 年犹太复国主义组织动员德意志犹太人移居巴勒斯坦以来，如何将德意志犹太人的现有财产转移到巴勒斯坦，成为德国巴勒斯坦中央局面临的又一重大问题，因为它涉及能否利用德意志犹太资本来强化犹太人在巴勒斯坦的地位，涉及能否推动德意志犹太工业家和商人在巴勒斯坦的经营活动，涉及能否让更多的德意志犹太人逃脱纳粹迫害并移居巴勒斯坦等问题。而解决这个问题要求纳粹政府能改革当时施行的外汇管理体制。

1931 年 8 月 4 日，陷入经济危机的德国魏玛政府开始实行外汇管理，阻止紧张的外汇局势进一步恶化，并防止大规模的资本外逃。从这时开始，要将帝国马克兑换成外国货币，只在有限额度内才被允许。但是在 1933 年，除了那些持有"工人证书"或带有极少

---

① Monika Richarz, *Jüdisches Leben in Deutschland. Selbstzeugnisse zur Sozialgeschichte*, *1918—1945*, *Bd. 3*, Stuttgart：Deutsche Verlag-Anstalt, 1982, S. 240.

现金的脑力劳动者外，只有那些持有"资本家"证书的人有机会合法入境巴勒斯坦，因此，德国巴勒斯坦中央局必须努力为尽可能多的外移自愿者弄到所必需的 1000 巴勒斯坦镑（约价值 1.5 万帝国马克）的外汇。在德国，有相当多的犹太外移自愿者拥有这样一笔财产，只是由于外汇管理上的限制，它们不能兑换成外汇。

1933 年 5 月 23 日，德国巴勒斯坦中央局经济咨询部负责人沙埃姆·阿尔罗索夫（Chaim Arlosoff）博士在《犹太评论》杂志上发表了《犹太人的财产》一文，该文将"清算德意志犹太人的财产问题"称之为"移居巴勒斯坦的中心性问题"："在最近几个月中，有大约 4 万多人或家庭在柏林和各行省的有关咨询机构打听去巴勒斯坦的问题。这些犹太人在目前的情况下，必须为自己在德国以外的地方寻找一种机会，以便让他们的财产能在未来保证他们的生活安全。但这一点是清楚的：德国绝不会在货币和外汇上放弃那种严格的管理制度来特别迁就犹太人。显然，只有在利益相关者之间造就一种平衡才能找到一条出路。对此，有着各种各样的可能性，至少达成这样一项协议是有可能的：即通过德意志向巴勒斯坦的商品出口，来抵消那种为转移巴勒斯坦而放弃了的财产。建立一个托管协会也是有可能的，帝国政府可以直接介入其中，其他欧洲利益相关者也可以介入其中，他们能慢慢地对涉及者的相关财产进行清算。"①

在这里，阿尔罗索夫博士实际上提出了一个"用商品换人"的原则。这个原则意味着通过在巴勒斯坦购买德国商品的形式来实现一种向外国付款的程序。1933 年 5 月 25 日，经德国巴勒斯坦中央局斡旋，这种程序通过巴勒斯坦柑橘种植协会与帝国经济部达成的一份协议头

---

① Wolfgang Benz, *Die Juden in Deutschland*, *1933—1945*, S. 465.

一次得到了贯彻，这种程序在希伯来语中也被称之为"Haavara"。

德国巴勒斯坦中央局"Haavara 协议"托管会总管理人维尔讷·菲尔欣费尔德（Werner Feilchenfeld）博士曾具体地描绘过这种程序："1933 年 5 月与帝国经济部达成的这个协定规定：在 100 万帝国马克的框架内，允许外移者或那些以后想向外移居者个人，向柑橘种植协会的储蓄账户支付现金，当达到 4 万帝国马克时，这个人或家庭便能在巴勒斯坦为自己弄到一个带有菜园的住所。柑橘种植协会根据契约承担这种义务：为按现价支付了现金的这位财产转移者提供一所房屋或是一个柑橘园以供经营。柑橘种植协会的成员本身也能用这笔钱为自己购买所需的德国商品，如水管、农业机械、水泵、肥料等。"①

由于这项协议有助于扩大德国的出口，并能缓解迫在眉睫的外汇局势，1933 年 6 月 18 日，帝国经济部将这一协议的金融规模扩大到了 300 万帝国马克。同年 8 月 28 日，帝国经济部向所有德意志外汇管理机构发出公告："在帝国银行没有多余外汇的情况下，为继续通过分配必需的额度来促进德意志犹太人移往巴勒斯坦，并同时提高德意志向巴勒斯坦的出口，已与参与其中的犹太人机构缔结了一份协定：批准这些外移者个人向巴勒斯坦犹太人的腾佩尔银行（Tempel Bank）设在帝国银行的一号特别户头支付 1.5 万帝国马克，并通过这个户头，来支付德意志输往巴勒斯坦的商品。这些商品将根据在巴勒斯坦的销售所使用的额度，通过巴勒斯坦的托管机构，按巴勒斯坦镑与这些移民进行结算。与此同时，帝国银行还将进一步为腾佩尔银行设立二号特别户头，根据申请，外汇管理机构能批准拥

① Werner Feilchenfeld und Dolf Michaelis, *Haavara-Transfer nach Palästina und Einwanderung deutscher Juden, 1933—1939*, Tübingen: J. C. B. Mohr Verlag, 1972, S.24.

有德意志国籍的犹太人有权将每人总额最高达 5 万帝国马克的额度支付到这个户头上。这些犹太人是指目前还没有向外移民，但现在想在巴勒斯坦弄到一套带菜园住宅的人。"①

　　紧接着，其他那些设在马尔堡、汉堡、柏林的巴勒斯坦犹太人的私人银行也开始通过与帝国经济部达成的类似协议，在帝国银行内设立了这种特别户头。准备去巴勒斯坦的移民能将他们要转移的资本存入这些户头上，而德意志输往巴勒斯坦的商品将由这些特别户头来支付，它的出口进项能代表这笔向巴勒斯坦转移的资本。

　　尽管此时全世界所有的非犹太复国主义组织都要求全面抵制德意志商品，犹太复国主义者的世界组织巴勒斯坦犹太人办事处还是决定接受这种协定，它的所有想法都处于在纳粹迫害面前拯救德意志犹太人的背景下。在巴勒斯坦，人们更是努力通过接受德意志商品的方法来确保这种拯救行动的成功。"这就使得作为犹太人财产转移的载体组织德国巴勒斯坦中央局，能根据自己的测定来进行处理，并能用这种方法使只有很少财产的拿养老金者、大学生或中学生以更小的代价换汇，他们极为糟糕的经济状况也能部分通过那些处境更好的移民的支出来抵消。"②

　　毫无疑问，"Haavara 协议"的实施为德国巴勒斯坦中央局在分配各类移民证书上提供了更大的行动余地，它同时也解释了为什么在巴勒斯坦犹太人办事处 1933 至 1941 年的统计表格中来自德国的 A1 类移民能占据最高的比率。

---

① Werner Feilchenfeld und Dolf Michaelis, *Haavara-Transfer nach Palästina und Einwanderung deutscher Juden*, *1933—1939*, S. 25.

② *Ibid.*, S. 10.

1933 至 1941 年合法移居巴勒斯坦的犹太人 [1]

移民种类	移民总数	来德意志帝国的移民
登记者总数	189627 人	52463 人
A1：资本家，至少有资本 1000 巴勒斯坦镑	19.9%	36.0%
A2、A5：自由职业者，至少有资本 500 巴勒斯坦镑	0.1%	0.2%
A3：手工业者，至少有资本 250 巴勒斯坦镑	1.3%	0.9%
A4：有确保收入者（养老金等）	0.2%	0.4%
B2：宗教职业者	2.2%	0.6%
B3：拥有确保收入的大学生和中学生	8.2%	14.5%
C：工人	46.5%	32.6%
D：依靠已定居者的人	21.6%	14.8%
合计	100.0%	100.0%

　　"Haavara 协议"的成就是具有说服力的：1933—1941 年，有 52463 名犹太人以合法移民的身份移居巴勒斯坦，他们占所有德意志犹太外移人口 257000 人中的 20% 以上，同时也占当时全世界移居到巴勒斯坦的犹太人口 189627 人中的 27% 以上，并将 1.4 亿帝国马克兑换成了外币。[2] 因此，通过这种协定，这些移居巴勒斯坦的犹太人直接或间接地找到了一条未来相对有保障的道路，甚至连帝国经济部也成功地将大量养老金、战争牺牲者支付费用以及社会救济金兑换成了外汇。[3] 这也是纳粹当局某些部门之所以会在此时支持德意志犹太人移居巴勒斯坦的部分原因。

　　"Haavara 协议"不仅刺激了巴勒斯坦当时的经济，而且对巴勒斯坦以后的建设也作出了可观的贡献，但这也恰恰使它成了纳粹德国外贸部门和对外组织中的纳粹党干部们的眼中钉。1937 年 3 月，

---

① Rolf Vogel, *Ein Stempel hat gefelt. Dokumente zur Emigration deutscher Juden*, München：Droemer Knaur Verlag, 1977, S. 109.

② Wolfgang Benz, *Die Juden in Deutschland, 1933-1945*, S. 467.

③ Rolf Vogel, *Ein Stempel hat gefelt. Dokumente zur Emigration deutscher Juden*, S. 46.

纳粹德国驻耶路撒冷领事馆的总领事海因里希·德勒（Heinrich Döhle）对"Haavara 协议"展开了猛烈的批评："在我们所有的措施中，迄今为止，促进犹太人离开德国向外移居，以及对移居巴勒斯坦的犹太人作定居式安置的思想是占统治地位的。在这种思想的贯彻中，犹太移民造就了换汇的可能性。这种德意志商品出口是在为犹太人将财产转移到巴勒斯坦服务的，它放弃了我们商品出口的外汇进项，而我们自己却满足于为犹太人的'Haavara 协议'托管会腾出一种垄断地位，而他们或巴勒斯坦犹太人办事处却控制了德意志对巴勒斯坦的商品出口。我们很少去做加强阿拉伯人对这个新德国好感的事情，而且完全不顾有这种危险：由于我们在培植犹太民族主义并在经济上帮助犹太人，阿拉伯人会成为我们的对手。"①

1937 年 9 月，出于对德意志与阿拉伯利益冲突的担忧，以及移出的德意志犹太人可能会在巴勒斯坦创建一个与德意志为敌的民族国家的恐惧，德勒向"四年计划全权代表"赫尔曼·戈林（Hermann Göring）提出了撤除"Haavara 协议"的建议。这份建议立即引起了戈林的共鸣。同年 9 月 20 日，戈林在给纳粹党外贸局的一封信中说："从国民经济的立场出发，以迄今为止的形式维持'Haavara 协议'是不行的，必须尽快加以改变。"② 但是帝国经济部中受前部长沙赫特影响的集团却成功地拒绝了这种撤除"Haavara 协议"的努力。纳粹当局内部的这一争端一直持续到 1939 年战争爆发前夕，那时，犹太人换汇的可能性才随着"Haavara 协议"的撤除真正消失。

① Rolf Vogel, *Ein Stempel hat gefelt. Dokumente zur Emigration deutscher Juden*, S. 110.
② *Ibid.*, S. 132.

五、非法偷渡与向外移居的停止

德意志犹太难民大量涌入巴勒斯坦，自然会引起当地阿拉伯人的恐慌。阿拉伯人坚决反对这种犹太移民运动，并在 1936 年 4 月发动了一场持续三年的暴乱。英国托管政府尽管也镇压暴乱，但同时作出了严格限制犹太移民数量的决定。1939 年初，德意志犹太难民要移往巴勒斯坦已经越来越困难，而这恰恰发生在德意志犹太人将移民方向最紧迫地指向巴勒斯坦的时候。

德意志犹太人此时最迫切地涌向巴勒斯坦与 1938 年 11 月 9 日的"帝国水晶之夜"（也称"帝国砸玻璃的夜晚"）事件有关。在吞并了奥地利、苏台德地区后，纳粹当局于 1938 年 10 月"采用闻所未闻的残忍手段激进地处理这些地区的犹太人问题，而没有在欧洲文明人那里遇到什么抵抗，因而随即抛出了一系列不断升级的迫犹条令"[1]。11 月 9 日晚，在戈培尔的策划下，纳粹当局又利用 11 月 7 日在巴黎发生的犹太青年赫舍尔·格林斯潘（Herschel Grünspans）刺杀德国大使馆参赞恩斯特·冯姆·拉特（Ernst vom Rath）的事件，采取了袭击犹太人商店、焚烧犹太人教堂的恐怖行动，并逼迫犹太人缴纳高达 10 亿帝国马克的"赎罪费"，从而使德帝国境内的反犹运动达到了新的高潮。在这一恐怖事件之后，德国境内的犹太人，个个都在寻求以最快的方式逃出这个国家。"西欧各国和美国的领事馆被成千上万的犹太人所包围，但要获得一份移民签证是那样的艰难，就仿佛所有这些国家都在发誓要刁难德意志犹太人的向外

---

[1] Michael Meyer, *Eine Wanderung nach Eres Israel im Jahre 1940*, Haifa: Haifa University Press, 1941, S. 214.

移居一样"①。

"帝国水晶之夜"事件两个月后，压力进一步增加。1939 年 1 月 9 日，根据纳粹当局的命令，德国巴勒斯坦中央局被强行并入德国犹太人全国代表机构，因而丧失了其国际性分支机构的地位。不久，纳粹当局又用一个受盖世太保严密监控的德国犹太人全国联合会取代了德国犹太人全国代表机构，致使过去那种相对有组织的合法外移行动陷于瘫痪状态。偏偏此时盖世太保开始用更严厉的手段来驱赶犹太人。1939 年 1 月 24 日，海德里希受戈林的委托，在帝国内政部里成立了一个"犹太人向外移居全国中心"，其任务是，"动用一切手段让犹太人离开德国，快速而无摩擦地办理并监督这种向外移居"②。

正是在这种背景下，"非法偷渡"（希伯来语称"Alijah Beth"）的意义凸显。需要特别加以说明的是，盖世太保是支持用非法偷渡的方法将犹太人移往巴勒斯坦的。盖世太保这样做，一方面是为了加速犹太人的向外移居，另一方面也是为了给英国人制造麻烦，因为英国托管政府此时还未能平息阿拉伯人的暴乱，通过非法偷渡将尽可能多的犹太人移往巴勒斯坦，无疑能加剧那里的英国人、阿拉伯人和犹太人之间的争端。出于这种动机，盖世太保开始充当起德意志犹太难民非法偷渡巴勒斯坦的幕后组织者。正如参与此事的前德国巴勒斯坦中央局顾问米歇尔·迈尔（Michal Meyer）博士所讲的那样："在 1939 年初，除了完全特别的例外，仅仅只剩下唯一的一种可能性能到达以色列了，这就是非法偷渡。不过这种偷渡只是在面对英国人时是非法的，而在德国是合法的，并且也只能是合法的，

① Ruth Andseas-Friedrich, *Berlin Underground*, *1938—1945*, *Hardcover*, New York: Henry Holt and Company, 1947, p. 10.

② Rolf Vogel, *Ein Stempel hat gefelt. Dokumente zur Emigration deutscher Juden*, S. 290.

因为所有的犹太组织和机构都已处于盖世太保的严密监控之下，每一场向外移民，除了极个别的例外，仅仅只有在当局知道并批准的情况下才有可能进行。"①

　　为了绕过合法移居的困难，盖世太保迫使德国犹太人全国联合会以及犹太人的国际援助组织出钱，通过与东南欧国家轮船公司的交易，组织起非法的秘密交通，但德意志犹太难民必须为此支付价格上高昂得多的旅费。从 1939 年 3 月中旬至 1940 年 4 月中旬，盖世太保先后成功地组织过 6 次大规模偷渡行动。第一次非法偷渡行动始于 1939 年 3 月 15 日。正是在这一天，海德里希颁布了《关于禁止非法偷渡的公告》，同时在这一烟幕弹的掩护之下，由他本人亲自批准的一支 280 名德意志犹太人组成的偷渡队伍也于当日从柏林启程。"这支偷渡队伍途经维也纳时，又有 220 名奥地利犹太人加入其中。在克服了重重困难到达南斯拉夫港口苏萨克后，他们先乘上南斯拉夫的蒸汽船科罗拉多号继续前进，并在爱琴海的科尔福岛附近换乘希腊的蒸汽船奥特拉托号，最后到达巴勒斯坦。登岸后，他们便迅速消失在那些犹太共同体的定居点之中。"②

　　在第一次偷渡成功后，从 1939 年 5 月至 1940 年 4 月，其间尽管有 1939 年 9 月欧洲战争的爆发，但由于与西方国家陆上的战斗并未开始，尤其是东南欧一线仍然相对安全，因此盖世太保又先后组织了五次大规模的非法偷渡行动，"每次偷渡队伍的人数都在 500 人左右，其路线也都是先沿着多瑙河行走，然后进入黑海，穿过达达尼尔海峡，最后经爱琴海到达它的目的地，并让难民在黑夜和浓雾中

---

① Michael Meyer, *Eine Wanderung nach Eres Israel im Jahre 1940*, S. 214.

② Jon und David Kimche, *Des Zornes und Herzens Wegen. Die illegale Wanderung eines Volkes*, Berlin: Colloquium Verlag, 1956, S. 33.

登岸"①。

1940 年 4 月中旬，在第六次大规模偷渡活动成功后，为牟取暴利，德意志的哈帕格（Hapag）轮船公司向犹太人向外移居全国中心提出建议，干脆由该公司将非法运输犹太移民到巴勒斯坦的业务包揽下来。②但是，哈帕格轮船公司的偷渡计划遭到了熟悉业务、现已作为德国犹太人全国联合会下属机构的德国巴勒斯坦中央局的拒绝。迈尔博士后来在回忆录中谈到过拒绝这一计划的原因："显然，哈帕格轮船公司过高估计了它的能力，因为在战争爆发后，尤其是在1940 年 5 月西线战争爆发后，只有中立国家的船只还能正常航行。因此，我们仍然用与过去同样的方法，在德国犹太人全国联合会的资助下，向罗马尼亚、南斯拉夫、希腊等中立国寻求偷渡船只。但是，等待旅行护照的过程证明是对耐心的一场艰难的考验，我们受到了周复一周、月复一月的敷衍。"③

直到德军于1940 年 6 月征服了西欧大陆后，盖世太保才命令德国巴勒斯坦中央局立即挑选出 500 人外移。他们每人都必须填写大量表格，首先是财政局的证明，证明已缴纳了 1939 年 7 月 4 日《帝国公民法十号条令》中所规定的"帝国难民税"、"犹太赎罪费"以及所有移民捐税，而这无异于一场对财产的没收。另外，每人还必须支付 200 美元的旅费。所有被挑选者还要根据盖世太保的要求签署一份"认命保证书"，这份"认命保证书"指出了这次旅行的危险性，并特别提到："这次旅行不对能否到达巴勒斯坦作出任何担保，也不

① Paul Sauer, *Die Schicksale der jüdischen Bürger Baden-Württemberges während der nationalsozialistischen Verfolgungszeit*, 1933—1945, Stuttgart: Kohlhammer Verlag, 1969, S. 138.
② Kurt Jakob Ball-Kaduri, *Die illegale Einwanderung der deutschen Juden*, Bonn: Bouvier Verlag, 1975, S. 397.
③ Michael Meyer, *Eine Wanderung nach Eres Israel im Jahre 1940*, S. 214.

对可能受到的损害作出任何赔偿。"①

　　旅行护照签发后，还有签证问题。像以前的每次偷渡那样，这次德国犹太人全国联合会也事先作了准备，在支付了大量金钱后，巴拉圭驻柏林领事馆签发了所期望的证明，这些钱是德国犹太人全国联合会在美国犹太人联合捐助委员会的帮助下弄到手的，而且由美国犹太人联合捐助委员会出面担保："这批移民事实上绝对不会去巴拉圭。"②起航前，希腊政府又突然下令禁止承担这次航行任务的希腊船只悬挂希腊国国旗，因为已经于6月参战的意大利目前与希腊的关系正处于开战前的紧张状态之中。在德国犹太人全国联合会和美国犹太人联合捐助委员会又花钱了大量金钱后，这一问题才总算通过巴拿马政府同意悬挂它的国旗得到了解决。盖世太保便随即作出决定："8月18日，这500人中的任何一个人都不允许再留在老帝国境内。"③

　　这支由500名德意志犹太人组成的偷渡队伍于1940年8月17日启程，9月3日从维也纳到达了普鲁士港并在那里上船，沿多瑙河航行数日后，在罗马尼亚城市图希亚换乘已停靠在那里的希腊船太平洋号。11月1日凌晨，太平洋号到达了巴勒斯坦海岸，但在登岸时遭英国托管政府的拦截。他们在被迫返回罗马尼亚后，又换乘帕特里亚号重新向巴勒斯坦海岸进发，但再度遭到托管当局的拦截。这一次英国人想将他们押送到印度洋上的毛里求斯岛去，遭到拒绝，因而在海上发生了流血冲突。11月25日，这艘船在巴勒斯坦海岸附近因发生爆炸而沉没，251名乘客丧生，英国托管当局才允许生还者在巴勒斯坦登岸。

① Michael Meyer, *Eine Wanderung nach Eres Israel im Jahre 1940*, S. 215.
② Kurt Jakob Ball-Kaduri, *Die illegale Einwanderung der deutschen Juden*, S. 399.
③ Michael Meyer, *Eine Wanderung nach Eres Israel im Jahre 1940*, S. 215.

这种非法偷渡尽管挽救了数千名德意志犹太人的生命，但另一方面，它也导致了合法移民的停止。作为对 1939 年 3 月至 1940 年 11 月非法偷渡的惩罚性措施，也作为保卫地中海安全的重要战略步骤，英国托管政府于 1941 年初宣布："对所有犹太移民实行绝对的封锁。"①

尽管德军于 1941 年 6 月初已完全征服了整个巴尔干半岛和克里特岛，但此时的纳粹当局已对犹太人任何形式的向外移居失去了兴趣。因为纳粹当局现在面临的犹太人问题，已不再是 1933 年希特勒上台之时的 50 万德意志的犹太人问题了，而是在德意志第三帝国迅速扩张的势力范围内的 400 万、最后是 600 万以上的整个欧洲的犹太人问题。鉴于 1933—1941 年间移往世界各地的德意志犹太人也总共不过 26 万，党卫军帝国首脑兼全国警察总监海因里希·希姆莱（Heinrich Himmler）终于在 1941 年 10 月 1 日作出了判断："在与东西方敌人全面开战的情况下，向外移居已不可能解决犹太人问题了，必须立即停止犹太人的一切外移行动。"②因此，纳粹当局于 1941 年 10 月 23 日颁布了《战争期间的移民禁令》，并开始着手实施对欧洲犹太人问题的"最后解决"。

六、总结

犹太复国主义作为一场号召"犹太人返回巴勒斯坦并重建一个犹太国家"的世界性政治运动，是在 19 世纪 90 年代才真正开始出现

---

① Salomon Adler-Rudel, *Jüdische Selbsthilfe unter dem Naziregime, 1933—1939. Im Spiegel der Reichsvertretung der Juden in Deutschland*, S. 24.

② Wolfgang Benz, *Die Juden in Deutschland, 1933—1945*, S. 430.

的。这一运动能在 1933 年后的德国得到一种前所未有的发展，不仅是纳粹当局迫犹政策的结果，同时也是纳粹主义意识形态间接支持的结果。这种种族主义意识形态将犹太复国主义视为自身合法性的反证，甚至认为迎合犹太复国主义者的要求，能促进他们对犹太人问题的解决。因此，自纳粹党人在德国上台以来，他们便从极端仇犹的立场出发，根据国际形势的变化，利用不断升级的迫犹政策，力图将尽可能多的德意志犹太人赶向巴勒斯坦。

对于那些移居巴勒斯坦的德意志犹太人来说，他们是在面临纳粹当局的迫害和驱逐，西方民主国家又拒绝他们入境而走投无路的情况下，才加入到这场犹太复国主义的移民运动中来的。尽管要离开他们生活了长达 70 多代人的家乡有着难以言表的痛苦，但是巴勒斯坦毕竟能为他们在逃离纳粹德国之后提供一种有着古老文化渊源的新同一性身份，因此，这种求生的本能与对未来的希望将他们驱向了巴勒斯坦。

正是在这样的历史背景之下，这两个绝然相反的对立面奇特地走到了一起。他们之间在诸如出境手续的办理、职业培训班的开办，部分财产的转移以及非法偷渡等问题上达成某种程度的妥协和默契，从而使这种向巴勒斯坦的移民具有了一种集团组织化的特点。不过在这里，狼与羊之间的关系是清清楚楚的。纳粹当局能根据自己的需要来破坏这些协议和默契，而德意志犹太人却只能屈服于日益严酷的社会局势，直到最后被逼进死角。

（原载《历史研究》2004 年第 1 期）

社会市场经济的理论来源

在以往的一般研究中，人们总是习惯性地只从新自由主义的角度去谈论德意志社会市场经济的理论来源。这种思考角度有着很大的片面性，因为它往往忽视了社会民主主义与天主教主义及其政治代表在社会市场经济理论形成上所作的贡献。本文试图通过对这一经济理论来源的探讨来克服这种片面性。

一、对个体与社会联系价值的共识

在1945年希特勒暴政崩溃之后，在为战后的社会经济秩序进行设计的过程中，西德思想界首先开展了一场普遍的反思运动。在这场运动中，无论是新自由主义者、天主教主义者，还是社会民主主义者，都在各自早已开始了的理论探讨的基础上获得了新发展。在承认个人自由与人的尊严的前提下，对个体与社会联系价值的公开肯定，不仅成为整个西德思想界的共识，而且也构成了后来所推行的社会市场经济体制的一个最基本的出发点。

对个人独立自主的尊重，本身就是古典自由主义的一个基本点。在这里，自由是一种"解放"的概念，它宣扬的是反对国家和社会干预，确保个人安全，并给个人提供一种自由行动的空间。从历史上讲，这种个人主义是与启蒙主义的理性主义紧密相连的，这种理性主义也成了自由主义衡量所有事物价值的准则。

新自由主义者与这种精神传统发生了分离，他们拒绝那种在理性主义影响之下一直得到过分发展的价值相对主义与物质主义，并将"实证主义"、"唯技术主义"称为"一种理智的疾病"。新自由主义理论家威廉·洛普克指出："纳粹主义宣扬的那种集体主义，正是对理智错误见解引以为戒的例子。这种集体主义将社会与个人一同视为机器，因而使个人变成了毫无价值的东西。当个人丧失了价值时，也就无法保证人的自由、尊严以及一种不可侵犯的个人活动范围。"①

另一方面，冷酷无情的个人主义，正如它在古典经济自由主义的"自由放任"中表现出来的那样，同样遭到了新自由主义者的拒绝。威廉·洛普克这样写道："30年代的经济危机已经表明，那种自由资本主义会给社会带来何等的灾难。因此，在未来的经济框架中，社会与人道主义原则必须与个体原则置于同等重要的位置上。为此，必须对市场规则下的个人利益进行和谐调整，以达平衡。"总之，他们的理性主义与个人主义已开始染上了一种"社会公正"的色彩。

在这种前提下，新自由主义者主张在个人自由、自我决定、社会公正、物质保障之间建立一种最理想的联系，但重点仍在于突出个人自由的形式。他们认为："经济自由是个人自由以及个体独立的重要保证。由于生产资料的私人占有具有一种现实的、确保自由的

---

① Wilhelm Röpke, *Grundfragen der Gesellschafts-und Wirtschaftsreform*, Erenbach-Zürich: Europa Verlag, 1949, S. 83.

意义，因而必须作为市场经济过程中个人自由发挥其功能的前提。"①但是，这种对私人财产占有制的维护，并没有妨碍新自由主义者对工业化社会的"丧失个性化"和"异化"展开批评。他们同时强调："必须高度尊重个体的生活范围，它能再度给个体提供某种程度上的社会稳定性，并最后从西方国家人性意识的意义上承认个人自我发展的要求。"②

当自由主义者从理论上反思其过去的时候，社会民主主义者也在思想上进行了清理。这种清理的一个最为突出的特征就是前所未有地表达了对个人自由的公开肯定。

德国的社会民主主义本身就是从 19 世纪的自由主义运动中分离出来的。在魏玛共和国初期，由于与其内部"革命的马克思主义者"的分离，社会民主党已变成了一个主张实行议会民主制，通过社会政策的改革来逐步实现生产资料社会化和经济计划化的政党。与"苏联式"道路的分离，使他们得出这种看法："变更社会制度与建立社会主义个人自由的社会之间并没有决定性的关联。"③1933 年后对纳粹统治的反抗，更使其新一代的理论家们认识到："正是通过废除了社会范围内个人的独立自主，纳粹国家才征服了个人自由，也正是用这种方法，才使它变成了完全彻底的独裁主义。"④

战后初期的社会主义运动高潮中，在社会民主党内部，恰恰在自由观上出现了一种接近新自由主义的倾向。社会民主党人海因茨－

① Reinhard Blum, *Soziale Marktwirtschaft*, *Wirtschaftspolitik zwischen Neoliberalismus und Ordoliberalismus*, Tübingen: Mohr Siebeck Verlag, 1969, S. 39.
② Josef Becker / Theo Stammen / Peter Waldmann (Hrsg.), *Vorgeschichte der Bundesrepublik Deutschland*, Mümchen: Wilhelm Fink Verlag, 1987, S. 305.
③ Dieter Klink, *Vom Antikapitalismus zur sozialistischen Marktwirtschaft*, *Die Entwicklung der ordnungspolitischen Konzeption der SPD von Erfurt (1891) bis Bad Godesberg (1959)*, Hannover: Dietz Verlag, 1965, S. 100.
④ *Ibid.*, S. 90.

迪特里希·奥特里勃（Heinz-Dietrich Ortlieb）这样写道："德意志的自由主义与社会主义是两个异母兄弟，他们有共同的父亲，但有不同的母亲，从目标上讲，他们是共同的，但从方法上讲，他们则是不同的，人们也可以将这种社会主义方向称之为无产阶级的自由主义。"[①]战后党内公认的领袖人物库尔特·舒马赫（Kurt Schumacher）强调："德国的社会主义将是个性化的。对于德意志社会民主党来说，那种由独裁者来指挥、丧失人的个性的社会主义是不可想象的。"[②]该党的理论家维克托·阿加兹（Victor Agartz）在为该党设计的战后纲领中这样写道："由于个体从一种封建依附关系中解放出来，并获得了国家在法律上予以承认的自由基本权利，资产阶级的革命也就结束了。但除了这种法律上的自由外，还必须贯彻经济自由，这正是社会主义时代的任务，必须将这种自由作为社会主义纯洁的理想去重新发现。"[③]

在两种主义之间的接近过程中，人们也能够看到它与新自由主义的区别。但这种区别仅在于实现各自目标的方法上。新自由主义强调的是自由形式本身，而社会民主主义则强调："没有社会上的安全保障、公正和所有的人在物质、精神生活水平上的提高，自由是毫无内容的。自由的社会联系是个人自由的决定性前提，因而必须在这种集体的联系和行动中将个人作为自由的个体来加以发展。"[④]针对新自由主义的市场理论，维克托·阿加兹这样写道："光靠市场

① Josef Becker / Theo Stammen / Peter Waldmann（Hrsg.），*Vorgeschichte der Bundesrepublik Deutschland*，S. 306.
② Susanne Miller，*Kleine Geschichte der SPD，Bd. 2*，Bonn-Bad Godesberg：Neue Gesellschaft Verlag，1974，S. 86.
③ Reinhard Blum，*Soziale Marktwirtschaft，Wirtschaftspolitik zwischen Neoliberalismus und Ordoliberalismus*，S. 29.
④ Josef Becker / Theo Stammen / Peter Waldmann（Hrsg.），*Vorgeschichte der Bundesrepublik Deutschland*，S. 307.

经济的原则，或是一种由'国家举办的'有秩序的自由主义模式中的市场经济原则，是远远不够的。这是因为：首先，并不存在一种能自动履行公正的市场经济；其次，市场中形成的收入分配，不仅本身能反过来影响消费需求，而且本身来源于纯粹的任意性，这种任意性又能反过来对经济和社会上的无保障性造成影响。正因为如此，过去的自由主义经济政策才对自由理想本身造成了一种威胁。如果无产阶级化的群众必须在奴隶身份与经济上无保障之间进行选择的话，而当这种身份意味着经济上的一种保障的时候，那么他们很可能普遍地选择奴隶身份。因此，个人自由仅仅只能在这种范围和形式中得到挽救，即这种自由必须与经济上的安全保障相联系。"[1]

不仅社会民主主义的上述观点对新自由主义经济思想的冲击是重要的，而且天主教主义的新理论对新自由主义的冲击也同样重要。

天主教主义从来源上讲具有一种反启蒙主义的特点，从开端上讲是以中世纪基督教"天赋人权"的思想为基础的，因而过去一直与自由主义和社会民主主义保持了几乎同样的距离。它的自由观并不是自由主义的个人自由之类的东西，而是使自我能自由地承担责任之类的东西，一种与道德相联系的东西。这种理论认为，使社会与个体相联系的是道德，而不是具有目的性的理性方式。因此，它本身就具有反古典自由主义"市场自动和谐化"观点的特点和反工业化社会"异化"的特征，并主张通过改良主义的方式来克服资本主义的阶级社会。在 1933 年后的岁月里，纳粹统治的极权主义特点导致了天主教主义日益增强的抵抗。经过其重要的理论家、多明我教派修道士埃贝哈德·韦尔蒂（Eberhard Welty）的发展，这种天主

① Victor Agartz, *Sozialistische Wirtschaftspolitik*, Schwenningen：Neckar Verlag, 1947, S.54.

教主义在战后被称之为"基督教社会主义"（Christlicher Sozialis-
mus），因为战后东德新教区域的上千万居民涌入西德天主教区域，
以至于这种得到更新的天主教主义已经越来越难以用原有的名称来
概括其特点了。

　　这种天主教主义新理论所强调的"个性"、"团结"和"自助"
的基本原则，既开始了向社会民主主义的接近，也开始了向新自由
主义的接近。首先，它对"个人人格至上主义"作出了新解释："所
有的人都在同等程度上具有个体性与社会性。作为个体和上帝的相
像者，他有着一种自身的价值和一种不可废止的尊严；但作为社会
中的人，他又同时被纳入到集体之中，也唯有在这种集体中，他才
能发展自身，才能发展他个人的天赋，实现他自身的目标，因此'私
益'是取决于'公益'的。"当然，这里所谈论的集体并不是纳粹主
义所宣扬的那种"集体主义"，因为天主教新理论同时强调："个人
与集体之间的道德关系是建立在这种联系的基础上的：个体必须为
公益承担责任，集体则必须为私益承担责任。但是集体活动的最
终目的仍然是促进个人的发展。从这个意义上讲，造就一种符合人
的尊严的社会秩序是个人以及集体在道德上的共同任务。因此，对
文化领域、经济生活和社会生活进行干预，不仅是可能的，而且也
是必需的，是符合集体或公众的利益的，也是有利于这个民族的需
求的。"①

　　在社会政策上，天主教新理论坚持"自助为主"原则的方向：
"给人以有益的帮助，应是社会秩序的基本原则。这种原则，一方面
应保护个人的私有权和家庭；另一方面当下一级的社会组织不能胜

① Josef Becker / Theo Stammen / Peter Waldmann（Hrsg.），*Vorgeschichte der Bundesrepublik Deutschland*，S. 309.

任由此产生出来的既定任务时，应承认国家拥有一种有条件的干预权，其目的在于加强和促进个体自身力量的发展。"①

由此可见，这种天主教主义的新理论与新自由主义、社会民主主义之间的区别，主要在于哲学观念和宗教观念上，而不在于对具体的社会、经济政策的态度上。由于这种社会理论具有某种多义性的特点，因而其政治上的代表——基督教民主联盟党——在构建战后经济体制时，能处于一种更为灵活的地位，去吸收另外两种主义中与之相符合的成分，并将它们结合成一个新的整体。

二、三大主义的争论

在如何建立一种秩序化的社会经济体制，以真正保证个人自由和个体与社会之间相联系的问题上，新自由主义、社会民主主义、天主教主义的方案是彼此不同的。

总的来说，社会民主主义主张公共与私人企业并存，要求对凡是出现垄断倾向的部门实行社会化，在一种配有市场经济因素的情况下贯彻国家框架计划，实现受雇者在企业内以及跨地区中的平等参与决定权，建立完善的社会保障制度。

天主教主义，或者说"基督教社会主义"，虽支持市场经济原则，但并不主张将市场竞争作为唯一的秩序原则来提倡，而是更倾向于坚持一种对市场经济进行调节的方向。与社会民主主义不同的是，它并不抱有实现人人完全平等的目标，而是主张通过支持农业

---

① Egon Edgar Nawroth, *Die Sozial-und Wirtschaftsphilosophie des Neoliberalismus*, Heidelberg: F. H. Kerle Verlag, 1962, S. 258.

和手工业、通过财产的广泛分散化，来"造就一个强大的社会中间层"，并"克服无产阶级化"。但又与社会民主主义一样，它主张引入受雇者在企业中的参与决定权和共同责任制，在建立个人的社会道德联系、自我承担责任的基础上，重新构建雇主与雇员之间的关系，并强调有条件地贯彻国家干预原则，在社会政策方面进行大幅度的革新，来实现社会公正与社会友善。

与前两者都不同的是，新自由主义反对几乎任何形式的中央计划经济和国家对经济的直接干预，在对社会政策领域持相对冷淡态度的同时，强调的是充分、公开的市场竞争原则。

事实上，早在 20 世纪 30 年代，这种新自由主义就已经具有它的基本特点了。由于它的理论家们严格的体系化和模式化的秩序思想，所以它获得了"有秩序的自由主义"（Ordoliberalismus）的名称。它的中心学派——弗赖堡学派——作为纳粹统治时期的地下反对派，以经济学家瓦尔特·欧肯（Walter Eucken）和法学家弗朗茨·伯姆（Franz Böhm）为首。瓦尔特·欧肯首先强调："任何精神上、宗教上或政治上的运动，如果不能成功地在适当的经济秩序中贯彻对日常经济过程的控制，就不可能解决人们有秩序的共同生活的问题。"①

在有秩序的自由主义者看来，一种长久、稳定的经济秩序必须同时避免中央计划经济与自由放任的市场经济的弊端。瓦尔特·欧肯指出："过去存在着两种克服商品短缺和满足人口物质需求的基本经济形式，即中央管理或指令性经济形式，以及自由放任的市场经济形式。历史证明了这两者的缺点。中央管理经济形式的缺点在

---

① Walter Eucken und Franz Böhm（Hrsg.），*Ordo*，*Jahrbuch für die Ordnung von Wirtschaft und Gesellschaft*，Freiburg：Giesbert Verlag，1948，S.77.

于，它是一种根据确定了的标准才制定出来的国家中央计划经济，企业和家庭只是隶属于政府的，它们并不是经济生活的积极参与者，因此这种经济并不能真实适应人们需求的变化，也往往具有官僚主义化的特点。而自由资本主义时代的市场经济的缺点在于，它的经济运作过程中，有一种明显地朝着垄断化和破坏竞争的方向转变的趋势。"[1]因此，一方面，他们与社会民主主义者一样，对这种自由资本主义进行了尖锐的批评，并将其称之为"拦路抢劫式的资本主义"；另一方面，他们认为秩序化的经济体制仍不应触动市场经济的原则。弗朗茨·伯姆这样写道："要想非官僚化地、客观地、最理想地满足消费者的需求，唯有市场经济方能达到。虽然在特定的经济领域中，如军事经济领域中，中央管理经济可以给予考虑，但在整个经济运行中实行一种指令性的经济体制是不可取的，因为这种经济体制将经济和政治权力集中于国家，并根据中央计划的利益强制性地实施，会不可避免地导致自由、民主的社会结构的解体，以及一种不可控的中央集权制官僚国家的产生。不同于自由秩序，这种国家无力与社会弊端作斗争，因为作为这种经济过程的中央领导者，自己就是得益者。"[2]

当时的社会民主主义者和基督教社会主义者，都主张采取一种市场经济与中央经济因素的联合形式，而新自由主义者则认识到了这种联合形式的不利之处。瓦尔特·欧肯指出："这一方面会出现两者在经济上的摩擦，并会对一种有效的经济过程产生消极影响；另一方面，国家权力的出发点依然在经济中保持着，在这种情况下，那些进行自我管理的经济上的法人团体，也就不是在为社会公益服

---

[1] Walter Eucken und Franz Böhm (Hrsg.), *Ordo*, *Jahrbuch für die Ordnung von Wirtschaft und Gesellschaft*, Freiburg: Giesbert Verlag, 1950, S. 24.

[2] *Ibid.*, 1949, S. 12.

务了。这就必然导致私人权力的集结，形成一种'集团无政府状态'，在这种状态中，集团利己主义不断增生，如果国家对它们实行监督，又会导致一种中央管理经济的干预倾向。"①

因此，在他们看来，唯有通过市场经济秩序，构建一个尽可能竞争的制度，才能为财产分散化、人的自由和尊严、社会公正等目标造就必不可少的前提。弗朗茨·伯姆得出这样的结论："要实现这个目标，那种'自由放任主义的'古典自由主义经济政策当然是不适合这条道路的。古典的理论家们在对现实的错误估计中，听任各个市场参与者围绕竞争规则去彼此斗争，最后导致垄断性的僵化和经济上的专权。特别当私人利益集团与国家权力勾结在一起时，就造成了市场自动机制的失效，形成了经济和社会上的依赖关系，加速了财产的丧失和无产阶级化，并使人丧失个性化而走向集体化。因此，完全竞争的市场经济不是自然的产物，而是一种文化产物，必须变'自由放任的自然秩序'为'国家举办'。"②

这种所谓的"国家举办"，就是不能让市场过程的参与者随意决定经济活动的形式。国家应担负起影响整个框架和经济活动秩序的重任。所以，国家应该奉行"秩序政策"，即确定条件，以便使一个有效而又符合人的尊严的经济体制得到发展。国家必须为竞争秩序确定一个框架，并不断保护这个框架。在保证自由进入市场和防止垄断行为的条件下，市场过程的参与者可以自主作出决策，同时，市场则把各个市场的参与者的计划协调成一个国民经济的整体过程。③同时，他们还强调："在任何情况下，国家的干预政策都必须

① Walter Eucken und Franz Böhm（Hrsg.），*Ordo*，*Jahrbuch für die Ordnung von Wirtschaft und Gesellschaft*，Freiburg：Giesbert Verlag，1949，S. 21.

② Ernst-Wolfram Dürr，*Wesen und Ziele des Ordoliberalismus*，Winterthur：P. G. Keller Verlag，1954，S. 54.

③ 维利·克劳斯著、张仲福译：《社会市场经济》，重庆出版社1995年版，第16页。

与市场原则相一致，并尽可能地选择间接的有组织的影响方式。"①

　　无论是私人财产的垄断化，还是财产的社会化，都遭到了有秩序的自由主义者的反对，因为在他们看来，这两种情况都意味着个人自由的丧失。对于社会民主主义者提出来的"社会问题是由所有制问题决定的"这一传统观点，他们也进行了反驳："社会问题并不是由所有制问题决定的，而是由一种特殊的经济秩序与生产资料所有制的结合状况决定的。尽管并不是每个人都能获得对生产资料的所有权，但是，通过竞争制度的巨大经济效率，通过各个私人占有者之间的彼此竞争，寻求工作者能得到更多的机会。这种经济关系并不是处于简单的依赖关系上的，活跃的市场竞争能给所有的市场参与者都带来益处。"②

　　他们的方案，不是要建立社会福利保障体制，而是要分解私人垄断财产，解散寡头垄断集团和卡特尔，并认为这对于解决社会问题具有决定性意义。社会民主主义者与基督教社会主义者提出由国家来推行对动荡的货币——贷款市场进行调节的景气政策以及促进充分就业的政策，遭到了他们的拒绝，因为他们不是认为这种政策纯属多余，就是认为这会干扰市场的自动机制以及由此产生出来的对市场的适应。

　　在有关工人的经济参与权问题上，有秩序的自由主义者与社会民主主义者、基督教社会主义者发生了更激烈的争论。弗朗茨·伯姆认为："如果企业家们彼此之间处于'纯粹的竞争'之中，那么他们就是在'为真正的公益服务'。但受雇者的代表与占据权力的企业家一样，都只会根据他们各自的自身利益来行事，这样，让工人参

① Ernst-Wolfram Dürr, *Wesen und Ziele des Ordoliberalismus*, S. 157.

② Reinhard Blum, *Soziale Marktwirtschaft*, *Wirtschaftspolitik zwischen Neoliberalismus und Ordoliberalismus*, S. 70.

与企业在经济上的决策权，就等于给企业中的雇员代表（或者说，这些代表甚至可能构成企业的异己力量集团）以直接监督企业的权力。因此，这种参与权是与企业家合法的私人独立自由决定权相冲突的，也是与竞争秩序的基本原则相冲突的。"① 简单地说，对于雇员在企业监事会中拥有平等的参与决定权，以及允许一位受雇者的代表在企业董事会中占据一个"劳动经理"的位置，这种方案在当时遭到了有秩序的自由主义者的普遍反对。

这种方案之所以能于 1951 年首先在煤钢企业中试行，随后又推广到所有的企业中，首先要归功于社会民主主义者以及基督教社会主义者的努力奋斗。因为社会民主主义者将平等视为基本价值的核心内容，它不仅要求法律面前人人平等，而且要求实现和保卫事实上的平等。而基督教社会主义者是将这种参与决定权作为"一种神圣秩序中的天然权利"来看待的。至于这种方案在后来的贯彻过程中没有遭到有秩序的自由主义者太激烈的反对，则要归因于股份制的发展。对此，瓦尔特·欧肯于 1961 年作出了这样的解释："经济上的股份制形式带来了向工业化和无名的企业化结构的转变，因而也必然会对企业的权力发生作用，如果人们不给这些人在解决问题时的参与合作权力，而这些人本身又与这些问题有关，那么同样会对无产阶级化和丧失个性化产生作用。因此，在明确了企业内的领导与责任关系的前提下，某种程度上的、首先是企业的社会政策上的参与决定权，仍然是具有合理性的。"② 当然，这种思考与社会民主主义的平等要求，以及基督教社会主义者的"天然权利说"，还有相当的距离。

---

① Ernst-Wolfram Dürr, *Wesen und Ziele des Ordoliberalismus*, S. 40.

② Josef Becker / Theo Stammen / Peter Waldmann（Hrsg.）, *Vorgeschichte der Bundesrepublik Deutschland*, S. 316.

总之，对于有秩序的自由主义者来说，引入工人参与决定权的问题，与建立"一个强大的社会中间层"的问题一样，只是一个属于第二等的问题。至于社会民主主义者、基督教社会主义者提出的建立一种广泛的社会保障机制的要求，在他们看来，"不仅是不必要的，而且由于会给国民经济造成负担，并会带来官僚主义的中央集权化特点，甚至是危险的"。因此，如果说在后来的社会市场经济体制的构建中，还包括了一个广泛而完善的社会福利网的话。那么，这恰恰是社会民主主义者和基督教社会主义者努力的结果。

三、社会市场经济理论的最终形成

有秩序的自由主义方案的模式恰恰减少了它在政治上实现的机会，因为它以一种结构政策为前提，这种政策必然深深地触犯社会诸集团的利益。首先，在社会政策上采取的相对冷淡的态度，使他们的部分方案遭到了信奉社会民主主义和基督教社会主义的工人和中下层民众的拒绝。其次，由于企业家头脑中本身具有一种"自由放任"倾向，因此他们的反垄断方案也遭到了企业家的抵抗。

但是，这并不意味着有秩序的自由主义在政治上丧失了影响。还不如说，它在实践上的代表，通过战后初期与盟军占领者合作，不仅为盟军提供了建议，而且对战后各政党的纲领也产生了影响，并感染了当时的公共舆论。例如，社会民主党内部的自由社会主义派别在世界观上已持相当开放的态度，它的代表人物莱昂哈德·米克什（Leonhard Mickes）恰恰成了在党内、外宣传一种或多或少与有秩序的自由主义有关理论的重要人物，此人当时担任英、美"双占区"经济署"原则起草处"的领导人。正是他，在与当时担任"双占区"经济署主任的基督教民主联盟党人路德维希·艾哈德（Lud-wig Erhard）的合作中，起草了《指导原则法》。该法于 1948 年 6 月 18 日被法兰克福经济委员会所接受，并通过"货币改革"引入了市场经济，使当时仍然存在的中央管理经济体制终于解体。在这里最具有讽刺意味的是：恰恰是由这位社会民主党人起草的法律草案，特别是他所提出来的那个"社会市场经济"的术语，不仅对基督教民主联盟党人领导下的西德重建，而且对这个联盟党的经济纲领都产生了决定性的影响。[①]

自 1947 年夏季以来，鉴于经济中呈现出危机的形势，经济政策必须转向。在这个各政党都急于推出自己的经济纲领的时刻，"社会市场经济"这个概念，本应最有可能首先成为社会民主党经济纲领的象征性口号，因为这个口号本身就是由米克什设计出来，他想将社会民主党的自由社会主义作为有别于有秩序的自由主义的一种新科学学派来发展，但在该党内部，自由社会主义者的力量此时毕竟还弱小了一点。直到 1959 年 9 月社会民主党主流派领导人才后悔地认识到："当初没有将'社会市场经济'作为我们的一种社会主义市场经济秩序的概念写进自己的党纲，是一个明显的错误。"[②]

与此同时，基督教民主联盟党的《杜塞尔多夫指导原则》的起草工作也在紧张进行，但是该联盟党中最早接受"社会市场经济"概念的人物是艾哈德的助手、后来成为经济部国务秘书的阿尔弗雷德·缪勒－阿尔马克（Alfred Müller-Armack），正是这位经济学家当时坚持要将这个由一位社会民主党人发明的概念写进《杜塞尔多夫

① Gerold Ambrosius, *Die Durchsetzung der Sozialen Marktwirtschaft in Westdeutschlland*, *1945－1949*, Stuttgart: Deutsche Verlag-Anstalt, 1977, S. 173.
② *Ibid.*, S. 111.

指导原则》之中。①由于这个意见得到了艾哈德的支持，"社会市场经济"才成了该党经济纲领的象征性概念。到 1949 年 7 月 15 日，这个《杜塞尔多夫指导原则》已成为上台执政的基督教民主联盟党推行官方经济政策的纲领了，而"社会市场经济"也成为从政治上重振民主、自由的口号。

正是在"社会市场经济"的概念下，西德经济管理部门中的自由民主党人才与基督教诸政党人士结成了一个统一的政治战线。对此，阿尔弗雷德·缪勒－阿尔马克在回忆录中这样写道："与有秩序的自由主义概念相比，社会市场经济这个概念是含混不清和轮廓模糊的，但也恰恰因此而从方位上更接近真实。它的胜利道路，首先通过西部占领区，继而通过德意志联邦共和国的实践，得到了解释。因此，它也恰恰成了那种期待已久的、代表进步的思想风格最好的表达形式。由于它能用各种解释来证实，因而受到了来自各方的支持。"②当然，私有企业主与自由民主党强调的是它在经济政策上的内涵，而基督教民主联盟党与基督教社会联盟党则特别强调它在社会政策上的内容。

将"社会市场经济"由概念上的口号变为实践中的政策措施的是路德维希·艾哈德。为了推行一条介于自由资本主义和社会主义计划经济之间的"第三条道路"，他的指导思想就是："将市场自由原则和社会福利均衡原则以及每一个人对社会的道德责任原则结合起来。"③事实上，这也就将新自由主义、社会民主主义以及天主教主义中彼此之间最具有一致性的、最有可能联合起来的因素结合了

① Reinhard Blum, *Soziale Marktwirtschaft*, *Wirtschaftspolitik zwischen Neoliberalismus und Ordoliberalismus*, S.94.

② *Ibid.*, S.95.

③ 《德国，政治、文化、经济和科学杂志》，波恩：莎西埃德出版社 1997 年第 2 期，中文版，第 15 页。

起来。因此，人们是不能简单地将社会市场经济理论与有秩序的自由主义完全画等号的。对此，特别需要指出以下这几点：

第一，社会市场经济的基础是个人的行动自由。这种自由不仅意味着个人自身生活的自由，同时也意味着每个人自己负责任的行动自由。这种自由是处于国家所构建的经济与政治活动框架之中的，并通过这种框架来保证个人的自由发展并防止权力的集中。这种自由并非仅仅只是有秩序的自由主义者才要求的，它同时也反映出社会民主主义者和基督教社会主义者对自由的共同要求。

第二，处于社会市场经济中心地位的是充分而公开的市场竞争。这一点源于有秩序的自由主义思想库。但与之不同的是，社会市场经济建立起经济与整个社会秩序之间更为紧密的联系，并使经济政策与社会政策有机地统一起来了。在这里，经济政策作为工具是从技术上来加以考虑的，它的手段就是市场经济，它服务于经济功能的维持，并被视为一种优越于中央管理经济而又能达到经济繁荣的手段。"社会公正"，除了通过反垄断措施和累进税制这些新自由主义方案外，还通过在企业中贯彻的工人参与决定权，通过在教育机构中不受限制的升学机会而得到改善的起点上的平等，通过国家促进的住房储蓄、地产所有的政策而在受雇者手中形成的财产来体现，所有这些补充性社会政策的用度，则取之于通过经济政策所创造的资金。这些政策内容也远远超越了有秩序的自由主义方案。正是通过这些社会政策，生产过程中所形成的"职能上的收入分配"才转变成为整个社会所期望的"个人的收入分配"。①

第三，与有秩序的自由主义方案不同，根据社会福利均衡原

---

① Reinhard Blum, *Soziale Marktwirtschaft*, *Wirtschaftspolitik zwischen Neoliberalismus und Ordoliberalismus*, S. 96.

则，一个全面而完善的社会福利网，作为市场经济中一个不可缺少的基本要素，是明显地存在于社会市场经济的方案中的。它同时强调："各种社会福利援助必须建立在自救为主的原则上，必须将援助变成自助，并不允许损害市场调节力量。"[1]这是对德国传统的福利保险制度决定性的新发展。没有这个基本要素，战后西德的经济体制，也就谈不上"社会市场经济体制"。它积极接受了社会民主主义建立广泛的社会保障制度的要求、基督教社会主义的"援助"思想，因而也与单纯的自由市场经济鲜明地区别开来了。

最后，与有秩序的自由主义者在经济中造就一个"软弱的国家"的要求相反，在这种社会市场经济体制中，国家恰恰是作为"软弱的国家"的对立物——"强大的国家"——而出现的。但它不是一个直接参与经济活动的国家，而是一个将精力集中于创造政策制度框架条件的国家。这方面包括一系列制宪和调节原则：维护私有财产，稳定的货币，自由的价格构成、公开的市场、积极的竞争，以及经济政策的稳定性。国家的活动还包括提供公共基础设施、中期的符合市场局势的增长和稳定政策、促进中小企业和地区经济发展，实现充分就业，以及保护环境的调节机制。这种"强大的国家"的观念，所涉及的不是什么资本主义，也不是一种狭隘意义上的社会主义，而是使生产在一种整体利益中再度运转起来的问题。因此，它成为西德战后重建的一种技术上行之有效的政策工具。在这种非教条主义的、实事求是的目标与方法的思考框架中，人们同样能够遇到社会民主主义和基督教社会主义。

总之，在经历了过去的迷途和道义上的混乱之后，特别是在经

---

① 《德国，政治、文化、经济和科学杂志》第 2 期，中文版，第 16 页。

历了 1945 年的痛苦与灾难之后，大多数的德意志人终于在沉重的反思中找到了某种一致的思想信念的基础。这个基础就是在承认个人自由和人的尊严的前提下，对个体与社会联系价值的充分肯定。正是在这个基础上，新自由主义、社会民主主义，以及天主教主义提出了它们彼此不同的经济秩序设想与方案，正是这些设想与方案之间的彼此争论与互补，才共同造就了社会市场经济理论，由此也才产生出一种在古典式"自由放任的"资本主义与"计划化"的社会主义之间走"第三条道路"的尝试。而它在方案上的巨大包容性，它在战后西德经济重建中所获得的巨大成功，才使得这三大主义的政治代表中的无论哪个政党上台执政，也无论这些政党如何组成他们的政府，都始终保持着这种经济体制发展的连续性。

（原载《德国社会市场经济与中国经济改革》

[1997 国际经济学术讨论会论文集]

武汉大学出版社 1999 年版）

德意志知识界研究

"柏林大学模式"及其发展

要真正理解"柏林大学模式"的意义，有必要首先对人们极易产生误解的"科教兴国"概念加以澄清。所谓"科教兴国"，指的是国家政府在不作任何干预的情况下，让教育与科学自由发展，通过其成就来自动提高国民素质，推动经济发展并繁荣国家。英美等早起的现代化源生型国家，在不断摸索前行的进程中，走的就是这种"科教兴国"的路子。而对于那些后起的发展中国家来说，它们推行的战略都不是什么"科教兴国"，而是"国兴科教"，即国家政府运用自己的权威，通过对教育与科学事业采取积极的、强有力的干预政策，促进教育与科学的昌盛，继而提高国民素质，推动经济发展并繁荣国家。

后起的发展中国家之所以选择这种"国兴科教"的战略，有着相当自然的逻辑。由于在遭受现代化浪潮的冲击时陷入了深刻的民族生存危机，为救亡图存，这些传统国家的权力精英们必须去走一条"自上而下的"改革道路，这就决定了它们进行的现代化是一场预定性的现代化。正因为如此，在最早遭受工业文明冲击的德意志土地上，现代化第一次获得了它自觉的、目标明确的进程，它从一开始就意识到它要达到的最终目标，指引它的也是经过公开讨论和刻意选择的策略。当国家认识到教育与科学在这种赶超型的现代化进程中所具有的特殊意义时，便不再像过去那样听任教育与科学自身的缓慢发展，而是将其放到国家战略决策的高度上积极加以促进，这种国家战略也就体现为"国兴科教"。

因此，在后起国家的发展进程中，出现了一种与源生型现代化国家在大学教育体制上的区别。在英美等国，最好的大学是那些与中世纪的神学院有着相当连续性发展关联的大学，或是由私人自由创办起来的大学。这些私立性质的大学为了保持其自身发展的稳定性，都与国家政治保持着一种肯定的距离，而且一般都不设在"天子脚下"，因而也拥有极大的自由度、独立性和多样化。而在后起的发展中国家里，首先从德意志开始，包括以后的日本、俄罗斯，甚至连同后来的中国在内，由于大学教育从一开始就被纳入到国家的战略决策之中，以至于它已不再是教会或私人性质的事务，而是事关国家命运前途的大事，因此，最好的大学都是那些以国家财政为后盾的公立大学，并往往设在"天子脚下"，与之相联系，这些国家的大学体制也就往往具有一种模式规范化的特点。当这种模式能在"科学、理性、自由"原则的指导下产生出来，并能获得健康发展时，它所带来的大学体制上的先进性、科学上的快速进步以及文化上的普遍繁荣，甚至是那些早起的源生型现代化国家的私立大学都无法比拟的。而国家一旦废弃大学的"科学、理性、自由"原则，便会迅速地带来大学教育、科学事业以至整个社会文化的衰败。这种衰败自然意味着国家整体战略的失败，同时也成为国家无法推卸的历史罪责。"柏林大学模式"的发展历程正是对这种教育和科学发展的辩证法最为典范的注解。

一、"国兴科教"战略的提出

18 世纪晚期，整个"德意志民族的神圣罗马帝国"区域内，尽管已有各类大学与高校 60 余所，但由于政治上的分裂与内外局势的混乱，德意志的大学教育在欧洲是极为落后的。"狂飙突进运动"的著名人物戈特霍尔德·埃菲赖姆·莱辛（Gotthold Ephraim Lessing，1729—1781）曾尖锐地指出过："德意志的大学只是一些经院哲学式的神学院，它们正在行会精神、任人唯亲、裙带关系、普遍的僵化和经院哲学的败落中沉沦。"① 因此，他对当时的德意志旧大学是不抱任何希望的。不过在当时的普鲁士，仍有一所稍具现代性的大学，即哈勒大学，它并不来源于教会，而是由腓特烈大帝的国家政府出资创办的。但这所大学在 19 世纪初期拿破仑征服中被法国占领者撤除，同时撤除的德意志大学还有科隆大学、哥廷根大学、英尔施塔特大学、特里尔大学、美因茨大学、波恩大学、迪林根大学、赫尔姆施泰特大学、林腾大学、班贝克大学、福尔达大学、杜塞尔多夫大学，以及阿尔特多夫大学、萨尔茨堡大学、因斯布鲁克大学、帕骚大学，伦贝格大学等。总之，凡是被拿破仑强行划入法国版图与势力范围的德意志领土上的著名大学均被撤除，因为拿破仑是这样告诉他的元帅和将军们的："要想彻底征服一个民族，最为成功的方式就是首先打击它的知识分子！"②

然而，法国大革命与拿破仑战争的冲击推动了德意志的改革运动。因为在这个时代里，对欧洲所有的民族来说，生存条件已发生了

---

① Thomas Nipperdey, *Nachdenken über die deutsche Geschichte*, München: C. H. Beck Verlag, 1986, S. 144.

② Gordon A. Craig, *Deutsche Geschichte, 1866—1945*, München: C. H. Beck Verlag, 1989, S. 179.

变化。正如前普鲁士首相、著名的官僚改革家卡尔·奥古斯特·冯·哈登堡男爵（Carl August Freiherr von Hardenberg，1750—1822）指出的那样："谁要想生存下去，谁就必须保持效率与竞争能力，必须进行民族的自我更新，所有的国家都必须使自己强制性地接受这个时代的新原则，否则就死路一条！"① 因此，外来现代化的强制性动员起德意志内部正在形成的现代化意志，并赋予了它改革的推动力，德意志最大的邦国之一，普鲁士，成为这场大改革的中心。

1806 年《堤尔西特和约》签订后，这个被剥夺了一半领土、流尽鲜血、一贫如洗的普鲁士还得向拿破仑法国缴纳沉重的战争赔款。在国家财力极度枯竭的情况下，"具有哲学家头脑的"国王威廉三世，对从哈勒大学逃出来的教授们这样说道："这个国家必须通过它精神上的力量来弥补它物质上的损失！"② 1807 年 10 月，普鲁士就经济困境与办教育的关系问题举行了一次专门的内阁会议，威廉三世在会议上再度明确了他的态度："正是由于贫穷，所以要办教育，我还从未听说过一个国家是因为办教育办穷了、办亡国了的。教育不仅不会使国家贫穷，恰恰相反，教育是摆脱贫困的最好手段！"国防大臣格哈尔德·沙恩霍斯特（Gerhard Scharnhorst，1755—1813）也深表赞同，他这样说道："普鲁士要想取得军事和政治组织结构上的世界领先地位，就必须首先要有在教育与科学上的世界领先地位！"即将出任内政部教育司司长的威廉·冯·洪堡（Wilhelm von Humbolt，1767—1835）也指出："大学是一种最高级的手段，唯有通过它，普鲁士才能为自己赢得在德意志以及全世界的尊重，从而

---

① Werner Weidenfeld，*Der deutsche Weg*，Berlin：Europäischer Taschenbuch Verlag，1990，S.25.
② Thomas Nipperdey，*Deutsche Geschichte*，*1800 — 1866*，München：C. H. Beck Verlag，1983，S.64.

取得在启蒙与教育上真正的世界领先地位!"①

从普鲁士官僚改革派们的"国家办教育"、"最好手段"、"最高级的手段"等思想观念来看,不难发现他们选择的并非"科教兴国",而是"国兴科教"。对此,德国著名哲学家、教育学家约翰·戈特利布·费希特(Johann Gottlieb Fichte,1762—1814)曾在这次普鲁士内阁会议之后,发表了一系列激昂的演讲,在这些演讲中,他不仅进一步指出了这一"国兴科教"的战略方向,而且对此作出了积极的评价:"普鲁士的解放取决于她是否能建立起一套适当的教育体系,这套体系应当是国有化的体系。""新国王与拥护他的一批要人在准备实行一场教育大改革,它足以与拿破仑的社会改革相媲美!"②

总之,"教育"与"科学",成为了普鲁士改革派官僚们的口号。这个国家力图通过一场教育现代化来优化它的国民,以获得更高的生产率,更高的纳税能力,更多的理性,更多的忠诚,更少的犯罪,更好的官员,并最终达到摆脱落后挨打、步入世界强国之林的战略目标。随着这一"国兴科教"战略的提出,改造传统的旧大学提到了国家的议事日程上,普鲁士决心废除败落的旧大学体制,建立理性的新组织——现代化大学。

二、新人文主义的教育与科学定义

在创办第一所现代化大学——柏林大学的过程中,一种关于教育与科学的新观念得到了贯彻,这就是理想主义的新人文主义。

---

① Ellen Anrich, *Die Idee der deutschen Universität und die Reform der deutschen Universität*, Darmstadt: J. Bames Verlag, 1960, S. 16.
② S. E. 佛罗斯特:《西方教育的历史与哲学基础》,华夏出版社 1987 年版,第 398 页。

正如康德哲学成为普鲁士一切改革的思想基础那样，他的教育思想对德意志现代化大学的发展具有奠基式的意义。伊玛努尔·康德（Immanuel Kant）对人的个体本质与教育的关系作出了归纳，他指出："人不应被作为手段，不应被看作一部机器上的齿轮。人是有自我目的的，他是自主、自律、自决、自立的，是由他自己来引导内心，是出于他自身的理智，并按自身的意义来行动的。而教育的实质，就在于如何使人们能去理智地引导内心，理智地采取行动。"[1]而他的学生、大哲学家费希特和教育家威廉·冯·洪堡发展了康德哲学中的人文主义教育思想，并为现代世界的教育理论奠定了基础。

费希特的一个重要贡献在于，他对现代教育与传统教育进行了区别，并头一个提出了"全民教育"的思想："教育必须培养人的自我决定能力，而不是要培养人们去适应传统的世界。教育不是首先着眼于实用性，甚至也不是首先要去传授知识与技能，而是要去'唤醒'学生的力量，培养他们的自我性、主动性、抽象的归纳力与理解力，以便使他们能在目前还无法预料的未来局势中，自我作出有意义的选择。教育是全民族的事，要教育的是整个民族！"[2]

被后人誉为"德国教育之父"的洪堡，首先提出了"和谐发展论"的观点。他认为："教育是个人状况全面和谐的发展，是人的个性、特性的一种整体发展。教育是一个人一辈子都不可能结束的过程，教育是人的自身目的，也是人的最高价值体现。"[3]

这位"现代化大学的奠基人"于1810年9月29日宣告了柏林大学的诞生，并提出了著名的"洪堡大学三原则"，即"大学自治"、

---

① Thomas Nipperdey, *Deutsche Geschichte, 1800–1866*, S. 34.

② *Ibid.*, S. 57.

③ *Ibid.*

"学术自由"、"教学与科研相统一"。与此同时，他还呼喊出"为科学而生活"的口号，而这句口号立即成为柏林大学的校训。

更为重要的是，洪堡还给出了现代世界中的科学定义，这就是著名的"洪堡科学五原则"：

（一）科学是某种还没有完全得出结论，没有被完全发现、找到的东西，它取决于对真理和知识永无止境的探求过程，取决于研究、创造性以及自我行动原则上的不断反思。

（二）科学是一个整体，每个专业都是对生活现实的反思，对世界的反思，对人行为准则的反思，唯有通过研究、综合与反思，科学才能与苍白的手工业真正区别开来。

（三）科学首先有它的自我目的，至于它的实用性，其重要意义仅仅是第二位的。当然，对真理进行的这种目标自由式的探求，恰恰可能导致最重要的实用性知识，并能服务于社会。

（四）科学是与高等学校联系在一起的，唯有通过对学术的研究，与科学的交道，对整体世界的反思，才能培养出最优秀的人才。大学生要学的不是材料本身，而是对材料的理解。唯有这样，才能形成他独立的判断力以及他的个性，然后，他才能达到自由、技艺、力量的境界。

（五）高校的生存条件是"孤寂"与"自由"，也就是"坐冷板凳"与"学术自由"，国家必须保护科学的自由，在科学中永无权威可言。①

洪堡的"大学的三原则"与"科学的五原则"一并作为呈文很快送到了威廉三世的案头，这位国王审阅后非常满意，并这份

① Thomas Ellwein, *Die deutsche Universität*, *vom Mittelalter bis zur Gegenwart*, Königstein: Athenäum Verlag, 1985, S.116.

"洪堡备忘录"上批下了一段可以流传千古的至理名言："大学是科学工作者无所不包的广阔天地，科学无禁区，科学无权威，科学自由！"①

三、"柏林大学模式"及其特点

自柏林大学开办以来，在德意志 30 多个邦国里，开始了一场对旧大学的改造热潮，新的现代化大学如雨后春笋一般建立起来。从 1810 年到 1870 年的 60 年中，整个德意志区域里，便有 80 余所新、旧大学按"柏林大学模式"重建和新建起来。著名的"柏林大学模式"不仅成为全德意志、而且开始成为全世界大学仿效的样板，归纳起来，具有以下特点：

洪堡创办的不是英、法式的高等专门学院（College），而是大学（Universität，即英文中的 University）。Universität 这个词本身来源于德语中的 Universal，即"普遍、无所不包、万有、广博"之义。在德国，凡"大学"就一定是综合性大学，它与工科、实用型专门学院有着严格的区别，科学知识的推广与运用才是这些学院的任务；而大学一样，它是有特殊含义的，它是对世界进行新解释、粉碎宗教迷信的世俗化中心。正是从这里开始，人文科学才摆脱了神学，而数学、物理学、化学、生物学、天文学、地理学、地质学，这些对世界进行各种解释的自然科学新体系，才最后确立了它们真正的独立地位。因此，现代化大学的特点首先在于它的综合性。

---

① Peter Baumgart（Hrsg.），*Bildungspolitik in Preußen zur Zeit des Kaiserreichs*，Stuttgart：Klett-Cotta Verlag，1980，S. 12.

　　在大学教授们那里，形成了一种对自我角色的新理解。教授们不再像"神学院时代"那样只能在一种思想体系中思考，因为规定思考模式的学说正是一种神学的特点。而现在，研究和科学探讨已成为教授们新的伦理道德、新的最高原则。不断地研究不为人知的新东西，不断地发现新规律，不断地增长人类的新知识，不断地向真理逼近，这种"对永恒的参与"，成为他们最高的道德义务、最高的存在形式。[①]在德国的大学里，唯有做一名优秀的研究者，才能成为教授，而照本宣科、拾人牙慧的人是永远做不了教授的。大学成了"科学研究者们的共同体"，并开创了严格的"成就原则"。

　　在大学的人事选择上，不是出于地方因素的考虑，不是出于同事间的好恶，不是家庭在社会上的地位，甚至也不是口才、写作能力和教育学上的技巧（这些都属于工科、师范教师的资格，而不是大学教授的资格），而是科学研究上的独立性、独创性和成果，决定着大学教授位置的占有。[②]

　　国家通过一系列现代化的制度与措施来促进科学的发展。根据"柏林大学模式"，只有教授才是国家公职人员，但同时还设有编外讲师和额外教授，这类资格的获取需经国家严格的考试来确定。这些人尽管只能拿较少的工资，但国家也为这些年轻人设立了专门研究基金。他们要想得到教授的位置，必须献身于科学研究，必须敢于向已形成的舆论挑战，必须敢冒与他人在学术上冲突的危险，必须要有科学研究上真正的突破。[③]这种"科学自由"的精神极大地促进了研究中的竞争与创新，而事实上，几乎所有的突破都是由年轻

① Karsten Bahnson, *Akademische Auszüge aus deutschen Universität-und Hochschulorten*, Saarbrü
ken: Dr. Müller Verlag, 1973, S. 46.

② Thomas Ellwein, *Die deutsche Universität, vom Mittelalter bis zur Gegenwart*, S. 132.

③ Peter Baumgart (Hrsg.), *Bildungspolitik in Preußen zur Zeit des Kaiserreichs*, S. 61.

人来完成的。

根据"柏林大学模式"，无论讲师还是教授，绝不允许在同一所大学里进行职称升等，而是必须换一所大学才能进行。任何一所大学的教师队伍，也绝不允许主要由同一所大学毕业出来的人组成，而是要由来自各大学的佼佼者组成。一名学者申请教授资格，需经五位校外同行专家评议，这五人必须既与申请者无任何师承关系，无任何同学关系，无任何同事关系，无任何合作关系。申请者在通过专家评议获取"教授资格"后，只能在外校有教授岗位空缺的情况下，经过激烈的竞争，并通过"教授论文"答辩之后，方能成为正式教授。[①]这不仅扫除了门户之见，而且也严肃了成果鉴定与职称评定上的科学性，因为任何一位教授都不能允许没有真才实学者取得与他们千辛万苦才换来的同样地位。这是德国人最先做出的防止近亲繁殖、裙带关系的现代化措施，后来也在世界各国现代化大学中普遍推广开来。

各邦国之间展开了艰苦的人才战，凡不是因学术水平而遭驱逐的教授，在别的邦国和大学里总是大受欢迎。柏林大学著名学者、生物学家奥肯（Lorenz Oken）和维尔克（Karl Theodor Wellker）教授，因反普鲁士专制而遭驱逐，却立即受到巴伐利亚国王的热烈欢迎，并被聘为慕尼黑大学教授。威廉三世害怕有了这种样板后会造成柏林大学人才外流，便不惜以重金将他们重新请回柏林大学。对于大反神学的"青年黑格尔派"，身为国教教主的国王威廉三世犹豫再三，最后的决定是："那就干脆将他们调到哲学系去吧！"[②]总之，德意志的联邦主义，各邦大学的多样性、虚荣心与竞争，的确弱化

---

① Peter Baumgart（Hrsg.），*Bildungspolitik in Preußen zur Zeit des Kaiserreichs*，S. 62.

② Thomas Nipperdey，*Nachdenken über die deutsche Geschichte*，S. 152.

了国家和社会力量对学者个人的压力，也从根本上促进了学者们的能动性、灵活性与创新性。

大学也成为德意志人才的收容所。大学与科学对这个民族中有才能的人之所以具有特别强烈的吸引力，不仅是由于教育与科学在社会中的地位变得日益重要，也是与这个国家的政治和社会结构联系在一起的。通向其他社会领导岗位如管理、军事、政治的入口，由于事实上向贵族子弟优先权的倾斜而受到了强烈限制，对于一般平民子弟来说，政治上发迹的可能性大大减少，因而在科学研究中取得成就，在大学中占据岗位，成为对受歧视的平民因素的一种重要补偿。[1]

1810 年柏林大学建立之初，普鲁士政府不仅宣布了"国家取代教会成为大学财政上的提供者"的角色，同时还确立了"大学是国家的文化代表"的特殊地位。这一决定的开明性在于，国家在承担大学财政资助重任的同时，并不以此作为干预、限制大学内部事务的理由。因此，就连大学校长也是由教授们自由选举产生的，并且"轮流坐庄"。同时，大学教授与他们自己选出来的校长一起，组成教授会，自我决定内部事务，国家不作任何干预。这就使大学不仅成为一种完全世俗化的机构，而且成为一种完全实行现代化自我管理的国家组织。与此同时，"教学和研究上的独立与自由"也被奉为"大学与科学最重要的原则"，因而也形成了一种相对的"大学自由"。[2]

大学教授的工资完全由国家支付，其标准为年薪 1500 塔勒，足以养活当时 10 户手艺人的家庭，或两户中产阶级的家庭。为教授们

---

[1] Hagen Berding：*Universität und Gesellschaft*，Frankfurt am Main：Campus Verlag，1980，S. 89.

[2] Gordon A. Craig，*Deutsche Geschichte*，*1866—1945*，S. 184.

提供如此上乘的生活水平，是由于聪明的威廉三世懂得这个道理："经济上的压迫感是会影响到教授们的思考的，虽然从事任何有价值的活动都可以得到内心的满足，但内心的满足不能当作工资，教授们是不能用他内心的满足来填饱他妻儿的肚皮的。"①但德国大学里绝没有"越老越值钱"的观念，而是实行严格的退休制度，不管你是什么人，不管你曾取得过多大成就，也不管你是什么院士，还是什么奖的获得者，到了67岁的退休年龄，都得将位置让给年轻人。这是因为，德意志大学教授岗位的设立，取决于一所大学能否开辟出新的学科专业方向，而任何一所德意志大学在任何一个学科专业方向上，只能设置一名教授。让年过67岁的老教授退休，是为了让年纪更轻、精力更旺盛、创新潜力更强的学者能及时地站到科学研究工作的最前沿上来，而退休后的大学教授仍能保持原有的生活水平。

大学教授的权力很大，有自由的开课权。②明文禁止教授们做的事情只有一件，那就是绝不允许大学教授去经商、办公司、搞"创收"。在德国的大学里，情况是完全倒过来的：1810年以后，德国各个时代的经济立法中都作出了这样的规定："企业家凡资助一位教授的研究课题，并持有这位教授与该校校长联名签字的文本，便可到税务局申请减税。"③一名企业家若投资于名教授的科研项目，或是资助创新性课题，不仅能获得减税上的好处，而且能极大地提高该企业的知名度。因此，德国教授从不缺乏科研经费，以至于其他发达国家的教授直到今天，都是用"气宇轩昂"之类的词句，来形容德国大学教授的形象的。一位德国国家乐团的指挥家，若能在他60

① Peter Baumgart（Hrsg.），*Bildungspolitik in Preußen zur Zeit des Kaiserreichs*，S. 79.
② Gordon A. Craig，*Deutsche Geschichte*，1866—1945，S. 184.
③ Hagen Berding：*Universität und Gesellschaft*，S. 127.

岁生日那天，得到国家授予他的"名誉教授"头衔，那他的一生就等于走到了光辉的顶点！① 总之，社会分工化，这一现代化标准与原则在德国体现得最为鲜明，"Alles in Ordnung!"（一切都井井有条！）成为德意志文化和精神的重要内涵。

现代化大学本身要求大学生们的学习要有一种新动机，"为谋生而学习"（Brotstudium）的人在德国的大学里是受人鄙视的。因为自19世纪初期大改革时代以来，"受教育"与"纳税"、"服兵役"一起，被并称为德意志公民的"三大义务"。这种义务之风如此之盛，不仅历任教育部长，就连爱因斯坦也鄙视这种"谋生的动机"。爱因斯坦认为："为谋生而学习会直接导致对伦理价值的损害。我想得较多的还不是技术进步使人类直接面临的危险，而是务实的思想习惯所造成的对人类互相体谅的窒息。这种思想习惯会像致命的严霜一样压迫在人类的关系上的。"因此，他强调："青年人离开学校时，应是作为一个和谐发展的人，而不只是作为一位专家。否则，他连同他的专业知识，就像是一只受过训练的狗，而不像一个和谐发展的人。要成为一个和谐发展的人，则需要培养全面的自我辨别力，而这取决于自由而全面的教育。"②

德国大学生的学习有充分的自由。一名德意志青年，只要他完成了人文中学的毕业考试，他就成为大学生，也就可以到任何一所大学里去学习，只要那所大学还有名额可以注册。③卡尔·马克思是一个很好的例子，他一年级在波恩大学，二年级在柏林大学，三年级在耶拿大学，最后在耶拿大学获得博士学位。德国大学里没有什

① Ralf Dahrendorf, *Gesellschaft und Demokratie in Deutschland*, München: Deutscher Taschenbuch Verlag, 1968, S. 308.
② 《科技导报》1992年第8期（总第50期），第41页。
③ Thomas Ellwein, *Die deutsche Universität, vom Mittelalter bis zur Gegenwart*, S. 133.

么国家规定的教学大纲，更没有什么必修课与选修课，你感兴趣的是什么，就可以去学什么。[①] 知识与科学本来就是一个统一的整体，本身并无界限。教学方法上，大学生们既可以去听教授的讲授课（Vorlesung），也可以去参加教授主持的研讨班（Seminar）；既可以独立地从事研究，也可以与同学进行结伴式的自由讨论，更可以进入图书馆查阅任何资料，这里绝没有什么"教师阅览室"与"学生阅览室"之分。而且所有的大学都是"没有围墙的大学"，所有的大学图书馆都是"市民图书馆"。这种流动性与学习项目的选择自由，使得任何一名大学生都有机会、有可能与这个国家中最优秀的科学家对话、讨论问题。总之，使自己理性化、科学化、和谐化，这就是大学生的唯一义务！

爱因斯坦虽毕业于瑞士苏黎世大学，但这所大学完全是按"柏林大学模式"建立起来的。他晚年时曾这样回顾过当年与同学一起学习的情景："我们组织了一个科学与哲学的学习小组，自命为奥林匹亚科学院。在这里，大家兴致勃勃、劲头十足地读了许多物理学大师和哲学大师的著作。我们边学习，边讨论，有时，念一页或半页，甚至只念一句话，立即就会引起激烈的争论。遇到比较重要的问题，争论还会延长数日。这种学习对于大家是一种极大的享受。19世纪末20世纪初是一个追寻科学原理的英雄时代，大家热情地渴望扩充并加深自己的知识，以便能在这英雄时代里有所作为……"年迈的爱因斯坦在回忆中深有感触地说："这种自由行动和自我负责的教育，比起那种依赖训练，外界权威和追名逐利的教育来，是多么的优越啊！"[②]

---

① Gordon A. Craig, *Deutsche Geschichte*, *1866—1945*, S. 184.
② 《科技导报》1992年第8期（总第50期），第43页。

　　国家政府要求大学教授"远离社会实际政治与经济利益",从而使德国的学者阶层(即"受过教育的市民")发展成为一支与"占有财产的市民"相分离的特殊社会力量。这支力量的存在正是教育家洪堡精心设计的结果。洪堡认为:"教授与学者应处于政治与社会环境的彼岸,科学的自由,作为精神上的自由,正是这种彼岸的自由。这种自由的意义在于:它能为国家和社会保存一支校正力量,去校正那些在政治和社会上虽形成了优势但并不一定健康的东西。"[1]这表明国家是指望发挥学者们在科学研究中、在对人和社会和谐发展的关注中所蕴藏的那种对社会进步的推动力的。威廉三世之所以将菩提树大街首相府对门的太子宫让出来作为柏林大学的校舍,不仅是为了表达对大学与科学的重视与尊重,也是为了使学者们的校正方案能及时送到首相的案头。当然,这种校正力量能否作为现实力量存在,最终仍要取决于他们的方案能否符合政治领导者的利益。这恰恰说明了学者与国家官僚,这两个被黑格尔称之为"普遍阶层"的集团之间的分立与合作。由于这两个阶层"都不占有生产资料,又都具有将社会个别利益与进行平衡的国家行动彼此联系起来的功能",因而被黑格尔作了这样的定位:"一个是思想库,一个是贯彻者",[2]而它们之间的分立与合作对这个社会的现代化进程有着特别重要的意义。在德意志现代化发展进程中,大学教授为国家官僚机器提供了大量可供选择的改革方案,例如社会保险制计划,福利国家方案,社会市场经济理论等,无一不是他们为克服自由放任的资本主义弊端所作的努力。

---

[1]　Thomas Nipperdey, *Deutsche Geschichte*, 1800—1866, S. 59.

[2]　Hans-Ulrich Wehler: *Moderne deutsche Sozialgeschichte*, Köln: Kiepenheuer & Witsch Verlag, 1973, S. 55.

四、世界性的成就与贡献

　了解了"柏林大学模式"的特点后，德意志学者取得的惊人成就也就不难理解了。它充分说明了这样一个朴素的真理：科学技术是生产力，教育也是生产力，而且是更重要的生产力，因为它是生产生产力的生产力！因此，教育才是真正的"第一生产力"！教育与科学强有力的崛起，已成为改造生活与世界最为强大的决定性力量，而德意志人为此作出了特别巨大的贡献。

　　这里有一个统计数字：在生理学领域的根本发现中，1835 年以前，德意志人取得了 63 项，而世界其他民族总共只有 43 项；到 1864 年，德意志人又取得了 156 项，而世界其他民族总共只有 57 项；1864 至 1869 年，德意志人取得了 89 项，而世界其他民族总共只取得了 11 项。

　　在热力学、电学、电磁学、光学领域的重要发现中，1836 年前，德意志取得了 108 项，英国与法国取得了 206 项；但是到 1855 年，德意志人又取得了 231 项，英国与法国总共只取得了 201 项；1855 至 1870 年，德意志人取得了 136 项；英国与法国总共兴取得了 91 项。

　　在医学领域的重要发现中，1819 年以前，德意志人取得了 5 项，英国与法国总共取得了 22 项；而到 1869 年，德意志人取得了 33 项，已超过了英国与法国总和的 29 项。①

　　法国科学家阿尔方斯·帕舍尔（Alfons Passer）看到了德意志在现代基础科学领域里遥遥领先的事实，并指出了这种领先来源于国家权力的高度重视与大力扶持，他最后得出了这个重要结论："法国在普法

①　Thomas Nipperdey, *Deutsche Geschichte, 1800—1866*, S. 494.

战争中的失败是科学上竞争的失败!"德国教育史专家托马斯·埃尔温（Thomas Ellwein）这样评价德国大学教育体制:"自那时以来，19世纪的德国教育制度成为现代化的决定性因素，是这个世纪下半期德意志跳跃式的工业化发展最为重要的、也是后来经常被人仿效的前提。德国的大学用'科学'这个思维模式造就了它自己，并形成了它自己的基准点。"①

德国的大学为这个民族赢得了世界性的辉煌。从1810至1933年间，世界上还没有哪个民族像德意志那样，为人类造就出如此之多饮誉世界的思想家与科学家。这恰恰是这个一向被视为有浓厚封建传统的社会，在大学里贯彻"科学、理性、自由"原则的结果。哲学家伊玛努尔·康德、费希特、格奥尔格·威廉·弗里德里希·黑格尔、阿图尔·叔本华（Arthur Schopenhauer）、路德维布·A.费尔巴赫（Ludwig A. Fenerbach）、弗里德里希·尼采（Friedrich Nietzsche）、恩斯特·卡西尔（Ernst Cassirer）；历史学家利奥波德·冯·兰克（Leopold von Ranke）、特奥多尔·莫姆森（Theodor Mommsen）、奥斯瓦尔德·斯本格勒（Oswald Spengler）；文学家歌德、席勒、海涅、雅可布·格林（Jacob Grimm）、威廉·格林（Wilhelm Grimm）；经济学家马克思、亚当·海因里希·米勒（Adam Heinrich Müller）、弗里德里希·李斯特、威廉·罗舍尔（Wilhelm Roscher）、阿道夫·瓦格纳；社会学家韦伯、卡尔·曼海姆（Karl Mannheim）、马克斯·霍克海默（Max Horkheimer）、特奥多尔·阿多诺（Theodor Adorno）、埃里希·弗洛姆（Erich Fromm）、赫尔伯特·马尔库塞（Herbert Marcuse）；数学家卡尔·弗里德·里希·高斯（Karl Friedrich Gauss）、尤利乌斯·普吕克（Julius Plücker）、卡尔·古斯塔

① Thomas Ellwein, *Die deutsche Universität, vom Mittelalter bis zur Gegenwart*, S.115.

夫·雅可布·雅可比（Karl Gustav Jacob Jacobi）、彼得·古斯塔夫·莱
杰伊勒·狄利克雷（Peter Gustav Lejeune Dirichlet）、格奥尔格·弗里德
里希·本哈德·黎曼（Georg Friedrich Bernhard Riemann）、赫尔曼·阿
曼都斯·施瓦茨（Hermann Amandus Schwarz）、格奥尔格·斐迪南·路
德维希·菲利普·康托尔（Georg Ferdinand Ludwig Philipp Cantor）、克
里斯蒂安·费利克斯·克莱因（Christian Felix Klein）、赫尔曼·闵科
夫斯基（Hermann Minkowski）、大卫·希尔伯特（David Hilbert）、理查
德·库朗（Richard Courant）；物理学家格奥尔格·西蒙·欧姆
（Georg Simon Ohm）、韦伯、赫尔曼·路德维希·斐迪南·冯·赫姆
霍尔兹（Hermann Ludwig Ferdinand von Helmholtz）、鲁道夫·尤利乌
斯·埃玛努尔·克劳修斯（Rudolf Julius Emanuel Clausius）、古斯塔
夫·海因里希·维德曼（Gustav Heinrich Wiedemann）、卡尔·斐迪
南·布劳恩（Karl Ferdinand Braun）、威廉·康拉德·伦琴（Wilhelm
Konrad Röntgen）、威廉·维恩（Wilhelm Wien）、马克斯·卡尔·恩斯
特·路德维希·普朗克（Max Karl Ernst Ludwig Planck）、阿尔伯特·爱
因斯坦（Albert Einstein）、马克斯·特奥多尔·费利克斯·冯·劳尔
（Max Theodor Felix von Laue）、詹姆斯·弗兰克（James Franck）、马克
斯·玻恩（Max Born）、古斯塔夫·路德维希·赫兹（Gustav Ludwig
Hertz）、瓦尔特·威廉·格奥尔格·弗朗茨·博特（Walter Wilhelm
Georg Franz Bothe）、维尔讷·卡尔·海森堡（Werner Karl Heisen-
berg）；化学家尤斯图斯·冯·李比希（Justus von Liebig）、罗伯特·威
廉·本生（Robert Wilhelm Bunsen）、赫尔曼·克里斯蒂安·冯·费林
（Hermann Christian von Fehling）、阿道夫·威廉·赫尔曼·科尔贝
（Adolph Wilhelm Hermann Kolbe）、奥古斯特·威廉·冯·霍夫曼
（August Wilhelm von Hofmann）、恩斯特·费利·埃玛努尔·霍佩－赛
勒（Ernst Felix Emanuel Hoppe-Seyler）、尤利乌斯·洛塔尔·迈耶尔

（Julius Lothar Meyer）、阿道夫·冯·拜耳（Adolf von Baeyer）、奥托·瓦拉赫（Otto Wallach）、埃米尔·费歇尔（Emil Fischer）、威廉·奥斯特瓦尔德（Wilhelm Ostwald）、爱德华·毕希纳（Eduard Büchner）、瓦尔特·赫尔曼·能斯特（Walter Hermann Nernst）、理查德·阿道夫·席格蒙迪（Richard Adolf Zsigmondy）、弗里茨·哈伯（Fritz Haber）、卡尔·博施（Carl Bosch）、理查德·威尔斯塔特（Richard Willsätter）、奥托·保罗·赫尔曼·狄尔斯（Otto Paul Hermann Diels）、阿道夫·奥托·莱恩霍尔德·温道斯（Adolf Otto Reinhold Windaus）、奥托·哈恩（Otto Hahn）、汉斯·费歇尔（Hans Fischer）、赫尔曼·施陶丁格（Hermann Staudinger）、奥托·海因里希·瓦尔堡（Otto Heinrich Warburg）、奥托·迈尔霍夫（Otto Meyerhof）；生物学家洛伦兹·奥肯（Lorenz Oken）、约翰内斯·彼得·米勒（Johannes Peter Müller）、韦伯（W. E. Weber）、雷蒙、罗伯特·科赫（Robert Koch）、保罗·埃尔利希（Paul Ehrlich）；医学家弗里德里希·古斯塔夫·雅可布·亨勒（Friedrich Gustav Jacob Henle）、本哈德·鲁道夫·康拉德·朗根贝克（Bernhard Rudolph Konrad Langenbeck）、卡尔·奥古斯特·温德利希（Carl August Wunderlich）、马克斯·约瑟夫·冯·培顿科斐（Max Joseph von Pettenkofer）、克里斯蒂安·阿尔伯特·特奥多尔·比尔罗特（Christian Albert Theodor Billroth）、埃德漫·特奥多尔·阿尔布雷希特·克莱布斯（Edwin Theodor Albrecht Klebs）；天文学家约瑟夫·冯·弗劳恩霍费（Joseph von Fraunhofer）、弗里德里希·威廉·奥古斯特·阿格兰德尔（Friderich Wilhelm August Argelander）、卡尔·史瓦西（Karl Schwarzschild）以及地理学家亚历山大·冯·洪堡（Alexander von Humboldt）、阿尔弗雷德·赫特纳（Alfred Hettner）。所有这些伟大的名字都是与德国的大学联系在一起的！

　　到 19 世纪末，德国已成为世界科学、文化的中心。自 1901 年诺贝尔奖开始颁发以来，直到 1933 年，德国一直是全世界该奖得主最多的国家，其中仅自然科学奖项的得主就多达 32 人，是排在第二、第三位的英法两国自然科学奖项得主的总和。美国与苏联的尖端科技成就中极大的部分来自德国人的发明与发现。美国在二战临近结束之时，竟不惜打乱原定作战部署，调动五个师团去抢一位德国科学家，这反过来证明了德国科学家的真正价值。

　　德国的世界科学、文化中心地位在 1933 年后毁于纳粹专制之手。希特勒上台后迅速废弃了德国大学奉行了 123 年的"科学、理性、自由"原则，并将 2200 多名有犹太血统、有民主进步思想的科学家从大学校园中驱逐出去。遭受政治与种族迫害的德国知识界流亡者们，与来自西欧各国知识界的流亡者们一起，形成了一场人类历史上前所未有的、高文化素质的知识难民潮。这支由思想家、科学家、教授、学者、工程师们组成的知识难民潮，正是在纳粹炮火的逼迫下，才流向了大西洋彼岸的美国，并极大地补充了年轻的美国文化。总之，正是希特勒的"文化专制"与"闪电战"的速胜效应，才在最短的时间里，以最快的速度，完成了这场世界科学、文化中心最具历史意义的、也是史无前例的洲际大转移。通过这场转移，"柏林大学模式"中的精华，被以爱因斯坦为首的德国科学泰斗们全面传播到了美国。从某种意义上讲，这恰恰是德意志人对人类进步作出的一个伟大贡献！

（原载《人文论丛》2000 年卷）

哥廷根大学的历史考察

　　哥廷根大学是由德意志汉诺威王国国君、同时又当上了英国国王的乔治二世（Georg August）于 1737 年创建的，全称为"乔治—奥古斯特—哥廷根大学"。19 世纪中期以前，该校便涌现出一批饮誉世界的著名学者。自 19 世纪中期以来，它一直是德意志三大研究型大学之一，[①]20 世纪前期，曾创造过人类教育与科学发展史上"辉煌的哥廷根时代"，现今仍为世界八大名校之一。[②]

　　哥廷根大学原本是汉诺威王国大学，但 1866 年的普奥战争以普鲁士的胜利而告终后，根据同年 8 月 23 日普奥签署的《布拉格和约》，奥地利退出德意志世界，曾协助奥地利作战的汉诺威王国，则被强行并入"北德联盟"的领导国——普鲁士，成为这个德意志最大邦国中的一个行省，哥廷根大学也自然被划归普鲁士文化教育部

---

① 19 世纪中期至 1933 年，德德志三大研究型大学为柏林大学、慕尼黑大学与哥廷根大学。
② 根据整个 20 世纪 100 年间拥有诺贝尔奖得主的多寡，排列居前十位的世界一流大学为：英国剑桥大学、美国哈佛大学、美国哥伦比亚大学、德国柏林大学、德国慕尼黑大学、美国芝加哥大学、法国巴黎大学、德国哥廷根大学、英国牛津大学、美国加州大学伯克利分院，其中美国 4 所，德国 3 所，英国 2 所，法国 1 所。据统计，共有 18 位诺贝尔奖得主出自哥廷根大学，其中大多数得主的获奖成就都完成于 1900 年至 1933 年"辉煌的哥廷根时代"。

管辖。对于这场吞并，哥廷根大学的大多数教授都持反对意见，[①] 但
对这所大学后来的发展来说，具有决定性意义的是 1871 年普法战争
之后统一的德意志帝国（1871—1918）的建立。随着柏林从普鲁士
邦国首都一跃而成为整个德意志帝国首都，将柏林大学扩建成新帝
国教育与科学中心的计划开始启动，此举持续性地改变了普鲁士、
以至整个德意志帝国的大学体制及其结构，也使哥廷根大学传统的
优势地位发生了动摇。本文将围绕哥廷根大学人文社会科学与自然
科学教授集团的发展来展开研究，并就它最后能成为世界一流大学
的原因作出教育与科学发展史上的说明。

一、遭到国家当局冷落的哥廷根大学

在德意志的大学传统中，如果没有来自国家教育当局的直接干
预，大学教授岗位的设立只取决于一所大学能否开辟出新的学科专
业方向。确切地讲，任何一所德意志大学，在任何一个学科专业方
向上只能设置一名教授。[②] 至于大学教授岗位的占有，则取决于具体
的学者个人在科学研究上的独立性、独创性与成果。正因为如此，
教授集团的规模才有意义，才成为评价一所德意志大学威望和地位
的量化标准之一。

19 世纪初至 1866 年，在人文社会科学领域里，哥廷根大学显然
引导了教授岗位的设立进程。1815 年，这所大学在人文科学领域中
就拥有 11 名教授，在当时所有德意志大学中"独占鳌头"。1837 年

---

① Günther Meinhardt, *Die Universität Göttingen. Ihre Entwicklung und Geschichte von1734—1974*,
　　Göttingen：Musterschmidt Verlag，1977，S. 70.
② 本文涉及的所有教授，仅指正式教授，而不包括额外教授和编外讲师。

11 月 18 日，由于著名的"哥廷根七君子"，即语言学家格林两兄弟、历史学家达尔曼、格维努斯、东方学家埃瓦尔德、国家法专家阿尔布雷希特、物理学家韦伯等 7 位著名学者，为抗议国王废除宪法，愤然集体辞职，使哥廷根大学在这个领域中元气大伤。① 直到 19 世纪 50 年代，这种损失才得以弥补。60 年代，哥廷根大学一领德意志大学之先河，最早在艺术史、日耳曼学等新专业方向上设立了教授岗位。1866 年归并普鲁士前夕，哥廷根大学的人文科学教授已增加到 16 名，超过了柏林大学（14 名）、慕尼黑大学（14 名）和海德堡大学（11 名），是当时人文科学教授数量最多的德意志大学；若再加上神学（6 名）、法学（9 名）教授，其整个文科教授集团的规模达 31 名，同样超过柏林大学（30 名）而居第一位。自然科学领域中也不例外，哥廷根大学早在 1866 年以前就拥有最为基础的所有学科，如数学、天文学、物理学、化学、植物学、动物学、矿物学、地理学、医学等，有教授 32 名，比柏林大学（24 名）多 8 名，在当时所有德意志大学中拥有最雄厚的实力。②

然而，自德帝国建立以来，哥廷根大学的这种领先地位逐渐丧失。这所大学不仅从过去王国唯一大学的独尊地位上跌落下来，更重要的是，整个学科发展遭到了普鲁士文化教育部有意的抑制与冷落。这是有原因的，哥廷根这所带有英国文化痕迹而又具有传统优势地位的地方性大学，在这个新生的、高度中央集权的、强调德意志民族文化优越性的德意志帝国中，与位于首都的柏林大学处于竞争对手的位置上，当然难以受到国家当局的青睐。

1871 年以后，哥廷根大学的办学经费便被极大削减，教授岗位

① *Harenberg Kompaktlexikon*, *Band. I*, Dortmund：Harenberg Lexikon Verlag, 1996, S. 1084.
② Karl Strobel, *Die deutsche Universität im 20. Jahrhundert*, Greifswald：SH-Verlag, 1994, S. 32.

增设权也受到严格限制。例如，哥廷根大学曾于 1867 年紧随柏林大学之后，第二个在德意志大学中设立埃及学教授岗位，但这个岗位在 1877 年被普鲁士文化教育部强令取消，以后的 30 年间也没有补上。[1] 又如，哥廷根大学早在 1867 年就开设了外族语言文学专业，但德意志大学对其中英语语言文学与罗马语族语言文学的划分始于 19 世纪 70 年代，而在哥廷根，这种划分被一直拖到 1892 年才得以实行，就连规模最小的格莱福斯瓦尔德大学，也比哥廷根大学更早获得罗马语族语言文学方向上的教授（1881）。[2] 再如，哥廷根大学早在 1862 年就拥有音乐学专业上的额外教授，但是直到帝制崩溃两年后的 1920 年，才被批准设立正式的教授岗位，而其他著名大学早在 1914 年以前就如愿以偿了。[3] 总之，1871 年至 1886 年之间，在人文社会科学方面，哥廷根大学没有增加过一名教授；而在自然科学方面，哥廷根大学仅为植物学增加过两名教授（1878），这还是好不容易从普鲁士文化教育部争取来的。[4] 早在 1875 年 5 月，哥廷根大学校长冯·万斯特德（Von Warnstedt）就在一份给普鲁士文化教育部长阿达贝尔特·法尔克（Adalbert Falk）的报告中报怨哥廷根大学受到了歧视。但这位部长对此立即加以反驳："哥廷根并没有受到任何不公平的待遇。当然，自 1872 年以来，哥廷根是只得到比其他高校更少的经费补贴，这是事实，但这仅仅是一种过渡现象，只是为了

[1] Wolfgang Helck, *Ägyptologie an deutschen Universitäten*, Wiesbaden: Steiner Verlag, 1969, S. 6.

[2] Armin Paul Frank, *Die Entwicklung der Neueren Fremdsprachenphilologien in Göttingen*, Göttingen: Vandenhoeck & Ruprecht Verlag, 1987, S. 35.

[3] Karl Arndt / Martin Staehelin, *Die Kunstwissenschaften an der Georgia-Augusta-Universität Göttingen. historisch gesehen*, Göttingen: Vandenhoeck & Ruprecht Verlag, 1987, S. 50.

[4] Günther Meinhardt, *Die Universität Göttingen. Ihre Entwicklung und Geschichte von 1734 – 1974*, S. 71.

让那些更古老的普鲁士大学能追上哥廷根。"①

相比之下，普鲁士文化教育部绝不允许其他大学在学科发展的速度上超过柏林大学，而柏林大学的轰动性发展也从不缺乏来自国家当局的强烈推动力。柏林大学创建于1810年，19世纪60年代以前不过是德意志五大名校之一，但在70至80年代的教授岗位设立浪潮中，增加了8名人文科学教授和10名自然科学教授，整个教授集团的规模也由1866年的54名上升到72名。②这自然使它在全国大学中的排名不断前移，1881年后就已经牢牢占据了第一位。而哥廷根大学教授集团的规模不仅没有得到什么扩展，反而逐渐下降到一所普鲁士中等规模高校的"正常水平"。到1886年初，它（66名教授）不仅与柏林大学（72名）保持了一种肯定的距离，而且被哈勒大学（51名）、波恩大学（54名）、布雷斯劳大学（61名）逐渐追了上来。③

直到1886年下半年，哥廷根大学才终于为它的文科领域赢得了帝国建立后的第一个教授岗位增设权。这是德国、也是世界图书馆学中的第一个教授岗位，就连柏林大学也是迟至1920年才拥有图书馆学教授的。④这个岗位的设立表明，在抑制和冷落了长达20年后，普鲁士国家文化教育部才开始对哥廷根大学的文科发展采取迎合态度。

但是自然科学学科上受抑制的局面仍无改观。1887年，哥廷根

① Götz von Selle, *Die Georg-August-Universität zu Göttingen 1737—1937*, Göttingen: Vandenhoeck & Ruprecht Verlag, 1937, S. 317.
② Adolph Wagner, *Die Entwicklung der Universität Berlin*, Berlin: Wilhelm Ernst & Sohn Verlag, 1896, S. 20.
③ Thomas Ellwein, *Die deutsche Universität, vom Mittelalter bis zur Gegenwart*, Königstein: Athenäum Verlag, 1985, S. 167.
④ Werner Dube und Ruth Unger, *Geschichte des Instituts für Bibliothekswissenschaft*, Berlin: Herbert Witting Verlag, 1960, S. 81.

大学校庆 150 周年之际，新任校长、著名语言文学家乌尔里希·冯·维拉莫维茨－莫伦多夫（Ulrich von Wilamowitz-Moellendorff）教授在校庆庆典上见到普鲁士文化教育部次长、高教司司长弗里德里希·阿尔特霍夫（Friedrich Althoff），曾就哥廷根大学的学科发展问题与这位政府要员进行过交谈。这位校长在事隔多年后回忆道："在那些日子里，我们一直徒劳地盼望能从政府那里得到一份有价值的礼物，期待能新建哥廷根。阿尔特霍夫先生也说：'我们没有忘记哥廷根，国家将要新建一批医学研究所，其中包括哥廷根。'而事实上，这场广泛的新建直到 80 年代末才开始，轮到我们哥廷根大学时，已是 90 年代了。"①

到 1914 年，平均每所德意志大学有 45 名文科教授和 28 名自然科学教授，而哥廷根大学在新增设了罗马语族语言文学（1892）、比较语言学（1895）、埃及学（1908）等学科后，才使它整个文教授队伍的规模扩大到 36 名，而此时的柏林大学已突破了 48 名。在哲学、历史、语言等这些最为基础的人文科学领域里，哥廷根大学因拥有 21 名教授而名列全国第三，排在它前面的是柏林大学（29 名）、慕尼黑大学（24 名）。也就是说，哥廷根大学的整个文科教授集团近半个世纪才增加了 5 名成员，而它人文科学教授的人数整整一个世纪才翻了一番。② 所幸的是，从 19 世纪末到 20 世纪初，哥廷根大学的自然科学学科却奇迹般地获得了巨大发展，1914 年，它自然科学教授集团的规模达到了 48 名，超过了柏林大学的 44 名，成为当时自然科学教授数量最多、质量最高的德意志大学。③

---

① Ulrich von Wilamowitz-Mellendorff, *Erinnerungen 1848—1914*, Leipzig：Breitkopf & Härtel Verlag, 1928, S. 209.

② Karl Strobel, *Die deutsche Universität im 20. Jahrhundert*, S. 32.

③ *Ibid.*, S. 30.

二、获得巨大发展的自然科学学科

　　哥廷根大学的自然科学学科之所以能获得巨大发展，主要不是因为普鲁士文化教育当局的意志，而要首先归功于世界著名数学家费利克斯·克莱因（Felix Klein）的倡议。正是因为克莱因，才巩固并扩大了哥廷根大学在自然科学上的荣誉。作为数学大师卡尔·弗里德里希·高斯（Karl Fredrich Gauss）、黎曼的接班人、哥廷根大学数学—自然科学专业集团杰出的领导者，克莱因对于19世纪末20世纪初的科学发展与第二次工业革命之间的关系有着特别清醒的认识。这种认识有着独特的时代背景。

　　1873年，新建立起来的德意志帝国便遭遇到一场经济上的长期萧条。德意志经济直到19世纪90年代初也仍然没有出现复苏的迹象，与此同时，德国产品在世界市场上却日益受到来自美国高科技产品的强烈排挤。因此，在德意志企业家与工程师们看来，这场萧条唯有通过一场技术上的全面更新才可能摆脱。1890年12月，经济界与学界人士为此召开专门会议，在这次会议上，德意志企业家联合会与工程师联合会对德意志的大学与经济、技术领域之间的疏远状态表达了强烈不满。它们在一份给普鲁士文化教育部的呈文中指出："目前，高校对于职业领域、对于德意志工业的效率所能产生的作用实在太少。但无论在和平或是战争时期，德国占居世界领先地位的绝大部分东西都将以这种效率为基础，这种世界领先地位的维持是要靠工业来提供物质手段，靠技术来提供武器和工具的。因此，教育改革的任务，从相当大的程度上讲，在于通过对新语言和自然科学教育手段的培植，来为民族提供高效率的职业圈子。"① 工

---

① Ludwig von Friedeburg, *Bildungsreform in Deutschland*, *Geschichte und gesellschaftlicher Widerspruch*, Frankfurt am Main：Suhrkamp Verlag, 1989, S.192.

业界对新技术、新人才的渴望，给参加这次会议的克莱因留下了极为深刻的印象。

带着这种印象，克莱因出席了 1893 年在美国芝加哥举办的世界博览会。在这次博览会上，克莱因发现，"眼前正在发生的这场工业新革命，实际上标志着人类的技术革命已开始由过去的'工匠革命'阶段进入到'科学家革命'的新时代"[1]。它的引发力量已不再来自生产技术本身，而来自似乎同生产毫无关系的科学研究成果。任何重大新技术的出现，已不再来源于单纯经验性的创造发明，而来源于长远的科学实验和理论的基本研究。[2] 过去科学的主体部分与技术的疏远状态，随着电磁波理论的发展、电力时代的到来已被打破。因此，克莱因认为："科学对生产技术的指导意义不仅无可怀疑，而且责任重大，它必将开辟出一个新的工业体系。"[3] 摆在克莱因面前的问题是，在生产技术的发展日益依赖于科学研究的局势下，如何将科学研究的成果转化为技术性的生产力，以及解决由技术本身所提出的科学问题。对此，他的回答是："这需要科学家们跳出过去的理论框架去开辟一种交叉性的、与应用相关的新科学领域"，并因断言："发展应用科学必将成为大学自然科学学科发展上的一个新方向！"[4]

在芝加哥博览会期间，克莱因顺便考察了几所美国大学，并对这些大学的自然科学学科与工业技术运用相结合的尝试大加赞扬。相比之下，他认为，"德国大学的自然科学却仍然只是在'哲学统一

① Karl-Heinz Manegold, *Universität, Technische Hochschule und Industrie, Ein Beitrag zur Emanzipation der Technik im 19. Jahrhundert unter besonderer Berücksichtigung der Bestrebungen Felix Kleins*, Berlin: Duncker & Humblot Verlag, 1978, S.46.
② 李佩珊、许良英主编：《20 世纪科学技术简史》，科学出版社 1999 年第二版，第 748 页。
③ Karl-Heinz Manegold, *Universität, Technische Hochschule und Industrie, Ein Beitrag zur Emanzipation der Technik im 19. Jahrhundert unter besonderer Berücksichtigung der Bestrebungen Felix Kleins*, S.47.
④ *Ibid.*, S.49.

王国'中承担着解释世界的任务"①，而"科学的任务显然不仅在于解释世界，更在于认知并改造世界"。因此，他立志要消除当时在德国以及整个欧洲的大学中都严格保持的"纯科学与各种实际运用之间的界线"。②

归国后，克莱因特别提倡"突破柏林大学模式中不合理的限制"，"向美国大学模式学习"，"走一条理论与实践相结合的道路"。③他竭尽全力地证明："数学应该与实际运用活动紧密地联系起来。"④在他长年的积极努力之下，哥廷根大学的整个自然科学终于脱离了哲学领域，并先后独立成立了数学、天文、物理、化学、技术和机械学院。与此同时，本着"数学必须与其他科学、与社会有着积极而互惠关系"的强烈信念，⑤克莱因为哥廷根大学建立起一种与产业部门之间富有成果的联系。1898 年，哥廷根大学与工业界之间的成功谈判，导致了"哥廷根应用数学与应用物理学促进协会"的建立。该协会的成员完全由哥廷根大学教授与工业家组成，但实际上是一个资助大学科学研究工作的企业家组织，它开创了后

---

① 根据普鲁士著名教育理论家弗里德里希·达尼尔·恩斯特·施莱尔马赫尔的观点，"真正的大学只应包含在哲学学科之中，至于其他学科，如法学、医学与神学，都只是为国家和教会提供实际需要的专门学科"。1810 年创建的柏林大学，就是以这种理论为基础来形成它的学院建制的。但由于德意志各邦国大学的学科分类并不一样，因此，在 1871 年德帝国建立后，普鲁士文化教育部便着手进行了一场全国性的学科分类调整，即所有的大学都必须以"柏林大学模式"为基准，形成由哲学院、法学院、医学院、神学院四大学院组成的德意志规范化大学学院建制，根据这种建制，除医学外，自然科学的所有学科与人文科学的所有学科一起，全部并入哲学领域。这场调整由于遭到哥廷根大学教授们有意识的抵制，直到 1883 年才算最后完成。参见 Karl Strobel, *Die deutsche Universität im 20. Jahrhundert*, S. 33。

② Karl-Heinz Manegold, *Universität, Technische Hochschule und Industrie, Ein Beitrag zur Emanzipation der Technik im 19. Jahrhundert unter besonderer Berücksichtigung der Bestrebungen Felix Kleins*, S. 50.

③ *Ibid.*, S. 51.

④ 罗伯特·容克:《比一千个太阳还亮》，原子能出版社 1980 年版，第 8 页。

⑤ 康斯坦丝·瑞德:《库朗，一位数学家的双城记》，东方出版中心 2002 年 7 月版，第 157 页。

来各类科学基金会的先河。仅在随后的 10 年中，工业界就为这个协会投入了 20 万马克。①

由于克莱因的卓越领导，哥廷根大学不断开辟出新的交叉学科生长点，仅在 1896 年至 1907 年这 11 年间，该校就诞生了德国和世界上最早的物理化学和电化学（1896）、地球物理学和应用数学（1904）、应用机械学和应用电子学（1907）等新兴应用学科，并在这 6 个学科中设立了教授岗位。在那些自然科学最为基础的学科中，哥廷根大学也通过新专业方向的开辟增设了 5 个教授岗位，因而拥有 4 名数学教授、8 名物理学和化学教授，比当时其他任何一所德意志大学都要多。② 而在医学领域中，通过 19 世纪 90 年代医学研究所的建立，哥廷根大学也增加了 3 名教授。

总之，19 世纪末 20 世纪初，哥廷根大学在其人文社会科学地位下降的同时，通过对数学、物理学、化学三大自然科学基础学科的广泛扩建，通过对大量新兴应用学科的开辟，占据了大学专业化进程中的领导地位，并在整个自然科学领域中引导了德意志大学教授岗位的设立进程，从而也成为当时唯一的一所发生了科学重心从人文社会科学向自然科学转移的大学。

三、哥廷根大学的独特魅力与学术氛围

在人才自由流动的机制下，教授流动越少，说明这所大学的威

① Bernhard vom Brocke, *Wissenschaftsgeschichte und Wissenschaftspolitik im Industriezeitalter*, Hildesheim：Lax Verlag, 1991, S. 87.

② Karl-Heinz Manegold, *Universität, Technische Hochschule und Industrie, Ein Beitrag zur Emanzipation der Technik im 19. Jahrhundert unter besonderer Berücksichtigung der Bestrebungen Felix Kleins*, S. 85.

望和地位越高，这成为衡量一所大学威望和地位的量化标准之一。据统计，1866 年至 1914 年间，受聘于哥廷根大学的学者中，只有 28% 的文科教授和 34% 的自然科学教授最后离开了哥廷根，这在当时的德意志大学中是最低的。[①]这说明哥廷根大学在教授们心目中有着独特的魅力与威望，而这一点，也不难从当年教授们的回忆中找到证明。

著名历史学家、教育史专家鲁道夫·斯门德（Rudolf Smend）教授曾作过这样的描述："哥廷根大学的教授从不轻易接受一所外地大学的聘书，即使是来自柏林大学的聘书也不例外。在柏林的人，若不作根本性的比较，可能还感受不到哥廷根大学的特殊地位。在归并后的十多年里，就连柏林大学也不能赢得哥廷根大学的教授。"[②]而事实上，直到 19 世纪 90 年代初，也仍然存在哥廷根大学教授拒聘柏林大学的现象。

哥廷根大学无疑是世界上最美的大学之一，著名科学史专家罗伯特·容克（Robert Jungk）曾作过这样的描述："哥廷根是一座宁静而又安逸的小城，城中耸立着高高的哥特式雅克布吉尔赫尖塔。在威廉·韦伯街上布满了一座座教授们的住宅，墙上爬满了紫藤和铁线莲，看去好像什比茨维尔的风景画；那烟雾腾腾的大学生酒馆，那古典式的带有白色圆柱的明亮的大礼堂，都给人一种古色古香和闲雅的印象。"[③]当然，仅靠宜人的景色和秀丽的风光，不足以使教授、学者们如此想往和留恋哥廷根，最为关键的还是这里特有的学术氛围。

① Karl Strobel, *Die deutsche Universität im 20. Jahrhundert*, S. 39.
② Rudolf Semend, *Die Berliner Friedrich-Wilhelms-Universität*, Göttingen: Vandenhoeck & Ruprecht Verlag, 1961, S. 19.
③ 罗伯特·容克：《比一千个太阳还亮》，第 6 页。

在德帝国时代，哥廷根可算是一座普鲁士官僚主义气息最少的城市。不同于那所位于帝国首都菩提树大街宰相府对门的柏林大学，在这座小小的大学城里，在这个自由研究的世外桃源中，最受人尊重的不是那些王公贵族、世家子弟、高级官员和耀武扬威的军官，而是这些大学教授与科学家，即使是"对待那些退职的教授，也像对待亲王一样，他们受到人们的普遍尊敬"。罗伯特·容克继续写道："每当这些受尊敬的先生们在城里的马路上（有的马路就以他们的名字命名）漫步时，到处都受到人们的欢迎。有时就在马路上回答人们提出的问题，提问题的人有的是坐在敞开着的窗子旁边准备讲稿的年轻的学者，有的是不久前应邀从某大学来到这里的年轻教师。看来，没有什么外界原因能阻碍科学家勇往直前地发展学术和积累知识。"①

著名地理学家、原柯尼斯堡大学教授赫尔曼·瓦格纳（Hermann Wagner），其父生前也是一名哥廷根大学教授，作为一个从小在这座大学城中长大的人，对这里严肃的学术氛围作过极高的评价。1880年夏天，他同时接到两份聘书，一份是去哥廷根大学的，另一份是去莱比锡大学的，他毫不犹豫地选择了哥廷根。说到作出这种选择的原因时，他这样讲道："在我很小的时候，我就熟悉了这里的气氛并认识这里的许多教授，我知道，在这座小城里，在这种宁静之中，人们能够充分利用它藏书丰富、极为舒适的图书馆而投身于科学工作，这在当时就像一座高山一般在吸引着我，我当然不想去尝那些大城市拥挤喧嚣的味道。"②

---

① 罗伯特·容克：《比一千个太阳还亮》，第 7 页。
② Hermann Wagner, *Göttinger Professoren*, Göttingen：Vandenhoeck & Ruprecht Verlag, 1924, S. 18.

著名数学家赫尔曼·闵可夫斯基（Herman Minkowski）[1] 1901 年曾作为苏黎世大学教授到哥廷根大学作学术访问，在此期间，他被这里浓烈的学术气氛所深深打动，便将能成为哥廷根大学教授视为自己一生的理想。第二年，他终于如愿以偿。他这样讲道："任何一个到过哥廷根的人，都会对这儿激动人心的气氛留下深刻的印象……一个人哪怕只是在哥廷根作一次短暂的停留，呼吸一下那儿的空气，都会产生强烈的工作欲望。"[2]

哥廷根大学的确是一所典型的"工作型大学"。诺贝尔化学奖得主奥托·瓦拉赫（Otto Wallach）教授曾这样告诫新来者："在哥廷根，人们是最不容易从工作中抽身出来的。"[3] 著名英国语言文学专家阿洛伊斯·勃兰德尔（Alois Brandl）教授则这样赞美哥廷根大学的学术氛围："在哥廷根，我所有的同事们都被一种科学上的竞争热情所鼓舞，这种精神在我面前从未消失过。哥廷根大学很可能是世界上最有雄心的大学，谁要想在这个社会中有地位，谁就必须写出世界上最优秀的著作，作出世界上最出色的成就！"[4]

著名法学家鲁道夫·冯·依尔林（Rudolf von Ihering）教授从另一个侧面谈到了这里严肃的科研研究工作氛围。抱着献身于自己所热爱的科学工作，他从维也纳来到了哥廷根。15 年过去之后，他有些

[1] 赫尔曼·闵可夫斯基（1864—1909），世界著名数学家，几何学大师、数学物理学科方向的开创人，1896—1902 年任苏黎世大学教授，1902—1909 年任哥廷根大学教授，也是阿尔伯特·爱因斯坦当年的数学老师。爱因斯坦的相对论就是运用他的数学公式进行论证的，因此，相对原理所表述的物理现象，其背后数学结构的发现应归功于闵可夫斯基，它是现代电磁理论的支柱。

[2] 康斯坦丝·瑞德：《希尔伯特——数学王国的亚历山大》，上海科学技术出版社 2001 年 8 月版，第 93、127 页。

[3] Otto Wallach, *Gättinger Professoren, Lebensbilder von eigener Hand*, Göttingen：Vandenhoeck & Ruprecht Verlag, 1924, S. 41.

[4] Alois Brandl, *Zwischen Inn und Themse. Lebensbeobachtungen eines Anglisten*, Berlin：Alt-Tirol Verlag, 1936, S. 224.

怀疑自己当年的这个决定:"我发现这里的科学家们都处于一种近乎于'自杀式的工作气氛'之中。我对我自己说:'如果你当初去柏林、莱比锡、海德堡,那就不存在这种科学生活的严肃性了,当然,你也就得放弃你的科学义务、工作上的方便和舒适的自然环境。'但是我已经这样做了,这对当时的我来说并非如此沉重。可是我不知道,真的不知道,如果将来有一天,我又一次得到去海德堡大学的邀请,我又会怎么做呢?尽管我想献身于义务和科学。"①

不仅是这些当年受聘于哥廷根大学的教授,就连那些当年来访的外国教授也对哥廷根大学的学术氛围赞不绝口。例如,美国著名数学家桑德斯·麦克莱恩(Saunders MacLane)教授这样评价他曾访问过的哥廷根大学:"世界上没有其他任何地方可能同它相比。它是一个真正的智能活动中心,那里进行着十分激动人心的工作。不论什么都让人感到那是真正的本质,是事物的中心。……我曾在芝加哥念研究生,它比芝加哥强得多,我曾在耶鲁当大学生,它比耶鲁强万倍!"在谈到美国的哈佛、伯克利等大学后来也有活跃的学术气氛时,他特别强调:"但是哥廷根是头一个!"②

到1914年,哥廷根大学一直保持着它最低的教授流动率,并拥有规模上仅次于柏林大学(92名)的第二大的教授集团(84名),③特别是拥有全国规模最大、实力最强的自然科学教授集团,自然科学本科生的招生规模也仅次于柏林大学而居全国第二,但由于它人文社会科学本科生的招生规模只居全国第五,因此,从学校的整体威望上讲,它仍然只是排在柏林大学、慕尼黑大学之后居第三位的

---

① Rudolf von Ihering, *In Briefen an seine Freunde*, Leipzig: Breitkopf & Härtel Verlag, 1913, S. 314.

② 康斯坦丝·瑞德:《库朗,一位数学家的双城记》,东方出版中心2002年版,第162页。

③ Hermann Wagner, *Göttinger Professoren*, S. 137.

德意志大学，排在它后面的是莱比锡大学、哈勒大学、波恩大学、海德堡大学与斯特拉斯堡大学。①

四、人文社会科学的著名大学

　　人们过去一直都在探讨 19 世纪末 20 世纪初德意志大学取得世界性辉煌成就的原因，也总是在"研究与教学的统一联系"中寻找富有成果的德意志大学体制的核心内容。1960 年，美国教育学家、社会学家约瑟夫·本－戴维（Joseph Ben-David）通过对欧美各国大学体制的比较研究得出了新的结论，他认为："德意志大学之间的竞争局势是它们取得世界性成就的决定性因素。"②

　　19 世纪 70 年代，在德意志大学里，发生了一场教授聘任实践上的变化。归并普鲁士以前，那些非普鲁士大学的教授们，通常是在同一所大学里"终其一生"的，而现在，根据"柏林大学模式"确立的"成就评价原则"与"人才流动原则"来贯彻的聘任实践，导致了学者们之间流动性的日益增强，并最后发展到这种状况："任何大学的毕业生不能直接留校任教；任何教师的升等，必须换一所大学才能进行。"③这种防止"近亲繁殖"的现代化措施以及与成就直接挂钩的招聘原则，带来了大学之间的一种公开竞争局势。各高校威望与名声上的区别现在得到了清楚的体现，而每所大学的地位与功能又是根据它在所有大学中的排序来决定的。

① Karl Strobel, *Die deutsche Universität im 20. Jahrhundert*, S. 31.
② Joseph Ben-David, *Scientific Productivity and Academic Organization in Nineteenth Century Medicine*, in American Sociological Review, 25（1960）, S. 828.
③ Peter Baumgart, *Bildungspolitik in Preußen zur Zeit des Kaiserreichs*, Stuttgart：Klett-Cotta Verlag, 1980, S. 62.

　　对教授们来说，普鲁士与非普鲁士大学之间，尽管有类似的聘任机会，但仍然存在着区别。信仰新教的普鲁士作为占有德意志版图 2／3 的大邦国，其大学数量也占所有德意志大学的半数以上。它们不同于慕尼黑大学、莱比锡大学、海德堡大学这类非普鲁士大学或天主教大学，在文科教授的聘用上，形成了一种普鲁士大学自身的关系体制。这种体制以一种教授的"给予"与"接受"为基础的，因而也就在具体的高校之间形成了特别关系，并通过 19 世纪 70 年代以来教授聘任实践上的变化，最终形成于 80 年代。

　　在这种文科教授的交流体制中，不同的大学可以划分为"入门型大学"、"一般上升型大学"、"著名上升型大学"、"终点型大学"四大类。每所大学根据前面提到的标准，都能划入这四类之一。因而对于教授的聘任来讲，出现了所谓"传递人大学"（Zubringeruniversität），这种大学总是超经常性地向特定的大学供应教授人选。①

　　在最低层面上的是"入门型大学"，如格莱福斯瓦尔德大学和基尔大学。格莱福斯瓦尔德大学往往难以从外校聘到文科教授，而基尔大学作为进入普鲁士大学的"入口"，几乎压倒优势地从非普鲁士大学中招聘文科教授。这两所大学又是普鲁士"上升型大学"的"文科人才传递人"，它们彼此之间形成了一种分工。基尔大学解聘的文科教授主要想去布雷斯劳大学、哈勒大学，有的也想去柯尼斯堡大学。格莱福斯瓦尔德大学的文科教授首先想去的是马尔堡大学和波恩大学，当然也像基尔大学的学者一样，想去布雷斯劳大学。这两所大学中，唯有最为自信者，方敢想象去哥廷根大学，而这方面的成功者可谓极少。

　　构成第二层面的是那些"一般上升型大学"，如柯尼斯堡大学、

---

① Karl Strobel, *Die deutsche Universität im 20. Jahrhundert*, S. 41.

布雷斯劳大学和马尔堡大学。柯尼斯堡大学显然维持了向波恩大学输送文科人才的"传递人功能";布雷斯劳大学则是哈勒大学、波恩大学以及柏林大学的"文科人才传递人";而离开马尔堡大学的人文社会科学家,压倒优势地想去哥廷根大学,特别是它的历史学家,尤以能去作为"历史学研究中心"的哥廷根大学作为一种荣耀。

构成第三层面的是以哥廷根大学、哈勒大学为代表的这类"著名上升型大学"。这两所大学几乎排他性地成为柏林大学的"文科人才传递人",尤其是哥廷根大学,它的文科教授,除与柏林大学外,只与作为帝国大学的斯特拉斯堡大学有较密切的人才交流关系。1880年至1914年间,哥廷根大学的文科教授,凡想去柏林大学的,个个都能如愿以偿,而他们空出的教授岗位,很快就被来自哈勒大学、基尔大学和马尔堡大学的学者所占据。

柏林大学当然是人文社会科学领域中最为重要的"终点型大学"。到19世纪末,人们是从"世界大学"的角色中来看待柏林大学的人文社会科学的。[1]对于一位德意志人文社会科学家来说,凡能从柏林大学获得一项教职上的聘任,总被视为他大专院校生涯的顶峰。因此,"当著名法学家艾希霍恩教授竟然主动离开柏林大学前往哥廷根大学时,其影响就仿佛是柏林大学出现了一场全面危机"[2]。90年代后期,哥廷根大学与柏林大学之间展开过一场"文科人才争夺战",但哥廷根大学落败了。1910年,人文社会科学领域中的全国八大名校威望排名表上是这样排列的:柏林大学、慕尼黑大学、莱比锡大学、波恩大学、海德堡大学、哥廷根大学、哈勒大学和斯特拉斯堡大学。在全国大学整体威望排名中列第三位的哥廷根大学,

[1] Max Lenz, *Geschichte der Königlichen Friedrich-Wilhelms-Universität zu Berlin*, Bd.2, Halle: Weisenhaus Verlag, 1918, S.371.

[2] Rudolf Semend, *Die Berliner Friedrich-Wilhelms-Universität*, S.565.

在人文社会科学领域中只居第六位，① 只维持了"著名上升型大学"的地位。

五、自然科学上的世界一流大学

在自然科学领域里，所有德意志大学之间，并没有形成类似于人文社会科学领域中的那种相对格式化、等级化的人才交流与交换体制，其原因是多方面的。

首先，在德意志，人文社会科学家与自然科学家之间存在着这样一种区别：人文社会科学家往往有教派信仰上的种种束缚；而自然科学家在教派信仰上只有很少的，或是根本没有什么束缚。因此，在新教大学与天主教大学之间，自然科学家要比人文社会科学家在人才交换与交流方面自由得多，而这一点是有利于自然科学家们突破以新教为主的普鲁士大学之间的人才交流体制，自由迁入任何一所德意志大学的。

其次，这两者之间还有一种区别：人文社会科学家在任何一所大学里都能独当一面，而自然科学家则不尽然。这一方面是因为，人文社会科学家的研究工作是充分个性化的，而在自然科学家中，除数学家外，其他科学家的研究工作往往是相互协作的；另一方面则是因为，在当时任何一所德意志大学里，人文社会科学的专业分布都是相对简单的，而自然科学领域的专业分布在不同的大学里，却是有的简单，有的复杂。一般来说，水平越低的大学，其专业分布越简单；水平越高的大学，其专业分布越复杂。因此，一位文科

---

① Karl Strobel, *Die deutsche Universität im 20. Jahrhundert*, S. 43.

教授，若向更高水平的大学升迁，总能得到更为优越的全面待遇。但是对一位自然科家学来说，情况可能恰恰相反，若是他去一所专业分布相对简单、水平更低的大学，他几乎总能成为独立的、不受限制的研究机构的领导人；而当他去一所专业分布相对复杂、科研水平更高的大学时，他就必须与他人分享影响与权力，与此同时，他与本校同行科学家之间成就上的竞争也就更加激烈。这意味着，唯有那些真正立志于献身科学的最为优秀、最有潜力的自然科学人才，才敢于向那种专业分布更复杂、科研水平更高的大学流动。

　　基于以上原因，在所有德意志大学之间仍然存在着自然科学人才充分自由流动和自由竞争的前提条件。正是在这种条件下，哥廷根大学的自然科学摆脱了等级、格式上的种种限制，并利用它交叉广泛、分布复杂的新兴学科优势，招聘到全德国、甚至是全世界最为优秀的自然科学人才，[①]创立了著名的"哥廷根学派"，形成了与柏林大学充分竞争的局面。进入 20 世纪以后，哥廷根大学在自然科学上成为当之无愧的"世界一流大学"，并在 1900 至 1933 年间创造了人类自然科学发展史上"辉煌的哥廷根时代"！

　　首先，在数学领域里，哥廷根大学拥有费利克斯·克莱因（Felix Klein）、大卫·希尔伯特（David Hilbert）、赫尔曼·闵可夫斯基（Herman Minkowski）、卡尔·龙格（Carl Runge）等最为杰出的人物，后又有爱德蒙·兰道（Edmund Landau）、理查德·库朗（Richard Courant）等后起之秀。[②]他们当中的任何一位，都是堪称"世界

---

① 例如，著名数学家希尔伯特来自柯尼斯堡大学，著名化学家能斯特、著名物理学家弗兰克均来自柏林大学，著名化学家席格蒙迪来自耶拿蔡斯工厂，著名数学家闵可夫斯基来自瑞士苏黎世大学、著名化学家德拜则来自荷兰乌德勒支大学。

② 克莱因于 1886 年、希尔伯特于 1895 年、闵可夫斯基于 1902 年、龙格于 1904 年受聘为哥廷根大学教授，而兰道是在闵可夫斯基去世后的 1909 年、库朗是在克莱因退休后的 1920 年受聘为哥廷根大学教授的。

一流的数学大师"。[①] 由于他们的存在，哥廷根大学成为"数学的麦加"，名副其实的"世界数学中心"，以至于在当时全世界数学专业的学生中，最响亮的口号就是："打起你的背包，到哥廷根去！"[②]

其次，到 20 年代，受聘于哥廷根大学物理学与化学这两大基础学科中的所有教授（共 8 名），个个都是当时或后来的诺贝尔奖得主！他们是著名物理学家约翰内斯·斯塔克（Johannes Stark，1919年获奖）、詹姆斯·弗兰克（1925 年获奖）、马克斯·玻恩（Max Born，1954 年获奖）；著名化学家奥托·瓦拉赫（Otto Wallach，1910年获奖）、瓦尔特·能斯特（Walter Nernst，1920 年获奖）、理查德·席格蒙迪（Richard Zsigmondy，1925 年获奖）、阿道夫·奥托·莱因霍尔德·温道斯（Adolf Otto Reinhold Windaus，1928 年获奖）、彼得·德拜（Peter Debye，1936 年获奖），[③] 从而形成了当时物理学与化学领域里"世界上所有大学中的最强阵容"！[④] 而这两大领域的哥廷根学子中，又有物理学博士马克斯·冯·劳厄（Max von laue，1914 年获奖）、维尔讷·卡尔·海森堡（Werner Karl Heisenberg，1932 年获奖）、沃尔夫冈·泡利（Wolfgang Pauli，1945 年获奖），以及化学博士伊尔维因·朗缪尔（Irving Langmuir，1932 年获奖）等人先后获诺贝尔物理学奖或化学奖。

此外，在希尔伯特、弗兰克、德拜、玻恩等人的领导下，哥廷根大学的科学家们早在 1914 年第一次世界大战爆发前夕，就已经开始了

---

① Karl Strobel, *Die deutsche Universität im 20. Jahrhundert*, S. 37.

② 康斯坦丝·瑞德：《希尔伯特——数学王国的亚历山大》，上海科学技术出版社 2001 年版，第 148 页。

③ 这 8 人中有 6 人都是在 1918 年帝制崩溃前就来到了哥廷根大学。其中，瓦拉赫于 1889年、斯塔克于 1900 年、能斯特与席格蒙迪于 1908 年、德拜于 1914 年、温道斯于 1915年、弗兰克于 1920 年、玻恩于 1921 受聘为哥廷根大学教授。

④ Friedrich Hund, *Die Geschichte der Göttinger Physik*, Göttingen：Vandenhoeck & Ruprecht Verlag, 1987, S. 36.

原子核物理方面的研究，从而使哥廷根成为最早的"世界原子核物理中心"。1938 年，人类历史上第一次成功的核裂变就完成于哥廷根大学的实验室，这场试验引发了世界各国研制原子弹的竞赛热潮，哥廷根大学教授奥托·汉恩（Otto Hahn）也因此在二战结束后被追授了1944 年诺贝尔化学奖。至于后来成为美国"原子弹之父"的"令人惊讶的奥本海默"，以及"坚毅果断的维纳、爱沉思的布洛德、谦虚谨慎的瑞奇麦尔、精神饱满的鲍林"、希尔士费尔德、豪特曼斯、阿特金逊、迪拉克等这些"曼哈顿工程"中最为杰出的科学家，都是当年哥廷根大学勤奋好学的年轻学子。[1] 而当年哥廷根大学应用力学研究所年轻的编外讲师西奥多·冯·卡门（Theodor von Karman）博士，后来也成为"美国导弹之父"以及航空和空间研究的领导人。[2]

最后，在哥廷根大学的数学、天文、物理、化学、技术和机械学院脱离哲学领域独立成立之后，在这些学院的周围，出现了一大批制造科学测量设备和光学精密仪器的私人工业企业。从此，这座古老的小城变成了世界最新技术的摇篮。[3] 科学与产业的紧密结合，成为进一步推动哥廷根大学自然科学发展的杠杆，也使这一时期的哥廷根大学在自然科学方面成为柏林大学、乃至全世界大学仿效的样板。

六、总结

自 1866 年汉诺威归并普鲁士后，哥廷根大学的学科发展受到了

---

[1] 罗伯特·容克：《比一千个太阳还亮》，第 13—18 页。
[2] 西奥多·冯·卡门，哥廷根大学博士、应用力学研究所编外讲师，1930 年去美国，后成为美国火箭技术的开创人，也是"中国导弹之父"钱学森留学美国时的导师。
[3] 罗伯特·容克：《比一千个太阳还亮》，第 8 页。

普鲁士文化教育部长达 20 年的冷落和抑制。这种长期歧视显然和哥廷根大学与柏林大学之间的竞争性有因果关联。这两所大学当时的重点都在人文社会科学上，而人文社会科学，作为直接关系到国家意识形态与政治统治的科学，其发展重心当然不可能放在一所出身明显带有英国文化痕迹而又具有传统优势地位的地方性大学身上。特别是 1871 年德意志帝国的建立，更是成为立即抑制哥廷根大学发展的直接原因。在柏林上升为帝国首都后，将柏林大学扩建成整个德意志民族的教育与科学中心，成为帝国统治者十分自然的选择。而哥廷根大学则相反，被普鲁士文化教育当局有意装备成一所中等规模的大学。

但是，哥廷根大学的自然科学却走上了一条完全不同的发展道路，它上升为"世界一流大学"的辉煌成就，丝毫不亚于柏林大学。究其原因，可总结出以下几点：

其一，著名数学家克莱因 1893 年的美国芝加哥之行以及他归国后的倡议，起到了关键性的作用。自 1871 年以来，德意志所有的大学都在经历一场"柏林大学模式"的改造过程，这种模式的一个重要特点在于：强调"哲学学科对其他学科的统治地位"，由此也勾画出"纯科学与各种实际运用之间的界线"。这种"科学统一观"的理解必然与科学化、并因此也与具体学科方向上的长远发展发生矛盾。到 19 世纪 90 年代，人类的自然科学活动已在发生由理论研究向实验研究的重大转变，并脱离了哲学上的固定化，自然科学在转入实验—实证主义的具体方向中，已经找到了与实践紧密联系的连通口。因此，此时的哲学学科，实际上变成了一种最不纯一、最具专横性的"脑积水"，而多元性的、环节上与实践相关的科学，已经开始统治仍被强行捆扎在哲学领域里的专门学科，哲学与其他学科的有效分界线已是再清楚不过的了，这就将"科学统一观"的要求变成了一幅漫画。显然，唯有突破过去严格遵循的"纯科学与各种实际运用之间的界线"，才能为自然科学的进一步发展找到出路，这就是克莱因 1893 年在美国芝加哥博览会上感悟到的现实。而他提出的"理论与实践相结合"原则，突破了单一化的"柏林大学模式"，使哥廷根大学成为"柏林大学模式"与"美国大学模式"结合得最早、最好的大学。而它在自然科学上取得的伟大成就，更是反过来证明了"理论与实践相结合"道路的正确性。

其二，哥廷根大学能成为自然科学上的"世界一流大学"，也是由于它本身有着数学研究上的雄厚根基以及自然科学方面的长期积累，否则它成功的几率就要小得多。数学，作为科学的神经与科学时代的前锋，将人类思维的发展高度地精确化与数字化，任何人类科学实践活动的最后归纳，都会遇到大量的数学问题，而新科学观点的提出，也往往需要得到数学上的证明，需要数学上的公式来表达。正如 20 世纪最伟大的数学家、哥廷根大学教授希尔伯特所言："数学是调节理论和实践、思想和经验之间差异的工具。它建立起了一座连通双方的桥梁并在不断地加固它。事实上，全部现代文明中有关理性认识和征服自然的部分都有赖于数学！"[1] 而在这方面，哥廷根大学恰恰是得天独厚的。将数学的方法引入物理学，便带来了物理学的革命；将物理学的方法引入化学，便带来了化学的革命，这就是以数学为先导的"哥廷根学派"的成功之路！正如 1932 年诺贝尔物理学奖得主海森堡后来回忆道的："凡是 20 年代在哥廷根学习过的人，对于这种影响都有充分的体会……这种特有的数学环境，对于这些领域中的每一项理论发展来说，哥廷根始终是比其他任何

---

[1] 康斯坦丝·瑞德：《希尔伯特——数学王国的亚历山大》，第 278 页。

地方更合适的场所。"① 可以这样说，没有哥廷根大学的"世界数学中心"，就没有它"世界物理学与化学领域中的最强阵容"，也就更没有它的"世界原子核物理中心"。从这个意义上讲，克莱因"数学应该与实际运用活动紧密地联系起来"原则的提出，的确带来了自然科学上的一场伟大革命，这场革命发端于拥有世界上数学研究根基最为雄厚的哥廷根大学，这一点绝非偶然！

其三，19 世纪末 20 世纪初，在摆脱了长期的经济萧条后，整个世界迎来了一个经济发展的高峰期。在激烈的国际竞争中，德意志帝国一直寻求巩固它在第二次工业革命中的领导性部门——电气技术、化学工业、人造石油、机械工业——的世界领先地位，因此，最早产生于哥廷根大学的物理化学和电化学、地球物理学和应用数学、应用机械学和应用电子学等新兴应用学科领域，成为德意志帝国工业化发展的基础性科学资源。这不仅使得哥廷根大学的自然科学能通过承担或解决工业化提出的任务或问题得以向前推进，从而开辟了基础研究与应用研究上的新前景，而且它所培养的应用科学人才也极大地满足了德意志帝国生产技术与工业经济发展上的迫切需求。所有这些都使得国家当局变得乐于向哥廷根大学的自然科学进行大规模投资了。② 因此，哥廷根大学能成为"世界一流大学"，也是由于它适应了这个"科学与工业化时代"的真正需要。

其四，自 1871 年以来，普鲁士文化教育部是将整个大学教育与科研发展的重点放在人文社会科学上的，又是将其发展的重心放在位于首都的柏林大学上的，因此，它最关心的是柏林大学能否获得文科方面最优秀的人才。19 世纪 80 年代形成的那种相对格式化、等

---

① 康斯坦丝·瑞德：《希尔伯特——数学王国的亚历山大》，第 262 页。
② Karl Strobel, *Die deutsche Universität im 20. Jahrhundert*, S. 45.

级化的文科教授流动体制，也是为这一目标服务的。这种体制使其他大学都难以真正获得最优秀的文科人才，因而形成了柏林大学对文科最优秀人才的垄断局面。而在自然科学领域中，由于没有形成这种人才交流格式化的等级体制，因而在所有德意志大学之间，仍然存在着人才充分自由流动和自由竞争的局面，这就使得哥廷根大学能聘用到最优秀的自然科学人才，从而形成与柏林大学充分竞争的局面。哥廷根大学上升为"世界一流大学"的历程，证明了人才充分自由流动与自由竞争对大学发展的至关重要性。

其五，严肃的学术氛围与优良的学风是哥廷根大学自身发展的根本保证。在哥廷根这座远离闹市、宁静安逸的大学城内，对官僚主义气息的排斥，对教授、科学家们的尊重，对科学事业宗教般的虔诚信念，心无旁骛的自由思考，科学研究上的竞争热情，"自杀式的工作气氛"，以及"创造世界上最优秀成就"的奋斗目标，所有这些，都是那些立志于献身科学的人们所醉心向往的。因此，哥廷根大学能广揽天下科学英才，共铸辉煌，从而创造出一个在人类教育与科学发展史上闪烁光芒的"哥廷根时代"。

（原载《世界历史》2004 年第 3 期）

"美国主义"与文化批评
—— 魏玛德国文化批评运动浅析

　　魏玛共和国（1918—1933）是在一战战败所引起的革命中走上它动荡不安、充满斗争的生涯的。威廉帝国传统君主专制统治的崩溃，既破坏了德意志现代化独立发展的条件，又带来了现代化不加抑制的粗暴发展。这是一个民主、自由的时代，一个极易接受外来影响、并不断走向解体的时代。它既有生活的颤音、令人心醉的神迷和文化上的繁荣，又有它独具特色的德意志思考上的沉重。因此，正是在这个群众文化和大众消费的起步时代里，消费的吸引力与愤慨的批评撞击在一起。一种对"美国主义"的控诉，反映出这种新的、现代化生活世界的经历本身就是矛盾、不安、令人愤慨的，同时也说明德意志传统文化已经受到了现代主义的强烈挑战。

　　在这场魏玛文化繁荣的浪潮中，德国著名教育学家京特·德恩（Günter Dehn）忧心忡忡地写道："如果人们问青年人生活的意义是什么，那么他们只会回答：更多地享受生活。'挣钱'和'娱乐'已成为他们生活存在的两个支点。这些青年人都有这样的打算，用结实、强健的骨骼站在这个可能会长期存在下去的地球上，寻求从这个世界中，为自己捞取所有能够捞取到的东西。这个民族从思想上讲已经有意识地、也自然是肤浅地、真正地'美国化'了。当人们与他们发生接触时，就会想到：不是什么民主主义，也不是什么社会主义，更不是什么社会民主主义，而是'美国主义'成为所有事物的最后目标。"①

　　从这个意义上讲，"美国主义"的观念已涉及对生活环境理性化的一种评价，而这种理性化是要以抛弃传统为代价的。因此，理性化的欣快感与对工业文明的批评，构成了德意志社会对现代化生活进行紧张争论的两极。那么，"美国主义"是如何表现为意识形态和日常生活经历的呢？同时代人的文化批评是用什么样的意识形态形式来表达的呢？这些表达有着什么样的发展背景呢？"新保守主义革命"以及后来纳粹运动的崛起与之又有着什么样的联系呢？这些就是本文想要回答的问题。

一、"美国主义"与"反美国主义"

　　自从德国在第一次世界大战中失败以来，尤其是自从 1924 年作为美国经济上的"小伙伴"取得稳定化以来，"美国主义"的神话虚构已发展成为一种无保留的、不受束缚的现代化的象征和代号了。美国那种"闪闪发光的海外胜利者"形象，那种"充满无限可能性国度"的比喻，那种具有世界规模的经济和金融力量，那种在大批量生产和大众消费中的世界领先地位，已经与种种神奇的观点联系在一起。在这些观点中，赞扬的是不受阻碍的理性，无传统负担的日新月异，五彩缤纷的群众文化，崭新的传媒世界和约定俗成的生活风格。美国的爵士音乐似乎在宣告与人们所熟悉的欧洲古典音乐传统的决裂，美国观赏性的拳击运动在大庭广众面前公开展示着竞

① Günter Dehn, *Proletarische Jugend*, Berlin: Furche Verlag, 1929, S.39.

争的残忍，好莱坞影片在全世界宣传着具有模式化的生活风格和审美观，而《亨利·福特自传》的德文译本在许诺着一条通过"合理化"来阻止阶级斗争的出路。仿佛美国意味着无忧无虑的进步，意味着资本主义工业化社会共同的、也是无负担的未来。

赞扬美国的德国社会评论家鲁道夫·凯泽尔（Rudolf Kayser）1925 年这样概括："美国主义是一种新的欧洲方式，是一种具体的、有潜力的方式，它是完全建立在精神和物质的现实性基础上的。"甚至连美国歌舞剧中舞女们排列成行、动作齐整、机械精确的大腿舞，也被他颂扬为"美国式现代化生活享受和精神气质的表达"。①

但是，与这种对"美国主义"的赞扬相反，绝大多数德意志人文学者都持相反观点。文化评论家阿尔弗雷德·波尔加（Alfred Polgar）针锋相对地指出："这些舞女的表演与做作中，不仅有着一种色情的魅力，而且还有着一种军国主义的魅力。这种唯有久经训练才可能学会的排列，和着节奏的跳动，是一种对看不见的、但又不可摆脱的命令的服从，一种'漂亮的驯服'，一种通过对个性征服的成功才带来的结果。"②另一位文化评论家赫尔伯特·伊尔林（Herbert Ihering），通过对德国数百万热情的好莱坞电影观众的分析，得出以下结论："大众在屈服于美国口味。这是一场老世界向新世界的屈服，一场传统中形成的个性向根据理性原则塑造的'大众人'的屈服。事实上，美国电影是一种新的世界军国主义，它在向前推进，它比普鲁士的军国主义更加危险，它吞下的不仅是单独的个体，还有整个民族的个性。"③

---

① Erhard Schütze, *Romane der Weimarer Republik*, *Modellanalysen der Deutschen Literatur*, München: Wilhelm Fink Verlag, 1986, S. 72.

② Detlev. J. K. Peukert, *Die Weimarer Republik*, *Krisenjahre der Klassischen Moderne*, Frankfurt am Main: Suhrkamp Verlag, 1987, S. 180.

③ *Ibid.*, S. 181.

当"美国主义"的画面中不仅能找到积极的预兆，而且也能找到消极的预兆时，对"美国主义"所持的完全对立的种种观点中，体现出来的也就不仅仅只是反动对抗进步、传统反对现代化的问题了。在这里，首先有着人们在这种不受限制的工业化社会中对人性未来的担忧。因此，当人们要去评价魏玛时代这场德意志文化批评运动时，有必要从这两个方面去考察它的原因与背景。

谁寻求个性自由和人的尊严，谁就不想以自身文化上的传统为代价，去换取一种"美国式的"彻头彻尾的理性化未来。今天看来，这种对人性的担忧，本身也有着对现代化负面效应的"后现代主义"批评方向。精英人物对人格真实性的追求，技术工人对"合理化运动"和现代工厂纪律的抵制，受市民资产者剥夺的农民带着田园牧歌式的乌托邦理想的反抗，乡村居民的反都市化运动，所有这些，并非仅仅只在表达一种残余的怀旧心理，它们同时也反映出不同阶层、社会位置上的人们为克服现代化压抑和异化后果所作的努力。

对人性未来的担忧，仅从工业都市化"社会问题"的争论上就能体现出来。在20世纪20年代，德意志人口的70%已成为城市居民，总人口的近一半都已生活在大城市里。因此，这个时期的生活感受是由都市化发起的挑战决定的。都市化、大都会化是靠摆脱乡间邻里关系和传统道德联系来发展的，它中介着大城市的匿名性、都市化的多重功能、群众文化和大众消费。但与此同时，对大城市的种种批评本身也在增长，它们控诉着城市在征服乡村土地的过程中，对传统道德与生活条件的破坏，对人类生存稳定性和可靠性的破坏；控诉着城市中个体的无根性和孤独化，丧失个性化和异化，社会冷漠以及大量的生活公式化；控诉着城市把"人性"从大自然的束缚中解放出来后，又将它关进一个由工厂、贫民窟、混凝土丛林，以及理性化的国家官僚主义迷宫所构成的"铁笼"之中。尤其当人们将种种现代化的负面效应与魏玛德国具有特点的时代背景联系起来的时候，其严重性自然更加显眼。

尽管战败后的德国得交付沉重的战争赔款，并不断遭受经济危机的打击，尽管它贫穷、惊恐、前程黯淡，然而它的首都"大柏林市"，这个已拥有430万人口，规模仅次于纽约、伦敦的世界第三大都市，却成为"欧洲最大的娱乐城"。欧洲中世纪以来从未有过的跳舞狂潮蔓延开来，人们踏着新时代精神的节拍思考着性行为上的实践。裸体舞、脱衣剧和淫书淫画吸引着成千上万的好奇者，内容低级的"性文学"读物充斥市场，《自由相爱》、《丈夫暂时出家门的妻子》、《没有男人的女人》等五花八门的消遣性杂志获得了巨大成功，什么《闺阁过夜》、什么《姑娘交易》、什么《女人与皮鞭》、什么《性生活指南》，转眼间便一售而空。电影、文学、流行音乐公开宣传的是风流韵事、罗曼蒂克式的恋情、婚姻关系的破裂，而"试婚"的讨论还在热烈地进行。性浪潮此起彼伏，妓女成了文学、电影中的主角。与此同时，毒品生意兴隆，性病泛滥成灾，青年刑事犯罪率大幅度上升，整个社会浸透着物质主义、功利主义和玩世不恭的气氛，所有这些都完全脱离了德意志传统文化的轨道。正是这种伤风败俗、腐朽没落的现象，使"大柏林市"在整个20世纪20年代取代巴黎成为"欧洲文化中心"的同时，也一直"荣获"了"最腐败城市"的称号。① 当人们回顾战前的威廉德国——那个世界上最为强大、治理得最好、也最为道德的"正派国家"——的时候，当人们将这种种传统崩溃、道德没落的现象与战败后在德国风行无羁

---

① 米尚志编译：《动荡中的繁荣——魏玛时期德国文化》，浙江人民出版社1988年版，第245页。

的"美国主义"联系在一起的时候，一切"有教养的人"无不捶胸顿足，痛心疾首！

随着生活脉搏的跳动频率越来越高，打有"美国式风格"烙印的群众文化和大众消费生活也越来越广泛。德意志人战前那种稳健、内向的性格已完全消失。报纸上的大标题中，"高速度"之类的口号时有所见，新技术的引进已与"性急的、马不停蹄的20年代"联系在一起，与时代的快节奏联系在一起，它给这个社会带来的所有不熟悉感、不稳定感和无安全感都与"美国主义"的喧嚣联系在一起。由于美国不仅是一个战争胜利国，同时也是一个缺乏历史传统和文化象征的国家，因而在一贯崇尚自身民族文化传统的德意志学者心中，"美国主义"引起的陌生感与恐惧感也就特别强烈。对这种"美国式风格"会导致技术专制、最后导致全面毁灭的担忧，无疑能激起德国敏感的文化知识界强烈的批评。

"美国主义"体现出来的功利主义理性化，首先受到了自由主义——新教主义知识分子们的批评。这些进步的知识分子本身就受到了现代主义面貌的吸引，而且从表达形式上讲也属于先锋派阵营。著名剧作家、诗人贝托尔特·布莱希特（Bert Brecht）在他那首《700位知识分子对一个油箱的崇拜》的讽刺诗中，控诉了在技术实用性要求冲击下人的本性、个性、文化和感情的丧失："把我们塑造成集体的，这就从我们中毁灭了自我！在你的面前，什么感情都没有了。我们听到的是，将我们从精神的罪恶中拯救出来，以电子化的名义，以理性和统计的名义！"[1]

自从19世纪末20世纪初以来，这种对现代化的批评一直就是德意志思想发展史中的一个基本潮流。从本质上讲，它仍然以现代主

---

① Detlev. J. K. Peukert, *Die Weimarer Republik*, *Krisenjahre der Klassischen Moderne*, S. 185.

义为基础，也是批评式地接受现代化矛盾的现实和成问题的未来的。它力图将现代主义与传统联系起来，防止现代化的过速发展，自然也希望能够缓慢地削弱自身与宗教传统的联系。它的代表人物马克斯·韦伯早就看到了西方国家理性化快速发展进程中的阴暗面，他这样写道："对于那些'最后的人们'来说，这种文化发展使这句话变成了真理：'没有灵魂的专家，没有心灵的享受者。'这种虚无主义的想象已登上了一个史无前例的人类本质阶段，它使'老的众神'失去了魅力。这个'失去魅力的世界'正在成为西方国家理性化的主要结果，因此，必须号召人们去进行一场现代意识形态的战争。"①

这种对现代化展开的进步主义文化批评，并不是由于落后性和对传统的特别依恋，而是由于一种有意识的对现代化发展倾向的理解才导致的。可以这样说，恰恰因为自从 19 世纪末以来，现代化逐步摆脱了威廉时代的传统装饰物，才使得这种进步主义文化批评在德国成为可能。但与此同时，人们不可忽视这一点：种种对现代化的批评，既是针对现代性，又往往是使用了传统主义对现代化批评的暗喻的，这就使得人们很少去、也很难去将这种来自进步立场的现代主义、甚至是具有"后现代主义"倾向特点的文化批评，与那种来自保守的、反现代主义的文化批评区别开来。

例如，在"反美国主义"、"反物质主义"、"反功利主义"的斗争中，来自保守的反现代主义阵营的文学家戈特弗里德·本（Gottfried Benn），发出了几乎与进步的现代主义批评家们同样的声音："自 1918 年以来，几乎整个德意志文学艺术界都是用速度、爵士音乐、电影院、海外、技术活动等口号来工作的，在其中强调的不外

---

① Max Weber, *Aufsätze zur Wissenschaftslehre*, Tübingen：Francke Verlag, 1982, S.605.

乎是对所有灵魂问题的拒绝。我坚决反对这种美国主义，我认为，那种纯粹的功利主义思想，是与欧洲国家的人民以及他们的历史不相适合的。"①

二、现代化进程与学者阶层危机

对这场粗暴的现代化经历作出的种种苦涩、严肃的诊断，本身也反映出德意志学者阶层，特别是它的人文学者，对现代化进程的一种不适应性、无安全感与失望。要更深入地了解其中的原委，人们有必要回顾德意志学者阶层的发展史。

德国著名社会学家特奥多尔·盖格尔指出："德意志学者阶层，这个'受过教育的市民阶层'（Bildungsbürgertum），自从它作为一个真实的阶层存在以来，就具有他们自己的道德与风格，一种属于他们自己的生活估价和生活引导，一个他们自己的世界了。他们绝大多数都比'占有财产的市民'（Besitzbürgertum）要穷得多，但他们是以这个阶层精神和社会上的等级地位而自豪的，就仿佛他们是能够被看作与那些有钱人一样属于同一类的。'Bildungsbürgertum'与'Besitzbürgertum'这两个类似的德文组合名词的产生，本身就说明了这一点。"②德意志学者阶层的这种精神和社会上的等级地位，是通过他们的代表人物在唯心主义哲学与古典主义文学上的成就，通过教育在社会上的重大意义，通过在国家管理、大学、教会中那些有威望的职业，通过作为整个市民阶级（Bürgertum）先锋派和政治代

① Erhard Schütze, *Romane der Weimarer Republik*, *Modellanalysen der Deutschen Literatur*, S. 73.
② Theodor Geiger, *Die soziale Schichtung des deutschen Volkes*, Stuttgart: Ferdinand Enke Verlag, 1932, S. 100.

言人的角色来获得的。早在 1848 年的"法兰克福国民议会"中，他们就有过 2/3 的代表。

随着 1848 年革命以及 1862 年"宪法冲突"中的失败，这个学者阶层，尤其是它的人文学者的败落实际上已经开始，从根本上讲，这也是德国工业化和内政发展的结果。

工业化导致了阶级结构的大变动，同时也带来了这个学者阶层与"占有财产的市民"之间的一场分裂。"占有财产的市民"一部分分离出来，并作为工业界的大资产者构成了一个新的上层，部分手工业和工商业中的中间等级成员沉沦到产业工人这个新阶级中去了。整个学者阶层在政治上发挥影响的可能性也大大减少，这是因为，在帝国时代，老容克阶级的权力还在继续伸张，但市民资产阶级的自由主义意识形态，连同学者们在其中定调子的绅士政党，已趋瓦解，而社会民主党作为新型的群众政党，已替代了过去自由主义政党的角色。这种政治局面自然是这个学者阶层，尤其是它的人文学者们所不能适应的。

从事基础理论研究的学者们，尤其是那些将自己与人文主义、古典主义教育理想联系在一起的人文学者们，必须忍受他们在社会功能和威望上受到的损害。随着不断进步的高工业化，对技术型的自然科学家、工程师、技术员和管理专家的社会需求变得越来越大，技术—自然科学上的职业、连同经济学、法学、社会科学和管理科学上的职业，由于它们所具有的社会功能，都不断赢得了更高威望，而基础理论科学与人文科学则相反，正在越来越多地忍受着"时代贬值之苦"。[①] 与此同时，另一种靠工资为生，同样也坐在椅

---

① Bracher, Karl Dietrich, / Manfred Funke / Hans-Adolf（Hrsg.）, *Nationalsozialistische Diktatur*, *1933—1945*, Düsseldorf: Droste Verlag, 1983, S. 259.

子上从事书写的脑力劳动者队伍——职员阶层，作为"新中间等级"已经形成，并早就在吸引那些大学毕业生了。这个学者阶层已看到了自己明显地处于一种极不稳定的社会局势之中。

早在19世纪80年代后期，学者阶层对现代化快速发展的不适应性，就已经开始通过观点不同的各种思潮表达出来，一种可以笼统地概括为"文化悲观主义"的情绪，夹带着无言的愤慨随之发展起来。在威廉时代和世界大战期间，这种"文化悲观主义"和愤慨，尽管也曾通过民族沙文主义的喧嚣得到过短暂的抵消，但在战争失败的经历中，在"凡尔赛综合征"引起的民族屈辱的情绪中，在通货膨胀导致的社会生存基础的崩溃中翻了倍。

这场通货膨胀于1923年11月曾在人类货币史上达到过1美元兑换4.2万亿马克空前绝后的高峰！[①] 它扫荡了德意志学者及其家庭多年的积蓄，威胁到整个阶层的社会存在，剥夺了这个阶层在帝国时代还能享受到的养老金、相对的安全感、独立性和闲情逸致，并将这个阶层赶入到对一个职位的谋求、对出售他们作品的事关生存的依赖之中。德国著名文学评论家埃尔哈德·许茨（Erhard Schütze）痛心疾首地写道："战前那种'狂放不羁的文化艺人'已被紧密依赖市场的记者们所取代。在从事自由职业的医生、作家、记者、演员中，干第二职业成为规律，人们不停地追求着每一种赚钱的可能性。大学教授的闲情逸致，作为每一种精神活动和思想形象的培养基，再也不存在了。那种能得到老龄生活保障的感觉，一种类似于对付精神病人镇静剂之类的东西，已经消失。这是一种被贫穷追赶的局势！为生计所迫的情绪压抑着学者们的创造性，那种纯粹为精

---

① Gorden A. Craig, *Deutsche Geschichte*, *1866—1945*, München：C. H. Beck Verlag, 1989, S. 393.

神服务的思想丧失了。"① 著名表现主义诗人格奥尔格·凯塞尔(Georg Kaiser) 为穷困所迫走上盗窃之路,并被判处一年徒刑,这一"事件"成为魏玛时代整个学者阶层经济贫困化令人痛心的里程碑!

总之,第一次世界大战带来的政治、社会和经济后果加速了这个学者阶层的最终没落。作为一个教育的等级,教授们不再拥有以前的团结一致了,因为在应付社会变化方面,技术——自然科学、经济学、法学、社会科学与管理科学,总显得比基础科学和人文科学有更大的实用性和灵活性。作为一个职业阶层,它整个队伍都在发生萎缩,因为所有专业,连同实用性专业的大学毕业生,都在谋求职业上发生了困难。"因此,学者阶层,尤其是它的人文学者们,已成为人们用半同情、半厌恶的目光来看待的一种人物形象了。"②

尽管有这种社会地位上的降格和孤苦,但学者们仍然坚持自己是这个民族"思想精英"的意识,并比任何人都更为坚决地拒绝对早已发生的社会变化采取适应态度。这种"学者的清高"——没有这种清高,他就不是学者!——阻止着他们与工业界的联系,例如在"有钱人"那里谋求一个"商务顾问"的头衔。工业大资产阶层的财产尽管动摇了学者们的优越意识,但也恰恰因此使这种"学者的清高"硬化成一种顽固的拒绝态度,这种态度自然要作为"反资本主义"的东西表达出来。另一方面,产业工人阶层政治分量的加强,社会民主党与自由工会已成为这个议会制共和国中重要的参政力量,从而也使学者阶层在一种受威胁感中激起了"反社会民主主义"的情绪。由于工业大资产者阶层与产业工人阶层都是工业化的产物,也由于这两个现代阶层政治分量的提高是以学者阶层地位和

---

① Erhard Schütze, *Romane der Weimarer Republik*, *Modellanalysen der Deutschen Literatur*, S. 159.

② Theodor Geiger, *Die soziale Schichtung des deutschen Volkes*, S. 100.

威望的下降为代价的，因而进一步增强了他们对工业化社会普遍的不适应性、无安全感与失望。

知识界倾向不同的派别，对这场粗暴的现代化进程反应是不一样的。左翼知识分子，即知识界中的现代主义者们，他们的文化反映受着一种冲动的驱使，这种冲动就是试图恢复启蒙运动的一个期望：使已被现代化变成历史客体的众生，重新回归其历史主体的地位，甚至可以归结为马克思的那句名言："克服异化"。这条路线先是由马克斯·韦伯、继而是由托马斯·曼等人为代表的。

但是，这条路线又极易被另一条文化批评路线所掩盖，因为这种不适应性本身更易养育起一种反现代主义的愤慨。尤为重要的是，这种愤慨能因每一场危机而变得更加激烈，因而在魏玛共和国时代那种自由而激烈的知识界气氛中，恰恰强化了一种来自知识界右翼"新保守主义"近乎歇斯底里的发展。这种"新保守主义"带着鲜明的反现代主义色彩，成为反资本主义、反社会民主主义的一种最为具体的文化表达形式，在这方面打头阵的也自然是人文学者中的右翼保守集团。这个集团的反现代主义矛头首先针对工业化和它的后果，在"金色的二十年代"，也同样以"反美国主义"、"反物质主义"、"反功利主义"的文化批评形式表达出来。它不仅淹没了知识界左翼现代主义文化批评的进步光芒，而且也利用知识界左翼提供的大量证明，壮大了"新保守主义"文化批评运动的声威。

三、"文化悲观主义"与"新保守主义革命"

现实困境所造成的压力，以及整个学者阶层困境的一致性，使得人们从文化观点上越来越难以区分这两种立场不同的批评运动了。从政治上讲，这种压力与一致性，为无论是左翼进步知识分子的文化批评运动，还是右翼保守知识分子的文化批评运动，都赢得了一种不与共和国相认同的特点。

自从 1928 年魏玛经济开始再度滑入危机轨道以来，这个时代的左翼知识分子，也仅仅只是因为他们既抛弃了旧帝国，又对共和国悲观失望，而且也不再相信这个社会还能出现什么奇迹和希望，才在政治上被定义为文化知识界"左翼"的。无论是文化中的表现主义者，还是新客观主义者，都自称是一批"对这个社会不再抱有任何希望和幻想的人"。他们的作品几乎都染上了强烈的"文化悲观主义"色彩。左翼文学家埃里希·克斯特勒（Erich Küstner）这样写道："我们正在死亡，因为我们所有方面的精神都已经停止，我们想改变，但我们并不想改变我们自己。血液已被毒化……我们打算在地球表面的每一个角落都覆盖一层膏药，但是，你能用这种方法治愈那已被毒化了的血液吗？你不能。病人终有一天要崩溃，带着从头到脚的膏药一起崩溃！"[1] 正是由于他们普遍认为这个社会已无可挽救，他们中绝大部分人都与共和国的民主运动、共产主义运动保持着距离。但是，这种悲观主义情绪下的任何作品，恰恰能为纳粹运动所利用。

"新保守主义"的右翼学者则是一批不仅抛弃了旧帝国和共和国，而且将未来的理想投影到过了时的"前现代化"社会形式中去的人。具有特点的是，他们都呼吁用"革命手段"来实现这种"社会理想"，因为他们都认为，社会变化的极端性，只有用更极端的彻底解决方案才能对付得了。他们与左翼最大的区别就在于，他们往往怀有一场"革命的梦想"，并不停地宣传："这场革命将粉碎所有

① Gorden A. Craig, *Deutsche Geschichte*, *1866-1945*, S. 423.

的制度，改变所有的价值观，产生一个具有无与伦比之力量和思想统一的新帝国！"①

事实上，这场"新保守主义革命"仅仅停留在"沙龙"、"俱乐部"的坐而论道和著书立说上。这些言论与作品，尽管运用了极高的伦理腔调，却迅速滑入了反理性主义的轨道。他们信奉的那条传统主义路线，例如，对《凡尔赛条约》的拒绝，对民主共和国的仇恨，《沥青文学》的喧嚣，对"新帝国共同体"的幻想，鲜明的反资本主义，"德意志的世界使命意识"，"专制独裁的社会改造"，从思想纲领上讲都对准了"前现代化"样板。从现实政治的意义上讲，这些人大多极为轻视"不学无术、没有教养、野蛮的"纳粹主义者和希特勒，从不参加纳粹党及其运动，甚至在希特勒上台之后，也大多成为纳粹主义极权独裁统治迫害的对象。但从意识形态上讲，他们保守的反现代主义思想又与纳粹主义激进的反现代主义文化政治发展有着某种联系。由于他们的学术声望和社会地位，尤其是他们的作品对青年一代的影响，使得他们实际上为纳粹夺权做了大量工作。

这个保守阵营中最有影响的人物是唯心主义哲学家阿尔图尔·摩尔勒·范·登·布鲁克（Arthur Moeller van den Bruck）、历史学家奥斯瓦尔德·斯本格勒（Oswald Spengler），还有那位由保守向激进作急转弯的青年文学家恩斯特·荣格尔（Ernst Jünger）。这些"文化悲观论者"都坚决反对以美国为代表的"没有灵魂的、丑恶的纯商业资本主义"，都相信"这个由民主、自由虚弱无力的哲学统治的社会正在败落，并最终要灭亡"，并号召"造就一个英雄的民族，把德国从这种迫在眉睫的局势中拯救出来"！布鲁克这样写道："以美国

———————
① Gorden A. Craig, *Deutsche Geschichte, 1866–1945*, S. 425.

为代表的商业资本主义和民主自由，强调的只是伪善的理性而毁灭了人类英雄的精神，用自由的名义造就了无拘无束和道德败坏，以进步的名义培养了守财奴和奢侈浪费。它伪造着生活的本质，阻碍了本能的发展，破坏了民族的道德结构，促使民族崩溃。"因此，他号召人们"重新鼓舞起抵抗的意志"，"重新返回到古老、单纯、质朴、荣誉、勇气的普鲁士品质上来！"①

布鲁克也是一位最有影响的"背后捅刀子理论"的宣传家，这种理论将德国在一战中的失败归因于国内社会民主党人、犹太人的破坏阴谋，并在 1925 年就通过他那部轰动性的著作《第三帝国》，预报过一个"新帝国"的来临。尽管这部著作充满文学幻想、漫天许诺与可怕的预感，在批判现存制度上振振有词，但他所设计的那个"新帝国"，仍然只是贯彻"前现代化"传统专制的一种翻版，作为政治纲领一点用处也没有，希特勒之流也从来没有请教过他。

斯本格勒则是通过他于 1923 年正式出版的那部名著《西方的没落》而名声大噪的。这部著作对现代化负面效应展开了全面批判，也一直成为一部在世界上引起最激烈争论、引起最多误解的历史理论著作。②在这部充满"文化悲观主义"气味的著作中，他认为"德国在世界大战中的失败仅仅证明胜利者也真正地失败了，因为所有西方文化成员国家都同时衰败了"。但在认识了布鲁克后，他发现了一线希望，他开始怀疑："在经历了这个普遍衰败的时代后，难道德国就不再能以一个生机勃勃新大国的面貌重新出现了吗？"因此，在布鲁克的引荐下，他加入了"新保守主义者们"的"六月俱乐

---

① Klemens von Klemperer, *Germany's New Conservatism*, *Its History and Dilemma in the Twentieth Century*, Princeton: Princeton University Press, 1957, S. 155.

② Oswald Spengler, *Der Untergang des Abendlandes*, München: Deutscher Taschenbuch Verlag, 1988, S. 1.

部"。1924 年，由这个反共和俱乐部组织的一次对青年听众的演说中，他这样讲道："人类的野兽正在向我们爬来，非洲的阴影正笼罩着欧洲，但我相信，在前面的艰难岁月中，强有力的人物将会出现，他们肯定需要他们所能依靠的人，他们需要连俾斯麦都没有能找到的一代新人！这个命运是不可改变的！青年们，勇敢地服从于你们的责任吧！"①

至于这个强有力的人物会是谁，连斯本格勒本人也模糊不清。但有一点是清楚的，作为一位 19 世纪的保守主义者，他在反民主共和国的同时，也是反对、蔑视希特勒的纳粹主义及其运动的。在他看来，"雅利安人的理论和种族神话是浪漫主义幻想的一部分，是 19世纪达尔文主义实证论残余的一部分，因而是卑鄙的"②。

斯本格勒的崇拜者、青年文学家恩斯特·荣格尔，却迅速将这种右翼保守的"文化悲观论"推向了"新战争文学"的方向。这位"新战争文学"的急先锋，极力煽动反理智论和虚无主义。在他的作品中，强调的不是战争给人类带来的灾难，而是冲突的"英雄场面"。在他那部《作为内心经历的战斗》的名著中，战争被称之为一种自然现象，一种暴风雨中的考验，一种真理的象征："战争是一种真正伟大的经历，战争是必需的，因为战争是一种真正的解放！唯有在战争中，在战壕里，战斗并战死，人们才能找到返回他们生命本质和源泉的方式！考虑后的行动只是一种没有男子气的柔弱征兆，内脏是比心灵更为健全的指导者，热情、汗水和鲜血将解决所有的问题！战争是一所伟大的学校，新人将在我们中间产生！凡没

---

① Gorden A. Craig, *Deutsche Geschichte, 1866—1945*, S. 429.
② 米尚志编译：《动荡中的繁荣——魏玛时期德国文化》，浙江人民出版社 1988 年版，第102 页。

有在弗兰德斯战斗过的人们，你们的生命是不完全的！"①

尽管荣格尔在保守主义阵营中被称之为"向纳粹主义方向作激进转变的反叛者"，但由于他实际上是一位个人主义者，因而就连纳粹主义者也只将他视为一位"不受欢迎的同盟者"。然而不容质疑的是，后来加入纳粹党的许多青年人，在他们的"美国主义"梦幻破灭之后，都是首先通过荣格尔的小说，才激起了"渴望战斗的情绪"的。

对此，著名的进步主义文学评论家恩斯特·罗伯特·库齐乌斯（Ernst Robert Kutziwus）不由发出了这样的悲叹："对于我们德意志人来说，要想从命运和悲剧中寻找精神上的源泉，可真是太容易了。而命运又总是在为那些在精神上迷失方向和幻灭的人们逃避对过去和未来的责任而辩解，也总在使他们引以为荣，这不能不是悲剧！"②

当 1929 年那场由美国引发的世界性经济大危机结束了"美国主义"的神话，并第二次动摇了德意志学者阶层的生活安全时，来自右翼的"新保守主义"对工业文明的批评，已经能够用更高的伦理腔调来反对"都市化社会"的现代主义了。在一种向"前工业化"田园诗景致的全面退却中，这些右翼"文化悲观论者"的所有作品都在企图从历史神话的复兴中，找到一条摆脱 20 世纪思想——文化危机的出路，因而将"健康的德意志民族特性"与现代化大城市的"无灵魂性"对立起来，将德意志乡村的"传统美德"与大城市的"罪恶深渊"对立起来。至于纳粹主义者，已经喊出了"用农

---

① Gorden A. Craig, *Deutsche Geschichte*, *1866—1945*, S. 431.

② Klemens von Klemperer, *Germany's New Conservatism*, *Its History and Dilemma in the Twenti-eth Century*, S. 172.

村来反对大城市!""实现血与土、农夫与武士的乌托邦理想!"①
的口号。

在魏玛共和国的文化繁荣中上演的这场"反美国主义"文化批
评运动，很容易使人们产生这样的错觉：仿佛在德意志历史上，存
在着一条笔直、单一的从尼采到希特勒"毁灭理性"、"敌视进步"
的反现代化批评路线。事实上，纳粹主义者在"以德意志民族利益
的名义"掩盖下野蛮的所作所为，与马克斯·韦伯、托马斯·曼等
人代表的进步的现代主义文化批评路线并不是一回事，甚至与保守
的反现代主义者们的"新保守主义革命"路线也不完全是一回事，
尽管它与后者有着某种意识形态上的联系。因为纳粹主义，作为激
进的反现代主义，并没有采取消极的、虚无主义的哲学，它所采取
的恰恰是"积极的、乐观主义的、具有进攻性的战斗精神哲学"，纳
粹主义信徒们的思想也"是建立在信念与必胜把握的基础上的"。②
但是，当人们要去谈论德意志"文化悲观主义"、"新保守主义革
命"与纳粹运动崛起的关联时，必须注意到：纳粹主义本身是能够
从"新保守主义"文化批评的伦理说教中获得足够多的营养的，是
能够从愠怒的小资产者对已丧失的特权的依恋中获利的，也是更能
从战后一系列危机中不断培植起来的价值丧失感和方向迷失中获得
市场的。纳粹运动之所以能蛊惑人心，并能夺权成功，一个不可忽
视的重要原因就在于：它最能够将各不相同的种种时代潮流融合成
一股愤怒的洪流，并为己所用。

也就在纳粹运动崛起的大危急关头，西格蒙特·弗洛伊德用他
沉重的语言，对发生在魏玛德国的文化批评运动作出了这样的总

---

① Jost Hermand，*Der alte Traum vom neuen Reic. Völkische Utopien und Nationalsozialismus*，
　　Frankfurt am Main：Athenäum Verlag，1988，S. 140.

② 米尚志编译：《动荡中的繁荣——魏玛时期德国文化》，第 227 页。

结："在我看来，对于人类这个种属来说，决定命运的问题是，人类文化的发展是否，或是究竟在何种程度上，能成功地克服侵略和自杀的驱动力对人们共同生活以及融洽相处所造成的干扰问题。人类已经相当多地感受到他们的不安、他们的不幸、他们的担忧了。现在人们所能够盼望的是：两位天神（死神与爱神）中的一位，那位永恒的爱神厄洛斯，将会作出一种努力，以便在与他那位同样也是不死的对手的斗争中伸张自己。但是，谁能预测到斗争的结果和结局呢？"[①]或许，弗洛伊德在这里向人类提出了一个超越他那个时代的永恒课题。

（原载《世界历史》1999 年第 2 期）

---

① Detlev. J. K. Peukert，*Die Weimarer Republik*，*Krisenjahre der Klassischen Moderne*，S. 190.

纳粹经济纲领与德意志"经济改革派"

自1919年《凡尔赛条约》签订以来，1929至1933年的世界经济大危机无疑是对德意志社会影响最为深刻、最为持久的重大事件。它最重要的结果就是，纳粹党"元首"阿道夫·希特勒（Adolf Hitler）于1933年1月30日被以保罗·冯·兴登堡（Paul von Hindenburg）总统为首的统治集团扶上了德国总理宝座，从而将德国历史由民主共和制的魏玛共和国时代（1918—1933）带进了极权独裁制的法西斯第三帝国时代（1933—1945）。

关于"希特勒为什么能上台"的问题，各国史学界的研究已提供了多方面的答案。笔者认为更值得人们注意的是：希特勒的纳粹党是在失业率高达30%的经济危机局势下，在1932年7月国会大选中成为德国第一大政党的。议会竞选上的成就，无疑是这个极右政党能给兴登堡统治集团造成持续性政治压力、最后夺取权力的一个广泛而根本性的前提。在此，需要特别指出的是，这个极右政党若仅靠民族主义的煽动性宣传和权谋政治上的技巧性手段，而拿不出一种比其他政党更有说服力的经济与就业纲领，就不会有那么多人去投它的票，也不可能一直保持它最高的社会支持率。这是因为，处于危机局势中的民众，除了受民族主义情绪等因素的影响外，本身又是最讲求实际的。那么，纳粹党是如何形成它的经济观念的？

又是如何制定出这样一种经济与就业纲领的？为什么其他政党未能制定出这种纲领？这种纲领制定的背后有什么样的理论背景？这种理论背景又与凯恩斯主义有着什么样的联系？这些就是本文要探讨的问题。

一、纳粹党经济观念的形成

根据阿道夫·希特勒上台前发表的言论来给纳粹党的经济观念下定义，显然十分困难，因为这些言论几乎没有涉及具体的经济问题。究其根本原因，在于他一直将经济看作"第二位的东西"，"是无条件地隶属于政治优先权的，是政治的仆人！"[1]因此，经济政策方面的问题是留给下级党的主管部门的。

当然，希特勒也有他自己的经济观，例如，"生存空间方案"就反映了他强烈的反现代主义经济观。对此，希特勒曾在 1928 年的《秘密之书》中作过这样的概括："德国应放弃所有在世界工业和贸易政策上的尝试，通过独立于世界市场之外的自给自足，摆脱那种不受控制的、有害的工业化。它应集中力量，夺取足够大的生存空间，为它的人民在下一个世纪规定生活方式。"[2]显然，造就这样一种"具有防范危机能力的"未来经济"新秩序"的幻想，不仅在他身上具有原则性和一贯性，而且对纳粹党经济观念的发展也具有指导性。

但是在纳粹建党初期，党内的"经济理论权威"并非希特勒，

① Hermann Rauschning, *Gespräche mit Hitler*, Zürich：Europa Verlag, 1940, S. 26.
② Adolf Hitler, *Hitler's Secret Book*, New York：Grove Press, 1961, p. 163.

而是工程师出身的戈特弗里德·费德尔（Gottfried Feder）。希特勒在1924 年出版的《我的奋斗》中特别提到："在我第一次听了费德尔的讲演以后，脑海中立刻就产生了一种观念，就是我已经发现我们组织新党的一个重要原则"。① 在此，希特勒看中了费德尔发明的一个理论公式，它的奥妙在于对"创造性工业资本"与"贪婪、掠夺性财政资本"进行了区别。希特勒认为，这"使我们对于德国财政行政的国际化有着可能的抗争性，同时又不致因为和资本斗争而危及民族独立生存的原则"。② 希特勒的如意算盘是：将"贪婪、掠夺性财政资本"与"犹太人—国际财政寡头"视为同一，就能将社会各阶层的不满导向反犹主义，并为纳粹党招来财政和政治上的支持。

纳粹党的第一个纲领——1920 年 2 月 24 日的《25 点纲领》中的经济要求就是费德尔起草的。这些要求包括三种成分。第一种是纳粹党始终追求的目标：例如"要用足够的土地（殖民地）来养育我们的人民，移居我们过剩的人口"（第 2 条）。③ 只不过这里谈论的"殖民地"，在 4 年后希特勒自传《我的奋斗》中，被改称为"东方生存空间"罢了。

第二种是刻有中间等级烙印的要求：例如，"要求立即将大百货公司充公，廉价租赁给小工商业者，要求在国家和各邦以及地方收购货物时特别照顾所有小工商业者"（第 16 条），"对卖国贼、高利贷者和投机商处以死刑"（第 18 条）。这些要求与纳粹党奠基人及当时大部分追随者的社会出身、利益相一致，并在后来"没收犹太产业"的活动中，多多少少兑了现。至于第 7 条"驱逐所有非国家公

---

① 阿道夫·希特勒：《我的奋斗》，西藏自治区文艺出版社 1994 年版，第 91 页。
② 同上，第 92 页。
③ Walther Hofer, *Der Nationalsozialismus Dokumente 1933—1945*, Frankfurt am Main：Fischer Taschenbuch Verlag, 1982, S. 28.

民", 第4条"剥夺犹太人的国家公民权", ① 这些种族主义要求,
更是变成残酷的事实。

第三种成分反映出纳粹党对战后初期"时代精神"的一种让
步:例如,"要求取缔和没收一切靠战争发财的非法所得"(第12
条),"要求对所有(到目前为止)已经组合起来的企业(托拉斯)
实行国有化"(第13条),"要求参加对大企业的利润分红"(第14
条),"要求制定一项为了公益而无偿没收土地的法令"(第17
条), ② 这些都出于一种想从其他重要的社会集团,尤其是农民、工
人中召集队伍的战略考虑。这种"让步"后来自然给纳粹党带来了
"重新解释"这个"不可更改的党纲"的必要性。1928年5月,针对
人们对纳粹党是否将来会实行"国有化"的怀疑,希特勒在一次答
记者问中讲道:"与我们的对手方面作出的解释相反,纳粹党是以私
人财产占有为基础的。但与此同时,从原则性和进攻性上讲,纳粹
主义经济观念是反自由主义的。对于自由放任、自由的企业家主动
权和竞争、市场经济的自由物价和工资形态来说,这里没有位置!
因为我们要奉行的原则是先公后私!" ③

至于费德尔提出的第11条"砸碎高利贷奴役"(Brechung der
Zinsknechtschaft),作为其理论的核心,尽管在1930年前后仍保持在
纳粹党的政治语汇中,但在解释上不断作出修改,从"废除所有利
息",过渡到"降低利息",最后是"合理公平的利息"。这表明费
德尔的理论,已处于形成中的纳粹经济观念的边缘上了。

《25点纲领》实质上是个政治纲领,只反映出纳粹党经济观念

---

① Walther Hofer, *Der Nationalsozialismus Dokumente 1933—1945*, 1982, S. 28—29.

② *Ibid.*, S. 29.

③ Avraham Barkai, *"Sozialdarwinismus und Antiliberalismus in Hitlers Wirtschaftskonzept"*, in Geschichte und Gesellschaft. Jg. 3. 1977, S. 409.

的最初萌芽。1929 年 10 月经济危机爆发前，纳粹党尚没有一个设计完好的具体经济纲领，但它意识形态上的基本元素已经具备："夺取生存空间"的目标，进攻性的反自由主义；国家政治目标和指令对经济的优先权；"先公后私"的意识；后又加上伯恩哈德·克勒尔（Bernhard Köhler）提出的"民族同胞人人应享有的劳动的权利（Recht auf Arbeit）"，也就是"充分就业"。纳粹党经济上的准备工作，夺权后的经济政策实践，都是建立在这种意识形态基本架构之上的。

1930 年 9 月 14 日，德国举行了自 1929 年经济危机爆发以来的第一次国会选举，在这次选举中，纳粹党的选票从 1928 年的 2.6% 猛升到 18.3%，国会议席也由 12 席上升到 107 席，一跃成为德国第二大政党。为作好接管政权的准备，1931 年 1 月，奥托·瓦格纳（Otto Wagener）受希特勒委托，在纳粹党"慕尼黑第二组织系统"内组建"经济政策部"，该部的任务是：重新确定党的经济政策目标，制定实际可行的计划。

1931 年 2 月，在希特勒主持下，"经济政策部"就党的经济原则进行了长期讨论。3 月 5 日，由奥托·瓦格纳与其副手迪特利希·克拉格斯（Dietrich Klagges）共同执笔，制定了《纳粹党经济政策的基本观念与目标草案》。该《草案》提及的"国民经济是政治的仆人"、"纳粹主义的经济运行"等，意味着"在国民经济中，通过国家监控和领导，保证民族共同体思想的统治"，并规定了"在一种以自给自足为方向、独立于世界市场的经济中农业的优先地位"。"扩大国家生存空间"被认定为"在国民经济上具有迫在眉睫的紧迫性"，也是"新经济秩序不可缺少的前提条件"，因而"必然提出对外政策上的要求"。该党对私人财产占有和利润刺激的积极态度，通过"健康的竞争"得到了申明，并宣布："对自由的企业家主动权，在涉及财产获取和使用的方式上，将通过法律进行限制。"该《草案》对"投资、物价和工资的特别控制"，对"企业中权威领导与追随者"的关系进行了说明，同时宣称："经济上的自我管理"与"等级结构"将与普遍流行的中间等级意识形态"产生决定性的分离"。[1]这表明纳粹党已形成自己经济上的基本观念和具体目标。

希特勒阻止这个文件的公布并不令人奇怪，此刻，他正在寻求与大工业界上层建立更密切的政治联系，而"这个文件的公布，无疑会引起经济界的惊异"。他当时对他的亲信赫尔曼·劳希林（Hermann Rauschning）谈道："我虽赞同这个草案，但此时宣布，时机尚不成熟。因为这种新的社会经济理想，要在夺权 10 年至 15 年后，在一代纳粹主义青年成长起来以后，才可能完全实现，在此期间，只能让它的火焰在关闭的大门后发出光芒。"[2]

1931 年 11 月底，在希特勒的参与下，"经济政策部"再度就党纲的经济观点进行了商讨，会议备忘录以《纳粹党的经济纲领》（以下简称《经济纲领》）一书的形式由瓦格纳于 1932 年 3 月在慕尼黑出版。这部《经济纲领》只公布了若干条后来得到贯彻的经济政策措施，如《民族工作法》、《工资与物价控制法》、《劳动委托管理人制度法》等。瓦格纳对此作了说明："遵照元首的'保密令'，这个《经济纲领》并没有公布纳粹党关于经济方面的所有理论和思想。"[3]

值得注意的是，这个《经济纲领》与《草案》一样，只在边缘上涉及就业措施，并仅在限制妇女就业、引入青年义务劳动军、限

---

① Avraham Barkai, *Das Wirtschaftssystem des Nationalsozialismus*, Köln：Fischer Taschenbuch Verlag, 1977, S. 40.

② Hermann Rauschning, *Gespräche mit Hitler*, S. 41.

③ Otto Wagener, *Das Wirtschaftsprogramm der NSDAP*, München：Franz Eher Verlag, 1932, S. 4.

制进口、资助移民垦荒计划方面开出了药方。众所周知，不断上升的失业一贯被希特勒之流用来作为魏玛民主体制的罪证，而在 600 多万失业大军面前，纳粹党自己也没有拿出能减少失业的任何有实际意义的建议，这只能说明：到此时为止，纳粹党并未拥有这样的计划，它虽已有了自己的经济观念和目标，但尚缺乏实现的手段。

失业危机越是尖锐，纳粹党就越是感到上台接管权力的时机正在临近，也就越是紧张地寻求令人信服和实际可行的就业纲领。这种手足无措清楚地反映在纳粹出版物中相互矛盾的建议并行而出的现象中。但纳粹党全国党组织领导人格雷戈尔·斯特拉塞（Gregor Strasser）1932 年 5 月 10 日的"国会演说"以及纳粹党《经济紧急纲领》的发表，戏剧性地改变了这种局面。

二、从《经济紧急纲领》到《经济建设纲领》

为 1932 年 7 月 31 日国会大选作准备，格雷戈尔·斯特拉塞奉希特勒之命，于 5 月 10 日在国会发表演说，宣布了一份纳粹党详细的"就业纲领"，并在同年 6 月 10 日以《纳粹党经济紧急纲领》（以下简称《紧急纲领》）的书面形式公之于众。这份纲领特别提到"通过公共工程来减少失业，通过投放生产性贷款（Produktive Kreditschöpfung）来资助公共工程"。[1]因此，应将它与纳粹党过去提出的所有经济政策手段区别开来。

《紧急纲领》首先反驳了当时流行的"资本缺乏论"："我们经

---

[1] Ausgearbeitet von der Hauptabteilung IV （Wirtschaft） der Reichsorganisationsleitung der NS-DAP, *Wirtschaftliches Sofortprogramm der NSDAP*, München：Franz Eher Verlag, 1932, S. 75.

济上的疾病不是由于缺乏生产资料，而是由于现存生产资料没有得到充分使用造成的。要减少失业，现今最紧迫的问题就是要使闲置的生产资料活跃起来，并通过大量公共劳动计划，如开垦荒地、改良土地、修筑高速公路与运河、兴建工人居住区等来复苏内部市场。为资助这些计划，应投放生产性贷款。这种贷款的20%—30%可通过筹措来满足，余下主要部分可通过节省下来的失业资助金、提高的税收来满足。"为扫除人们对重蹈1923年"超通货膨胀危机"的普遍担忧，它还特别提到："如此之少的贷款额，不会对货币稳定性产生任何危险。"①

　　纲领第二部分宣布的"普遍经济措施"，从后来的发展看来，就像是它的蓝本一样。例如，它预先规定了第三帝国的贸易准则："德意志民族的需求将最大限度地通过自己的产品来满足，在进口所需的原料方面，宁可选择友好的欧洲国家，对它们原料的接受，可通过德意志工业制成品来补偿。"②这种"自给自足"以及"双边贸易"思想，正是后来第三帝国经济部长黑加尔玛·沙赫特在1934年9月《新计划》中贯彻的内容。另外，《紧急纲领》宣布的"国家对外汇不受限制的管制"、"资本抽逃法"以及"通过出口补贴与进口加价组成的体制来实行一种有选择的马克贬值"等，都成为沙赫特后来推行的对外贸易政策措施。而"国家对私人银行行使监控权与干预权，私人银行有向国家报告业务情况的义务"，正是1933年12月《关于金融机构的帝国法令》所贯彻的内容。此外，"国家应对物价实行控制，并对新工业设备的生产行使批准权"，也成为1933年7

---

① Ausgearbeitet von der Hauptabteilung IV（Wirtschaft）der Reichsorganisationsleitung der NS-DAP, *Wirtschaftliches Sofortprogramm der NSDAP*, S. 84.

② *Ibid.*, S. 90.

月《强制卡特尔法》的实施内容。至于塑造"健康的农业"①的建议,也在后来"帝国农业阶层"的市场秩序中大部分得到实现。显然,这个纲领对于纳粹夺权后的经济政策具有方针性的指导意义。在1933年1月30日希特勒上台以前,没有任何纳粹党出版物像这份《紧急纲领》那样,如此鲜明地事先勾画出普遍的经济准则和众多以后经济政策上的特有措施。

作为纳粹党正式宣布的经济政策准则,《紧急纲领》印成小册子到处发行,从宣传上为纳粹党这次大选的成功作出了重要贡献,1932年7月大选的结果清楚地证明了这一点:"自由主义"中间派政党如民主党、人民党、经济党选民中的43%,"保守主义"右翼政党德意志民族人民党选民中的33%,坚持农业与地方特别利益的政党选民中的46%,以所谓"正统马克思主义"为方向的社会民主党选民中的7%,以及过去不投票的非选民中的18%,投了纳粹党的票。②纳粹党的社会支持率增长整整一倍以上,获得了37.4%的选民和230个国会议席,一跃成为德国第一大政党!

但在1932年7月大选获胜6周后,希特勒又下令收回这个纲领。现存资料相当清楚地表明,大工业界顶尖人物的担忧和拒绝态度对此举产生了决定性影响。1932年5月20日,即斯特拉塞"国会演说"10天后,一份由大工业界资助、在企业家圈子里极有影响的私人通讯录——《德意志领袖通讯》以担忧的笔调写道:"这绝不是斯特拉塞个人思想的一种倾诉与发泄。这次讲演用批评式的腔调反对企业家,从观点上讲是试图接近工会的,斯特拉塞对这些政治集

① Ausgearbeitet von der Hauptabteilung IV (Wirtschaft) der Reichsorganisationsleitung der NS-DAP, *Wirtschaftliches Sofortprogramm der NSDAP*, S. 90—98.
② Helga Grebing, *Der deutsche Sonderweg in Europa, 1806—1945*, Stuttgart: Kohlhammer Verlag, 1986, S. 188.

团进行的'反资本主义'呼吁，特别令人担心。这使我们感到，催促纳粹党领导就他们真实的经济和社会纲领作出一种明白无误的解释变得更为重要。"[①]

大工业界圈子对《紧急纲领》的拒绝态度不断以间接或直接的方式告知纳粹党。金融专家黑加尔玛·沙赫特此时正在主持一家由大工业界资助的研究机构，其目的在于从经济政策上使大工业界与纳粹党进行沟通，他在 1932 年 8 月 29 日的信中向希特勒建议："在以后的大选中，尽可能不要去拟定一份详细的经济纲领。"9 月 8 日"德意志工业全国联合会"业务领导人雅可布·赫勒（Jacob Herle）转交给纳粹党一份备忘录，拒绝了《紧急纲领》中的所有建议，并特别指出：《紧急纲领》宣布"劳动的权利，十分危险！"[②]

围绕希特勒总理位置的阴谋诡计此时已经开始，希特勒不能不理睬这些能在此事上发挥重要作用的个人和力量集团的想法与批评。为平息大工业界圈子中的不安，他委托与纳粹党"经济政策部"接近的"全国金融协会负责人"奥托·克·菲舍尔（Otto Chr. Fischer）转告大工业界上层："在纳粹主义旗帜下，人们完全可以想象一个不同的经济纲领，一个资本主义纲领不仅完全可能，而且完全必须。人们不要让选举宣传上的因素弄糊涂了。"[③] 在 1932 年 11 月的国会选举斗争中，纳粹党果然用戈特弗里德·费德尔与瓦尔特·冯克（Walter Funk）起草的《经济建设纲领》取代了《经济紧急纲领》。

对这两个经济纲领进行比较，不难发现两者的区别。与《紧急

---

① Deutschen *Führerbrief*, Berlin, 20. 5. 1932.

② Gerhard Kroll, *Von der Weltwirtschaftskrise zur Staatskonjunktur*, Berlin: Duncker & Humblot Verlag, 1958, S. 423.

③ *Deutschen Führerbrief*, Berlin, 4. 10. 1932.

纲领》宣布的详细措施相反,《建设纲领》只是一个对经济问题进行
一般表述和解释的集合性文件,它力图回避有争议的问题,其措词
也完全可以作不同的解释。其一,《紧急纲领》中没提到的"砸碎高
利贷奴役"的口号,改头换面地作为"普遍降低利息"的要求提了
出来。其二,为了迎合大企业家,宣布了某些与《紧急纲领》对立
的措施。如《紧急纲领》"对高收入者提高税收"的要求,被"减少
或完全消除有碍生产的税收"的许诺所取代;《紧急纲领》宣布过的
"对投资和物价的控制",被"放松物价"的许诺所取代。其三,尽
管农业仍被称为"内部市场和德意志经济的脊骨",但也强调:"当
整个德意志经济不健康时,不可能提供德意志健康的农业。"并宣
称:"对内部市场的促进……只有在照顾了对德国不可缺少的出口时
才有可能。"[①] 其四,也是最引人注目的一点,与《紧急纲领》中
"资本主义大企业和康采恩"、"资本主义新闻界"等"反资本主义"
影射相反,"资本主义"之类的词句在《建设纲领》中任何一个地方
都没有出现,"劳动的权利"也没有提及。

尽管这两个经济纲领都是竞选煽动的表达,针对的是不同的选
民阶层,但《紧急纲领》是纳粹党长期进行经济政策准备的结果,
它的意义超越了宣传战的需要,它列出的详细建议和要求,比《建
设纲领》中那些有意熨平、模棱两可的老生常谈,早得多地与后来
的经济措施发生了直接联系。在斯特拉塞失去影响并在 1934 年 6 月
20 日"罗姆事件"中被处决后,后来的纳粹出版物中,当然再也找
不到归因于他的《紧急纲领》了,但从影响上讲,在斯特拉塞死
后,《紧急纲领》仍然以某种方式持续存在了很长时间。

《建设纲领》对大工业资本的迎合态度,使纳粹党在 1932 年 11

---

① Gottfried Feder, *Kampf gegen die Hochfinanz*, München: Franz Eher Verlag, 1934, S. 375.

月国会大选中付出了代价，它的社会支持率由 37.4% 下降到
33.1%，国会议席也由 230 席减少到 196 席。它之所以仍能保持第一
大政党的地位与这一点分不开：即在涉及就业资助问题上，这两个
纲领保持了很大的一致性。例如，与《紧急纲领》详细列举的公共
工程相比，虽然《建设纲领》只一般性地涉及"在国家和私人投资
基础上实行订单分配，安排直接就业"，但它特别补充说明："纳粹
党人还有一个特别的就业纲领。"① 在"对整个货币—银行业国家
化"、"对银行和外汇周转上实行国家监督"的要求上，两个纲领完
全一致。除此之外，《紧急纲领》中"投放生产性贷款"的提法，不
仅在《建设纲领》中得到保留，而且得到更特别的强调，并对这种
贷款的数额进行了估计："它将通过帝国银行筹措大约 30 亿马
克。"② 这就清楚地证明，自 1932 年春天以来，纳粹党已经有了一种
非正统主义的经济设计，尽管有来自企业家联合会的尖锐批评，也
仍然坚持这种经济设计。

三、受挫的"自由工会就业计划"

纳粹党人坚持这种非正统主义经济设计，表明他们在自己的队
伍之外进行长期寻找之后，终于发现了经济理论上可用的知识和实
践上可行的建议。这场寻找与发现有这样的理论背景：在 1932 年初
的德国，围绕着"自由贸易"还是"自给自足"，"自由市场"还是
"国家干预"，"坚持金本位"还是"脱离金本位"，展开了一场广泛

---

① Gottfried Feder, *Kampf gegen die Hochfinanz*, S. 381.
② *Ibid.*, S. 379.

的经济理论问题讨论,除经济学家外,政治家和时事评论家们也热烈地参与其中。纳粹党《经济紧急纲领》中列举的那些建议,如兴办公共工程、扩大赤字贷款、脱离金本位,连同修筑高速公路、投入青年劳动义务军计划等,早已在公开讨论之中。令人惊奇的是:它们是在纳粹党《紧急纲领》中,才头一次被一个具有群众性规模的政党所接受,而它们本来又是有可能出现在纳粹党最重要的反对派之一——社会民主党以及"自由工会"的经济纲领之中的。

这里有必要提到全德意志工会联盟(即社会民主党领导的"自由工会")的就业计划。由于布吕宁政府[①]的"紧缩政策"加剧了经济危机,1932 年 1 月,"自由工会"成员中的失业率已高达43.8%,[②]因此,尽快提出解决失业问题的新方案,对稳定并扩大社会民主和"自由工会"的选民队伍,为下一次国会大选作准备,显得极为重要。

该计划根据起草者——三位在工会联盟"经济政策研究所"工作的经济学家——姓名的大写字母(即 Wladimir Woytinsky, Fritz Tarnow, Fritz Baade),也被称之为"WTB 计划"。它产生于 1932 年 1 月 26 日,其核心是,"立即将 100 万失业者投入到公共大型工程当中去,通过帝国银行提供能再贴现的债券与追加性的纸币,对他们进行资助……所需款项的三分之一以上,能通过节省下来的失业保险

---

① 自 1930 年 3 月 27 日社会民主党人赫尔曼·缪勒(Hermann Müller)领导的大联合政府在危机中倒台后,魏玛共和国便不再有得到议会大多数支持的政府,而是由保罗·冯·兴登堡(Paul von Hindenburg)动用总统权力直接任命政府总理来行使统治。在 1933 年 1 月 30 日兴登堡任命希特勒为政府总理以前,他曾先后任命过三位政府总理,他们组织的政府先后分别为:海因里希·布吕宁(Heinrich Brüning)政府(1930 年 3 月 30 日—1932 年 5 月 30 日)、弗兰茨·冯·巴本(Franz von Papen)政府(1932 年 6 月 1 日—1932 年 11 月 17 日)、库尔特·冯·施莱彻尔(Kurt von Schleicher)政府(1932 年 12 月 3 日—1933 年 1 月 20 日)。

② Dietmar Petzina, *Die deutsche Wirtschaft in der Zwischenkriegszeit*, Wiesbaden: Steiner Verlag, 1977, S. 16.

金和提高的税收来满足"①。该计划被主要作者弗拉迪米尔·韦廷斯基以"劳动"为题，于同年 2 月发表在《工会组织》杂志上。

"WTB 计划"在内部引起争论并几经修改，上交社会民主党领导层讨论时，立即遭到反对。坚决反对这个计划的是社会民主党内的理论权威鲁道夫·希尔费尔丁（Rudolf Hilferding），此人在 20 年代因发表《有组织的资本主义》一书而名声大噪，并两度出任过共和国财政部长，他完全支持布吕宁政府的货币紧缩政策，布吕宁也经常求教于他。希尔费尔丁将这种"有组织的资本主义"称之为"资本主义发展中必要的反民主主义阶段，这个阶段在某种条件下能够作为通向社会主义的过渡阶段来出现"，而"WTB 计划"被他视为"徒劳的、阻碍发展的、力图医治现存资本主义体系缺陷的尝试"。在他看来，"周期性生产过剩是不可避免的资本主义现象，并加速着资本主义的没落。从长远来看，克服经济周期性的积极尝试并不能阻止这个进程；从短期来看，只会危及货币的稳定性，造成通货膨胀，危及工人的局势"。②从这种观点出发，希尔费尔丁呼吁社会民主党国会代表团反对这个计划。

社会民主党、全德意志工会联盟"经济政策研究所"领导人，弗里茨·纳夫塔利（Fritz Naphtali）也对该党最后否决这个计划起了重要作用。他特别强调"通货膨胀的危险"，因为根据他的计算，"20 亿马克是不够的，只是一个大得多的赤字性信贷扩张的开端，这种独立于国际的德国就业措施，只会支持人们去跨向一条内部借贷的道路"。③

① Michael Schneider, *Das Arbeitsbeschaffungsprogramm des ADGB. Zur gewerkschaftlichen Politik in der Endphase der Weimarer Republik*, Bonn: J. H. W. Dietz Verlag, 1975, S. 235.
② Wladimir Woytinsky, *Stormy Passage*, New York: Vanguard Press, 1961, p. 464.
③ Avraham Barkai, *Das Wirtschaftssystem des Nationalsozialismus*, S. 52.

因此，社会民主党于 1932 年 2 月 24 日用纳夫塔利提出的"有奖借贷"计划取代了"WTB 计划"，也是拿这份"有奖借贷"计划参加 1932 年 7 月国会大选的。这个计划中，已没有"通过资助公共工程来解决就业"的任何有说服力的纲领了，而纳粹党在这次大选中提出的《经济紧急纲领》里，恰恰有着与社会民主党否决掉的"WTB 计划"同样的内容。众所周知，正是在这次大选中，社会民主党不仅丧失掉它德国第一大政党的地位，而且它原有选民的 7% 还倒向了纳粹党。

更具讽刺意味的是，在 5 月 10 日的"国会演说"中，格雷戈尔·斯特拉塞不仅赞扬"WTB 计划"，而且还这样称赞韦廷斯基题为"劳动"的论文："对于这样的就业纲领，人们绝对会表示赞成。我本人并不认识韦廷斯基，与他没有什么联系，甚至不知他年轻还是年老，但与那个由犹太知识分子组成的社会民主党领导层相反，他赞成'生产性贷款'，也就是赞成经费的来源方式，正是他，头一个将这些东西送入德意志民族的这场讨论中去的！"[1]这番话显然表明，斯特拉塞并不知道韦廷斯基是一位有犹太血统的德国人。

这种来自纳粹党的喝彩绝非偶然，它表明：将这种利用国家定单解决就业、利用国家"财政主权"进行资助的非正统主义经济思想纳入到纳粹主义的经济与国家观念中去，要比纳入到民主自由主义、社会民主主义的经济与国家观念中去容易得多，因为这种经济思想与纳粹党的国家权威主义倾向之间，本身就十分接近。因此，这种经济理论上的非正统主义建议，能够合乎逻辑地集合到纳粹主义的经济方案中去。

---

[1] Avraham Barkai, *Das Wirtschaftssystem des Nationalsozialismus*, S. 53.

四、经济"改革派"理论对纳粹党的影响

格雷戈尔·斯特拉塞竟能在涉足经济问题不足一年时间里，就制定出一个具有说服力的经济纲领，这一点十分令人可疑。带着这份疑问，联邦德国史学家格哈德·克罗尔（Gerhard Kroll）经过多年研究得出这个结论："斯特拉塞的《紧急纲领》几乎是逐字逐句从那位有一半犹太血统的经济评论家罗伯特·弗里德伦德尔－普雷希特（Robert Friedländer-Prechtl）的文章中抄袭而来的！斯特拉塞唯一的功绩在于：他技巧性地将弗里德伦德尔－普雷希特的观点变成了一种政治紧急纲领的语言。"[1] 这个结论从格雷戈尔·斯特拉塞的弟弟奥托·斯特拉塞（Otto Strasser）1974 年的一次谈话中得到了部分证实："当时我与格雷戈尔并不认识他，但读过他的名著《经济转变》，并给予很高的评价。弗里德伦德尔－普雷希特的思想决定性地影响了格雷戈尔。"[2]

罗伯特·弗里德伦德尔－普雷希特是当时德国最著名的经济评论家、现代商业和金融理论家，也是德意志经济"改革派"的主要代表人物。这支经济理论界的"改革派"队伍与维尔讷·佐姆巴特（Werner Sombart）领导的新保守主义"行动圈子"、奥特马尔·施潘（Othmar Spann）领导的"普遍主义学派"一样，有着德意志"历史学派"共同的历史渊源。这三派都偏爱德意志经济思想中传统的反自由主义方向，都怀疑当时普遍生效的自由主义经济理论模式的适用性，并强调"民族特性"和经济政策中的民族目标优先权。但它们之间也各有特点："行动圈子"主张"独裁专制式的""德意志社

---

① Gerhard Kroll, *Von der Weltwirtschaftskrise zur Staatskonjunktur*, S, 455.

② Avraham Barkai, *Das Wirtschaftssystem des Nationalsozialismus*, S. 50.

会主义";"普遍主义学派"则主张现存经济结构"退回到中世纪行会等级制度中去";而"改革派"除主张"民族经济的自给自足"外，还着重探索经济技术和金融手段上的"革新"。正是这一特点，使弗里德伦德尔－普雷希特不仅最强烈地促进了当时的经济讨论，而且也成为向纳粹党直接或间接地提供实际建议的人物之一。

早在"相对稳定"的 1926 年，弗里德伦德尔－普雷希特就曾发表过一篇令人们"普遍感到意外"的论文《慢性劳动危机》。在这篇论文中，他提出一种有关劳动力供需之间的差异理论："由于工业过分合理化，进行独立经营的中间等级和军队数量上的减少，劳动力供给的不断增加，面对的却是劳动力需求的不断萎缩。而世界贸易的普遍危机和美国工业日益上升的竞争力，已使德国不可能通过出口来克服这种慢性劳动危机。因此，除了'土壤改良和合理化'外，德国没有别的出路。要确保德国原料和能源的自给自足，除了将 100 万城市工人移居到乡村去这种'德国重新农业化'外，还须将大规模的基础设施与投资转向农村。"他还提出"修筑 2 万公里高速公路网的计划"，谈到"用煤聚化与氢化合等现代化处理程序来生产作为进口替代品的合成推进燃料（这些后来都在第三帝国时代成为现实）"，并指出："这些工程靠私人企业家的主动性不可能贯彻，因为这种生产的短期赢利太少而风险太大。唯一的方法在于借助公共之手直接操作，并通过长期的国家贷款来资助，这种资助方法只是一个金融技术上的问题，它将得到解决，因为它必须解决！"[1]

在 1931 年出版的《经济转变》一书中，弗里德伦德尔－普雷希特进一步发展了他的观点。他提出失业的真正原因在于"精神因素"的理论："两种重要的物质生产因素：劳动力和劳动机器并不缺

① Avraham Barkai, *Das Wirtschaftssystem des Nationalsozialismus*, S.58.

乏，缺乏的是第三因素，精神上的东西，缺乏的是判断力、活力、意志、领导！"①他还批判当时流行的"资本缺乏论"观点："资本不意味着别的，仅仅意味着物质上的生产资料，要使闲置的生产资料再度运转起来，唯一的方法在于，必须使正在流通的支付手段总额与经济循环的需要相一致，这只有当正统的货币政策的过时原则被抛弃，只有当支付手段的流通摆脱了金本位时才有可能。"他继而推导出用"生产性贷款"来克服失业的理论："要想克服失业，国家就必须放弃那种灾难性的紧缩政策，放弃那种依赖私人和国际借款的完全不现实的计划，取而代之的应是在全体人民那里借贷。国家通过追加性的货币或生产性贷款的方法，就能获取对生产和商品局势的支配权。"②

弗里德伦德尔－普雷希特的计划是建立在对德意志国民经济进行结构性改组的基础上的，在这里，他清楚地代表了德意志"自给自足"的思想。他在这本书中这样写道："在这个世界上，经济时钟已指向了日益增长的自给自足方向，指向了在封闭的经济空间内尽可能达到自我供应的努力。对德国来说，出现了尽可能限制进口、在原料和食品上自给自足的需要……一个这样的欧洲经济空间，即使不能在全世界占据统治地位，也至少能与地球上其他经济空间并存。"③

显然，"农业优先权"、"自给自足"与"大空间经济"、"国家财政主权"一样，都属于纳粹主义经济观念突出的组成部分，弗里德伦德尔－普雷希特一直公开表达着这种思想倾向。直到1937年

---

① Robert Friedländer-Prechtl, *Wirtschafts-Wende. Die Ursachen der Arbeitslosen-Krise und deren Bekämpfung*, Leipzig: Teubner Verlag, 1931, S. 65.

② Robert Friedländer-Prechtl, *Wirtschafts-Wende. Die Ursachen der Arbeitslosen-Krise und deren Bekämpfung*, S. 237.

③ *Ibid.*, S. 134.

初，他仍将纳粹主义经济政策看作是对他理论的一场成功实现："那些由我当时代表的思想，今天已得到了百分之百的贯彻和证明。尽管在这个第三帝国里，由于我的犹太血统，我的名字已无人提及，我既不能在国内、也不能在国外发表文章，这是令人惋惜的。但我仍然要说，我参与并影响了这种新经济思想的形成与塑造！"①

经济学博士海因里希·德雷格尔（Heinrich Dräger）也是一位对纳粹党经济纲领产生过重要影响的人物。为寻求就业问题的解决方案，他早就与一批德国著名的经济"改革派"理论家，如罗伯特·弗里德伦德尔－普雷希特（Robert Friedländer-Prechtl）、延斯·耶森（Jens Jessen）、鲁道夫·达尔贝格（Rudolf Dalberg）、威廉·格罗特科帕（Wilhelm Grotkopp）等人建立了联系，当他通过世袭成为吕贝克的一位工业家后，这些人立即成为他本人出资于1931年11月底建立的"货币与贷款经济研究协会"的重要成员，威廉·格罗特科帕还受聘为协会秘书长。

这个研究协会积极宣传德意志"改革派"关于"通过赤字财政资助公共工程、扫除失业"的理论，为此目的，举行过一系列公开的报告会和讨论会。当时极负盛名的经济学家维尔讷·佐姆巴特和恩斯特·瓦格曼（Ernst Wagemann）的报告，还通过出版物、无线电广播作过进一步宣传，挑选出来的讨论会"精彩论文"寄给"全世界感兴趣的收信人"，其中包括英国著名经济学家约翰·梅纳德·凯恩斯（John Maynard Keynes）。

德雷格尔于1932年2月写下的《通过生产性贷款来实现就业》一文，既没有引起布吕宁政府、也没有引起巴本政府以及企业家联合会顶尖人物的兴趣，却被费德尔于同年6月发表在《纳粹图书

① Avraham Barkai，*Das Wirtschaftssystem des Nationalsozialismus*，S. 60.

馆》杂志第 41 期上，同时发表的还有《纳粹党经济紧急纲领》，并附有费德尔与德雷格尔的前言。在前言中，两人都强调"这篇论文的作者绝不是纳粹主义者"。费德尔还声称："这甚至是一个优点，恰恰通过作者的非纳粹主义者性质，不仅对于我们，而且对于那些与我们还很疏远、并不清楚我们的队伍在经济领域所信奉的东西的人，都具有一种特别的价值。因此，这篇论文在扫除人们对'货币试验'的担忧上作出了贡献。"①

若将德雷格尔的论文与《紧急纲领》加以比较，就会发现两者都一致赞成那些大型公共工程、工人居住区建设、荒地开垦和高速公路建设计划。与《紧急纲领》不同的是，德雷格尔试图从数量上计算出"用于生产性贷款"的规模。他从原则上拒绝任何一种以私人借款方式为基础的资助，认为"那只是一种对潜在购买力的倒腾，对有效的就业来说，只有足够规模的信贷扩张（Kreditausweitung）才是唯一出路"。在他看来，"这种信贷扩张到 1932 年年底，总数应为 15 亿马克，若要完成计划中的公共工程并最终消除失业，需要在 6 年时间里有一笔总数为 300 亿马克的信贷扩张"。② 而到 1936 年底，通过帝国银行资助的贷款已接近这个数额，其中绝大部分是用于德雷格尔所计划的民用大型公共工程的。

今天看来，德雷格尔的论文对《紧急纲领》制定上的影响被严重低估，因为他的论文手稿是在斯特拉塞"国会演说"和《紧急纲领》起草前提交给纳粹党经济政策主管机关的。除了在行文和统计材料上有明显的类似性外，连"生产性贷款"这个概念，也显然是从德雷格尔那里借来的，也是在斯特拉塞"国会演说"中才头一次

---

① Heinrich Dräger, *Arbeitsbeschäffung durch produktive Kreditscpfung*, in NS-Bibliothek, Jg. 41, 1932, S. 4.
② *Ibid.*, S. 36, 66.

出现在纳粹主义术语中的。这说明斯特拉塞除了受弗里德伦德尔－普雷希特的影响外，也受到了德雷格尔的影响。此外，在《紧急纲领》收回后，德雷格尔的论文在《建设纲领》中仍被称为"具有启发性的文献"。这就充分证明了德雷格尔以及"货币与贷款经济研究协会"的努力是德意志"改革派"理论与纳粹党经济纲领设计之间真正的中介环节。

两位具有官方身份的"改革派"理论家的计划，也影响了纳粹党上台后的经济政策：一位是长年担任国家统计局局长的著名经济学家恩斯特·瓦格曼；另一位是后来在施莱彻尔政府中任"就业委员"的经济学博士冈特·格雷克（Günter Gereke）。

瓦格曼于 1932 年 6 月制定过一个计划，其核心在于：重组银行体系，修改流动资金率，部分摆脱金本位，监控支付手段的扩张。他认为，"40% 的货币应摆脱帝国银行拥有的黄金或外汇储备，通过高达 30 亿马克的长期帝国债券来满足。由此产生出来的自由支付手段，就能用于对帝国、各邦或地方法人团体的公共工程的资助"①。

从根本上讲，"瓦格曼计划"就是修改现存帝国银行规章、用赤字财政提高公共之手支出能力的计划，这个计划立即引起巴本政府中那些与帝国银行有利益联系的官员们的坚决反对，但在"改革派圈子"和纳粹党那里得到了强烈共鸣。费德尔这样赞扬瓦格曼："作为第一流的现代研究者和学者，他走了一条新路，这条道路从根本上讲与纳粹主义者 12 年以来提出的有关货币体制的要求完全一致。因此，他的计划为我们的建议提供了有声望的证明。"②正因为如此，瓦格曼还在 1936 年成为戈林"四年计划"专家委员会成员。

---

① Ernst Wagemann, *Geld-Kreditreform*, Berlin: Duncker & Humblot Verlag, 1932, S. 37.
② Avraham Barkai, *Das Wirtschaftssystem des Nationalsozialismus*, S. 61.

格雷克博士早有自己的思考，他在 1932 年 12 月初成为施莱彻尔政府的"就业委员"后，通过与德雷格尔领导的"研究协会"紧密合作，拟定出一份详细的就业计划。尽管施莱彻尔曾有贯彻这个计划的打算，但该计划立即因大工业界的拒绝态度而告吹，当这个计划仍以"就业"为题于 1933 年 1 月 28 日发表时，离希特勒上台只差两天了。希特勒对"格雷克计划"中提出来的大型公共工程和资助方法几乎未加改变地接受，是因为纳粹党自 1932 年春以来自己就有与之相同的原则与方法，并已将此收到自己的经济纲领之中了。

总之，"改革派圈子"的宣传活动，在于寻求他们的计划能被执政者所采纳，这种努力虽然在布吕宁、巴本、施莱彻尔政府身上屡遭失败，却被希特勒纳粹党作为夺权后自己就业措施的起点来实现。正是通过这个"货币与贷款经济研究协会"，纳粹党在经济理论上的"改革派思想特点"才为人们所熟悉。

五、德意志"改革派"理论与凯恩斯主义

在货币理论方面，德意志"改革派"也属于"名义学派"。这种理论与"金本位主义"、"商品符合论"相反，突出的是货币作为循环手段的功能，而不是作为价值积聚的手段。货币具有的不是物质上的价值，而是在社会认同和国家立法基础上发挥的功能。

这个学派自从 20 世纪初由德国经济学家格奥尔格·弗里德里希·克纳普（Georg Friedrich Knapp）创立以来，一直拥有不少的追随者。但要将这种理论方向称之为一种"德意志特色"未免过于夸张。所谓"德意志特色"，并非指唯有德意志"改革派"才偏爱这种理论，而是这个事实：这种理论在德国遇到了较少的抵抗。在当时的讨论

中，德意志"改革派"不仅引证克纳普的理论，也同样引证美国欧文·菲舍尔（Irving Fischer）、英国约翰·劳（John Law），首先是约翰·梅纳德·凯恩斯的理论。由于 1933 年后，凯恩斯的理论经常被引证来为这种政策辩护，德意志"改革派"也经常自称为"凯恩斯前的凯恩斯主义者"，因此，对德意志"改革派"理论与凯恩斯主义的关系作某些提示是必要的。

在"改革派"中，威廉·劳滕巴赫（Wilhelm Lautenbach）被称之为"德国的凯恩斯"。这位经济学家早在 1931 年 3 月就提出了购买力总额（Gesamtkaufkraftvolumen）方案和乘数效果（Multiplikatoreffekt）的数学公式，并为国家劳动部咨询委员会起草过一份专家意见书，提出"要用数十亿马克资助公共工程来与危机作斗争"，[①] 但该计划遭到布吕宁政府的拒绝。在劳滕巴赫看来，"30 年代初开始的这场经济讨论是为我本人提出的实际建议奠定科学基础服务的，这些建议与其他改革派成员的建议相类似，都具有凯恩斯主义的特点"。[②] 尽管凯恩斯直到 1936 年通过发表《货币通论》才最后完整地提出他的理论，但他体系的基本架构在德国 20 世纪 30 年代初开始的这场讨论中已众所周知。他 1931 年 6 月发表的《麦克米伦报告》以及《货币论》被译成德文后，立即引起了德意志经济理论界热烈的讨论。

1931 年 5 月，在柏林技术高等学校的一次报告中，威廉·劳滕巴赫这样讲到他提出的经济观念："这种观念在很大程度上讲是与剑桥国民经济学派，特别是与凯恩斯的观点相一致的，这些观念都一

① Hans Jaeger, *Geschichte der Wirtschaftsordnung in Deutschland*, Frankfurt am Main：Suhrkamp Verlag, 1988, S. 172.

② Wilhelm Lautenbach, *Zins, Kredit und Produktion*, Tübingen：J. C. B. Mohr Verlag, 1952, S. 124.

致认为：存款率与投资率的关系决定着经济发展的总进程。不过，在方法论和体系上，我自己是完全独立于凯恩斯而得出这些一般理论上的主要结论的。"①

凯恩斯自从 20 世纪 20 年代初在"赔款问题"上做出同情德国的表态后，一直在德国享有很高的声望。他的著作大多被译成德文，1932 年初还应"货币与贷款经济研究协会"的邀请，在汉堡举行过一次公开报告会并引起了轰动。不仅是"改革派"，而且还有纳粹主义者，都经常引用凯恩斯的话来支持自己的思想和建议。②1932 年春，奥托·瓦格纳将凯恩斯的《货币论》拿给希特勒看，瓦格纳后来讲道："我们两人（指瓦格纳与希特勒）当时还就这本书进行过非常热烈的讨论，因为这本书中介了这种感情：凯恩斯既不认识我们，也不熟悉我们的观点，却强烈地将他自己置于通向我们的道路上。"③

凯恩斯主义对德意志"改革派"的影响，以及由此而对纳粹党经济纲领形成上的影响，几乎没有被人评价过，倒恰恰是凯恩斯这位大经济学家自己指出了这种思想发展史上的关联。在 1936 年出版的《就业，利息与货币通论》一书的德文版前言中，他这样写道："这本书是对英国古典主义（或正统主义）传统的一种摆脱，这种摆脱在英国遇到了相当可观的抵抗，但我能设想，所有这些可能会对德意志读者产生某些不同的触动。这是因为，在德国一直就有它重要的经济学派——历史学派，他们早已对运用古典主义理论分析同时代人的重大事件的足够性提出了强烈的怀疑。因此，我可以期

① Wilhelm Lautenbach, *Zins, Kredit und Produktion*, S.194.
② Werner Sombart, *Deutscher Sozialismus*, Berlin: Buchholz & Weißwange Verlag, 1934, S. 319.
③ Avraham Barkai, *Das Wirtschaftssystem des Nationalsozialismus*, S.64.

待：当我向他们完整地提供一种就业与生产理论时，当这种理论在重要的关系上偏离正统主义观点时，在德意志读者中，我会遇到比在英国读者那里少得多的抵抗。……比较起那种'自由放任'所造就出来的生产与分配理论，这种理论，作为一个整体，更容易适应一个极权国家的关系。"①

由此可见，在纳粹党巩固了极权独裁统治后，在德意志第三帝国里，非正统主义经济理论及其货币、金融技术上的方法与措施，能比在当时的西方民主国家中得到更快速、更有效、更彻底的运用，这种发展绝非偶然。

六、总结

理论上的抽象和分析是事先受过训练的学者们的领域，这个领域，由于其术语的丰富性和数学模型的专有性，只能为一个有限的知识圈子所掌握。这个圈子对经济和国家主管机关的影响，取决于入主或是力争入主这些机关的集团或政党对学者们提出来的措施付诸实践的热心程度。在魏玛共和国末期，围绕着"经济理论问题"展开的这场讨论，实质上是一场争夺社会和政治诸力量的斗争。在这场斗争中，无论是那些民主主义政党，还是那些保守主义政党，或是当时正在台上执政的统治集团，都证明了它们自己是更软弱的对手，而且首先证明了它们自己在经济理论领域里是更弱软的对手，因为它们都仍然将自己局限于古典主义传统的自由市场经济理

① John Maynard Keynes, *Allgemeine Theorie der Beschäftigung, des Zinses und des Geldes*, Berlin: Duncker & Humblot Verlag, 1936, S. 8.

论的框架之中。

如果人们因纳粹主义空洞、平庸的表述就低估它经济观念的意义，那是要犯错误的。恰恰相反，正是诸如"先公后私"、"每个人的生存权利"、"劳动的权利"之类到处适用、故意含糊不清的口号，才为纳粹党的经济观念造就了一个通俗易懂的出发点，这个出发点在经济危机局势下是很容易被极不相同的人口阶层所认同的。更为重要的是，这种观念到处适用的表述，恰恰能将经济"改革派"明确的计划和建议集合起来，即使这些计划和建议出自不同的意识形态前提。

"改革派"在经济理论上的"创新"，并非特殊的"德意志现象"，而是由世界性经济发展与危机引起的对正统主义经济和货币理论反叛的一部分，它的萌芽当时在许多国家都同时出现。然而，对德国的发展具有决定性意义的是："改革派"的非正统主义理论和建议尽管在布吕宁、巴本、施莱彻尔政府那里屡遭拒绝，却被一个具有群众性规模的极右政党抓住了。纳粹主义者之所以抓住"改革派"的思想不放，是因为他们在这里找到了理论上的辩护、实践上的计划和贯彻的方法，而且"赤字政策"、"国家干预"的思想，本身就能与他们的国家和经济观念相适应。因此，纳粹主义的经济观念与"改革派"的"革新措施"，成为自1932年初以来纳粹党正在形成的经济纲领中具有互补性的组成部分。正是通过对这种纲领的宣传，纳粹党才终于使自己成为德国当时最强大的政党。这个政党虽然没有取得议会的大多数，但一直保持了它在经济危机最深重时期德国政治舞台上最高的社会支持率，它给兴登堡统治集团造成的持续性政治压力，最终导致了希特勒的上台。

总之，纳粹主义者并不是在经济观念和理论领域里完全没有准备的情况下上台掌权的。他们经济观念的形成，对经济上新思想和新建议的集合,出自于大危机年代经济理论界热烈的讨论。正是借助了"改革派"的帮助,纳粹主义者才为他们的意识形态准则提供了一种能付诸实施的经济纲领,也正是在纳粹政权手中,"改革派"的经济理论和实际建议,才变成了服务于"政治优先权"的指令性经济措施和金融技术工具。这充分说明:纳粹主义者尽管从意识形态上讲是一群激进的反现代主义者,但同时又是一群"最可怕的实用主义者",他们从不拒绝采用最现代化的技术措施与手段,来达到他们的"空间目标"。

(原载《历史研究》2001 年第 4 期)

德意志"历史学派"传统与纳粹主义

不少历史学家与经济学家将罗斯福"新政"与希特勒"新经济政策"视为凯恩斯主义模式运用上的开端，这早已成为一种习惯。美国著名经济学家约翰·肯尼思·加尔布雷思（John Kenneth Galbraith）曾著文《凯恩斯主义在美国》，对此作过一点小小的"修正"。这位当年美国哈佛大学教授谈到，1933 年富兰克林·D. 罗斯福（Franklin D. Roosevelt）就任美国总统并开始奉行"新政"以后，凯恩斯本人以及他的思想在美国仍然遭到冷遇，以至于美国既未能真正克服 1929 至 1933 年的经济大危机，也未能阻止 1937 至 1938 年危机的到来，只是到 1939 年 9 月第二次世界大战爆发后，凯恩斯主义的补救方法才真正为美国所接受。在该文结尾处，他还特别作出这样的总结："有一种看待这段历史的方法：希特勒在结束了德国的失业以后，又继而为他的敌人结束了失业，他才是凯恩斯思想的真正倡导者。"[①] 但据我查证，所有那些纳粹德国的当事人，都概不承认希特勒政权是以凯恩斯的思想为蓝本来制定、推行其经济政策的，他们只承认这一点："这种经济政策不过有些类似于凯恩斯主义

---

① 约翰·肯尼思·加尔布雷思：《凯恩斯主义在美国》，引自陶洁（编选）：《二十世纪英文观止》，天津人民出版社 1994 年版，第 352 页。

的方法罢了。"①这就提出了一个令人感兴趣的问题：如果说纳粹党人经济政策中的"现代国家干预主义模式"不是来源于凯恩斯的，那它又是从哪里来的呢？

对于这个问题，倒是约翰·梅纳德·凯恩斯本人提供了一条极为有意义的线索。这位英国大经济学家在1936年出版的那部名著《就业，利息与货币通论》的德文版前言中这样写道："我的这本书是对英国古典主义（或正统主义）传统的一种摆脱，这种摆脱在英国遇到了相当可观的抵抗。但我能设想，所有这些可能会对德意志读者产生某些不同的触动。这是因为，在德国一直就有它重要的经济学派——'历史学派'，他们早已对运用古典主义理论分析同时代人的重大事件的足够性提出了强烈的怀疑。"最后，他还特别强调："我的这种生产理论，作为一个整体，更容易适应一个极权主义国家的关系。"②

凯恩斯的这段话至少向我们提示了两点：一是纳粹主义（即民族社会主义）经济政策的制定与推行的确不是以凯恩斯的思想为蓝本的，因为凯恩斯的完整理论直到1936年才正式发表，而此时纳粹德国已经彻底摆脱了1929年开始的那场经济大危机并实现了充分就业；二是纳粹党巩固了独裁统治后，"国家干预主义"思想以及"非正统主义"的货币金融措施，在德国能得到比在西方民主国家中更快速、更有效、更彻底的贯彻和运用，这种发展绝非偶然，而是有它深刻的经济理论发展史上的传统根源的。本文将沿着这一线索，探讨传统的德意志国民经济学派——"历史学派"——的奠基、发

① Wilhelm Lautenbach, *Zins, Kredit und Produktion*, Tübingen：J. C. B. Mohr Verlag, 1952, S. 196.
② John Maynard Keynes, *Allgemeine Theorie der Beschäftigung, des Zinses und des Geldes*, Berlin：Duncker & Humblot Verlag, 1936, S. 8.

展、变异，以及它与纳粹主义经济思想之间的联结点问题，以期查明纳粹主义经济思想与政策形成上的历史总背景问题。

一、德意志"历史学派"的形成与发展

在19世纪初期的"大改革时代"，作为对1789年法国大革命冲击的反应，也出于维护民族自身利益的需要，在德意志经济理论家中间，出现了一种反自由主义倾向。正是在这种倾向的发展中，逐步形成了一个被后人称之为"浪漫主义的"德意志国民经济学派——"历史学派"，它与以英法为代表的西方古典国民经济学说绝然相反，强调的不是自由竞争与国际贸易，而是自身民族的独立性以及经济政策中民族目标的优先权。

德意志"历史学派"的经济观念归纳起来有以下几点内容：（1）所有经济活动的头号目标，不是满足个人的需要，而是促进国家或民族权力的强大。（2）国家的权利与义务，就是要将经济过程限制在有利于由国家定义的"公益"上，限制在国家指令性的经济主导权上。（3）国家主权包括不受限制的财政主权，它造就的支付手段，不受贵金属数量上的限制或对外贸易政策上的限制。（4）在欧洲大陆上建立一个能自给自足的"大经济空间"，并通过对东欧和东南欧的经济渗透，来确保这个空间的扩张。（5）在这个空间里，应始终保持农业的优先地位和乡村生活的田园化。

德意志"历史学派"在19世纪的前40多年间经历了它的奠基阶段。头一个提出这种经济观念萌芽的是大哲学家约翰·戈特利布·费希特。在1800年出版的《封闭的贸易国》一书中，他勾画出一个"自给自足"社会的乌托邦，并建议，"引入一种特别的内部货币来

确保自给自足,这种货币应建立在人们的信任和强大的国家财政主权基础上,并使这种货币的供应量与内部市场的需求相适应"。① 可以说,费希特是德意志近代史上最早的"自给自足论者"和最早的"国家财政主权论者"。

继费希特之后,浪漫主义经济学家亚当·海因里希·米勒,为配合普鲁士的"斯泰因—哈登堡改革",于 1809 年出版了《治理国家的因素》一书。在书中,他对费希特的货币理论作了进一步的阐述:"作为'世界货币'的金属币是死钱,它得依赖于贵金属发现的偶然性;唯有由国家发行的'内部货币',即纸币,才是有生命力的活钱,它能根据经济循环的需要增加或减少,因此,也唯有纸币,才体现出国民对国家的信任,才真实地表达了民族的活力,因而也是真正有效和永恒的货币。"② 正是这种具有现代性质的货币观念,奠定了德国"历史学派"货币理论的基础。

在这本书中,米勒还提出了"公益"思想。他赋予国家"一种永恒的、独立的、凌驾于一切之上的最高本质地位",而"个体必须为国家的永恒本质作出牺牲",由于"私有财产仅仅体现为对永恒的公有财产用益权的一种暂时性借用",③ 而"国家经济凌驾于一切私人经济之上",因此,"国家的任务就是要在面临私人利益具有瓦解性的滥用时保护公共利益"。④ 这种"公益"思想成为"历史学派"的"国家干预主义"与"和谐发展论"的理论支柱。

米勒还从中世纪的过去推导出他的"孤立的民族农业"方案。他认为:"一种为世界市场而生产的工业,完全瞄准最大限度的产

---

① Johann Gottlieb Fichte, *Der geschlossene Handelsstaat*, Frankfurt am Main: Suhrkamp Verlag, 1977, S. 59.

② Adam Heinrich Müller, *Die Elemente der Staatskunst*, Leipzig: Teubner Verlag, 1931, S. 159.

③ *Ibid.*, S. 246.

④ *Ibid.*, S. 196.

量和收入目标，这对于德国这样一个陆上大国来说并不适合。在任何一场可以想象的危机中，要维持这个国家，就必须依赖这片土地上生活的民族的内在联系。从根本上讲，这种内在联系取决于农业，因此，"唯有通过这种孤立的民族农业，才能确保一种具有抵抗危机之能力的民族经济"。①这一思想不仅大大深化了费希特提出的"自给自足论"，而且成为普鲁士容克贵族政治家们一再加以信奉的信条。

19 世纪 30 至 40 年代，德意志国民经济学派最为重要的代表人物无疑当数弗里德里希·李斯特。这位前蒂宾根大学教授坚决反对英法式的古典自由主义经济模式，并将"国家对经济的指令性"视为"这个政治经济学的民族体系的固有内容"，他还特别强调："这种指令性绝不仅限于关税保护主义，还应包括整个经济过程！"②这是德意志"历史学派"理论发展史中有关"指令性经济"的最早表述。

在货币理论方面，李斯特将米勒等人的观点又向前推进了一步：他认为："当国家缺钱的时候，实际上只是缺少一种价廉物美的辅助性手段，这只需引入一种稳定的纸币体系，或是增加现存纸质流通手段的数量就能提供。"③"通过经济上的真正价值来作抵押并满足追加性的支付手段，就能避免通货膨胀的危险。"④早在 19 世纪 30 年代后半期德意志的"铁路大建设时代"，李斯特的货币理论就曾经得到过第一次成功的实践。

在滚滚向前的工业化时代里，李斯特最先看到了在世界市场面

---

① Adam Heinrich Müller, *Die Elemente der Staatskunst*, S. 164.
② Friedrich List, *Schrift*, *Reden*, *Briefe*, *Bd. 2*, Berlin: Slowo-Verlag, 1932, S. 176.
③ *Ibid.*, S. 75.
④ *Ibid.*, S. 239.

前通过提高关税来保护民族工业的重要性，但同时认为，"仅有关税保护还不够，还必须拥有强大的军事力量，征服别的民族，建立殖民地，才能造就民族自我生存的条件"。他在 1841 年出版的《政治经济学的国民体系》中一再强调：唯有通过殖民地这个"最不可缺少的工具"，才能"使祖国的工业获得活力，从而使人口得以增加，国内农产品的需求得以增长，海运事业和海军力量也得以扩大"。[①]

李斯特也是头一个提出建立德意志"大经济空间"理论的人。在他关于未来德国版图的构想中，不仅荷兰和丹麦被包括在内，就连整个奥匈帝国与奥斯曼帝国的欧洲区域也在其中。他还这样宣称："未来是属于大经济空间的，一个这样的德意志大帝国才能成功地与美国、法国、俄国竞争……这个帝国一方面被亚德里亚海所冲刷，另一方面由德意志精神赋予它灵魂！"[②] 这种"大经济空间"设计已经远远超出了"大德意志统一"的构想。

不仅如此，李斯特的思想中还散发着浓烈的种族主义情绪。他在 1846 年写道："这个地球上占统治地位的民族，近来已经开始越来越按它们的来源互相淘汰。……日耳曼种族由于天命所赐予它的本性和特点，注定要完成这个伟大的历史使命：领导世界事务，开化野蛮国家，向海外大规模殖民，并在那里建立起完全意义上的国家公社，防止野蛮和半野蛮原始居民的影响。"[③] 因此"唯有经过一次性的领土扩张并得到满足后，德国这个已无须食品和原料进口、经济独立的统一体，才能确保这个世界的和平"[④]。

德意志国民经济学派是由于威廉·罗舍尔教授 1843 年 5 月在柏

---

① 弗里德里希·李斯特：《政治经济学的国民体系》，商务印书馆 1983 年版，第 229 页。

② Friedrich List, *Schrift*, *Reden*, *Briefe*, Bd. 2, S. 499.

③ Franz Neumann, Behemoth, *Struktur und Praxis des Nationalsozialismus*, *1933—1944*, Frankfurt am Main: Fischer Taschenbuch Verlag, 1977, S. 140.

④ Friedrich List, *Schrift*, *Reden*, *Briefe*, Bd. 2, S. 499.

林大学所作的讲座——《用历史学的方法来论述国民经济》，才获得
"历史学派"这个别称的。在此后长达半个多世纪的时间里，统治了
德意志大专院校的经济学。从纯理论的角度上讲，它的新特点在
于：强调民族的文化特性和历史发展的连续性，否认普遍适用的经
济理论模式，因而也更响亮地宣扬经济上的反自由主义、"国家干预
主义"和德意志民族主义。

罗舍尔 1857 年出版了《国民经济学的基础》一书，他从民族的
文化概念出发，将"民族经济的框架"称之为"统一经济利益的民
族空间"、"活生生的有机体"。他认为："国民经济，正如国家、法
权、语言一样，是民族发展的一种本质，表现出这个民族的特点与
文化阶段，并与其他本质性的方面一起形成、发展、繁荣和衰落。"
他特别强调："用大量有利于国家干预的例外来突破从英法引进的流
通自由，是德意志人的一种典型的民族特点。"[1]

同时代的"历史学派"代表人物中，还有柏林大学教授卡尔·
克尼斯（Karl Knies）。在 1883 年出版的《历史学立场的政治经济
学》一书中认为："亚当·米勒与弗里德里希·李斯特的伟大之处就
在于，他们没有对国家干预经济采取拒绝态度，而这正是自由主义
者们所犯的错误。"[2]他还公开拒绝西方古典自由主义经济理论中的
"生产和收入的最大限度化"，并明确提出："民族经济活动的头号目
标，不是物质上最大量的生产和资本积累，而是经济过程的和谐与
安全！"[3]

更年轻一代的"历史学派"代表人物主要有阿道夫·瓦格纳与

① Wilhelm Roscher, *Die Grundlagen der Nationalökonomie*, Berlin: Teubner Verlag, 1932, S. 70.
② Karl Knies, *Die Politische Ökonomie vom geschichtlichen Standpunkt*, Braunschweig: Schwetschke Verlag, 1931, S. 329.
③ *Ibid.*, S. 131.

古斯塔夫·冯·施莫勒。由于他们已处于"快速工业化时代",两极分化与社会结构的大变动导致了社会主义工人运动的不断发展,加之德帝国建立后发生了长达 20 多年(1873—1895)的经济危机与萧条,国际上又面临尖锐的竞争,因此,他们不是停留在理论思考上,而是力图赢得政府圈子对他们思想的采纳。在由他们 1873 年组织起来的"社会政策协会"中,这些"讲坛社会主义者"是作为帝国执政者们的国民经济学顾问、国家官僚们的老师、社会上的义务宣传家来发挥影响和作用的。

在这里,阿道夫·瓦格纳的"国家社会主义"理论,最清楚地表达了"国家应对经济实施无所不包的干预"的要求。1873 年 3 月,在一份给帝国宰相奥托·冯·俾斯麦的上书中,这位柏林大学教授这样写道:"帝国政府不仅应积极推行社会福利与保险政策,而且直接的国家主导权和一种无所不包的制度化控制体系,应首先服务于这个国家经济和强权政治上的发展,并阻止经济与社会的危机。"① 正是由于接受了瓦格纳的建议,俾斯麦才动用国家干预手段,对外实行起严格的关税保护,对内建立起世界上头一个社会福利保险制度,从而使德帝国成为世界上最早具有"现代国家干预主义"色彩的国家。

在货币理论方面,瓦格纳提出了"国家不受限制的主权"原则。在他"金融体制国家化"的要求中,主张"对私人银行的主导权进行严密控制和限制",并特别强调:"必须赋予国家自由提高货币供应量的权利。"② 正是在这一思想的基础上,他的学生格奥

① Rüdiger vom Bruch, *Weder Kommunismus noch Kapitalismus*, München: C. H. Beck Verlag, 1985, S. 70.
② Christian Rist, *History of monetary and Credit Theory, from John Law to the present Day*, London: Allen and Unwin, 1940, S. 101.

尔格·弗里德里希·克纳普创立了货币理论上"反金本位主义"的"名义学派理论",它突出的是货币作为循环手段的功能,而不是作为价值积聚的手段。在 1905 年出版的《国家货币理论》一书中,这位柏林大学编外讲师完全否定了金属币的必要性,并指出:"纸币是唯一通过国家法律和国民对国家的信任才产生出来的支付手段,它不仅是无须具有自身价值的真正的钱,而且具有准备金上的灵活性,它具有的不是物质上的价值,而是在社会认同和国家立法基础上发挥的功能。"[①]这一"现代纸币理论"的提出,即使比起凯恩斯 1931 年 11 月底发表的《麦克米伦报告》以及《货币论》来,也要早整整 26 年!

自 20 世纪初以来,随着德帝国与其他列强国家在国际竞争中的关系紧张化,一种"中欧解决方案"开始在"历史学派"理论家当中抬头。他们越来越将德国看作是一个"受到歧视、被分裂的世界包围的大国",这个大国现在只剩下唯一的一条出路:为了德意志工业的发展,应开拓内部市场和东欧、东南欧原料产地,建立一个"领土封闭的大经济空间",并将这种大经济空间称之为"生存空间"。

古斯塔夫·施莫勒的"中欧集团"理论正是在这一背景下出台的。这位柏林大学经济学教授极力主张由德国来组建、领导一个"中欧集团",1900 年,他在《19 世纪贸易政策中的变化》一文中写道:"通过这个集团,德国将以一个得到扩张、实行自给自足的大经济空间作为他民族力量不可缺少的基础;通过这个集团,德国将打开通往非洲、波斯和印度的道路,并作为一个统一的、不可分割的

---

① Christian Rist, *History of monetary and Credit Theory, from John Law to the present Day*, S. 334.

大国，出现在与其他列强进行经济谈判的桌子上。"①

"生存空间"概念，则是"历史学派"晚期代表人物之一、德国地缘政治学说的创立者、莱比锡大学经济地理学教授弗里德里希·拉采尔（Friedrich Ratzel）头一个提出来的。此人在施莫勒理论的基础上进行加工，并于1901年发表了题为"生存空间"的论文，文中不仅指出"中欧思想"的未来方向，而且给"中欧方案"的动机配上了社会达尔文主义的底色。他将"经济空间规模的大小"看作"种族力量最重要的象征"与"种族之间生存斗争的结果"，而"最强大、最纯洁的种族，将作为最广阔生存空间的占有者来出现"。②而他的学生，慕尼黑大学教授卡尔·豪斯霍夫（Karl Haushofer），则以浪漫主义的"有机发展"、"生存空间的大陆统一体"等概念，对他的地缘政治理论加以补充，并通过与希特勒的接触，对《我的奋斗》中"生存空间"的描述产生了决定性影响。③

在此，有必要提到金融专家黑加尔玛·沙赫特在这种"中欧思想"宣传上的合作。沙赫特曾在柏林大学学习国民经济学，是古斯塔夫·施莫勒教授的"得意门生"，并经这位老师介绍，年纪轻轻就成为"德意志贸易条约协会"的秘书，1902年还组织过该协会前往东南欧和近东的"学习旅游"，并在1916年成为"德意志中欧工作委员会"的参与缔造者。这种经历，对于沙赫特这位后来纳粹政府的"帝国经济部长"兼"帝国银行总裁"以及1934年《新计划》发起者的政治生涯来说，是至关重要的。

① Gustav Schmoller, *Die Wandlungen der europäischen in der Handelspolitik des 19. Jahrhunderts*, in *Schmollers Jahrbuch*, Bd. 24, Leipzig, ：Oldenbourg Verlag, 1900, S. 373.

② David Calleo, *The German Problem Reconsidered*, London：Cambridge University Press, 1978, S. 38.

③ Thomas Kamenetzky, *"Lebensraum"*, *Secret Nazi Plans For Eastern Europe*, New York：Academic Press, 1961, S. 87.

最后，还有两位"历史学派"晚期代表人物——瓦尔特·拉特瑙（Walther Rathenau）与维沙德·冯·莫伦多夫（Wichard von Moellendorf）——也应记录在案。这两人是一战中"战争社会主义"与"德意志共同体经济"的倡导者和德帝国战争经济和原料分配的管理者。事实上，希特勒关于"尊重工业家首创精神和赢利动机"的思想，出自莫伦多夫在一战中的管理实践，而后来主管纳粹德国战争经济的弗里茨·托特与阿尔贝特·施佩尔所奉行的"工业自我责任制"，则直接来源于拉特瑙。①总之，正是在这两位代表人物的手中，德意志"国家指令性干预"倾向和"国家主导权"意识大大加强，并对后来纳粹德国战争经济体制的形成直接产生了重要影响。

二、"历史学派"后继者们的"新保守主义革命"

在一战战败后的德国魏玛共和国时代（1918—1933），随着君主制的崩溃，议会民主制的建立，《凡尔赛条约》的签订，1923年"超通货膨胀"的经历，"道威斯计划"的推行，美国资本的流入，西方古典自由主义的"边际效用理论"开始统治德国高校的经济理论界，并孕育出一种与德意志经济发展现实几乎无关的经济学。因此，大专院校的经济学家们，大多是手足无措地面对一连串的危机事件的。

与此同时，由于大多数"讲坛社会主义者"相继去世，德意志

---

① 阿尔贝特·施佩尔：《第三帝国内幕》，生活·读书·新知三联书店1982年版，第210页。

"历史学派"逐渐退出大专院校舞台，但仍然占据着经济评论与时事评论等社会舆论场所，其继承人的队伍也一分为三：罗伯特·弗里德伦德尔－普雷希特在全国组织起活跃的"经济改革派"阵营，维尔讷·佐姆巴特①在柏林领导着"行动圈子"，奥特马尔·施潘在维也纳建立了"普遍主义学派"，他们以各自不同的特点，将"历史学派"的浪漫主义传统传递给信奉"国家社会主义"的年轻知识分子们。这些决心进行一场"新保守主义革命"的理论家，"在一种自我封闭的政治和社会意识形态中与这个年轻的民主共和国作斗争，并对青年一代产生了充分的影响力"。②尤为重要的是，他们在极权主义国家观念基础上提出的一系列相当特殊的经济方针与建议，经常引起纳粹主义者们意外的惊喜。

罗伯特·弗里德伦德尔－普雷希特领导的"经济改革派"队伍，除主张"民族经济的自给自足"外，着重强调自身与"历史学派""纸币理论"上的传统联系，并积极探索经济技术和金融手段上的"现代革新"。正是这一特点，使"经济改革派"不仅强烈地促进了1929至1933年大危机期间的经济讨论，而且成为向纳粹党直接或间接地提供实际经济建议与措施的知识力量。在纳粹党1932年5月的《经济紧急纲领》、同年11月的《经济建设纲领》，以及1933年1月希特勒上台后的一系列经济政策与计划中，关于"通过公共工程来减少失业，通过发放生产性贷款来资助公共工程"等，这类"赤字财

---

① Werner Sombart 这一德语姓名的标准翻译应为"维尔讷·佐姆巴特"，若采用英语姓名翻译标准，应译为"沃纳·松巴特"。但2000年上海人民出版社出版的译著《奢侈与资本主义》中，却将作者的这一姓名错译为"维尔纳·桑巴特"，因为在英语姓名翻译中，唯有"San"才能译为"桑"，而"Som"只能译为"松"。在这本书中，还将"威廉·罗舍尔"也错译为"威廉·罗雪尔"。参见杨业治等编的《德汉词典》（上海译文出版社1983年版）以及辛华编的《英语姓名译名手册》（商务印书馆1983年版）。

② Klemens von Klemperer：*Germany's New Conservatism，Its History and Dilemma in the Twentieth Century*，Princeton：Princeton University Press，1957，S.192.

政政策"与"国家干预政策"上的关键性内容与具体性措施，均直接来源于"经济改革派"的建议。①

奥特马尔·施潘建立的"普遍主义学派"，主要强调自身与"历史学派""和谐发展论"上的联系，他们把"重新发现的"亚当·米勒视为"精神之父"，并将中世纪的"等级国家"和"等级经济"奉为一种新的经济和社会理想秩序。因此，他们主张按"等级"形式来组织经济，并将社会平衡与和谐，稳定与安全，而不是经济上的最高产量与最大可能的增长率，作为追求的目标。在这三派中，它也显得最为"传统"，不像另两派那样具有"现代性"。

维尔讷·佐姆巴特组织起来的"行动圈子"，则以强调对"历史学派"传统的"全面继承，并付诸行动"为特点，因而成为这场"保守主义革命的先锋"。佐姆巴特提出："每一种理智的经济政策的直接目标，必须是赋予生产持久的稳定性。我们将抛弃这个经济时代体现出来的那些进步。当人们把对资本主义的一场扫除、放慢技术与经济进步等称之为主要缺点时，那么我们的回答是：我们恰恰在其中看到了一种幸运！"②

作为柏林大学 1931 年的退休教授，佐姆巴特是在他 1934 年出版的《德意志的社会主义》一书中写下这段话的。不少人将这本书看作是一位德高望重的学者令人惋惜的失言，认为这是他在试图巴结新上台的纳粹统治者。但这种判断是站不住脚的，因为该书的主要轮廓，早在他 1903 年的《19 世纪与 20 世纪初的德意志国民经济》、1906 年的《为什么美国没有社会主义》、1911 年的《犹太人和现代

---

① 见拙作：《纳粹经济纲领与德意志"经济改革派"》，《历史研究》2001 年第 4 期。关于纳粹党如何借助德意志"经济改革派"的帮助提出自己的经济纲领的问题，本人已在该文中作过详细论证，这里不再累述。

② Werner Sombart, *Der Deutsche Sozialismus*, Berlin：Buchholz & Weißwange Verlag, 1934, S. 318.

资本主义》、1913 年的《奢侈与资本主义》、1915 年的《商人与英雄》、1919 年的《社会问题，现代社会主义》、1927 年的《经济生活的秩序》、1928 年的《高级资本主义时代中的经济生活》等著作中就已经勾画出来了。还不如说，这本《德意志的社会主义》是他对"历史学派"传统的一种合乎逻辑的总结，

　　佐姆巴特在这本书中所提倡的"对经济实施广泛的国家干预"并不是什么新东西，早在 1903 年，他就将"政治家对经济日益增长的干预"称之为"未来发展具有特征的标志"，并认为"这将导致社会资本主义"。[1] 1932 年 2 月，他应"经济改革派"理论家海因里希·德雷格尔的邀请，在"货币与贷款经济研究协会"举办的报告会上作了题为"资本主义的未来"的讲演，公开提出"实施一种国家中央计划经济"的要求，并强调"这种计划必须包括所有经济部门"。而在《德意志的社会主义》一书中，他引证费希特、米勒等人的观点，将这种"国家中央计划经济"称之为"一种纯粹的德意志国家观念，它是有意识地与那种从西方渗透进来的个人主义、理性主义国家观念处于完全对立的位置上的"。[2]

　　但是，如何将国家机关的指令和计划转达到经济的最下一级，在传动方式上能有不同的设想，在这一点上，施潘与佐姆巴特的设想大相径庭。施潘仿效中世纪行会秩序，想实现一种"等级结构"或"等级制度"，在这种"等级国家"模式中，仍赋予现存的企业家利益联合会以完全独立的自治权和自我管理权。而在佐姆巴特那里则相反，充其量只是将这些"等级组织"（或者说"利益联合会"）看作国家指令的隶属执行机构。为此，佐姆巴特甚至将"普遍主义

---

[1]　Werner Sombart：*Die deutsche Volkswirtschaft im 19. und im Anfang des 20. Jahrhunderts*，Berlin：Weidemann Verlag，1903，S. 455.

[2]　Werner Sombart，*Der Deutsche Sozialismus*，S. 172.

学派"斥为"非科学的":"因为在这种等级国家里,这些等级组织是要参与国家意志的形成的。而未来的国家,将永远是一个权威的专制国家!"①这场理论上的争论具有充分的现实性意义,它不仅涉及未来经济制度的结构,而且涉及物价与工资的构成。希特勒的第三帝国正是在佐姆巴特的定义上来反对施潘的"等级方案"的。②

不过,"新保守主义理论家"们在这一点上则是相同的:即都表达了一种反现代主义的农业观,一种对经济、社会、工业和技术进步的矛盾心理。佐姆巴特要求,"用乡村生活浪漫主义的理想来反对都市化造成的道德伦理伤害;用文化上农民扎根家乡的固定性来反对大城市无产者的无根性,因为这种城市文明没有真正的价值内容"。在这里,无论是施潘,还是佐姆巴特,或是弗里德伦德尔-普雷希特,都有一个共同的动机:"开展一场反都市化、反'过分工业化'的斗争",因为在他们看来,"这种都市化和'过分工业化'是一切享乐主义的根源,也是一切理想主义与文化的敌人!"③

从这种观念出发,这三派的理论家都提出了"德国重新农业化"的口号。施潘对所有退回中世纪的幻想都情有独钟,更不要说"重新农业化"了;弗里德伦德尔-普雷希特早在1931年出版的《经济转变,失业危机的原因与对它的克服》一书中就已在谈论"应将德国重新变成一个农民的国家"④;至于佐姆巴特,则更是一位"重新农业化"的积极宣传家。他不仅将此看作"合乎时代精神的应急方案",

---

① Werner Sombart, *Der Deutsche Sozialismus*, S. 231.
② 这场1933后发生于第三帝国内部的反对"历史同路人"的斗争,其最终的结果就是:施潘被开除出纳粹党,"普遍主义学派"成员遭到逮捕,"防止国家干预、维护大工业家利益"的"杜塞尔多夫等级制度研究所"被强行解散,以及"德意志工业家帝国等级组织"领导人、"钢铁大王"弗里茨·蒂森被迫逃亡美国。
③ Werner Sombart, *Der Deutsche Sozialismus*, S. 323.
④ Robert Friedländer-Prechtl, *Wirtschafts-Wende. Die Ursachen der Arbeitslosen-Krise und deren Bekämpfung*, Leipzig: Oldenbourg Verlag, 1931, S. 177.

而且还得出这个结论:"对于一个国家来说,农业人口比城市工商业贸易人口更有价值,更加必不可少,因此,重新农业化属于德意志社会主义的要求。"①

将"德国重新农业化"与"自给自足"联系在一起,更是"新保守主义理论家"们思想上的一个共同特点。他们积极呼吁"中欧大经济空间",将"自给自足的必要性"视为"世界贸易战爆发的结果",并从"民族特性"、"生活方式"的理由出发来为之辩护。弗里德伦德尔-普雷希特写道:"在这个世界上,经济时针已经指向了日益增长的自给自足方向,指向了在封闭的经济空间内尽可能达到自我供应的努力。对德国来说,拥有一个这样的欧洲经济空间,即使不能在全世界占据统治地位,也至少能与地球上其他经济空间并存。"②佐姆巴特对此也加以唱和:"这种自给自足,不仅从军事和强权政治的考虑上讲是必需的,而且从内部社会的考虑上讲也是必需的……为了这一目标的实现,首先需要一种有充分意义的国家秩序,这个国家应根据它自己生活意义上的表达来发展,并独立于外国的发展进程。"③

"赤字财政"、"国家干预"、"指令性经济"、"自给自足"、"重新农业化"、"中欧扩张计划"以及"大经济空间"等等,所有这些,不仅在"新保守主义理论家"们那里,而且在激进主义的纳粹党人那里,都被视为"克服危机的方案"和未来"一体化经济"的"新秩序"。因此,在 20 世纪 30 年代初,"新保守主义理论家"与纳粹主义者唱起了同样的旋律,也彼此找到了对方。实现这些思想上的合作,只是一种相互接近的自然完成。

---

① Werner Sombart, *Der Deutsche Sozialismus*, S. 293.

② Robert Friedländer-Prechtl, *Wirtschafts-Wende. Die Ursachen der Arbeitslosen-Krise und deren Bekämpfung*, S. 134.

③ Werner Sombart, *Der Deutsche Sozialismus*, S. 284.

三、德意志"历史学派"传统与纳粹主义

对于魏玛时代的德意志自由主义经济学家们来说，任何一种国家干预都被视为经济上的危险。因此，在 1929 至 1933 年的大危机中，他们反对任何"货币试验"，并认为上述思想史上的倾向"是一种反资本主义的、特殊的德意志社会主义表达，民族社会主义（即纳粹主义）也属此类"。[①]这种理论的一个主要缺陷在于，它是根据"自由"、还是"干预"的原则来进行分类的。他们将西方古典自由主义中的经济和财政原则与"资本主义"相提并论，因而也就否定了在资本主义经济中采取任何国家干预主义措施的可能性。这一点大大束缚了他们采取革新措施的手脚，从而也使得德意志自由主义经济理论发展史上的这场思想突破，直到二战以后，才由信奉"有秩序的新自由主义"的"弗赖堡学派"来完成。

德国著名历史学家沃尔夫冈·霍克（Wolfgang Hock）发现，这种"特殊的德意志社会主义"并不反对私人财产占有制与私人利润刺激制，但坚决反对"国际资本主义"和"犹太资本主义"，由于那些所谓的"内、外异族资本主义者"当时都是信奉自由主义的，因此，他将这种"特殊的德意志社会主义"定义为"一种普遍的反自由主义"。[②]尽管"反自由主义"是一种具有极大包容性的概念，但它只是消极地表达了对现存经济秩序的拒绝，而没有表达出所追求的经济秩序上的目标。

"奥地利学派"的领军人物之一、著名经济学家、维也纳大学教

① Gustav Stolper, *Deutsche Wirtschaft 1870—1940*, Stuttgart：Franz Mittelbach Verlag, 1950, S. 233.

② Wolfgang Hock, *Deutscher Antikapitalismus. Der ideologische Kampf gegen die Freie Wirtschaft im Zeichen der großen Krise*, Frankfurt am Main：Fritz-Knapp-Verlag, 1960, S. 23.

授路德维希·冯·米瑟斯（Ludwig von Mises），曾采用"国家主义"的术语来描述德意志"历史学派"的思想倾向。①但这种"国家主义"特点也是所有现代福利国家所共有的，这种福利国家是将"尽可能大地满足个人需求和充分就业"作为国家主导权和国家干预的最终目标的。而这里所描述的德意志经济思想史中的发展方向，不仅在经济上突出的是"权威专制国家"的观念，而且还给予国家在民族和强权政治上的任务以无条件的优先权。因此，当人们必须使用一种能普遍适用的抽象术语来对"历史学派"传统的思想倾向进行概括时，倒是可以采用"民族主义的国家主义"这个概念的，因为它能向我们简明扼要地说明这种关联。

这种"民族主义的国家主义"传统的历史连续性体现了什么呢？无论怎样，还不能将纳粹主义经济观念的形成解释为这种传统理论方向不可避免的唯一性结果。但是，人们不难得出这个结论：在20世纪30年代的经济局势中，这种传统发挥了一种不可低估的影响和作用。这种不怕损害私人经济主导权的"指令性经济方案"，尽管在其他工业化国家的政治右派身上也受到了程度不同的欢迎，然而在德国，由于这种传统上的连续性，一个广泛而有影响的圈子是特别乐意接受这种观念的。能否将以前的那些德意志"历史学派"的经济理论家们判定为纳粹主义的"前驱"或"开路先锋"，还是一个有待继续讨论和研究的问题。但这一点不可忽略：尽管那些早年的经济理论家们并没有想到要去为后来的人们理解纳粹主义经济政策提供方便，但正是他们的理论及其影响，才为纳粹主义经济政策在惊人之短的时间里，找到了相当多的经济理论家、政府部门官僚以及

---

① Ludwig von Mises, *Socialism, An Economie and Sociological Analysis*, London: Jonathan Cape, 1936, S. 245.

企业家的支持，因为这个圈子中的相当多的人，在他们的青年时代和大学学习期间，都是在接受这种思想传统中成长起来的。这一点显然有助于解释为什么在这些人中，有的会在 1933 年 1 月支持希特勒上台，而大多数人会在后来几乎不作任何真正有力抵抗的情况下让出手中的权力，甚至与纳粹掌权人进行积极的合作。

不幸的是，在走出这场经济危机的过程中，纳粹掌权人采取的"赤字财政"、"国家干预"等措施，又偏偏是一种具有现代风格的技术手段，一种能很快生效的药方。这种政策所取得的成就，不仅使纳粹政权得到了德意志人民大众在政治上对它的赞同，而且给它无所不包的经济观念抹上了"理论正确"的神圣灵光。如果魏玛时代的自由主义经济学家与政治家们能摆脱西方古典自由主义经济和财政原则的束缚，运用起更先进的反周期经济措施的话，德国局势的发展又会是怎样的呢？对于这个推论上的问题，可能没有令人满意的答案。历史的事实是：早在 1933 年以前，纳粹主义者以及与他们接近的经济学家们就已经在宣传通过"非正统的"财政方式和国家干预措施来克服经济危机了，并在夺权后坚决地加以贯彻。

这些政策与措施中究竟有多少要归结为德意志"历史学派"的"传统理论"，有多少要归结为"新保守主义理论家"们的"现代革新"，又有多少要归结为希特勒之流的"实用主义即兴作曲"，无疑值得考虑，很可能所有这些因素都在其中扮演了角色。但无论怎样，至少纳粹党内的"经济理论专家"们，在他们"新经济政策"的酝酿过程中，是仔细研究、热情再版过大量德意志"历史学派"理论家们的著作并从中找到了"样板"的，费希特、米勒、李斯特、罗舍尔、克尼斯、瓦格纳、施莫勒、克纳普、莫伦多夫等这类理论家们的思想与言论，也是经常被他们挂在嘴边并兴高采烈地加以引用的。

　　纳粹党的"经济理论家"弗里德里希·毕罗夫（Friedrich Bülow），早在1932年初就知道"这股风是从哪儿乱来的"。在他为亚当·米勒的著作《关于共同体的精神》一书所作的再版前言中这样写道："当'亚当·米勒'这样一个名字被移到现代意识的目光之中时，当他的著作现在不仅再度被人们阅读，而且被人们尽力从精神上加以理解时，当今时代潮流与传统的德意志国民经济思想之间的一种更为深刻的联系必然会参与进来。"①

　　纳粹党的重要成员奥托·斯特拉塞这样讲道："我曾在柏林大学维尔讷·佐姆巴特那里作学生，我和我哥哥格雷戈尔·斯特拉塞经常与佐姆巴特一起讨论问题并强烈地受到他的影响。我们这些知识型的纳粹主义者不仅熟悉佐姆巴特的著作，而且熟悉以前的经济理论家尤其是施莫勒、瓦格纳等人的著作。"他甚至将这些理论家都称为"法西斯思想的先锋"，并认为"莫伦多夫在战争经济中就已真正认识到了这种民族社会主义"。②

　　纳粹主义经济学家阿图尔·R.赫尔曼（Arthur R. Hermann）则运用"德意志观念"来论证纳粹主义与德意志"历史学派"理论传统之间的关联："那种源于西方自由主义立场的货币观念，是与我们这种源于无所不包的有机体世界观的德意志国家—民族观念相对立的。我们可以将亚当·米勒视为这种国家—民族观念的第一位代表。他在突破以自由主义为基础的货币理论的迷雾上有着极大的功劳。那种增加货币供应量的新原则是一种得到后人广泛发展的国家

① Adam Heinrich Müller, *Vom Geiste der Gemeinschaft*, Berlin: Sander Verlag, 1932, S. 15.
② Avraham Barkai, *Das Wirtschaftssystem des Nationalsozialismus*, Frankfurt am Main: Fischer Taschenbuch Verlag, 1988, S. 101.

理论，连货币理论大师阿道夫·瓦格纳提出的在银行体系中排除自由竞争和自由主导权的要求，都是以此为依据的。"[①]

　　纳粹党《人民观察家》杂志经济版主编汉斯·布赫讷（Hans Buchner），更是将纳粹主义经济观念称之为"传统的德意志国民经济思想的最终完成"。在他看来，"费希特是宣告者，他宣告了一种超越苍白的功利主义的国家成员内部的团结一致；亚当·米勒的货币理论是纸币最好的解释，他走出了拒绝自由贸易道路上的第一步；弗里德里希·李斯特最有说服力地提出了以民族政治为方向的空间经济要求，他与费希特等人都属于德意志国民经济学派——'历史学派'——的奠基人"[②]。他还将纳粹主义者视为"历史学派"最坚定的继承人："纳粹主义者就是要将被马克思主义切断理论线索的地方重新联结起来，就是要将被掩埋的德意志传统的国民经济理论——'历史学派'的理论——重新挖掘出来，那就是：经济并不是它自身的目的，它必须有效地适应国家生活的有机体。尽管这种德意志国民经济思想的发展一再受到阻碍，并经历了长期的荒芜，但在纳粹主义者这里，它不仅赢得了它浪漫主义的接班人，而且也赢得了它始终如一的、合乎逻辑的、采取强有力措施的最为坚决行动者！"[③]

　　当年"经济改革派"代表人物之一、1933 年后加入纳粹党并"大展宏图"的著名经济学家恩斯特·瓦格曼，在强调现代货币理论上的德意志独立发展时，这样谈到了凯恩斯："如果凯恩斯看一眼米勒、瓦格纳、克纳普、莱克希斯、普伦格、黑尔费里希、本

① Arthur R. Hermann, *Verstaatlichung des Giralgeldes*, München: Eher Verlag, 1932, S. 42.

② Hans Buchner, *Grundriss einer Nationalsozialistischen Volkswirtschaftstheorie*, München: Eher Verlag, 1930, S. 22.

③ *Ibid.*, S. 6.

迪克森这些德意志经济学家们的货币理论著作，他会羞愧地闭上自己的眼睛！"[1]

　　由此可见，纳粹党人本身就是接受德意志"历史学派"思想传统的，更不要说借助这种传统能为他们的"经济新秩序"方案提供理念上的最好辩护了。在运用"赤字财政"、"国家干预"等措施上，他们也的确无须去求教于英国的凯恩斯，因为在这方面，德意志"历史学派"理论上的传统资源实在是太丰富了！

五、结论

　　纳粹德国"新经济政策"中的"现代国家干预主义模式"并非源于英国的凯恩斯主义，而是直接源于德意志国民经济学派——"历史学派"——的"民族主义的国家主义"理论传统。

　　这种"民族主义的国家主义"理论传统，恰恰反映出德意志现代化发展模式上的特点。在这个不是通过市民资产者"自下而上"的民主革命，而是通过权威专制国家"自上而下"的改革道路发展起来的工业化社会里，"国家主义"总能赋予执政者采取一切避免经济周期性措施的理由，这里面完全可能包括具有现代性的干预措施与货币金融手段，因为这种周期性问题不是传统性的，而是现代性的，因而也是用传统方式对付不了的。而"民族主义"则从"民族生生不息"的理由出发，体现了一种从传统到现代化发展要求的联结，一种对传统与现代化矛盾的掩盖与弥合，它既能使执政者对内

---

[1] Ernst Wagemann, *Geld-und Kreditform*, *Staatswissenschaftliche Zeitfragen Nr.1*, Berlin: Sander Verlag, 1932, S.85.

以民族"公益"的名义，将一个已经多元化发展的社会重新整合起来，又能赋予执政者在对外获取世界经济与政治强权上以"正当"理由。因此，这种"民族主义的国家主义"理论实际上是一种处于传统与现代之间的理论。

这种反西方古典自由主义的经济理论，先是作为大专院校的学术观点，后是作为国家部门官僚经济政策上的重要建议而被执政者所接受。它在实践中的运用，使德帝国早在19世纪80年代便成为世界上最早具有"现代国家干预主义"色彩的国家，并在一战中通过战争经济的管理实践而被引向了一种更为强烈的"国家指令性干预"与"国家财政主权"方向。虽然这种发展方向由于一战的战败、魏玛民主共和国的诞生而被打断，"历史学派"的传统也一时处于理论边缘，但它仍为进行"新保守主义革命"的"经济改革派"、"普遍主义学派"和"行动圈子"所继承。纳粹主义者之所以会与这些"新保守主义"理论圈子发生一种思想上的接近，正是因为他们的经济观念也是接受这种传统的。

1929至1933年的大危机使这种传统得到了一场"更新式的"复活。在这场复活中，纳粹主义者夺过了"历史学派"的传统大旗，以"最坚定的继承人"身份，将"民族主义的国家主义"传统理论与"新保守主义"的"革新措施"糅合进他们自己的"民族社会主义"意识形态准则之中并为己所用，从而使纳粹德国能比当时的西方民主国家更快速、更有效、更彻底地运用起一种"现代国家干预主义"政策与"非正统主义"的货币金融措施，去实现"纳粹主义经济新秩序"的理想目标。这个目标就是：在一个拥有充足食品、原料的广阔空间里，用一种"永远不受外部经济伤害"的"自给自足的内部经济"来替代自由资本主义经济，使这个"血统纯洁的种族"不断增长的人口在经济上的所有需求"永远地得到满足"。[1] 在他们"反自由民主"的要求中,"国家主义"已被改造成为法西斯极权独裁主义;在他们"摆脱世界经济灾难"的要求中,"民族主义"已被极端化地推向了种族帝国主义。

(原载《世界历史》2002 年第 4 期)

---

[1] Wilhelm Deist / Manfred Messerschmidt / Hans-Erich Volkmann / Wolfram Wette, *Ursachen und Voraussetzungen des Zweiten Weltkrieges*, Stuttgart: Fischer Taschenbuch Verlag, 1989, S. 233.

纳粹德国流亡科学家的洲际移转

　　在纳粹暴政时代（1933—1945），从整个第三帝国版图中逃亡出50万有犹太血统的难民。面对这场滚滚而来的犹太难民潮，传统的移民国家美国成为最大的难民接受国，接受了其中的 13 万人。[①] 值得注意的是，这 13 万人中包括了遭到纳粹文化清洗运动驱逐的绝大部分有犹太血统的科学家和文化精英，从而使这场向美国的流亡变成了整体性的文化转移。

　　第二次世界大战甫一结束，有关纳粹德国流亡科学家问题的研究就开始了。那些在美国援助组织中担任过要职的负责人，通过他们的著作，向人们披露了接受纳粹德国流亡科学家的部分内幕。[②] 这类著作突现的主题是"拯救科学和知识难民"，即使其中提及参与原子弹生产的"曼哈顿计划"中的流亡科学家，也很少涉及他们的具体贡献。而且在战后最初的 20 年间，由于受旧的"熔炉理论"的长

---

① Horst Möller, *Exodus der Kultur*, *Schriftsteller*, *Wissenschaftler und Künstler in der Emigration nach 1933*, München: C. H. Beck Verlag, 1984, S. 47.

② 美国"援助外国流亡学者紧急委员会"主席斯蒂芬·达根（Stephen Duggan）与他的助手贝蒂·德鲁里合著的《拯救科学与知识，援助外国流亡学者紧急委员会的故事》（Stephen Duggan and Betty Drury, *The Rescue of Science and Learning*, *The Story of the Emergency Committee in Aid of Displaced Foreign Scholar*, New York: The Macmillan Company, 1948）是战后初期这方面最著名的代表作。

期影响，在有关流亡科学家问题的研究上，美国本土派学者仅对这些流亡者与美国社会的"同化问题"感兴趣，关注的也只是他们在日常生活中的适应能力。这种学术倾向，也许对于研究那些在 19 世纪来到美国的移民是有意义的，因为这类移民绝大多数都很贫穷，并来自落后的欧洲边缘地区，往往属于只受过很少教育的群体。而 1933 年后来自纳粹德国的犹太难民却有所不同，尤其是这些流亡科学家，不仅来自大专院校的学术环境，而且绝大多数都已经确立了牢固的世界观，以至于他们与新大陆社会的一体化问题，仅仅用那种"同化"标准进行描述已显得远远不够了。

事实上早在 1952 年冬季，一批 1933 年后流亡美国的有犹太血统的人文、社会科学家和部分当年参与援救工作的积极分子，便在宾夕法尼亚大学举行了第一次以"文化的迁移"为主题的学术讨论会，其内容已开始涉及纳粹德国流亡科学家对美国的社会科学、神学、心理学、艺术史等领域的影响问题。也正是在这次会议上，著名政治学家弗朗兹·诺伊曼（Franz Neumann）果断地批驳了这种"同化理论"的狭隘性。①

但是，这种"同化理论"的传统观点和思考角度，直到 1960 年代后期，才真正发生变化。在越南战争引发的公众意识危机的背景下，"知识分子史"的复兴，对美国社会占统治地位的思想、价值观及其政治影响的探讨，改变了移民研究的理论前提。在此，美国的民权运动提供了巨大的推动力，一种新的多元性的理解取代了旧有的"熔炉理论"。它不再从无权的移民群体的消极适应出发，而是将不同的种族、文化和社会集团对美国社会积极、丰富的影响置于这

---

① Rex Crawford, *The Cultural Migration*, Philadelphia: University of Pennsylvania Press, 1953, p. 52.

种移民研究的前景之中。于是，"文化移入"的新术语取代了那些"同化"、"适应"的陈旧单轨式概念，并阐明了这一彼此丰富和变化的充满活力的进程。

1960 年代末，对纳粹统治时期文化流亡史的研究进入到一个新的阶段，部分来自其他欧洲国家的流亡科学家和美国本土派学者也参与到这场"文化移入"的研究中。这一时期出版的论著表明，[①] 人们开始对 30 年代的这场从德国到美国的"文化移入"的具体细节发生了兴趣，也越来越多地关注到这场"文化移入"对美国社会的影响和推动作用。然而，也正是在这一点上，美国本土派学者遇到了困难，"因为他们过去只是力图对流亡科学家与美国的一体化作一种系统性的概括，而现在不得不承认，这种工作只涉及极为有限的视觉范围。而他们过于缺乏欧洲背景知识，这就使他们几乎无法理解由这些流亡科学家带给美国的知识观念与传统"[②]。

最能为这种"文化移入"研究提供欧洲背景知识的显然是联邦德国的学术界。联邦德国的现代史研究曾在战后经历过一段长达约 20 年的相对沉寂期，直到 1960 年代中期，尤其当与纳粹政权完全无染而"历史清白"的新一代现代史专家成长起来后，一场对德意志历史的反思运动才真正地开展起来。但是，联邦德国学术界只是在对纳粹德国迫犹政策的研究中，附带性地涉及犹太流亡科学家问题，在此，他们主要关注的是纳粹种族主义政策之下的文化清洗与

---

① 其代表 Laura Fermi, *Illustrious Immigrants. The Intellectual Migration from Europe*, 1933–1941, Chicago: University of Chicago Press, 1968; Donald Fleming and Bernard Bailyn (eds.), *The Intellectual Migration, Europe and America*, 1930–1960, Cambridge: Harvard University Press, 1969。

② Charles J. Wetzel, *The American Rescue of Refugee Scholars and Scientists from Europe*, 1933–1945, Wisconsin: University of Wisconsin Press, 1964.

驱逐问题。尽管这对于探讨纳粹德国反犹太知识分子政策的动机以及流亡科学家的出逃具有重要的意义，但这种研究仍然不足以清晰描绘犹太知识精英的这场文化转移的整体性图景。

由于这些矛盾与缺陷，1970 年代以后，联邦德国和美国学术界之间开始了日益广泛的交流。一批来自联邦德国的新一代历史学家、社会史专家与科学史专家，带着他们在德国和欧洲各国图书馆和档案馆中收集到的宝贵资料前往美国，并在利用美国当年的援助委员会、基金会以及大学、学院提供的流亡科学家名单和档案资料的基础上，开始对这场文化转移进行系统性的研究。与此同时，美国的新一代学者，尤其是当年流亡者中的第二代人，也前往联邦德国开展广泛的学术交流活动。这种跨大西洋的学术交往，无疑深化了对这一问题的研究。

由于许多当年的流亡科学家陆续去世，且只留下了很少的回忆录，这类著作本应向人们介绍这场文化转移的具体细节以及它对美国科学、文化的影响，现在反倒成了秘密。[①] 因此，自 1980 年代以来，两国的历史学家、社会史专家、科学史专家开始投入到一场"抢救历史"的行动之中。他们通过寻找、采访当事人以及他们的后代，推动了传记史、口述史以及"流亡社会学"的发展，以至于国际学术界对这场文化转移的研究在今天已变成了一个专门性的学科领域。各类文化流亡者名单的公布，各种相关人物传记作品的问世，各种对当事人及其后代的访谈录的出版，大量日益接近精确的有关流亡科学家的人数、规模、结构、出版物方面的数量分析，以

---

① H. Stuart Hughes, *The Sea Change. The Migration of Social Thought*, 1930—1945, New York: Harper & Row, 1975, p. 1.

及对流亡科学家在各具体学科中的贡献与影响的研究，^① 使这一专门性领域所涉及的问题，早已不再是流亡科学家个人的命运和他们与客居国的一体化问题，而是这场文化转移对美国成为世界科学、文化中心的影响和意义。

然而，当今中国学术界对如此重要问题的研究几乎无人问津，只有少数自然科学史专家在研究诸如爱因斯坦等著名科学家的生涯时才有所涉及，远远没有从历史发展的角度来透视这场文化转移的意义。笔者相信，通过对历史资料和相关著作的解读，将有助于加深对这一问题的探讨，从而强化对这一时代的深层次理解。

一、纳粹德国文化清洗运动及其规模

1933 年 4 月 7 日是人类教育与科学发展史上的一个黑暗的日子。这一天，刚刚被兴登堡总统扶上台两个多月的德国总理阿道夫·希特勒，根据 3 月 23 日《授权法》赋予他颁布法律的权力，以政治或种族原因为由，颁布了所谓《重设公职人员法》（*Gesetz zur Wiederherstellung des Berufsbeamtentums*），宣布解聘所有与纳粹主义原则不相符

---

① 涉及这些方面的重要著作有：由慕尼黑当代史研究所与纽约犹太移民研究基金会合编的涉及流亡世界各国的所有犹太知识精英的 *Biographisches Handbuch der deutschsprachigen Emigration nach 1933*, hg. vom Institut für Zeitgeschichte München und der Research Foundation for Jewish Immigration, New York；K. G. Saur, Bd. I, 1980. Bd. II, 1983. Bd. III, 1983；Hajo Funke, *Die andere Erinnerung. Gespräche mit jüdischen Wissenschaftlern im Exil*, Frankfurt am Main：Fischer-Taschenbuch-Verlag, 1989；Horst Möller, *Exodus der Kultur, Schriftsteller, Wissenschaftler und Künstler in der Emigration nach 1933*, München：C. H. Beck Verlag, 1984；Helmut F. Pfanner, *Kulturelle Wechselbeziehungen im Exil*, *Exile across Cultures*, Bonn：Bouvier Verlag Herbert Grundmann, 1986；Jarrell C. Jackman and Carla M. Borden, *The Muses Flee Hitler. Cultural Transfer and Adaptation*, *1930－1945*, Washington, D. C.：Smithsonian Institution Press, 1983.

合的公职人员，具体条文如下："1. 凡属共产党或共产主义辅助性组织的成员；2. 凡在未来有可能从事马克思主义、社会民主主义或共产主义性质活动的人；3. 凡在迄今为止的活动中不能证明自身会随时、无保留地支持这个民族国家的人；4. 凡属非雅利安血统者，这样的公职人员都将解聘。"[1] 与此同时，在兴登堡总统的直接干预下，该法还宣布了三项例外条款，即"非雅利安血统者中，只有三种人能免于解聘：参加过第一次世界大战的前线战士，1914 年 8 月 1 日以前就在为国家服务的公职人员，或是一战中阵亡将士的父亲或儿子"[2]。由于德国的大学教师过去一直属于在专业上进行自我管理并拥有法定资格的部属公职人员，因此，这场针对德国公职人员的"一体化"运动，在大学校园中也就体现为一场驱逐有犹太血统的、有民主进步思想的知识分子的文化清洗运动。

　　当大量科学家遭到解聘时，所有的德国大学却在 1933 年 4 月 22 日向希特勒政府表达了集体的忠诚。这份在德国教育与科学发展史上最令人蒙羞的《德意志大学对阿道夫·希特勒以及纳粹主义国家的表白书》中这样写道："这个民族的阳光再度照亮了自己。我们将

---

① Helge Pross, *Die Deutsche Akademische Emigration nach den Vereinigten Staaten*, *1933-1941*, Berlin: Duncker und Humblot Verlag, 1955, S. 11.

② 所谓"非雅利安血统者"指凡其祖父母或外祖父母有一人是"非雅利安人"者，它首先是针对"犹太人"、"1/2 犹太人"或"1/4 犹太人"的。《重设公职人员法》中会出现有关"非雅利安血统者"的三项例外条款，是由两个原因造成的：一是由于犹太人的组织"全国犹太人前线士兵联盟"通过老元帅冯·马肯森劝说兴登堡总统对希特勒直接进行干预，兴登堡总统也同意对《重设公职人员法》的涉及范围进行限制，而希特勒的统治地位当时并没有得到确保，在某些方面还需显示出对总统的迎合态度；二是由于希特勒是一直相信那种诽谤犹太人的宣传的，即绝大多数犹太人在第一次世界大战中都是"逃避工作的人"和"躲在后方的猪猡"，以至于他认为这些例外条款只会涉及很少的犹太前线士兵，因而同意了这三项例外条款。然而"在这部法律颁布后却表明：由于这三项例外条款，仍有相当多的犹太人还能在他们的职业上继续工作几年"。参见 Avraham Barkai, *Vom Boykott zur Entjudung*, *Der Wirtschaftliche Existenzkampf der Juden im Dritten Reich*, *1933-1943*, Frankfurt am main: Fischer Taschenbuch Verlag, 1987, S. 36。

建设和扩展伟大的元首所开创的事业，并全心全意地追随这个新的国家……我们已经宣布与那种没有土地和权力的思想神话脱离，我们看到了这种哲学的末日……我们认识到：维护我们民族科学的意志在未来将会被记载下来：这场纳粹主义革命不仅体现为一个不断成长起来的政党对现存权力的接管，而且这场革命将给我们德意志的存在带来全面的、翻天覆地的彻底变革！"①

在这种氛围中，德国的大学上演着一幕幕摧残文化的丑剧。其中最令人难忘的一幕发生在 1933 年 5 月 10 日夜晚：在柏林歌剧院广场上，纳粹德国人民教育与宣传部长戈培尔亲自到场，主持了一场"对一个世纪的德国文化实施的火刑"。②在这场"焚书运动"中，狂热的柏林大学学生们将一大批代表"非雅利安精神"的书籍扔进了火堆。这批书籍的作者包括从海涅、马克思、伯恩斯坦到普罗伊斯、拉特瑙；从爱因斯坦、弗洛伊德、卡夫卡到凯塞尔、克劳斯、雷马克、黑塞；从托马斯·曼、海因里希·曼（Heinrich Mann）到巴拉赫、布洛赫、赫夫曼斯塔、楚克迈尔、韦弗尔、布雷希特、奥策茨基、图霍尔斯基。短短几个月内，有近 3000 种书籍被列为禁书，并被从全国所有的公共图书馆中清除。焚书与清洗运动显示出纳粹党徒对人类理性成就的公开蔑视，更使人想起德国大诗人海涅的那句名言："哪里有人在烧书，哪里最后就烧人！"③

这场从大学校园开始的驱逐犹太知识分子的运动蔓延到所有的文化领域。1933 年 9 月 22 日帝国文化委员会的成立以及 10 月 4 日

① *Bekenntnis der Professoren an den deutschen Universitäten und Hochschulen zu Adolf Hitler und dem nationalsozialistischen Staat.* Dresden：Stolle Verlag，1933，S. 9，S. 14，S. 28.

② Jarrell. C. Jackman and Carla M. Borden，*The Muses Flee Hitler*，*Cultural Transfer and Adaptation*，*1930-1945.* Washington，D. C.：Smithsonian Institution Pres 1983，p. 38.

③ Trosten Körner，*Die Geschichte des Dritten Reiches*，Frankfurt am Main：Campus Verlag，2000，S. 159.

《主编法》的颁布，使戏剧、造型艺术、音乐、出版、广播、电影、新闻领域里的"非雅利安人"遭到了驱逐。1934 年 8 月 2 日老总统兴登堡去世后，希特勒成为至高无上的德国统治者，清除犹太人影响的行动继续升级。1935 年 9 月 15 日颁布的《纽伦堡法》，彻底剥夺了所有犹太人的公民权，并禁止犹太人与雅利安人通婚。为贯彻该法，纳粹政权于同年 11 月 4 日下令废除了两年前《重设公职人员法》中的那三项例外条款。当有犹太血统的科学家被尽数逐出校园时，也就标志着德国犹太人在公共文化中影响的最后终结。

在这场以种族和政治迫害为背景的文化清洗运动开始之初，诺贝尔奖得主、著名物理学家马克斯·冯·劳尔（Max von Laue）曾经勇敢地站出来，向纳粹当局抗议这场清洗运动给德国科学造成的损害。但是，希特勒是这样回答他的："即使是为了科学，我们的民族政策也不会因此而撤销或改变。如果驱逐犹太科学家意味着现代德国科学的毁灭，那就让我们在以后的岁月里，在没有科学的状况下，推行我们的民族政策吧！"[①]

这场始于德国大专院校中的文化清洗运动，给德国的科学带来了巨大损失。历史统计数字清楚地显示出德国科学潜能上的损失。

第一场决定性的解聘潮发生 1933—1934 年冬季学期以前，一年之内总共解聘了 1145 名大学教师，其中有 313 名正教授，109 名额外教授，284 名非公职性的额外教授，75 名荣誉教授，322 名编外讲师，11 名练习课和外语课讲师，13 名临时委托性的代理讲师和 18 名尚未被正式确立职位的人，占这一时期整个教师集团 7116 人中的 16.09%。在文化清洗运动来临之前，德国大学的各类正教授与额外

① Edward Y. Hartshorne, *The German Universities and National Socialism*, Cambridge: Harvard University Press, 1937, p.112.

教授总计为 4482 人，而首场解聘潮就涉及各类教授 781 名，即占整个教授集团的 17.4% 以上。①

第二场解聘潮发生于 1935 年 9 月 15 日《纽伦堡法》颁布后的一年中。到 1936 年 9 月，又至少有 494 名科学家遭到解聘，这些人是因 1933 年 4 月法律的例外条款而暂时保留在大专院校中的"非雅利安学者"，以至于从 1933 年 4 月至 1936 年 9 月，德国大学中被解聘的科学家总数达到了 1639 人，他们绝大多数都是正教授或额外教授，其专业领域分布如下：自然科学家 497 人（其中化学家 165 人，物理学家 124 人）；医学家 459 人；社会科学家 392 人（其中经济学家 148 人，法学家 112 人，历史学家 53 人，社会学家 40 人，心理学家 27 人，教育学家 12 人）；人文科学家 291 人（其中语言学家 101 人，艺术史专家 62 人，哲学家 55 人）。至此，解聘率上升到当时所有师资力量的 33% 以上。②

第三场解聘潮发生于 1937 年 1 月 26 日颁布《德意志公职人员法》之后。到 1938 年初，在解聘了 160 多名"拥有非德意志配偶或非同种类配偶"的教师后，遭到驱逐的科学家已高达 1800 人，③ 至此，德意志高校教师队伍的"损失"达到了 39%，其中经济学家和其他社会科学家的损失达到 47%，远远超过了平均率，他们所在的学科也成为损失最大的学科。④ 而在 1938 年 3 月吞并了奥地利后，同样的厄运也立即降临到 400 多名有犹太血统或有犹太配偶的奥地利科学家头上。到 1939 年，整个纳粹德国大学教师岗位中的 45%，已

① Edward Y. Hartshorne, *The German Universities and National Socialism*, p. 92.
② Claus Dieter Krohn, *Wissenschaft im Exil*, *Deutsche Sozial-und Wirtschaftswissenschaftler in den USA und die New School for Social Research*, Frankfurt am Main：Campus Verlag, 1987, S. 19.
③ *Ibid.*, S. 23.
④ Christian von Ferber, *Die Entwicklung des Lehrkörpers der deutschen Universitäten und Hochschulen*, *1864-1954*, Göttingen：Vandenhoeck & Ruprecht Verlag, 1956, S. 143.

被纳粹党内不学无术的党棍们占领。[①]

　　从根本上讲，这些遭到解聘的科学家今后只有三种可能：完全改变职业、"内心流亡"、"肉体流亡"。对于遭到解聘的非犹太科学家来说，不同学科的人之间是有区别的。那些因为有犹太血统的配偶而失去大学岗位的化学家、物理学家等专家，只要不在政治上招惹是非、出头露面，不从原则上对政权表示怀疑，还有在工业或其他经济部门中从事工作的可能。

　　而那些非犹太的人文、社会科学家，由于缺乏实践和实际技能等，遇到了更大的困难。在"内心流亡"的情形下，环境的对抗性迫使他们与这个社会分离。在不能参与公开的科学活动的同时，他们抵抗着政治上的压力，在孤立和秘密中继续着他们的科学活动。然而，"他们已经脱离了自己所熟悉的生活方式，迄今为止的科学和教育功能已被剥夺，过去与学生的接触、与同事的交流也被截断，因此，经济上的拮据，不可信任的环境，内心感受到的那种占统治地位的政治和精神空气深深的敌意，是属于这些在'内心流亡'中生活的原大学教师们的"。[②]纳粹极权独裁通过教育与宣传对私人生活的渗透越深，研究者个人的孤立化就越是尖锐。对政治事件的厌恶耗尽了他们的精力，这种精力在正常情况下本来是应该在教学和研究工作中结出丰硕果实的。总之，"内心流亡"实际上窒息了精神生产，"内心流亡者"的书桌是空的，没有手稿，这也解释了为什么纳粹时代没有真正知识分子的作品。[③]

　　需要特别指出的是，这场文化清洗运动主要针对有犹太血统的

[①] 这45%的岗位中还包括正常死亡者和退休者留下的空位，但接替这些岗位的，不是过去科学接班人队伍中的编外讲师，而是纳粹党的党干部。参见 Horst Möller，*Exodus der Kultur，Schriftsteller，Wissenschaftler und Künstler in der Emigration nach 1933*，S. 41–42。

[②] Helge Pross，*Die Deutsche Akademische Emigration nach den Vereinigten Staaten*，*1933–1941*，S. 13.

[③] Rex Crawford，*The Cultural Migration*，Philadelphia，1953，p. 12.

科学家，他们占所有被驱逐者的 90% 以上。对他们而言，在社会上寻找其他工作的可能性基本是不存在的，其中的大多数人只能靠犹太人的社团组织提供的临时资助过着"内心流亡"的生活。① 尤其在 1938 年 11 月 9 日"帝国水晶之夜"后，当极为有限的"内心流亡"可能性也丧失时，他们除了逃离这个国家，没有别的选择。同样的局势也摆在极少数非犹太的、坚持民主思想的、过去积极参与政治并遭到解聘的人文、社会科学家面前，因为纳粹政权是同样将这些人视为敌人进行迫害的。因此，对于这两类人来说，要想求生，最后就只剩下"肉体流亡"，即流亡国外这一条路了，否则等待他们的就是集中营与死亡。

从这个意义上讲，1933 年 4 月开始于德国大学校园中的这场文化清洗运动，本身意味着讲德语的知识难民流亡潮的开端。当然，并非所有受威胁者在 1933 年都立即理解了局势的严峻性。许多人最初仍然留在德国，并在"内心流亡"中期待着局势能发生逆转，只是到纳粹专制进一步得到巩固后才被迫逃离这个国家。正因为如此，这场知识难民潮伴随着国内和国际局势的日益恶化而继续，并在 1938 年 11 月 "帝国水晶之夜"后达到了高潮。

二、决定科学家流亡方向的基本因素

一份有关 1933—1945 年间讲德语的流亡科学家的调查表明：在所有 2200 名遭到驱逐的德、奥科学家中，大约有 1400 人最后选择了

① Kurt Düwell, Angela Genger, Kerstin Griese, Falk Wiesemann, *Vertreibung jüdischer Künstler und Wissenschaftler aus Düsseldorf, 1933—1945*, Düsseldorf: Droste Verlag, 1998, S. 8.

流亡，[①] 但他们当中只有约31%的人将美国作为流亡首选国，将其他国家作为流亡首选国的比率为：21%选择了法国，14%选择了英国，11%选择了瑞士，选择意大利和巴勒斯坦的各占6%，还有11%选择了其他国家。[②] 就是说，他们当中的绝大多数人将邻近的欧洲国家作为自己流亡的首选国。

形成这种局面的原因是多方面的，它涉及接受国所能提供的专业岗位的数量，涉及流亡科学家个人的具体条件，同时还涉及他们对整个局势的主观判断，而且，所有这些因素都是混合在一起发挥作用的。

与一般难民不同，科学家难民的这场流亡能否成功，取决于他们能否继续发挥各自作为研究者和教育者的功能，从根本上讲，取决于接受国能否为他们提供在高校中的工作岗位。需要指出的是，法国和其他欧洲大陆国家的高校，由于其社会等级上的封闭性，民族上的非灵活性，几乎完全退出了高校长期岗位提供者的行列。即使有少部分流亡科学家，后来通过来自美国方面的资助，被安置在高校的短期岗位上，但从欧洲大陆沦陷的最后结果看来，这些国家只是充当了流亡科学家最初的临时避难所和继续流亡的过境国。因此，真正能接受流亡科学家并能让他们继续发挥研究者和教育者功

① 在德、奥两国中，因配偶问题而遭到驱逐的非犹太科学家约有200多人，他们当中只有极少数者选择了流亡。逃离纳粹德国的科学家绝大多数是生命受到威胁的有犹太血统的人，但是，遭到驱逐的有犹太血统的科学家当中，除了因各种原因而死亡的人以外，仍有约500多人最后没有流亡出去，他们往往是一些年纪偏大的老教授和老讲师。这些人在1942年1月20日柏林"万湖会议"后，被送往距离布拉格以北60公里的特雷西娅斯塔特"隔都"，在那里，他们与来自欧洲各国没有流亡出去的犹太知识分子一起惨遭杀害，只有极少数侥幸者逃脱了死亡。参见 Kurt Pätzold und Erika Schwarz, *Tagesordnung, Judenmord. Die Wannsee-Konferenz am20. Januar 1942*, Berlin: Metropol Verlag, 1992, S. 107。

② Horst Möller, *Exodus der Kultur, Schriftsteller, Wissenschaftler und Künstler in der Emigration nach 1933*, S. 49.

能的，只有那些独立于国家、在聘用问题上更为自由的英国和美国的大学。在此，这两个问题具有决定性意义：一是英美两国的大学究竟能创造出多少附加性岗位？二是英美两国的大学与德国的大学在结构和教育理念上有多大的相似性？因为唯有这种相似性才容易接受流亡科学家。

20 世纪 30 年代初，英国"只有 16 所大学和 45603 名大学生。而到 1938—1939 年，也不过有 50002 名大学生。另外，在 1935—1936 年，英国的大学教师为 3504 人，到 1938—1939 年，为 3994 人"①。这种高校的不景气以及招生数量的停滞，直接构成了接纳德国流亡科学家最为严重的障碍。此外，英国大学的"民族精英教育理念"也明显地将它与德国的大学区别开来，这种理念将"培养国家领导者"作为其教师义务的首要目标，而纳粹时代以前的德国大学，受洪堡教育思想的影响，是将科学研究放在教师义务的第一位的。加之英国大学研究生的招生规模极小，"博士考试和博士头衔直到 1918 年才开始引入。1930 年代初，英国只有 2100 名研究生在攻读博士学位，这本身也对安置更多数量的德国流亡科学家产生了阻碍作用，因为德国大学教授最主要的讨论课（Seminar）教学法历来就是专门为培养研究型人才设计的"②。由此可见，英国只存在着一种缺乏接受灵活性的、狭窄有限的大学体制。

所有这些并非意味着英国知识分子不准备帮助这些遭到驱逐的德国同行。恰恰相反，他们是最早对这些德国科学家表达同情并进行帮助的。1933 年 5 月 1 日，在伦敦经济学院院长威廉·贝弗里奇（William Beveridge）的领导下成立了一个帮助德国流亡科学家的私人

---

① Helge Pross, *Die Deutsche Akademische Emigration nach den Vereinigten Staaten*, *1933—1941*, S. 35.

② Ernest Barker, *Universities in Great Britain*, London：Oxford University Press. 1932, p. 92.

性组织"学者援助委员会"（Academic Assistance Council）。该组织的目的在于："为德国流亡科学家提供在大学和科学实验室里工作的可能性，以便使他们在英国国内和国外找到永久性位置之前的过渡变得更容易些。"[1] 该委员会还于 5 月 22 日发表了一份由英国思想界的领导者和知名学者联合签署的声明："我们筹措的款项，将首先用于保证那些遭受驱逐的教师和研究者的生计，并为他们在大学和科学研究机构中找到工作机会创造条件……我们唯一的目标是减轻苦难，捍卫教育和拯救科学。"[2] 但是，由于英国大学体制上的特点，这种帮助是有限的。它只能提供一些短期性岗位，而不能提供太多的长期性岗位。因此，对流亡科学家来说，英国仍然是首先作为收容港、过境国来发挥作用的。

与其他任何国家相比，美国的高校体制在接受流亡科学家方面显然具有好得多的条件，因为它正处于不断扩张的过程中。"在 1899—1900 年，美国总人口为 7599.4 万，只有 237592 名大学生，总共占 18—22 岁的年轻人中的 4.01%。而到 50 年后的 1949—1950 年，美国总人口达到 15069.7 万，大学生的数量已上升到 2659024 名，即上升到年轻人中的 19.27%。研究生的数量以更大的规模增长。它由 1890 年的 2382 人增长到 1950 年的 237208 人，即增长了大约 100 倍。"[3] 这表明，当 1930 年代初，纳粹政权在德国的大学里疯狂贯彻文化清洗政策时，美国的高校正在经历着一场从精英型教育向普及型教育的过渡。"到 1930 年，美国已拥有 246 所各类正规

---

[1] Helge Pross, *Die Deutsche Akademische Emigration nach den Vereinigten Staaten, 1933—1941*, S. 37.

[2] Norman Bentwich, *The Rescue and Achievement of Refugee Scholars*, Den Haag：Omniboek, 1953, p. 10.

[3] Alex. J. Brumbaugh, *American Colleges and Universities*, New York：Columbia University Press, 1948, p. 50.

高校，以及总计为 27000 名授课者组成的教师队伍，其中有 12000 名
是教授。"① 显然，美国的覆盖整个大陆的高校网络，有着比狭窄、
有限的英国高校多得多的空间供流亡科学家填充。

　　然而，如此之多的美国高校并非都适合德国流亡科学家，在美
国的自由学院、职业学院、大学这三种性质不同的高校中，自由学
院是一种典型的"美国式创造"，它是整个高等教育事业最为重要的
基础，所有的大学和绝大多数职业高校都是建立在这个基础上的。
但是，自由学院整个教学计划的重点放在普遍教育上，因此，教师
的教学能力通常比丰富的学识更为重要。这就使以德语为母语的流
亡科学家很难适应，因为他们更适合指导那些更成熟的研究生，而
不是对自由学院大学生的授课。② 另外，重要的学科领域如法学、医
学、企业管理等，在德国是作为专门学科而隶属于大学的，而在美
国却被组织在职业高等学院中，这些学院或是独立的，或是划归给
某大学的。除从事医学和自然科学的学者外，其他流亡科学家在这
里很难找到接受的入口，因为这种教育是纯粹实用主义地以一种职
业资格考试为目标的，也是排他性地根据职业要求设立的；加之职
业要求在所有民族中又都是有区别的，因而对德国流亡科学家所从
事专业的适应能力提出了挑战。③

　　德国流亡科学家一般只有在真正意义上的大学里才感到自己能
够胜任，因为大学的核心部分是研究生学院，它是大学国际化的组
成部分。尽管绝大多数自由学院和职业学院也隶属于大学，但唯有
研究生学院才显示出美、德大学之间最强烈的亲缘关系。自由的科

① Maurice R. Davie, *Refugees in America*, New York: American Metal Company, 1947, p. 302.
② Helge Pross, *Die Deutsche Akademische Emigration nach den Vereinigten Staaten, 1933—1941*, S. 39.
③ Alex. J. Brumbaugh, *American Colleges and Universities*, p. 186.

学研究和指导博士生的工作是交给它的，进行这样的工作也才最适合德国流亡科学家，因为他们能在这里以一种类似于德国的方式来进行研究工作。①但是，美国各高校"学院"（College）或"大学"（University）之类的名称与质量完全无关，这就使德国流亡科学家通常很难正确地判断并寻找到适合他们工作的学校和岗位。因此，辅助性的代理机构的中介作用变得至关重要，而这些代理机构通常与这些高校的财源有关。与德国大学不同，美国高校的财源中，几乎不存在什么公共性或国家性的参与合作，它涉及的是一种纯私人性质的捐款。这样，美国私人性质的基金会对于是否接受某位德国流亡科学家的态度也就变得极为关键。它们往往能独立于国家，并在与高校的合作中奉行一种接受政策。

美国高校体制的多样性、灵活性以及整个高等教育事业的迅速扩张，使得美国在接受德国流亡科学家方面具有最大的现实可能性。但这并不表明每位流亡科学家都会以美国作为流亡首选国，因为流亡科学家的年龄状况、掌握的外语语种和水平、专业上的国际化能力、流亡前的科学接触等这些个人的具体条件，通常决定着他们对流亡方向的选择。

首先，年龄状况在流亡科学家个人流亡方向的选择上扮演着重要角色。几乎所有流亡科学家的口头陈述和文字证词都证明了这一点："在移入美国时，凡年龄超过 40 岁的讲师，与他们更年轻的同行相比，总会遇到更大的困难。对于年龄更大的教授来说，如果不具有国际上显赫的名声，流亡往往意味着他们应付变化的适应能力变小了，因为这些人来自过去安稳的地位，而流亡本身意味着与过

---

① Helge Pross, *Die Deutsche Akademische Emigration nach den Vereinigten Staaten*, *1933-1941*, S. 40.

去的特别激进的决裂。"① 因此，在国际局势还没有发生根本变化的情况下，除了那些具有国际声誉的著名科学家外，主动想要流亡到大西洋彼岸美国去的往往是那些更年轻的科学家，而其他人则多选择与德国邻近的欧洲诸国。

其次，流亡科学家个人掌握的外语语种和水平，也对其流亡方向的选择产生影响。例如，如果他能讲英语，就会想流亡到英语空间中去；如果他法语掌握得更好，就会想流亡到法语空间中去；如果他不会外语，就会想流亡到瑞士去，这是很自然的。需要特别指出的是，由于在 1933 年以前，德国是世界科学、文化的中心，这种"八方来朝"的局面，使绝大多数流亡科学家以前从未想到过要移居海外，也几乎没有或是根本没有研究过美国。他们既不熟悉美国的日常习俗，也不熟悉它的大学关系，甚至他们当中只有极少的人拥有少量英语知识。② 因此，在面临危局的时刻，更年轻的科学家往往能更快地学习和掌握英语，而年龄更大的人则"不相信自己还有完全从头开始在一个陌生的国家里使用一种陌生语言的能力"。③ 这种态度导致的选择有时甚至是更为关键的。

再者，流亡科学家在专业上的国际化能力也很重要。与人文和社会科学家相比，自然科学家和医学家，由于其专业的国际性，更容易被接受国批准入境，并能获得比前者更为优越的待遇。加上所有的接受国，包括英美在内，这些领域都远不如德国发达，因而聘

---

① Donald P. Kent, *The Refugee Intellectual*, *The Americanization of the Immigrants of 1933—1941*, New York: Columbia University Press, 1953, pp. 86, 208.

② Helge Pross, *Die Deutsche Akademische Emigration nach den Vereinigten Staaten*, *1933—1941*, S. 47.

③ Trosten Körner, *Die Geschichte des Dritten Reiches*, S. 121.

用这些不构成职业竞争威胁的人,其阻力要小得多。[1]而人文和社会科学家由于其专业方向极大地依赖于他们的语言能力和民族性,这就几乎不可避免地给他们带来了最初专业上的"失语性"。与社会科学家相比,人文科学家在这方面往往有更多困难需要克服,因为经济学、社会学这类社会科学学科正处于时代发展的交叉口上,也是在经济危机的形势下引起国际学术界普遍重视的学科。这也是为什么自然科学家、医学家甚至社会科学家一般要比人文科学家更容易被接受国、尤其是美国接纳的原因。

另外,流亡前与国际学术界的接触与交流,也对流亡科学家在接受国的选择上产生决定性影响。凡能在1933年以前与国际学术界频繁接触、交往的科学家,大多是那些在学术研究上处于国际前沿、并拥有国际声誉的科学家,这样的科学家至少通晓一门、甚至多门外语,自然成为外国大学最想获取的"抢手货"。例如,阿尔伯特·爱因斯坦、托马斯·曼等人就属于这样的科学家,他们甚至在外国讲学期间得知希特勒上台时,便立即决定流亡国外,并受到了接受国快速的接纳与热情的欢迎。[2]

流亡方向的选择在很大程度上也取决于流亡科学家对局势的判断。必须承认,并不是每一位后来到达美国的流亡科学家当初都立即下定决心要越过大洋的。因为在希特勒政权的最初年代里,人们关于这个政权大概能维持多长时间的推测,彼此之间存在着相当大的区别。不少人最初甚至相信,"纳粹统治只是一个暂时性的幽灵,在不远的将来,一场从流亡中的返回是有可能的"。因此,"尽管许

---

[1] Jarrell. C. Jackman and Carla M. Borden, *The Muses Flee Hitler*, *Cultural Transfer and Adaptation*, *1930—1945*, p. 197.

[2] Kurt Düwell, Angela Genger, Kerstin Griese, Falk Wiesemann, *Vertreibung jüdischer Künstler und Wissenschaftler aus Düsseldorf*, *1933—1945*, S. 20.

多人很快认识到流亡的定局，但他们从感情上并不想与德国分离，只是希望能在一个与家乡邻近的国家里，等待流亡生活的立即结束"。他们也并不将自己理解为需要长期离开德国的流亡者（Emigranten），而是将自己理解为有返回希望的流放者（Exilanten），如果选择流亡美国，仅有一种临时性的权宜之计是不够的，因为遥远的美国被他们理解为"不可返回的地点"（Point of no return）。①

更进一步地讲，对于绝大多数德国流亡科学家来说，美国最初也并不处于他们优先选择的理想接受国的位置上，这本身也反映出德国知识精英那种相当普遍的集体心理状态，这种心理状态源于他们过去从美国文化中、尤其是 1920 年代对德国社会"美国化"的厌恶中所感受到的那种"消极魅力"。尽管绝大多数德国流亡科学家几乎都不是保守主义者，而是民主或自由主义者，但是他们并没有在思想上完全接受美国，而是以相当矛盾的心情来看待美国。"一方面，他们对这个没有严格阶级障碍的开放性社会以及美国人的现实主义和乐观主义精神表示钦佩和赞赏，也承认这些能积极地、富有创造性地影响这个社会的活力。但另一方面，他们又对美国的那种实用主义、功利主义、没有进一步精神需求的物质文化的统治地位持怀疑态度。"②这样的矛盾心理也使他们很难在流亡中首先想到要将美国作为首选国。

因此，绝大多数流亡到欧洲邻近国家的德国科学家，只是到晚些时候，特别是在 1938 年 11 月"帝国水晶之夜"后，才认识到纳粹主义政权是不会因内部原因而倒台的，也才十分勉强地承认一个完

---

① Lewis A. Coser, *Refugee Scholars in America. Their Impact and Their Experiences*, New Haven: Yale University Press, 1984, p. 3.

② Claus Dieter Krohn, *Wissenschaft im Exil*, *Deutsche Sozial-und Wirtschaftswissenschaftler in den USA und die New School for Social Research*, S. 24.

全的新开端是必须的，而对于这样一个新开端来说，美国当然能提供最为有利的前景。总之，纳粹德国的对内反犹政策和对外扩张政策越是变得强硬，对一场战争的担忧就越是推动着那些在西欧避难所中生活的人们离开这个旧大陆。这种担忧以及美国接受上的障碍，可以清楚地解释为什么在离开德国与到达美国之间通常需要多年的时间。

三、美国高校"对外来科学家的恐惧症"

　　1933 年 4 月纳粹德国的《重设公职人员法》出台后，美国《纽约时报》和其他报纸一直在关注和报导德国大学里强行解聘科学家的事件，美国公共舆论表达的政治同情也几乎毫无例外地站在被驱逐者一边。5 月初，美国思想界的领袖人物之一、纽约国际教育研究所所长斯蒂芬·达根本着"科学与教育没有民族和意识形态界限"的信念，发起并成立了"援助德国流亡学者紧急委员会"（Emergency Committee in Aid of Displaced German Scholars，1938 年 3 月德国吞并奥地利后，该组织更名为"援助外国流亡学者紧急委员会"）。该委员会的目的在于："挽救那些因纳粹暴政而被从欧洲大学中驱逐出来的学者的知识和研究才能，为美国的科学和教育服务。"[1]7 月 5 日，142 位美国大学校长呼吁对流亡的犹太科学家以及天主教徒给予资助。紧接着，7 月 13 日，一个以康乃尔大学校长利文斯通·法兰德（Livingstone Farrand）为主席的"美国大学援助委员会"也宣告

① Stephen Duggan and Betty Drury, *The Rescue of Science and Learning*, *The Story of the Emergency Committee in Aid of Displaced Foreign Scholars*, New York：The Macmillan Company, p. 60.

成立。由于这些大学都很穷，因此法兰德首先呼吁非大专院校的私人组织和机构给予帮助。[①]

"美国大学联盟"（American University Union）主席、哥伦比亚大学教育学家巴格斯特尔·柯林斯（Bagster Collins）清楚地认识到，这场由纳粹政权发动的文化清洗运动为美国科学的发展提供了一次良机，因而于1933年10月亲自前往欧洲进行实地调查。归国后，他于10月20日给"紧急委员会"主席斯蒂芬·达根写了一份报告。报告特别谈到了他的担忧："美国高校对参与这场高质量人才分配的紧迫性的认识，可能会来得太迟。"因为"在此期间，1933年5月在伦敦为拯救德国科学家而成立的'学者援助委员会'已经显示出极大的现实意义。在当前这场对250名流亡科学家进行的国际性分配中，它已成功地将140名科学家分配给了英国的大学，而被分配到美国的只有43名，他们中的14名到了'社会研究新学院'（New School for Social Research）。可供分配的至少还有800人。但是，已有30人被苏黎士成立的德国难民自助组织'在外国的德意志科学家紧急共同体'（Notgemeinschaft deutscher Wissenschaftler im Ausland）分配到了伊斯坦布尔大学"。[②]

为争取更多流亡科学家前往美国，巴格斯特尔·柯林斯、斯蒂芬·达根、利文斯通·法兰德之间进行了紧张的联系，动员"美国

---

① Helge Pross, *Die Deutsche Akademische Emigration nach den Vereinigten Staaten, 1933—1941*, S. 48.

② Claus Dieter Krohn, *Wissenschaft im Exil, Deutsche Sozial-und Wirtschaftswissenschaftler in den USA und die New School for Social Research*, S. 28. 那些并没有大规模接受德国犹太难民的国家，也能对这场科学流亡产生特别的意义。例如，土耳其的凯末尔政权，就没有对利用外国专家的帮助在各个领域中克服这个国家落后面貌的必要性视而不见。恰恰相反，从1933到1945年，它总共接受了约200名无家可归的德国科学家。参见 Kurt Düwell, Angela Genger, Kerstin Griese, Falk Wiesemann, *Vertreibung jüdischer Künstler und Wissenschaftler aus Düsseldorf, 1933—1945*, S. 22。

大学教授联合会"，以 1.2 万名美国大学教授的名义，于 1933 年 12
月 12 日发出了一份针对德国大学中暴政的抗议："美国大学教授联合
会对美国信奉的自由基本原则受到威胁感到深深的不安……从长远
看来，没有这种自由不可能完成高质量高水平的大学工作。因此，
本委员会表示坚决的反对。在那些具有决定性意义的欧洲国家里，
首先在德国，它曾经如此长久和令人崇敬地通过特别的保护，体现
着教学和研究的自由，这个最高原则现在被牺牲掉了，并被置于政
治和其他考虑之下，而这些考虑对于纯粹的科学研究和教学工作来
说是无关紧要的。本委员会并不想对无论哪个民族的政治生活或理
想发表意见，但从长远来看，科学已经被国际化了，精神生活的条
件在任何一个重要国家里都是与每个人的人权联系在一起的。"[1]

　　尽管某些美国科学界的领导人物变得活跃起来，但是直到 1935
年 1 月 1 日，在世界范围内得到安置的 447 名德国流亡科学家中，只
有 95 人被安置到美国，而且其中只有 29 人在美国高校中获得了长期
固定的岗位。[2]

　　与英国高校狭窄、有限的体制相比，正在经历着巨大扩张的美
国高校体制，为流亡科学家提供的长期固定岗位的数量实在是太少
了。尤其值得注意的是，这 29 人中有 14 人，即一半左右，被安置
在"社会研究新学院"，而且这种比例直到 1939 年战争爆发以后
才逐渐发生了变化。[3]"社会研究新学院"只是一所设在纽约的小小

[1] Stephen Duggan and Betty Drury, *The Rescue of Science and Learning*, *The Story of the Emergency Committee in Aid of Displaced Foreign Scholars*, p. 182.

[2] 1935 年 1 月 1 日以前，流亡的德国科学家在大英帝国、法国、荷兰、巴勒斯坦、土耳其、美国获长期岗位者分别为 49、3、1、24、37、29 人；获有限期岗位者分别为 172、40、24、1、1、66 人，参见 Claus Dieter Krohn, *Wissenschaft im Exil*, *Deutsche Sozial-und Wirtschaftswissenschaftler in den USA und die New School for Social Research*, S. 23。

[3] Maurice R. Davie, *Refugees in America*, p. 314.

的成人高等学院，竟然能在为流亡科学家提供的长期固定岗位中占据几乎一半的份额，这充分说明，当时的美国其他高校采取了多么克制的态度，这种克制态度暴露出美国科学界在接受德意志流亡科学家的问题上显然存在着某些矛盾的倾向。

首先可以肯定的是，美国科学界的领导人通过报刊表达的政治同情，已经为接受德国流亡科学家营造了一种积极的气氛，也唤起了大量完全是非官方的、私人性援助的意愿。而且从传统上讲，德国的教育以及大学体制也一直在美国享有极高的威望。许多美国科学家都曾在作为世界科学、文化中心的德国大学留过学，而且某些美国大学，如霍布金斯大学，就是仿照德国大学的模式建立起来的。不少在德国培养成才的美国科学家，此时成为聘用德国流亡科学家的积极分子。在新政智力启动的背景下，"他们尤其表现出对社会科学理论问题的特别兴趣，而这样的理论问题正是那些在魏玛共和国中体现着现代主义精神的更年轻的德国科学家们热烈讨论的，如今，恰恰这些人最先遭到了纳粹政权的驱逐"①。因此，不少美国科学家看到了接受德国流亡科学家对美国科学发展可能产生的促进作用。

但是在两次世界大战之间的年代里，向孤立主义的撤退决定了美国整个社会的公共舆论。民意测验一再表明，2/3 的美国人都反对松动 1924 年《移民法》中有关移民限额制的规定；再加上民主党内部南方州派别的强大压力，罗斯福总统只有很小的行动余地。在其他国家都对大规模接受德国难民表现出拒绝态度时，罗斯福总统也越来越担心，"如果美国对移民限额制进行松动，必然导致中欧难民

---

① Dietrich Goldschmidt, *Transatlantic Influences*, *History of Mutual Interactions between American and German Education*, Albany: Center for the Learning and Teaching of Literature, 1983, p. 1.

更强烈地涌入美国，也会鼓励纳粹德国采取更强硬的手段来反对犹太人和政治上的持不同政见者，甚至会刺激其他国家采取类似的措施"。因此美国有关移民限额的规定一直没有松动，在全世界眼中，"美国对德国流亡者的冷漠是最具有典型性的"。①

当然，本着美国传统的移民政策中的"才能优先原则"，1924 年《移民法》第四条第四款也作出了这样的规定："申请移民美国前，担任过任何教会神职人员达两年以上并在入境后继续担任这种职务的移民，或是在学院、研究机构或大学任职的教授及其配偶，以及与其同行或寻求团聚的未满 18 岁的未婚子女，属于非限额的范围。"②因此，外国科学家获得入境美国的签证条件是：有一份与美国高校签订的有关工作安排的合同证明，以及一份能证明自身曾在出生国至少从事过某一学科中两年教学工作的证明。但是，孤立主义浪潮同样影响了美国的高校环境。当有多年教学实践经验的科学家并不缺乏时，美国高校便从 1920 年代末开始实行严格的外聘限额制。社会上那种对来自欧洲的颠覆破坏、渗透活动的担忧也同样在大学里蔓延。1933 年以后，首先是那些有日耳曼血统的科学家，尤其是那些在美国中西部小型大学中的日耳曼语言文学家，组成了一个声势不小的反对接受犹太科学家的院外活动集团。直到 1935 年 3 月，他们仍然将遭到纳粹政权驱逐的德国高校教师斥为"社会主义的第五纵队"和"国际谅解的捣乱者"。③

这种"对外来科学家的恐惧症"由于世界经济危机的后果得到

① Kurt R. Grossmann, *Emigration*, *Geschichte der Hitler-Flüchtlinge*, *1933—1945*, Frankfurt am Main: Europäische Verlagsanstalt, 1969, S. 9.
② Helge Pross, *Die Deutsche Akademische Emigration nach den Vereinigten Staaten*, *1933—1941*, S. 46.
③ Claus Dieter Krohn, *Wissenschaft im Exil*, *Deutsche Sozial-und Wirtschaftswissenschaftler in den USA und die New School for Social Research*, S. 29.

了加强，大萧条以及由此引起的失业浪潮在高校职业中也有强烈的反应。大量独立的学院和大学都必须采取重要的节约措施。1930—1933 年间，在 2.7 万名美国大学教师中，已经解聘了 2000 多名，几乎占全部大学教师的 10%。① 在这种情况下，凡不能避免解聘和减少工资的地方，通常也是缺乏手段来聘用附加性教学力量或创造新岗位的地方。甚至在那些能避免解聘和减薪的地方，德意志竞争者的涌入也是被年轻的讲师们视为自己晋升机会的一种威胁来看待的。②

在高校里，对自身地位的担忧，传统孤立主义的影响，对德国事态发展的无知，汇合成一种混乱的愤慨，并首先在反犹太主义的倾向中找到了表达。例如，1933 年 5 月，当"社会研究新学院"院长阿尔文·约翰逊（Alvin Johnson）向他的同事说明，需要为遭到驱逐的德国科学家建立一所"流亡大学"时，许多人表示不愿给犹太人在美国一个哪怕是最小的机会，而另一些人嘲笑道："在这些德意志人中寻找一流科学家的期望可能会落空，因为他们绝大多数只是犹太人或社会民主党人。"③ 因此，这一点并不令人惊讶：甚至在 1938 年希特勒吞并奥地利、美国那些热情工作的援助组织准备应付第二场大难民潮时，许多美国大学却在有目的地破坏这种努力。一份由洛克菲勒基金会发给各大学的"对使用流亡科学家有哪些兴趣？"的调查表，不仅退回的数量大得惊人，而且大多还强调："我

---

① Maurice R. Davie, *Refugees in America*, p. 302.
② Helge Pross, *Die Deutsche Akademische Emigration nach den Vereinigten Staaten, 1933—1941*, S. 49.
③ Claus Dieter Krohn, *Wissenschaft im Exil, Deutsche Sozial-und Wirtschaftswissenschaftler in den USA und die New School for Social Research*, S. 30.

们不认识他们，也不需要他们！"[1]

美国高校中的这种反犹主义倾向，或是通过犹太人的外貌，或是通过民族习惯上的差别，或是通过个别流亡者的行为举止来获取认知的。它使许多德国流亡科学家很快认识到自身作为"犹太人"和"外来新移民"的"双重不利条件"。在欧洲，这些流亡科学家受到了肉体上的粗野威胁，而在美国，他们又面临着对人的尊严委婉的拒绝，以至于流亡美国的德国著名政治学家弗朗兹·诺伊曼从自尊的角度出发，认为"德国的反犹太主义比美国还少些"[2]。甚至连詹姆斯·弗兰克这位 1925 年诺贝尔物理奖得主，竟然也被霍布金斯大学的反犹校长、日耳曼语言学家艾塞阿·鲍曼（Isaiah Bowmann）强令逐出校园。[3] 由此可见，在美国对流亡科学家的接受，与其说是资金问题，还不如说是日益增长的反犹主义的情绪问题。

许多援助组织出于策略上的考虑，都采取了这种态度：在与其他国家的援助组织达成跨国协定方面保持中立。这种策略考虑竟然走得如此之远，以至于 1933 年 11 月在接受经济法专家阿尔图·努斯鲍姆（Arthur Nussbaum）的问题上，就连洛克菲勒基金会驻巴黎办公室的代表特蕾西·B. 基特里奇（Tracy B. Kittredg）也认为，必须向那些可能对他感兴趣的美国高校小心翼翼地指出，他"长有相当明显的犹太人的外貌"。[4] 那位 1932 年才受聘于哈佛大学的奥地利著名经济学家约瑟夫·A. 熊彼特（Joseph A. Schumpeter），也曾想到要建立一个临时性的援助组织，以便能为那些受到危及的德国同行作

---

[1] Investigation of Rockefeller Foundation, 10. 9. 1938, Rockefeller Foundation Archive （以下简称 RFA）, Record Group 2, 185/1324.

[2] Lewis A. Coser, *Refugee Scholars in America. Their Impact and Their Experiences*, p. 71.

[3] Jarrell. C. Jackman and Carla M. Borden, *The Muses Flee Hitler*, *Cultural Transfer and Adaptation*, *1930—1945*, p. 198.

[4] Tracy B. Kittredge to Sally H. Walker, 11. 22. 1933, RFA, Record Group 1. 1, 717/113.

出安排，但由于考虑到哈佛大学里的情绪，他也只能表示"尽可能少地要犹太人"。①

这就使人很难断定，是否真实的政治道义感或赢得最优秀人才的国际竞争压力决定了那种资金上的帮助。无论怎样，美国的援助组织，如果不想故意激怒大学中的仇外或反犹情绪，就必须在一条狭窄的小路上扮演角色。

四、洛克菲勒基金会资助方向的转变

众多的美国援助组织中，洛克菲勒基金会扮演着举足轻重的角色，因为它是早在 1920 年代就盯上了最有价值的德国科学家的唯一基金会组织，也是能为流亡科学家提供最多资助的美国基金会组织，因而在这场援救流亡科学家的行动中，它对德国局势的看法具有极为重要的意义。

与 1933 年 5 月以来各国自发建立的所有援助组织不同，这些组织在这个陌生的领域里或多或少只是在"即兴作曲式地"进行它们的工作，而洛克菲勒基金会采取的步骤，却在继续自 1920 年代以来就一直进行的研究计划。它不仅掌握了有关欧洲、特别是德国科学家、尤其是社会科学家个人的详细情报，而且在它设在巴黎的办公室的帮助下，支配着那些有组织的援助机构。例如，洛克菲勒基金会巴黎办公室领导人约翰·范·西克勒（John van Sickle）在认识了伦敦经济学院院长威廉·贝弗里奇几天后，就在英国推动了那个"学

---

① Claus Dieter Krohn, *Wissenschaft im Exil*, *Deutsche Sozial-und Wirtschaftswissenschaftler in den USA und die New School for Social Research*, S. 30.

者援助委员会"的建立。①

洛克菲勒基金会设立于 1913 年，洛克菲勒石油王朝为此投入了 2.5 亿美元，仅每年的利息就达 800 多万美元。② 在最初的 10 多年里，它几乎一直排他性地资助医学，尤其是热带病学研究，1920 年代中期以来，才逐渐对现代社会科学产生了兴趣。利用它的捐款，这家基金会先是在美国成立了"社会科学研究委员会"（Social Science Research Council)，后又在欧洲，首先在德国资助了大量的科研项目。据该基金会 1933 年 6 月 20 日的一份报告显示：从 1929—1933 年，它总共为社会科学研究投入了 1780 万美元，其中有约 83 万美元为下列目的投向了德国：③ 资助柏林、基尔、海德堡和慕尼黑的图书馆 137500 美元；资助各高校研究所的研究金额共为 23.9 万美元（其中汉堡国际法研究所 2 万美元，海德堡社会科学研究所 6 万美元，基尔世界经济研究所 3 万美元，法兰克福社会研究所 1.9 万美元，柏林政治高等学院 11 万美元）；跨大学的研究奖学金 15 万美元（其中人类学研究 12.5 万美元，国际关系研究 2.5 万美元）；奖学金 4150 美元；56 份前往外国为期 2 年的访问学者奖学金 30 万美元。

在魏玛共和国末期，洛克菲勒基金会巴黎办公室的工作人员，便开始有规律地巡游德国，在仔细考察德国大学的过程中，关注着德国社会科学界已取得的成就。④ 大量有关这类收集信息的旅行报告，不仅为观察纳粹夺权准备阶段中德国高校的政治气氛以及知识

① John van Sickle/RF Paris to Central New York, 5.1.1933, RFA, Record Group 2, 91/725.

② Claus Dieter Krohn, *Wissenschaft im Exil*, *Deutsche Sozial-und Wirtschaftswissenschaftler in den USA und die New School for Social Research*, S. 41.

③ Report on Rockefeller Foundation Activities in Germany-Social Sciences, 6.20.1933, RFA, Record Group 1.1, 717/7/36.

④ Claus Dieter Krohn, *Wissenschaft im Exil*, *Deutsche Sozial-und Wirtschaftswissenschaftler in den USA und die New School for Social Research*, S. 42.

分子状况提供了一个精确的视角，而且还显示出，基金会派往巴黎的代表已经在寻求资助什么人、并按什么标准来进行资助。这些代表个个都是行家，其中不少人自己就曾在德国和欧洲读过大学。例如，跨大学的人类学研究项目就曾得到过资助，其目的在于证明："那种为纳粹主义宣传以及它的知识分子帮手们从科学上视为合法的种族学有多么荒唐。"更为引人注目的是他们对"德意志教授协会"的一再批评："这种'老年化的绅士协会'，只是在根据自己的专横，为那些油滑地适应保守主义的后继者们提供着一种机会。在社会科学中，通过这些老龄教授，普鲁士官僚主义的思想传统得到了继续，而科学被哲学上的空想所混淆，正如在经济学中还一直有着极大影响的'历史学派'那样，科学被没有理论根基的苍白描写混淆了。"①

相反，那些在魏玛时代被排斥在"德意志教授协会"之外的更年轻的社会科学家，则引起了洛克菲勒基金会浓厚的兴趣，他们提出的问题和研究成果受到了越来越热情的关注。例如基尔大学的世界经济研究所，由于它对经济发展趋势的分析和以国际化为方向的研究，被该基金会视为现代德意志经济学的"麦加"。该基金会也对海德堡大学的阿尔弗雷德·韦伯（Alfred Weber）和埃米尔·雷德勒（Emil Lederer）的工作，对科隆大学国际法研究所在汉斯·克尔森（HansKelsen）和他的助手埃里希·胡拉（Erich Hula）领导下的工作作出了类似的评价。给该基金会留下最深刻印象的是法兰克福大学那些批评型学者所涵盖的专业宽度：他们当中有这样一批著名人物：社会学家卡尔·曼海姆，经济学家阿道夫·勒韦（Adolf

① Kurt Nemitz, *Antisemitismus in der Wissenschaftspolitik der Weimarer Republik*, Köln：Narkus-Verlag, 1983, S. 377.

Löwe)，劳动法专家胡戈·辛茨海默（Hugo Sinzheimer）、汉斯·摩根索（Hans Morgenthau），以及经济统计学家欧根·阿特舒尔（Eugen Altschul）。总之，法兰克福大学由于其开放式的国际氛围而被该基金会视为"最强大的科学中心之一"，因此，洛克菲勒基金会非常乐意为它投入更多的资金。然而，由于这些代表着社会科学研究新方向的人大多是有犹太血统的科学家，因此该基金会也有所顾虑，担心这样做会在德国公共舆论上引起消极反应。① 这就使洛克菲勒基金会面临一种困境：一方面，它并不认为那些德国传统中有影响的社会科学研究方向有资助的价值；另一方面它又担心，由于这里的政治舆论氛围，若是更多地资助那些具有开创性的新研究萌芽，是否会给这些犹太学者带来麻烦。②

洛克菲勒基金会并不是出于政治信念才资助德国的这类批评型研究的，而恰恰是因为在魏玛共和国社会政治的极端条件下，这些在德国由更年轻的一代学者发展起来的新研究方向与洛克菲勒基金会特殊的民族利益相遇了。这家基金会之所以会在 1920 年代提出资助社会科学的计划，是因为它认识到，在美国，与自然科学正在逐步取得的进步相比，关于现代社会的知识以及控制充满活力的工业增长的技术远远落在欧洲、尤其是德国的后面。这就必须首先促进这种知识的增长，以便能将掌握在手中的、内行的社会技术专家变成一种能进行"社会控制"的工具，另一方面这也涉及"简化并解决现代社会问题"的新启迪方法。③ 尤其在纽约股票交易所崩溃以及世界经济大危机爆发后，有关经济计划和控制的研究课题自然成为该基金会资助的重点之

① John van Sickle, Suggestions for a German Trip, 5. 31. 1932, RFA, Record Group 2, 77/617.

② Report on Rockefeller Foundation Activities in Germany-Social Sciences, 6. 20. 1933, RFA, Record Group 1. 1, 717/7/36.

③ Memo Program and Politics in the Social Sciences, 1. 3. 1929, RFA, Record Group 3, 910/1/1.

一。在这个领域中工作的欧洲经济学家群体，如德国的"基尔学派"和"海德堡学派"，瑞典的"斯德哥尔摩学派"，荷兰的"荷兰经济学派"，维也纳的"奥地利学派"等，都得到了它的资助。

在 1933 年 4 月德国大学开始大规模驱逐有犹太血统、有民主思想的科学家后，洛克菲勒基金会过去一贯推行的实用主义资助政策面临着这样的问题：面对希特勒这个新独裁者以及他对知识分子的恐怖政策，应采取什么样的态度？对此，基金会内部产生了相当大的分歧，它反映出这个在科学发展上承担了义务的组织，自己尚没有完全从反犹主义潮流中解放出来。

基金会驻巴黎办公室的代表，首先是负责医学分支的代表丹尼尔·奥布里恩（Daniel O'Brien），显然受到了反犹太主义偏见的影响。尽管有长年对德国局势的观察，奥布里恩却在 1933 年 4 月 11 日提出了一份有关德国局势安定人心的报告，它不加掩饰地表达了对纳粹主义政策的理解："长期以来，人们已经忘记了：1918 年，在德国，激进派，压倒优势的是犹太人，掌了权，并带来了那场社会的彻底变革……人们不要忘记：在过去的 15 年里，犹太自由主义因素在德国曾得到过相当程度的促进。尤其在社会科学中，许多科学家被解聘要归因于这个事实：即这个领域中的发言人是犹太人和社会民主党人……在德国，大量公共机构中'犹太人超代表性'的不合理状况并没有发生丝毫变化，以至于一场革命的危险在德国仍然是真实的。正因为如此，纳粹党才贯彻了对这种威胁的扫除。驱逐犹太人、共产主义者和外国人，必须被理解为一种短期性的措施。"因此，这份报告建议："等待下去，并毫不动摇地继续贯彻在德国已有的计划。"[①]

在这种设想下，巴黎办公室领导人西克勒也向纽约总部建议，

---

① Daniel O'Brien to Alan Gregg, 4.11.1933, RFA, Record Group 2, 91/725.

"应只资助那些被解聘的、仍留在德国的科学家"。而且他一直保持着这种幻觉:"尽管纳粹不会再聘用这些科学家了,但由于考虑到外国舆论,估计不会继续采取反对这些科学家的措施,当这些科学家能通过其他的私人手段继续他们的研究工作时,纳粹党应乐于看到这一点。因此,在任何情况下,我们都不应放弃迄今对那些研究机构的资助,不应将资助转向难民,不要给人留下这种印象,就仿佛我们只愿意与'犹太科学家'合作。"[1]

不仅是这些洛克菲勒基金会代表的报告,而且连美国"紧急委员会"派驻欧洲的代表发回的大量报告也显示出,他们是以冷淡的态度,甚至是以满意的心情来看待德国大学里的这场解聘潮的。这也显然感染了那些外国新闻记者。不少后来流亡美国的德国科学家在接受采访时都曾对外国舆论倾向于希特勒的观点进行过控诉:"这类外国舆论完全使人们相信,希特勒首先是在与共产主义作斗争。"[2]

西克勒甚至建议:"在批评型的科学家被解聘后,应继续资助基尔世界经济研究所。"[3]但是,洛克菲勒基金会纽约总部完全不清楚,基尔大学世界经济研究所以后是否还能继续那些意义重大的研究,因此总部负责人雷蒙德·B. 福斯迪克(Raymond B. Fosdick)委托瑞典的"斯德哥尔摩学派"领导人冈纳·米尔达(Gunnar Myrdal)于1933年7月20日前往德国进行一次实地考察,当此人对基尔研究所新领导层人事的纯洁性和科学的真实性作出否定式的结论时,福斯迪克才开始考虑到,"投入的研究经费应被撤回",并作出

① John van Sickle to Rufus Day, Director of Social Science-Program, 5.8.1933, RFA, Record Group 2, 91/725.
② Claus Dieter Krohn, *Wissenschaft im Exil*, *Deutsche Sozial-und Wirtschaftswissenschaftler in den USA und die New School for Social Research*, S.46.
③ John van Sickle to Rufus Day, 5.5.1933, RFA, Record Group 1.1, 717/20/181.

了如下判断:"若继续在希特勒的德国承担义务,这笔钱只会毫无意义地扔到窗外。"[①] 1933 年 9 月底,纽约总部作出安排,开始有计划地从德国的社会科学研究中撤出,不再提供研究经费和图书馆建设经费,那种资助前往外国为期两年的访问学者项目,开始转向对德国流亡科学家的援救计划,为此洛克菲勒基金会新投入了 141 万美元。

这些资金很快投入了使用,因为那些在 1933 年以前就得到过这家基金会资助的德国科学家,大多属于第一批遭受驱逐的人,并构成了这类流亡者中最大的群体。他们过去就与洛克菲勒基金会巴黎办公室的人员有过接触,因而在 1933 年 9 月以后,很自然地成为该基金会提供援助资金的首要人选。10 月初,第一批共 7 名科学家,得到了该基金会的资助。他们当中的 2 人,即海德堡大学的埃米尔·雷德勒、柏林政治高等学院的汉斯·施佩尔(Hans Speier)被安置到美国的"社会研究新学院",其他 5 人,即"基尔学派"的首领阿道夫·勒韦,海德堡大学的雅可布·马夏克(Jakob Marschak),法兰克福大学的社会学家卡尔·曼海姆、统计学家欧根·阿特舒尔,以及科隆大学的国家法专家汉斯·克尔森,通过"学者援助委员会"被安置到了英国。"这些人的工资完全出自洛克菲勒基金会的这笔预算,进一步的工作合同也早已签订。"[②]

尽管随着洛克菲勒基金会资助方向的转变,一场抢救德国流亡科学家的运动开始了,但是由于美国高校中极为普遍的反犹主义情绪,加上若没有外来资助,英国高校也只能安排数量有限的长期岗位,法国高校甚至难以长期安置这些流亡科学家,因此,洛克菲勒基金会新投入的援助资金中,有相当部分是用于将流亡科学家安置

---

① Raymond B. Fosdick to Sally H. Walker, 9.25.1933, RFA, Record Group 2, 141/1050.
② List of Appointments Made, 9.7.1933, RFA, Record Group 2, 91/724.

在欧洲的。例如，"到1935年初，已有135名遭受驱逐的德国科学家得到了洛克菲勒基金会的资助，其中34人到了英国，16人到了法国，18人到了欧洲其他国家，另有67人到了美国，占当时流亡美国的95名德国科学家的2/3以上"。"而到1939年9月战争爆发时，得到洛克菲勒基金会资助的流亡科学家达到192人，其中70人被安置在英法等欧洲国家，122人被安置在美国，他们当中有74名社会科学家，45名自然科学家，35名人文科学家和38名医学家。"① 这些被安置者尽管只占所有德国流亡科学家中的很少一部分，但他们都是各个学科领域中最为重要的一流学者。

五、美国对德国流亡科学家的接收

能否化解美国高校中普遍存在的"对外来科学家的恐惧症"，关系到美国能否大规模接受德国流亡科学家的问题。这一工作领域并不是洛克菲勒基金会之类的私人基金会所能完全包揽的。私人基金会一般只负责为它们挑中的人选提供资助，具体由哪所美国高校来接受这些流亡科学家，这方面的中介工作主要是由"援助德国流亡学者紧急委员会"来承担的。

在这种中介工作中，美国的"紧急委员会"与英国的"学者援助委员会"以及设在苏黎士的"在外国的德意志科学家紧急共同体"建立起一种密切的联系，因为这两大欧洲援助组织往往能及时掌握并提供更为全面的有关德国流亡科学家的名单和信息。这三大

① Claus Dieter Krohn, *Wissenschaft im Exil*, *Deutsche Sozial-und Wirtschaftswissenschaftler in den USA und die New School for Social Research*, S. 47, S. 38.

自发组织之间很快发展起一种协商和分工。"紧急委员会"负责在美国的中介工作，"学者援助委员会"负责在英国和帝国所属殖民地的相关工作，"紧急共同体"曾经成功地将部分德国流亡科学家介绍到土耳其，因此由它来负责在东方国家、苏联和南美等方面的中介工作。

　　与英国的"学者援助委员会"相比，美国的"紧急委员会"显然采取了不同的安置政策，这种区别本身也反映出两国援助组织各自面临的不同局势。英国的"学者援助委员会"将自己定义为一种智力劳动市场组织，自己来挑选科学家，然后介绍给各大学，并为被聘用的流亡科学家承担部分工资。最初，这笔经费的绝大部分是由英国科学家以一种自我征税的形式来筹集的，这也显出英国科学家比美国同行有更高的义务责任感和更多的团结一致。① 1933 年 9 月以后，这种局面才开始通过美国的洛克菲勒基金会以及英国的慈善组织的有力资助而得以改变。而美国"紧急委员会"的业务政策一开始就建立在与英国不同的基础上。由于经济危机以及孤立主义舆论笼罩下的大学财政问题，为了将更多优秀的德国学者引向美国，斯蒂芬·达根将这个"紧急委员会"与已有的各类私人基金会紧密地衔接起来。用这种方法，能让大量慈善性的、绝大多数是美国犹太人的基金会提供大量的金钱，以供"紧急委员会"操纵。②

　　在此基础上，"紧急委员会"根据三项原则来采取行动："1. 在中介活动中，无区别地对待来自所有宗教的信仰者；2. 只推荐 30 至

① Claus Dieter Krohn, *Wissenschaft im Exil, Deutsche Sozial-und Wirtschaftswissenschaftler in den USA und die New School for Social Research*, S.35.

② William Beveridge, *A Defense of Free Learning*, London: Oxford University Prress, 1959, p.126.

58 岁的教授和编外讲师，以避免与年轻的美国人竞争；3. 只接受来自美国高校的申请，而不接受流亡科学家个人的申请。"① 也就是说，流亡科学家由各高校自己挑选，某高校若想安排某位流亡科学家，便可向该委员会提出申请，该委员会便给这位候选人安排一个位置，如果这位候选人接受，那么该委员会愿在最长两年时间里为被聘用的科学家承担一半工资，即每年最多为 2000 美元。"由于工资的另一半通常由用人机构的科研基金来承担，而这种科研基金实际上也来源于私人性质的基金会，因此在头几年里，美国各高校在聘用德国流亡科学家上并没有什么经济负担。"②

除了这种减轻大学经济负担的方法外，"紧急委员会"和洛克菲勒基金会的领导人还采取种种措施来消除人们对它们安置政策的误解，表明这种政策绝非出于博爱和仁慈，"不是在为个别科学家提供个人帮助"，而是在奉行"拯救科学"的最高原则。③ 因此，只有一流的科学家才能得到资助。由于这些一流科学家在美国大学里一年最多只能拿到一笔 4000 美元的工资，而一位美国的一流科学家一年能拿到 1.2 万—1.5 万美元，④ 这种区别使美国各高校对德国流亡科学家的抵制情绪逐步得到了化解。

在这场对流亡科学家的接收中，阿尔文·约翰逊在纽约的"社会研究新学院"内部，为吸收流亡的人文、社会科学家，成立了一

① Stephen Duggan, *A Professor at Large*, New York: The Macmillan Company, 1943, p. 78.

② William Beveridge, *A Defense of Free Learning*, p. 30.

③ Raymond B. Fosdick to Alvin Johnson, 10. 30. 1939, RFA, Record Group 1. 1, 200/339/4304.

④ Claus Dieter Krohn, *Wissenschaft im Exil*, *Deutsche Sozial-und Wirtschaftswissenschaftler in den USA und die New School for Social Research*, S. 37.

所"流亡大学"（University in Exil），并以此来作为它的研究生院，^①
亚伯拉罕·弗莱克斯纳（Abraham Flexner）在普林斯顿大学，为吸收
流亡的自然科学家，建立了"高级研究所"（Institute for Advanced
Study），哥伦比亚大学更是对法兰克福大学的社会研究所采取了整体
接纳的形式。这些高校的领导人对德国流亡科学家表现出极大的接
收热情，甚至允许他们在完全脱离对本科生教学活动的情况下，专
门从事理论研究和指导博士研究生的工作。但是，除了这些极少的
例外，绝大多数流亡科学家一般都被"紧急委员会"和洛克菲勒基
金会有意识地、也是分散性地安置在各个不同的高校里，一所高校
接受的流亡科学家一般不超过3名，^②这样，流亡科学家完全集中于
少数中心的现象以及由此可能产生的敌意被消解掉了。

　　1935年初，"紧急委员会"的领导人认为，这种安置工作能在两
年后结束，估计这场科学难民潮到那时也就终止了，美国的经济大
萧条也将走到尽头，然而事实很快证明，这只是一厢情愿。与这种
盼望相反，随着希特勒德国于1938年3月12日吞并奥地利、9月29
日占领苏台德、11月9日导演了"帝国水晶之夜"后，越来越多来
自德国、奥地利、捷克斯洛伐克甚至意大利的流亡科学家都在急于
寻求美国的帮助；而美国经济却在持续萧条中迎来了1937—1938年
的危机。因此，尽管美国私人基金会的捐款在不断增加，但"紧急

---

① "社会研究新学院"从洛克菲勒基金会获得了最多的避难援助，总计为540235美元。这
也是这所"流亡大学"能在1945年以前拯救180名欧洲流亡科学家的重要原因。参见
Claus Dieter Krohn, *Wissenschaft im Exil, Deutsche Sozial-und Wirtschaftswissenschaftler in den
USA und die New School for Social Research*, S. 40。
② 到1939年欧洲战争爆发时，122名通过洛克菲勒基金会的资助得到安置的流亡科学家，
是被分散在65所美国高校里的，而在1933—1945年间，335名通过"紧急委员会"的
资助得到安置的流亡科学家，被分散在145所美国高校里。参见Stephen Duggan and Betty
Drury, *The Rescue of Science and Learning, The Story of the Emergency Committee in Aid of
Displaced Foreign Scholar*, p. 66。

委员会"仍然感到资金不足，难以应付。过去对流亡科学家承诺的两年资助义务，只能履行一年了，甚至不少流亡科学家在两年期限合同结束后，再度变成了失业者。在这种形势下，"紧急委员会"于1938 年 12 月 1 日开始引入了一项规定：大学只应继续资助那些"被聘用在长期固定岗位上的科学家"。但是，"被安置在长期固定岗位上的流亡科学家，还不到所接受的流亡科学家总数的一半。例如迄今为止，依靠'紧急委员会'的帮助而得到安置的 125 名科学家中，只有 55 人获得了长期固定岗位"[1]。12 月 13 日，洛克菲勒基金会负责人福斯迪克在给约翰·D. 洛克菲勒（John D. Rockefeller）的信中，开始谈到这个令人不安的问题："对流亡科学家的接受是否已经达到了饱和状态？"[2]

　　无论怎样，"紧急委员会"承担的工资部分必须极大地减少。1933 年支付给流亡科学家的一半工资最多为 2000 美元，而到 1938 年，平均只能支付给每人 1400 美元。1939 年欧洲战争爆发后，随着更多流亡科学家涌入美国，"紧急委员会"只能支付 1000 美元了。而在 1940 年 6 月法国战败、希特勒德国占领西欧大陆并向英国发动空袭后，不仅是那些过去通过洛克菲勒基金会的资助在法国得到安置的德国流亡科学家必须全部转移到美国，而且已经被安置在英国的部分德国科学家也必须转移到美国，更不要说还有那些来自法国和西欧其他沦陷国家的科学家、尤其是有犹太血统的科学家也在争相向美国转移。面对流亡科学家的蜂拥而至，"紧急委员会"最后只能将被安置者的一半工资减少到每人 650 美元。[3]

① Stephen Duggan and Betty Drury, *The Rescue of Science and Learning*, *The Story of the Emergency Committee in Aid of Displaced Foreign Scholar*, p. 196.
② Raymond B. Fosdick to John D. Rockefeller, 12. 13. 1938, RFA, Record Group 2, 167/1217.
③ Claus Dieter Krohn, *Wissenschaft im Exil*, *Deutsche Sozial-und Wirtschaftswissenschaftler in den USA und die New School for Social Research*, S. 37.

然而，欧洲局势的恶化迫使美国社会开始逐步放弃孤立主义。更为重要的是，那些最先到来的德国流亡科学家，此时已开始用他们在美国取得的杰出科学成就证明：从纳粹统治下的欧洲被驱逐出来的科学潜力多么的巨大，接受流亡科学家使美国高校的质量得到了多么大的提高。这就使美国各高校和整个知识界对流亡科学家的看法发生了根本性的转变。在这种局势下，"紧急委员会"与"美国大学联盟"之间达成了一项协议："由各美国高校向流亡科学家支付更高的工资，以便使他们部分的工资损失能得到弥补。"另外，"在最初承诺的期限满期后，无论他是否占据着长期固定岗位，如果他证明自己能胜任这份工作，那么这所高校就要完全接受这位客人，支付他全部的工资，并将他接纳进该校的教师集团"。①这样就开始过渡到由美国各高校支付被聘用的流亡科学家的全部工资。

据统计，从 1933—1945 年，为了使美国各高校能接受更多的流亡科学家，各家大私人基金会做出了最大的贡献，具体资助的金额如下："紧急委员会"为 335 名科学家提供了 80 万美元的资助，这笔总额中有 31.7 万美元来自纽约基金会；洛克菲勒基金会为 303 名科学家提供了 141 万（1410778）美元的资助；卡尔·舒尔茨纪念基金会为 303 名科学家提供了 31.7 万美元的资助。另一家大的科学基金会卡内基基金会以捐助给其他组织的形式提供了总计为 11 万美元的间接资助。②有关它们批准的人事资金总结算，提供了一幅有关这场知识难民潮的结构、资助重点等方面具有说服力的画面。

"紧急委员会"资助的 335 名科学家中，有 137 名人文科学

---

① Helge Pross, *Die Deutsche Akademische Emigration nach den Vereinigten Staaten*, *1933—1941*, S. 50.

② Stephen Duggan and Betty Drury, *The Rescue of Science and Learning*, *The Story of the Emergency Committee in Aid of Displaced Foreign Scholar*, p. 85.

家，110 名社会科学家，81 名自然科学家，7 名医学家。① 洛克菲勒基金会资助的 303 名科学家中，有 113 名社会科学家，73 名自然科学家，59 名人文科学家，58 名医学家。② 卡尔·舒尔茨纪念基金会资助的 303 名科学家，大多是 30 岁以下的青年科学家。在美国各大学已有 2000 多人被辞退的情况下，即使对 30 岁以下的美国人来说，高校中的职业聘用机会也很难提供给他们，现在当然只提供给年龄超过 30 岁以上的流亡科学家。然而卡尔·舒尔茨纪念基金会突破了这个规定。对它所提供的资金进行的一种比较研究表明：它为大量更年轻的科学家提供了数额相对更少的奖学金，因为由它资助的科学家与洛克菲勒基金会资助的科学家一样多，而由它所提供的经费总额还不到洛克菲勒基金会提供的资金的 20%。③ 从 1940 年代初开始，为解决更年轻的流亡科学家的聘用问题，"紧急委员会"专门制定了针对年轻流亡科学家的"访问学者计划"，为此，罗森沃德家族援助基金、西尔家族遗产基金、罗布克百货康采恩遗产基金也通过一种特别的捐助承担了义务。④

此外，美国犹太教、基督教、天主教以及社会各界大大小小 500 多个慈善组织，尤其是贵格会教徒组织，以及犹太人势力占绝对优势的"好莱坞"各电影公司，为营救来自纳粹德国的知识难民也作

① Stephen Duggan and Betty Drury, *The Rescue of Science and Learning*, The Story of the Emergency Committee in Aid of Displaced Foreign Scholar, p. 193.
② 洛克菲勒基金会资助的这 303 名流亡科学家中有 191 名德意志人（占 63%），36 名法兰西人，30 名奥地利人，12 名意大利人，11 名波兰人，6 名匈牙利人，6 名西班牙人，5 名捷克人，斯堪地那维亚人、荷兰人、比利时人各 2 名。参见 Claus Dieter Krohn, *Wissenschaft im Exil*, *Deutsche Sozial-und Wirtschaftswissenschaftler in den USA und die New School for Social Research*, S. 38。
③ Claus Dieter Krohn, *Wissenschaft im Exil*, *Deutsche Sozial-und Wirtschaftswissenschaftler in den USA und die New School for Social Research*, S. 36.
④ Charles J. Wetzel, *The American Rescue of Refugee Scholars and Scientists from Europe 1933−1945*, Wisconsin: University of Wisconsin Press, 1964, p. 339.

出了巨大的贡献。"他们的工作并没有限制在流亡科学家身上，而是体现在这一点上：凡表明需要帮助的地方。"①大量有犹太血统的法律工作者、医生、记者、工程师，音乐家，造型艺术家、作家以及其他文化职业者，正是通过他们的鼎力相助，才获得了财产上的担保并在美国找到了栖身之所。这类工作不仅意味着物质上的帮助，还包括一种不断扩大的语言训练和咨询活动。这类活动足以经常性地减轻知识流亡者感情上、语言能力上的负担。例如，贵格会教徒组织为此专门设立了"难民部"，并为流亡知识分子举办"美国研讨班"，其目的在于：通过几周的共同生活、报告会以及与美国同行一起进行的语言训练，使德国知识难民能熟悉并逐步进入到新环境中。②正是通过贵格会教徒组织的扶助，不少过去从未在德国大学讲过课的律师、记者、作家和艺术家以及其他人，也能转入美国高校从事教学。

到 1945 年，美国已成为接受犹太难民最多的国家，同时也成为接受犹太知识难民最多的国家，到美国的犹太难民总计达 13 万之众。在犹太知识难民集中到达美国的 1933—1941 年间，仅来自德、奥的犹太难民就达 104098 人，他们当中的 7.3%，即 7622 人属于知识难民，其中有 1090 人是科学家，绝大部分（约 700 人以上）是教授；其余为更广意义上的学者型和艺术型的文化流亡者，具体数字如下：811 名法律工作者，2352 名医生，682 名记者，645 名工程师，465 名音乐家，296 名造型艺术家，1281 名来自其他文化领域的

---

① Stephen Duggan and Betty Drury, *The Rescue of Science and Learning*, *The Story of the Emergency Committee in Aid of Displaced Foreign Scholar*, p. 520.

② Helge Pross, *Die Deutsche Akademische Emigration nach den Vereinigten Staaten, 1933–1941*, S. 51.

职业者。[①]这意味着从德、奥两国社会和文化生活中被驱逐的约12000名文化精英中，至少有63.3%被美国接收，而在约1400名流亡科学家中，也至少有77%被美国接收。[②]这就充分说明了美国接收的犹太难民中所特有的文化知识"含金量"。

六、结论

1933年4月从纳粹德国大学校园中开始的这场文化清洗运动首先是针对有犹太血统、有民主思想的知识分子的。成千上万的犹太知识精英从纳粹德国的社会文化生活领域中被驱逐出去，意味着多少世代以来犹太人对中欧文化的适应突然间出现了一场痛苦的终结。尽管从比率上讲，约2200名遭到驱逐的德、奥科学家并不代表德语文化空间科学潜力的全部，而且从德国大学中遭到驱逐的1800名科学家也只占其中的39%，但是从质量上讲，他们却代表了其中最有价值的部分。当这样一大批优秀的科学家被纳粹党内不学无术的党干部们替换掉的时候，也就意味着自19世纪末20世纪初以来德国的世界科学和文化中心地位的失落。

美国知识界的领导人看到了通过接收德国流亡科学家来发展美国科学的良机。然而，在出逃的约1400名有犹太血统的科学家当

① Donald P. Kent, *The Refugee Intellectual*, *The Americanization of the Immigrants of 1933 - 1941*, p. 15.
② 在德、奥两国大专院校中遭到驱逐的约2200名科学家的基础上，若将威廉皇家协会各类科研院所中被解聘的专业研究工作人员、自主开业的医生、律师等加进去，总数约有7500人；若再将与文化有关的遭到驱逐的自由职业者，如建筑师、时事评论家、编辑、记者、作家、艺术家之类的人也加进去，那么，在不将他们的家庭成员计算在内的情况下，总数达12000名左右。参见 Norman Bentwich, *The Rescue and Achievement of Refugee Scholars*, p. 23。

中，只有不足 1 / 3 的流亡科学家首先选择了美国，而绝大多数人将邻近的欧洲国家作为他们流亡的首选国。尽管这些流亡科学家主观上的犹豫，对于推迟他们移入美国产生了较大的影响，但是美国孤立主义的影响也不可低估，因为它不仅限制了罗斯福政府在接收犹太难民问题上的行动余地，而且也加剧了美国高校中普遍蔓延的"对外来科学家的恐惧症"。在美国经济仍然处于萧条的状况下，这种恐惧症中反映出来的反犹主义情绪，本身也阻碍着对流亡科学家的接收。显然，一场流亡科学家向大西洋彼岸的整体性转移，还需要诸多方面的条件：流亡者前往美国的主观愿望，能提供工作岗位的美国大学的欢迎态度，大量资金作为这场转移的有力支持，国际局势的紧迫性所造就的压力等等。

为打破这种流亡与接收之间的僵局，美国知识精英人物组成的"援助德国流亡学者紧急委员会"，与洛克菲勒基金会等美国私人性资助团体一起，在"拯救科学"的名义下采取了种种措施，逐步化解了美国高校中"对外来科学家的恐惧症"，从而为接收德国流亡科学家创造了有利条件。与此同时，纳粹德国战前扩张政策的成功和战争初期"闪电战"的速胜效应，制造出一种事关生死的威胁力。它不仅迫使美国社会开始逐步放弃孤立主义，也迫使绝大多数德国流亡科学家彻底放弃了他们当初继续留在欧洲诸国的幻想，并与来自欧洲沦陷国家的流亡科学家一起，形成了一场人类历史上前所未有的、高文化素质的知识难民潮，这场知识难民潮，正是在纳粹炮火的逼迫下，才流向了大西洋彼岸的美国。

接收这场以上千名流亡科学家为代表的知识难民潮对美国来说意味着什么呢？流亡美国的意大利原子核物理学家、诺贝尔奖得主恩里科·费米（Enrico Fermi）的夫人劳拉·费米，曾在 1968 年出版的关于欧洲知识分子流亡美国的著作中，计算过流亡科学家给美国教育制度带来的那种不花成本的赢利。据她估算，"在美国，培养一位科学家到他能开始职业生涯为止时的费用，至少需要 4.5 万美元，仅是在那 700 多位移入美国的德国大学教授身上，就为美国节约了大约 3200 万美元"。①

　　这种表面上看来精确的有关教育经济上的赢利数字，与对美国科学发展的根本性促进相比，显然只展现了次要的表征，这种促进主要是由在现代自然科学、医学、社会科学、人文科学或建筑学领域中的德国流亡科学家给他们的接收国——美国——带来的。人们能在有关诺贝尔自然科学奖项得主的材料中找到这方面最鲜明的例证：1933 年以前，美国曾有 5 名得主，在世者只剩 3 名；德国曾有32 名得主，在世者仍有 19 名。然而，仅是这场从 1933 年开始的德国科学家的流亡潮，就为美国送来了第一代流亡者中的以爱因斯坦为代表的 7 名得主以及后来的 8 名新得主。到 1945 年，德国 1933 年以前得主中的在世者只剩 9 名，加上新增加的 5 名，总数为 14 名；而美国 1933 年以前得主中的在世者虽然只剩 7 名，但由于有这批流亡科学家为代表的欧洲新生科学力量的加盟，迅速新增加了 18 名，使总数达到了 25 名，从而远远超过德国，成为诺贝尔自然科学奖项得主最多的国家。② 这 25 人中还不包括那些 1945 年以后在美国获得诺贝尔奖的流亡科学家，也不包括那些随父母到达美国后才完成学业、并在后来获得诺贝尔奖的第二代流亡者。今天，美国的诺贝尔自然科学奖项的得主总计已超过了 200 名，这显然与这批流亡科学家在美国开拓的新方向，以及由此在美国高校中营造出来的特殊学术

① Laura Fermi, *Illustrious Immigrants. The Intellectual Migration from Europe, 1933—1941*, Chicago：University of Chicago Press, 1968, p.3.
② Wolfgang Benz, *Die Juden in Deutschland, 1933—1945*, München：C. H. Beck Verlag, 1988, S.412.

氛围紧密相关。

　　1969 年美国学术界公布了一份涉及所有学科领域中最为杰出的 300 名流亡科学家的传记名单，他们当中的 79%，即 238 人是从纳粹德国版图内逃亡出来的讲德语的、有犹太血统的科学家。也正是他们，在美国成了几乎所有新科学传统的奠基人。[1] 1989 年，法兰克福德意志图书馆公布了一份有关讲德语的文化知识精英在 1933—1945 年流亡期间出版的文化、科学论著的档案，其中涉及 11846 本学术专著和 7749 篇科学论文，它们当中的 80% 以上是在美国完成的。[2] 所有这些，不仅说明纳粹暴政导致的这场流亡给美国科学带来了多么巨大的收益，同时也说明它给德国科学造成了多么沉重的损失。最早看到这场流亡给美、德科学潜力带来彼此消长意义的是那些美国科学界的领袖们，他们用这句话来评价这些流亡科学家们的到来："我们应该为希特勒竖立一座纪念碑，以此来感谢他为促进美国科学事业的发展所作出的伟大贡献！"[3]

　　总之，正是希特勒种族政策下的文化清洗运动以及战争初期"闪电战"的速胜效应，正是目光远大的美国知识精英们以及美国私人基金会组织的援救努力，才在最短的时间里，以最快的速度，完成了这场世界科学、文化中心最具历史意义的、也是史无前例的洲际大转移。

（原载《历史研究》2005 年第 4 期）

[1] Donald Fleming and Bernard Bailyn, *The Intellectual Migration, Europe and America, 1930—1960*, Cambridge：Harvard University Press, 1969, pp. 675—720.

[2] Deutsche Bibliothek Frankfurt am Main, *Deutsches Exilarchiv 1933—1945, Katalog der Bücher und Broschüren*, Stuttgart：J. B. Metzlersche Verlagsbuchhandlung, 1989, S. Ⅷ.

[3] Laura Fermi, *Illustrious Immigrants. The Intellectual Migration from Europe, 1933—1941*, p. 78.

阿尔文·约翰逊与"流亡大学"的创办

在 1933 至 1945 年，纳粹政权在德国和欧洲的统治导致了上千名科学家流亡美国，他们中的 182 名被美国知识界"新左派"的代表人物、纽约社会研究新学院院长阿尔文·约翰逊创办的一所"流亡大学"接收。在当时美国一所高校平均只接收不足 3 名流亡科学家的情况下，它所接收的流亡科学家数量远远超过其他任何一个学术机构。究竟是什么原因导致阿尔文·约翰逊（Alvin Johnson）在 1933 年那个特殊的历史时刻作出了创办"流亡大学"的决定？这所"流亡大学"的创办过程中经历了怎样的努力与斗争？这些流亡科学家的到来对美国科学、教育事业产生了怎样的意义？对于这些在当今中国学术界尚无人问津的问题，本人作一初步探讨。

一、"流亡大学"的初期筹划

1933 年 4 月 7 日，纳粹德国希特勒政府颁布《重设公职人员法》，开始在大学校园中驱逐有犹太血统、有民主进步思想的知识分

子，这场文化清洗运动立即给德国的大学带来了约500个空位。[①]纳
粹党人对1810年以来德国大学奉行的"科学自由"精神的公开践
踏，在西方知识界激起了普遍的强烈愤慨，与此同时，一个"拯救
知识界的进程"开始了。而在美国，最早作出积极反应的是社会研
究新学院的院长阿尔文·约翰逊。

阿尔文·约翰逊1874年出生于美国中西部内布拉斯加州一个丹
麦移民的家庭，早年曾在哥伦比亚大学学习经济学，后在哥伦比
亚、斯坦福、康乃尔等大学从事教学和研究工作，并在此期间成为
美国知识界"新左派"圈子中的一员。1919年第一次世界大战刚刚
结束，他与经济学家索尔斯坦·B. 维布伦（Thostein B. Veblen）、维
斯利·C. 米切尔（Wesley C. Mitchel），哲学家约翰·杜威（John
Dewey），历史学家查尔斯·比尔德（Charles Beard）、詹姆斯·H. 鲁
滨逊（James H. Robinson），人类学家弗朗兹·博厄斯（Franz Boas）
以及英国社会学家哈罗德·拉斯基（Harold Laski）等人共同集资，
在纽约西12号大街66号创办了一所名为"社会研究新学院"的成人
高校。出任院长的阿尔文·约翰逊将"国际谅解"和"社会批评式
的启蒙"作为它教学计划的原则，这所学院同时也成为美国成人高
校事业发展的开端。[②]

阿尔文·约翰逊之所以会在1933年最为积极地参与援救德国流
亡科学家的行动，与他在1920年代就和德国社会科学界有密切交往

---

① 从1933年4月到1938年3月，有1800名科学家被逐出大学校园，致使德国高校教师队
　伍的损失达到39%，其中经济学家和其他社会科学家的损失达到47%，远远超过了平均
　率，这些学科也成为德国损失最惨重的学科。参见 Christian von Ferber, *Die Entwicklung
　des Lehrkörpers der deutschen Universitäten und Hochschulen，1864–1954*，Göttingen：Vanden-
　hoeck & Ruprecht，1956，S. 143。

② Alvin Johnson, *Pioneer's Progress. An Autobiography*，New York：The Viking Press，1952,
　p. 289.

紧密相关。1924 年 1 月美国对德国实施《道威斯计划》的前夕，约翰逊曾作为美国经济学界访问团成员第一次来到德国，这使他获得了一次接触德国知识分子、尤其是他们中的社会民主主义者的机会。通过这些人，他了解到，那些 1918 年后在德国创立的具有社会民主主义性质的革新性国民高校，如法兰克福大学、柏林政治高等学院等，在教育和政治理念上是与他在美国主导的那所从事应用科学研究的社会研究新学院的追求方向相一致的。[①] 因此，当 1927 年约翰逊接受他的老师、哥伦比亚大学经济学教授埃德温·R. A. 塞利格曼（Edwin R. A. Seligman）的委托，主编一套《社会科学百科全书》时，他很自然地在这些人当中寻找论文的撰写者。6 年间，全世界有 600 多位科学家围绕着这项工作进行了合作，并带来了大量的论文和人事交往。而德国科学家对这项工作的热情和努力给他留下了极深的印象，尤其是格哈德·科姆（Gerhard Cohm）、埃米尔·雷德勒、雅可布·马夏克、弗里茨·勒曼（Fritz Lehmann）以及汉斯·施佩尔等人，提供了数量最多、内容最广泛、质量最高的论文。[②]

　　这些著名的德国社会科学家寄来的论文，部分反映了自 1929 年世界经济大危机以来在德国开展的那场热烈的经济理论大讨论中的革新思想，更使约翰逊认识到社会科学研究的世界性中心在德国。因为在 30 年代初，美国也开展了一场类似的关于如何克服世界性经济危机的理论战略讨论，参与其中的约翰逊发现，"美国经济理论界的讨论还远远没有跳出自由放任式的传统经济理论框架，而在德国，这些'改革派'理论家们已经提出了相当具体、切实可行的危

① William E. Leuchtenberg, *The Transformation of American Society*, New York: Oxford University Press, 1959, p. 103.

② Claus Dieter Krohn, *Wissenschaft im Exil*, *Deutsche Sozial-und Wirtschaftswissenschaftler in den USA und die New School for Social Research*, Frankfurt am Main: Campus Verlag, 1987, S. 72.

机克服方案，只不过还没有被在台上执政的统治集团采纳罢了"①。因此，1932 年 10 月，约翰逊再度前往德国，求教于这些主张推行积极的"赤字财政"和"有计划的国家干预"政策的德国"改革派"经济学家和社会学家。在这些德国学者科学工作的政治、理论、方法的基本内容中，他看到了一种重要的开端，能用来突破美国社会科学界中占统治地位的实用主义和经验主义。

纳粹德国文化清洗运动的开展，使约翰逊为这些德国科学界老朋友们的困境感到深深的担忧，与此同时，接纳这些人并在纽约创办一所"流亡大学"的想法在他的脑海中也开始形成。1933 年 4 月 13 日，也就是纳粹德国《重设公职人员法》出台后的第六天，他便在给他的密友安格内斯·德·利马（Agnes de Lima）的信中谈道："这些被解聘的德国教授中有许多人是我的朋友，我将寻求金钱上的资助，使他们中的 10 位或 12 位能到这里来，以建立一所'德意志流亡大学'。用它作为'新学院'的研究生院，不仅能将这所成人高校迅速提升为一所正规大学，而且能为每一所西方大学所接受。"他后来回顾道："我是在纽约第五林荫大道的公共汽车上突然产生这个想法的，并赢得了我的老师埃德温·塞利格曼的帮助。"②在 4 月 24 日的信中，他请求塞利格曼"为了从这场文化清洗的废墟中创建一所德意志流亡大学，必须立即开通以博爱犹太人为方向的美国私人和社会组织的捐助渠道，争取能在两年时间里投入 12 万美元，为至少 15 位科学家每年支付 4000 美元的工资。特别是那些与《社会科学百科全书》工作有联系的人意义重大，许多有名望的德国科学家应该

① Alvin Johnson, *Economic Security and Political Insecurity*, New York: Cambridge University Press, 1939, p. 134.

② Alvin Johnson, *Pioneer's Progress. An Autobiography*, p. 340.

立即来美国"①。

在 5 月 13 日接受《纽约时报》记者的采访时，约翰逊谈到他本人"正在计划创建一所'流亡大学'"，并表示他"已经有了部分金钱，但还需找到最大的部分"。就在这一信息见报后不久，一位从事炼油业和金融业的犹太富商被约翰逊"创办一所流亡大学"的想法迷住了。这位名叫海勒姆·哈利（Hiram Halle）的犹太富商虽答应提供这笔金钱，但提出暂不公开他姓名的要求。因此，约翰逊于 5 月中旬获得这笔捐款后，也应他的要求对之保密，直到 5 月底才公开。②

有了这笔 12 万美元的创业费，约翰逊便开始考虑接受德国科学家的人选问题，在这个问题上，他非常尊重那位刚于 1932 年才受聘于哈佛大学的奥地利著名"新古典主义"经济理论家约瑟夫·A. 熊彼特的意见，因为此人是当时在美国社会科学界中获得最高地位的外国人。自 1933 年 4 月以来，熊彼特成为不少在德国遭到驱逐的社会科学家、尤其是经济学家重要的通信伙伴，这些德国同行想通过他来获得被美国大学接受的门径，因此，阿尔文·约翰逊甚至想邀请他参与整个计划中的援救行动。

然而熊彼特的态度令约翰逊感到十分意外。他向约翰逊表示：他"遵循不参与任何行动的原则，因为这并不属于一位经济学家直接的职业义务"。当约翰逊向他说明，这种援救行动能被理解为反抗纳粹主义时，他反而更固执地坚持这一点："他并不反对希特勒政府，因为他以前在德国见识过纳粹党人。"他还耿耿于怀地谈到：他

---

① Ilja Srubar（Hrsg.）, *Exil*, *Wissenschaft*, *Identität. Die Emigration deutscher Sozialwissen-schaftler*, *1933—1945*, Frankfurt am Main：Suhrkamp Verlag, 1988, S. 116.

② Claus Dieter Krohn, *Wissenschaft im Exil*, *Deutsche Sozial-und Wirtschaftswissenschaftler in den USA und die New School for Social Research*, S. 75.

之所以"后来求聘于美国哈佛大学，是因为1932年德国社会民主党人阻挠他受聘于柏林大学"①。事实上，并不是社会民主党人，而是维也纳·佐姆巴特（Werner Sombart）领导的右翼保守主义"行动圈子"统治的柏林大学经济系不想要他。但熊彼特不仅一再散布这种观点，而且还在40年代写下的、去世后才发表的《经济分析史》一书中写道："他们根据左派的政治倾向来聘用候选人"，以致"在这种环境中，纳粹主义的实践并不意味着一场如此之大的决裂，也并没有引起那么大的伤害，不像外国观察家们所期待的那样。希特勒的上台，可能意味着一场灾难，但也同样带来了拯救"②。正是由于熊彼特的阻挠，哈佛大学在整个援救行动中没有接收过任何一位德国流亡经济学家。

尽管熊彼特对自己的政治信念毫不掩饰，但在参与接收人选的意见方面仍然进行了合作。在他为约翰逊提供的名单中，不仅有卡尔·曼海姆、汉斯·施佩尔这样的社会学家，更有埃米尔·雷德勒、阿道夫·勒韦、雅可布·马夏克、格哈德·科姆、汉斯·奈塞尔（Hans Neisser）这样的经济学家，并承认"这些经济学家在德国是最优秀和最有创造性的"，尤其是雷德勒，被他称之为"世界上居领导地位的经济学家之一"③。这种选择与约翰逊对这些德国社会科学家所作的个人评价完全一致，因为这些人物尽管大多还相当年轻，但已在美国科学界和"新政"人士圈子里赢得了相当可观的名声。

① Claus Dieter Krohn, *Wissenschaft im Exil*, *Deutsche Sozial-und Wirtschaftswissenschaftler in den USA und die New School for Social Research*, S. 88.
② Joseph A. Schumpeter, *History of Economic Analysis*, London: George Allen & Unwin, 1972, p. 1155.
③ Claus Dieter Krohn, *Wissenschaft im Exil*, *Deutsche Sozial-und Wirtschaftswissenschaftler in den USA und die New School for Social Research*, S. 74.

二、与洛克菲勒基金会的分歧与合作

1933 年 5 月初，纽约国际教育研究所所长斯蒂芬·达根，本着"科学与教育没有民族和意识形态界限"的信念，发起并成立了"援助德国流亡学者紧急委员会"，[①] 该委员会的目的在于："挽救那些因纳粹暴政而被从德国大学中驱逐出来的学者的知识和研究才能，为美国的科学和教育服务。"[②] 参加这个委员会的不仅有包括阿尔文·约翰逊在内的一批美国教育和科学界的领袖人物，也有以洛克菲勒基金会为首的美国私人基金会的代表。

5 月 23 日，"紧急委员会"在纽约召开会议，讨论的问题正是自 4 月 7 日以来约翰逊独自一人在研究的问题。与会代表在这点上达成一致："应在美国大学体制内部为那些遭到解聘的德国教授寻找尽可能多的工作岗位。在找到可供支配的岗位后，委员会应在岗位的寻求与空位之间充当中介人。"这次会议还作出决定："应给予那些年龄在 35 至 55 岁的科学家以优先权，因为这些人本身还有'产出年'，而且已经证明是优秀的。"根据这一标准，"紧急委员会"受洛克菲勒基金会的委托，公布了一份"必须给予援助的 600 多名德国学者的名单"，他们都是受洛克菲勒基金会追踪政策所尊重的人物。[③]

早在 1928 年，为了能在西欧科学家共同体中占有一席之地，洛克菲勒基金会便在巴黎设立了办公室，它不仅收集了有关欧洲科学，尤其是德国大学的详细情报，而且表现出对促进德国的科学、尤其是社会科学研究的特殊兴趣。[④] 1929 至 1933 年间，洛克菲勒基

---

① 1938 年 3 月 12 日德国吞并奥地利后，这一组织更名为"援助外国流亡学者紧急委员会"。
② Stephen Duggan and Betty Drury, *The Rescue of Science and Learning*, *The Story of the Emergency Committee in Aid of Displaced Foreign Scholars*, New York: Macmillan, 1948, p. 60.
③ *Ibid.*, p. 16.
④ *Ibid.*, p. 24.

金会为德国科学界总共投入了 400 万美元，其中有 83 万美元投向了德国的社会科学界，[①] 许多德国著名的社会科学家都曾得到过它的资助，例如，在被基金会奉为"现代经济研究的麦加"的基尔大学世界经济研究所，有专门从事经济发展趋势理论研究并对整个世界经济走向进行预测的阿道夫·勒韦、汉斯·奈塞尔、格哈德·科姆等人；在海德堡大学社会科学研究所，有专门从事欧洲普遍经济发展条件研究的阿尔弗雷德·韦伯、埃米尔·雷德勒、雅可布·马夏克等人；在柏林农业高等学院农业市场研究所，有专门从事普鲁士农业改革及其对地方和全国物价影响问题研究的卡尔·勃兰特（Karl Brandt）；在法兰克福大学社会研究所，有同样从事经济发展趋势理论研究的欧根·阿特舒尔以及他的研究小组。基金会的这类资助并不仅限于经济学领域，同时也涉及社会学和政治学领域。例如，在法兰克福大学，它资助了由卡尔·曼海姆主持下的社会学研究；在科隆大学，它资助了由汉斯·克尔森和埃里希·胡拉领导下的国际法研究所的工作，而在柏林政治高等学院，它资助了汉斯·施佩尔和汉斯·西蒙斯（Hans Simons）领导下的社会学研究项目。[②]

所有这些重要人物在 1933 年 5 月不仅都出现在洛克菲勒基金会提供的那份 600 多人的名单上，而且也出现在约翰逊与熊彼特草拟的那份名单上。也就是说，约翰逊领导的社会研究新学院与洛克菲勒基金会挑中并打算援救的是同一批德国社会科学家。尽管如此，两者的动机并不相同，它们援救政策上的分歧源于一种原则上的区别。

---

① Report on Rockefeller Foundation Activities in Germany-Social Sciences，6.20.1933，Rockefeller Foundation Archive（以下简称 RFA），Record Group 1.1，717/7/36.

② Ilja Srubar（Hrsg.），*Exil*，*Wissenschaft*，*Identität. Die Emigration deutscher Sozialwissenschaftler*，*1933—1945*，S. 111.

首先，这种区别涉及对纳粹运动本质的认识问题。约翰逊不相信这个时代的德国只代表了纳粹党人一时的误入歧途，更不相信这会很快地成为过去，他认为："只要有纳粹政权存在，对知识难民的援救就必须作为长期的事情来坚持，为他们在美国找到长期固定岗位是完全必要的。"[①] 而洛克菲勒基金会却认为，"纳粹主义的过度行动只是一种暂时性现象，因而对知识难民的长期资助措施和计划是多余的"[②]。

其次，这种区别还涉及对这些德国科学家的认识问题。洛克菲勒基金会之所以资助这些德国科学家，是因为它相信，这些科学家追求的正是它所感兴趣的"现代经验性的"社会科学方向，而德国的社会科学界过去一直被"古老的哲学方法所统治"，因此，它试图在德国大学体制内部促进这些以经验性研究为方向的"少数派"。[③]而在约翰逊看来，这些被洛克菲勒基金会视为"美国主义者"而挑中的人，实际上仍在坚持欧洲理性主义哲学的传统理念，他们中的不少人还在政治上承担了义务。与其说他们是接近那种不问政治并具有保守主义学术倾向的美国社会科学主流的，不如说他们是接近那个在社会研究新学院中具有积极进步精神的美国能动主义"少数派"的。"这些德国科学家在引入经验性方法的同时，也与杜威、维布伦、比尔德、鲁宾逊等人一样，对政治和社会的发展提出了伦理学上的问题。作为社会科学家，他们希望造就一个经济上更为公平

① Ilja Srubar（Hrsg.），*Exil*，*Wissenschaft*，*Identität. Die Emigration deutscher Sozialwissenschaftler*，*1933—1945*，S. 119.

② Principled Interpretation of Rockefeller Foundation for "Special Research Aid Fund"，2. 15. 1935，RFA，Record Group 1. 1，717/38/143.

③ Tracy B. Kittridge，Report on the condition of German social sciences in 1932，12. 15. 1932，RFA，Record Group 1. 1，717/59.

合理、政治上更为民主的德国。"①这种认识上的分歧也反映在两者关于援救德国科学家的目标上。约翰逊想获得这批人并在美国保持他们的欧洲本质特点，因为他相信，"美国的社会科学界急需欧洲的理性主义，作为一种强有力的解毒剂，来反对那种不问政治并具有保守主义性质的实用主义"。洛克菲勒基金会却认为，"如果这些德国科学家最后真的来到美国，便要按美国社会科学的主流方针来改造他们"。而这个主流，正是"新左派"的代表人物约翰逊以及他的"新学院"加以拒绝的。②

最后，对美国普遍蔓延的孤立主义情绪作出的不同反应，直接导致了两者在安置流亡科学家具体政策上的区别。自20世纪20年代末以来，由于孤立主义的强烈影响，美国高校开始实行严格的外聘限额制。尤其在希特勒上台之后，美国社会上那种对来自欧洲的颠覆破坏、渗透活动的担忧也同样在大学里蔓延，警惕"社会主义的第五纵队"和"国际谅解的捣乱者"的呼声四起。这种"对外来科学家的恐惧症"，由于世界经济危机的后果得到了加强。特别在美国246所正规高校中，整个教师队伍的近10%，即2600多人，被解聘的情况下，有犹太血统的德意志竞争者的涌入被不少美国学者，尤其是年轻学者，视为自己晋升机会的一种威胁来看待。③这种情绪在反犹太主义的倾向中找到了相当强烈的表达。

事实上，就连作为美国犹太人基金会的洛克菲勒基金会，也没有完全摆脱反犹主义情绪的影响。纽约总部社会科学部代表艾伦·

① Ilja Srubar (Hrsg.), *Exil*, *Wissenschaft*, *Identität. Die Emigration deutscher Sozialwissenschaftler*, *1933—1945*, S. 111.
② *Ibid.*, S. 120.
③ Helge Pross, *Die Deutsche Akademische Emigration nach den Vereinigten Staaten*, *1933—1941*, Berlin: Duncker und Humblot Verlag, 1955, S. 49.

克雷格（Alan Gregg）甚至表达过这种担忧："仔细观察一下就会发现，德国是多么缺乏自由主义传统，而我们正在面临一种巨大的危险：当如此之多的犹太人被安置在美国大学里时，我们很可能是在以一种失控的规模，在美国造就完全同样的非自由主义倾向。"[1]

然而这些社会科学家恰恰是 4 月以来最早被德国大学扫地出门的人，也是在 1933 年以前受洛克菲勒基金会资助的人。如果不援救他们，将意味着过去在德国投入的金钱"被扔到了窗外"；如果接受他们，又意味着对美国大学当时实行的反犹限额体制的一种挑战。面对这种令人棘手的局面，基金会董事会作出了决定："既然我们曾经为德国社会科学研究的'美国化'提供过金钱，现在就必须考虑如何挽救这笔投资。""如果驱逐这批科学家后，在德国就不再能开展这方面的研究工作，可考虑将他们安置在西欧诸国，万不得已之时，也可考虑让这些科学家难民进一步的'美国化'，但在接收他们时，应遵循这个原则：将他们分散到美国各地。"[2] 因此，基金会援救工作的重心最初是放在将这些德国科学家安置在西欧诸国上的，而在美国的安置工作中，也一直坚持"每所大学接受的流亡学者一般不超过 3 人"的分散原则。像约翰逊那样，将一个德国社会科学家的核心集团集中于一所"流亡大学"中的做法，是洛克菲勒基金会不愿看到的，因为它担心这些欧洲人在美国仍然是"欧洲化"的。

在约翰逊看来，这所"流亡大学"的意义就在于：它不仅能接受数量更多的德国科学家，而且能真正继续那种在德国已被扫除掉的批评式的社会研究传统，并能使美国社会科学"国际化"。尽管不少"朋友"对他的计划表示反对，认定"这样一个将犹太人迁居到

---

[1] Alan Gregg toThomas Applegate, 6.13.1933, RFA, Record Group 2, 91/754.
[2] Ilja Srubar（Hrsg.）, *Exil, Wissenschaft, Identität. Die Emigration deutscher Sozialwissenschaftler, 1933–1945*, S.139.

美国大学中的计划不会有哪怕最小的成功前景",并嘲笑他:"在这些德意志人中寻找一流科学家的期望可能会落空,因为他们绝大多数是犹太人或社会民主党人,他们的工作本来就是劣质的。"① 但约翰逊坚定地表示,这些人的特点正是他的兴趣所在,他就是要用这种"行动中的抗议"来反对纳粹的野蛮政策和美国社会的冷漠态度。"这不仅是作为与那些在德国遭到驱逐的科学家们保持团结一致的行动来设想的,而且也是要告诉孤立主义公众:采取这样的行动不会使美国成为一个难民国家,只会使美国成为质量水平最高的国际研究中心!"②

尽管有这些原则上的分歧,洛克菲勒基金会的代表仍然在 5 月 23 日的会议上宣布了它的计划:"基金会将为紧急委员会从任何别的来源中筹集到的每一美元追加它的一美元。同时,基金会将为所有科学领域设立一笔总额达 14 万美元的'特殊研究援助基金',其中 5 万美元用于社会科学,这笔钱供紧急委员会自由支配。"③ 虽然紧急委员会实际上是在代表洛克菲勒基金会采取行动,但由于约翰逊是紧急委员会中的重要一员,因此洛克菲勒基金会的资助政策对约翰逊的"流亡大学"计划也仍然有效。这样,在已获得最初的创业资金的情况下,又有洛克菲勒基金会作出的"提供一半工资"的保证,约翰逊招聘被驱逐的德国科学家的行动,作为美国科学界最早的援救行动,终于在 1933 年 6 月初开始了。

---

① Claus Dieter Krohn, *Wissenschaft im Exil*, *Deutsche Sozial-und Wirtschaftswissenschaftler in den USA und die New School for Social Research*, S. 30.

② Claus Dieter Krohn, *Wissenschaft im Exil*, *Deutsche Sozial-und Wirtschaftswissenschaftler in den USA und die New School for Social Research*, S. 70.

③ Principled Interpretation of Rockefeller Foundation for "Special Research Aid Fund", 5. 12. 1933, RFA, Record Group 1. 1, 717/38/140.

三、对纳粹德国流亡科学家的接受

阿尔文·约翰逊选择德国著名经济学家埃米尔·雷德勒作为他招聘工作的开端，为此，他作过这样的解释："我挑选埃米尔·雷德勒作为我的教授集团的领导人，是因为他最深刻地打有马克斯·韦伯的思想烙印，而又绝不是马克斯·韦伯奴隶般的追随者。"[①]

自 20 年代初以来，埃米尔·雷德勒一直就是德国社会民主党外围知识分子集团中的核心人物，在他 1932 年从海德堡大学转聘到柏林政治高等学院后，他家里经常聚集着一群讨论政治和战略问题的社会民主主义知识分子。这些人几乎都曾为约翰逊主编的《社会科学百科全书》提供过论文，并得到过洛克菲勒基金会的资助，也是被熊彼特推荐到优先者名单上的人。由于"他们大多有犹太血统，因而受到《重设公职人员法》的直接震动"[②]。若找到了雷德勒，应能得知这些人的下落。因此，约翰逊委派他的助手埃德温·米姆斯（Edwin Mimms）于 1933 年 6 月初前往柏林。[③]

米姆斯的柏林之行并不成功，因为雷德勒早于 1933 年 2 月以"合法身份"离开了德国。他当时接到一封来自国联劳动局主任的邀请信，前往巴黎出席一次国际会议，但他没有返回德国，而是移居了伦敦，并在 2 月底与阿尔伯特·爱因斯坦、海因里希·曼等人一起出现在反法西斯主义的"自由言论"大会上。[④]幸运的是，米姆斯

① Ilja Srubar（Hrsg.），*Exil*，*Wissenschaft*，*Identität. Die Emigration deutscher Sozialwissen-schaftler*，*1933—1945*，S. 123.

② Helge Pross，*Die Deutsche Akademische Emigration nach den Vereinigten Staaten*，*1933—1941*，S. 11.

③ Ilja Srubar（Hrsg.），*Exil*，*Wissenschaft*，*Identität. Die Emigration deutscher Sozialwissen-schaftler*，*1933—1945*，S. 123.

④ Rainer Lepsius，*Soziologie in Deutschland und Österreich*，*1918—1945*，New York：Harper and Row，1981，S. 325.

在柏林意外地遇到了正在雷德勒家中避难的朋友汉斯·施陶丁格尔（Hans Staudinger），并根据他所提供的新地址赶往伦敦，向雷德勒说明了约翰逊的"流亡大学"计划。[1]雷德勒随即前往纽约与约翰逊本人面谈，并达成了一致，同时决定谢绝当时英国曼彻斯特大学的一项聘任，加入"流亡大学"的队伍。随后，两人又在熊彼特提供的优先者名单的基础上，拟定了一份有关潜在合作者的大名单，并于6月底返回伦敦，准备与这些人进行聘用性质的洽谈。

这份大名单上的人物在获悉阿尔文·约翰逊或其他外国机构的努力以前，几乎没有任何前途。尤其是其中的"改革派"经济学家，他们与奥地利"新古典主义"的"正统学派"同行相反，在国际科学界还没有建立起牢固的接触与联系，也并不清楚美国的"新政"人士圈子早就在关注他们的事实。由于得不到熊彼特的帮助，为躲避纳粹的迫害，他们中的头一批人已逃离德国。最早流亡出境的是前基尔大学世界经济研究所国际经济统计部领导人、著名经济学家阿道夫·勒韦，他于4月3日逃往瑞士日内瓦，在"新学院"的邀请书转到他手中之前，已接受了英国曼彻斯特大学提供的一个教授岗位。[2]海德堡大学著名经济学家雅可布·马夏克也于5月初逃往法国巴黎。这位被国际学术界公认为"世界上居领导地位的现代数理经济学家"通过洛克菲勒基金会的资助、得到了一个设在英国牛津大学的岗位，因而也未能在此时加盟"流亡大学"。[3]

① Hagen Schulz, *Hans Staudinger*, *Wirtschaftspolitik im Weimarer Staat. Lebenserinnerungen eines politischen Beamten im Reich und in Preußen 1889 bis 1934*, Bonn：Verlag Neue Gesellschaft, 1982, S. 109.

② Ilja Srubar（Hrsg.）, *Exil*, *Wissenschaft*, *Identität. Die Emigration deutscher Sozialwissenschaftler*, *1933–1945*, S. 126.

③ Claus Dieter Krohn, *Wissenschaft im Exil*, *Deutsche Sozial-und Wirtschaftswissenschaftler in den USA und die New School for Social Research*, S. 75.

法兰克福大学社会研究所的卡尔·曼海姆于 4 月流亡伦敦。当约翰逊与他会面并向他发出邀请时，这位"马克斯·韦伯去世后世界上最重要的社会学家"却提出："新学院"应办成一所由他的社会思想主导的学院。但约翰逊更想要的是一批"团体赛的成员"，不能只有一位像曼海姆这种声望的科学家。因此，曼海姆没有前往纽约，而是接受了伦敦大学的一个副教授岗位。约翰逊对这样的拒绝"感到意外"，他后来回顾道："我盼望这些德国人能来，呼唤他们到这儿来！到这儿来！而他们却非常挑剔，但我并不气馁。"[1]

到 1933 年 7 月初，约翰逊只获得了雷德勒，还必须找到名单上其他人的逗留地点，招聘他们并安排他们渡海。但由于雷德勒不愿返回德国，约翰逊又不具备必要的德语能力，在这种情况下，雷德勒想起了他在柏林政治高等学院时的助手、精力充沛的社会学家汉斯·施佩尔，此人不仅政治上可靠，而且没有犹太血统，既能自由出入德国，又无人身安全上的担忧，因此决定委托他担任信使，代表"新学院"在德国与其他人选进行洽谈。

经施佩尔在德国一个多月的紧张努力，到 9 月初，这所"流亡大学"招聘到它最初的教授队伍，其核心成员由经济学家组成：除埃米尔·雷德勒外，有柏林农业高等学院农业市场研究所的经济学家卡尔·勃兰特，基尔大学世界经济研究所的金融学家格哈德·科姆，柯尼斯堡大学的经济理论家阿图尔·费勒尔，汉堡大学的经济学家爱德华·海曼（Eduard Heimann），以及柏林社会教育研究所的女劳动学家弗莉达·温德尔里希（Frieda Wunderlich）。此外，还有其他专业的专家，如法兰克福大学的法学家赫尔曼·康托洛维茨（Hermann Kantorowicz），法兰克福大学劳动学院的社会学家卡尔·迈

① Alvin Johnson, *Pioneer's Progress. An Autobiography*, p.361.

尔（Carl Mayer），柏林政治高等学院的社会学家汉斯·施佩尔，科隆大学职业教育研究所的社会学家阿尔伯特·萨罗蒙（Albert Salomon）以及音乐学家恩斯特·冯·霍尔波斯特尔（Ernst von Hormbostel）。而形态心理学的奠基人，法兰克福大学教授马克斯·韦特海默尔（Max Wertheimer）由于"国会纵火案"的影响，已于3月初流亡捷克斯洛伐克，他是在布拉格接到约翰逊的邀请书后于9月前往纽约的。[1]

　　1933年10月1日，这所已拥有12名教授的"流亡大学"，带着它可观的公众注意力，开始了秋季学期的教学和研究活动。但约翰逊的招聘行动并未停止，在此后的一年中，又一批欧洲社会科学家来到"流亡大学"，他们当中除来自意大利卡克利阿里大学的政治学家马克斯·阿斯科利（Max Ascoli）外，其余都是德国社会科学家。这些人当中，除科隆大学的企业管理学家弗里茨·勒曼和莱比锡大学的经济法专家鲁道夫·利陶尔（Rudolf Littauer）外，尤其值得提及的是阿道夫·勒韦的弟子、国民经济学家阿尔弗雷德·克勒尔（Alfred Kähler）。为逃离德国，克勒尔试图弄到一份去剑桥大学的奖学金，却遭到了约翰·梅纳德·凯恩斯的拒绝，其理由是他在攻博士学位以前只是个锁匠。在这种情况下，勒韦果断地通过洛克菲勒基金会将他推荐到了"流亡大学"。[2]

　　在这轮招聘中，约翰逊特别希望得到在政治上采取过积极行动的社会科学家，因为在他看来，这种政治家型的学者的实践经验不仅能对政治领域进行极有价值的科学研究，而且能促进具有现实意义的危

① Claus Dieter Krohn, *Wissenschaft im Exil*, *Deutsche Sozial-und Wirtschaftswissenschaftler in den USA und die New School for Social Research*, S. 77.

② Claus Dieter Krohn, Wissenschaft im Exil, Deutsche Sozial-und Wirtschaftswissenschaftler in den USA und die New School for Social Research, S. 80.

机讨论并能巩固"流亡大学"的政策基础。经雷德勒推荐，三位著名的政治家型的学者来到了"流亡大学"，他们都有非凡的政治经历。

　　著名宪法学家、公共财政管理专家阿诺尔德·布雷希特（Arnold Brecht）曾担任过德国内政部宪法司司长。1932 年 6 月，这位民主党人曾在国家最高法庭上代表普鲁士邦政府与巴本作过坚决的斗争，并在 1933 年 2 月联邦议院的斗争中公开抵制过希特勒。[1] 著名政治学家汉斯·西蒙斯是柏林政治高等学院的奠基人，曾担任该院院长达 10 年之久。布吕宁政府时期，这位社会民主党人还担任过两年普鲁士下西里西亚省省长。这两人都是在 1933 年 7 月 14 日纳粹党成为全国唯一合法政党后，因"政治上不可靠"而于 8 月 30 日被解除公职的。[2] 著名经济理论家汉斯·施陶丁格尔曾担任过普鲁士商业部长和社会民主党的国会议员，巴本上台后，于 1932 年 6 月移民比利时，但仍以外国人的身份在汉堡领导"德国青年社会主义者组织"的活动。1933 年 4 月，他被盖世太保逮捕，6 周后，在比利时政府的干预下出狱，但释放的条件是：他必须在 6 周之内离开德国，并不得与他的任何社会主义朋友联系，否则其他青年社会主义者将被关进集中营。由于不能返回汉堡，他一直在柏林雷德勒的家中避难（雷德勒在伦敦的新地址就是由他提供给米姆斯的）。[3] 这三人都在接到约翰逊的邀请书后立即前往纽约。

　　1938 年 3 月 12 日，德国吞并奥地利后，纳粹文化清洗运动在更广的空间里进行，欧洲局势进一步恶化，从而导致新一轮科学家难民潮从欧陆涌向美国。此时被"流亡大学"接受的有：现象学的奠

① Arnold Brecht, *Mit der Kraft des Geistes. Lebenserinnerungen. Zweite Hälfte*, *1927—1967*, Stuttgart: Deutsche Verlags-Anstalt, 1967, S. 326.

② *Ibid.*, S. 327.

③ Hagen Schulz, *Hans Staudinger, Wirtschaftspolitik im Weimarer Staat. Lebenserinnerungen eines politischen Beamten im Reich und in Preußen 1889 bis 1934*, S. 108.

基人、维也纳大学的社会学家阿尔弗雷德·许茨（Alfred Schutz），维也纳大学的政治学家、前维也纳副市长恩斯特·卡尔·温特尔（Ernst Karl Winter），马德里大学的政治学家、前西班牙共和国驻美大使费尔南多·德·洛斯·里奥斯（Fernando de los Rios），罗马大学的社会学家尼洛·利瓦伊（Nino Levi），法兰克福大学校长、哲学家兼外交家、前埃伯特总统办公厅主任库尔特·里泽勒（Kurt Riezler），柏林犹太学研究所的政治哲学家利奥·施特劳斯（Leo Strauss），科隆大学的科学哲学家、胡塞尔的弟子费利克斯·考夫曼（Felix Kaufmann）以及国际法专家埃里希·胡拉。① 此外，早先流亡海外的科隆大学的历史学家法伊特·瓦伦丁（Veit Valentin）离开了伦敦大学，海德堡大学的经济学家雅可布·马夏克离开了牛津大学，基尔大学的经济学家汉斯·奈塞尔离开了哥伦比亚大学，这三人也先后加盟"流亡大学"。

在欧战爆发前，约翰逊已为这所"流亡大学"召集了一支由 30 名流亡科学家组成的专门从事社会科学和政治科学研究的教授队伍，他们当中绝大部分是德国人，而且是一批德国社会科学界的精英人物。作为自由主义者、社会民主主义者和犹太人，他们代表了魏玛共和国的民主主义和多元主义理想。他们认识到，这场"纳粹革命"必然会有系统地拆除第一次世界大战后由他们建立起来的所有东西，在纳粹德国不再有他们的未来。因此，对他们来说，这所"流亡大学"绝不只是一个临时避难所，更重要的是，它还向他们提供了在社会民主主义理想意义上继续工作的可能性。正是在这里，魏玛共和国的理想得以继续存活。

---

① Claus Dieter Krohn, *Wissenschaft im Exil*, *Deutsche Sozial-und Wirtschaftswissenschaftler in den USA und die New School for Social Research*, S. 87.

四、欧陆沦陷后的拯救行动

1939 年 9 月欧战爆发后，尤其是随着 1940 年 4 月德军突袭丹麦、挪威，5 月闪击荷兰、比利时、卢森堡、法国，欧洲知识难民问题以更为灾难性的方式尖锐化了。阿尔文·约翰逊从纳粹对欧洲的一场全面胜利的前景出发，认为"欧洲的智力工作和科学研究将会完全陷于瘫痪，美国将会在下一个 5 年、甚至是 10 年或 20 年中成为能保持自由思想和独立科学精神的唯一国家"[①]。因此，他准备采取更大规模的拯救行动。

1940 年 5 月 26 日，约翰逊向"紧急委员会"提交了一份立即接受 200 名欧洲科学家的名为《联合拯救行动》的建议书。这份建议书提出："应立即从英国接收 100 名、从法国接收 75 名、从欧洲其他国家接收 25 名教授来美国。"同时，他还极力劝说洛克菲勒基金会的代表们相信："美国只有当它想做的时候，才能开始真正的帮助。而迄今为止，美国各高校只安置了不过 400 多名科学家，这才刚刚达到美国高校接受能力的 1%。由此可见，所有那些关于大学人员泛滥的不吉利的传闻都是谎言，至少还应该加倍地接受流亡学者！"[②]

欧战的爆发也使洛克菲勒基金会纽约总部对欧洲局势产生了怀疑："从前景上看，美国将会很快成为躲避纳粹军队的大量欧洲科学家的唯一避难所，斯堪的纳维亚国家卷入战争也并不是不可能的。"[③]这种怀疑很快就被 1940 年 4 月以来的欧洲危局所证实。在这场欧洲文明的崩溃中，洛克菲勒基金会的计划者们看到了促进美国

---

① Alvin Johnson, *The Refugee Scholar in America*, New York: Cambridge University Press, 1941, p. 225.

② Alvin Johnson, *The Refugee Scholar in America*, p. 226.

③ John H. Willits, Memoranda of Rockefeller Foundation, 10. 1939, RFA, Record Group 1. 1, 700/15/115.

文化发展和文明进步的又一次良机，而且"这些欧洲科学家大多没有犹太血统，与那些德国科学家相比，他们能更好地适应美国的环境。通过一种接受上的分散方式，他们能在不受公众注目的情况下，分析最近在欧洲发生的重大事件，为美国的未来决策提供最紧迫的帮助"①。因此，6月初，洛克菲勒基金会开始研究接受欧洲各国著名科学家的新方案。

然而美国高校"对外来科学家的恐惧症"此时并未消退，"紧急委员会"主席斯蒂芬·达根于6月5日告知洛克菲勒基金会："必须清楚这一点，大学目前还尚未改变它们对难民的态度，而且几乎不愿在值得一提的范围内参与性地承担基金会的行动。只有阿尔文·约翰逊支持这个方案，他本人就是在这类方向上工作的，最近，他还特别提交了新建议，并指出：应毫不犹豫地将数量不限的欧洲社会科学家，至少100人接到新学院来，只要他能得到必要的资金推动此事。"②

在法国沦亡、英国岌岌可危的局势下，阿尔文·约翰逊这位66岁的老人，仿佛突然间成了"唯一真正能以必不可少的进取心和创新性来考虑欧洲知识难民问题的人"，而且在具体的接受工作上，"他能比紧急委员会的达根先生更具有优势"。③因此，洛克菲勒基金会开始着手考虑约翰逊的建议。7月22日，基金会总部负责人雷蒙德·B.福斯迪克批准了与约翰逊之间达成的《共同紧急方案》。但在这个方案中，由于经费上的原因，约翰逊提出的那个接受200人

---

① John H. Willits, Arrangements for European Refugee in this Country, 7. 9. 1940, RFA, Record Group 1. 1, 200/46/530.

② Claus Dieter Krohn, *Wissenschaft im Exil, Deutsche Sozial-und Wirtschaftswissenschaftler in den USA und die New School for Social Research*, S. 93.

③ Anthony Heilbut, *Exiled in Paradise. German Refugee Artists and Intellectuals in America from the 1930' s to the Present*, Boston: Beacon Press, 1983, p. 225.

的计划被削减为 100 人，这 100 人中还包括由洛克菲勒基金会以前安置在西欧各国的 60 多名德国流亡科学家。[①]8 月 19 日，头一批，即 17 位欧洲著名科学家前往纽约"社会研究新学院"的旅费得到了批准，他们当中有 1933 年 4 月流亡到英国曼彻斯特大学的"基尔学派"首领、著名经济学家阿道夫·勒韦。[②]

　　在《共同紧急方案》的实施过程中，洛克菲勒基金会的计划者们却一直对约翰逊的援救战略持怀疑态度。因为根据这个方案：新来的科学家最大限度只应受聘 2 年，而约翰逊在接受新来者时却并未宣布对他们采取的是一种临时性的聘用，那么"他会将适合于'流亡大学'扩展计划的大量科学家长期留下来吗？从'流亡大学'迄今为止的历史看来，这种猜测并不是没有根据的，在它现已发展到 50 名固定成员的教授集团中，只有卡尔·勃兰特一人离开了它。而'流亡大学'的新计划宣布：以后来的经济学家将被安置在一个新设立的'世界经济研究所'里，它将依照基尔大学世界经济研究所的模式来建立，并继续它自 20 年代以来的工作。由于'基尔学派'原有成员已几乎尽数集中在'流亡大学'，尤其是勒韦的到来，使约翰逊现在拥有了最为重要的人物，因此，这个新计划完全有可能变为现实"[③]。

　　洛克菲勒基金会的计划者们现在看到了这种危险："两年后，它很可能要长期对拥有 150 名成员以及一年多达几十万美元债务的'流亡大学'负责。"[④]而他们是不愿看到众多流亡科学家完全集中于一个中心的现象的，因此总是不间断地询问约翰逊："在此期间，流亡

① Claus Dieter Krohn, *Wissenschaft im Exil*, *Deutsche Sozial-und Wirtschaftswissenschaftler in den USA und die New School for Social Research*, S. 92.

② John H. Willits, Record, 8. 19. 1940, RFA, Record Group 1. 1, 200/52/621.

③ John H. Willits, Note, 8. 14. 1940, RFA, Record Group 1. 1, 200/46/531.

④ *Ibid.*

大学已经解救了多少新来的科学家？"约翰逊最后极不情愿地解释道："他并不打算让他的流亡大学完全立足于洛克菲勒基金会的先生们。"[①] 为此，他经过艰难的努力，终于在罗森沃德家族援助基金会、杜克烟草公司、纽约犹太人基金会、古根海默基金会、利塔内尔基金会、"美国犹太劳工总会"以及戴高乐将军领导的"自由法国运动"那里找到了新的捐助者。这些机构都分别为"流亡大学"提供了 10 万美元以上的捐款，其中罗森沃德家族援助基金会提供了 40 万美元，杜克烟草公司提供了 25 万美元，纽约基金会提供了23 万美元。[②]

　　后来的事实证明，洛克菲勒基金会的担忧是多余的。由于英国并未沦陷，《共同紧急方案》挑选出来的 100 名欧洲科学家中只聘到89 名，其中 37 名安置在其他国家，52 名到了美国。这 52 名中，有34 名安置在"新学院"，3 名去了哥伦比亚大学，2 名去了耶鲁大学，2 名去了国家经济研究局，2 名去了布鲁金斯研究所，其余 9 名去了 9 所美国的新大学。在新学院接收的这 34 名科学家中，只有著名经济学家勒韦一人被很快聘到正教授岗位上，其余的 33 名中，有17 名在 2 年后被安置到其他美国高校。3 名法国科学家因获得了"自由法国运动"的全额资助，而放弃了洛克菲勒基金会提供的 2 年内的一半工资，即每年 2000 美元的资助。因此，两年期限结束后，只有 13 名科学家还在 1940 年《共同紧急方案》的框架内，他们的一半工资由洛克菲勒基金会负担到 1945 年 6 月 1 日。[③] 到此时为止，

① John H. Willits, Memoranda of Rockefeller Foundation, 10. 27. 1940, RFA, Record Group 1. 1, 200/53/625.

② New York Foundation, *Forty Year Report 1909−1949*, New York: New York University Press, 1950, p. 46.

③ John H. Willits, Report on the Refugee Scholars at the New School, 6. 16. 1944. RFA, Record Group 1. 1, 200/53/629.

洛克菲勒基金会总共为接受欧洲各国流亡科学家提供了141万美元，其中最大的一笔，即54万美元，投向了约翰逊创办的这所"流亡大学"。[1]

然而，与约翰逊独自采取的援救行动相比，洛克菲勒基金会资助的这个《共同紧急方案》只具有较小的意义。事实上，早在这家基金会将那个接纳200人的计划减少为100人时，约翰逊就准备自己来实施一个"新百人计划"了。为了在德军彻底征服整个西欧大陆并封锁所有逃亡道路之前救出如此之多的欧洲科学家，约翰逊加入了由法国独立社会党人保罗·哈根（Paul Hagen）于1940年6月在纽约成立的"新开端组织美国局理事会"，并通过"新学院"派往马赛的代表瓦里安·费赖伊（Varian Fry），为"流亡大学"建立了一条通往欧洲的直接联系热线。[2]

利用这条重要通道，在1940年8月至1941年5月的短短几个月内，"流亡大学"就另外接受了100名来自欧洲各国的著名科学家和艺术家，后又接受了18名，从而超额完成了它的"新百人计划"。这样，从1933年6月到1945年5月，通过"流亡大学"得到拯救的欧洲科学家和艺术家的总数达到了182名。他们当中有71名德意志人，23名奥地利人，21名法兰西人，16名俄罗斯人，13名意大利人，10名波兰人，7名匈牙利人，7名捷克斯洛伐克人，5名比利时人，4名西班牙人，3名瑞士人，1名巴勒斯坦人，1名阿根廷人。若按所从事的专业分类，他们当中有31名经济学家，19名艺术家，17名政治学家，15名哲学家，14名历史学家与艺术史专家，12名语言文学家，12名法学家，10名社会学家，9名心理学家，9名医学

① Claus Dieter Krohn, *Wissenschaft im Exil*, *Deutsche Sozial-und Wirtschaftswissenschaftler in den USA und die New School for Social Research*, S.40.

② *Ibid.*, S.96.

家，8 名化学家，7 名物理学家，7 名音乐学家与戏剧理论家，5 名建筑学家，5 名数学家与统计学家，2 名教育学家。①他们中的绝大多数都在此工作到 1945 年。

在约翰逊领导的这所当时美国高等教育体系中唯一没有任何种族歧视的"流亡大学"里，这些躲避纳粹政权迫害的欧洲科学家们找到了一位最值得信赖的朋友和最为可靠的保护人；而约翰逊则在他们身上找到了实现社会研究新学院梦想的工具。这个由世界上最为杰出、最有创造力的知识分子们组成的集团，在这个"新家乡"里思索着现代文明社会中那些最为根本性的问题，从而使这所"流亡大学"成为美国社会科学"国际化"的突破口。

五、余论

在 1933 年，对绝大多数美国人来说，纳粹德国文化清洗运动中"被解聘的教授"的命运是遥远而抽象的，那场世界经济大危机才具有直接得多的意义。当美国人自己都找不到足够的工作岗位，就更不要说将高校中的岗位让给这些来自欧洲的知识难民了，更何况他们绝大多数都是社会民主主义者和犹太人。然而，就在美国高校中普遍蔓延一种反犹主义的"对外来科学家的恐惧症"时，"新左派"的代表人物阿尔文·约翰逊领导的社会研究新学院却构成了一个例外，它不仅用创办一所被称之为"流亡大学"的研究生院来接纳这些遭受灾难、走投无路的世界顶尖级的科学家，而且还热情地欢迎

---

① Claus Dieter Krohn，*Wissenschaft im Exil*，*Deutsche Sozial-und Wirtschaftswissenschafiler in den USA und die New School for Social Research*，S. 227–232.

他们。

这些被接纳的德国社会科学家，不仅是由于他们在科学上的价值和意义，而且也是由于他们的科学活动与政治义务之间的联系，才被约翰逊选中的。与约翰逊本人一样，这些德国科学家相信：社会科学应积极研究、探讨政治和社会的改革问题，才能造就一个经济上更为公平合理、政治上更为民主的社会。正是这种自1920年代就发展起来的思想联系，才使约翰逊在1933年4月下定决心要创办这所"流亡大学"。他要用这种"行动中的抗议"来反对纳粹德国的残酷政策与美国社会的冷漠态度；他要在美国保持并发展这种在政治上承担义务的欧洲社会科学传统；他要用这种欧洲传统来改造美国那种不问政治并具有保守主义性质的社会科学主流，从而最终达到使美国社会科学"国际化"的目标。

在实现这个宏伟目标上，约翰逊创办的这所"流亡大学"获得了成功。与那些被"紧急委员会"以及洛克菲勒基金会分散到其他美国高校中的欧洲社会科学家们不同，这些人由于与欧洲大学传统相分离，绝大多数情况下最初只能从事美国学院式的教学，因而导致了数年间在研究上"几近休克的状态"。而被"流亡大学"接纳的这些欧洲社会科学家，却能在一种相当匀质性的环境中，根据他们所熟悉的方法，继续从事他们的科研与教学，因而发挥出令人难以想象的活力。正因为如此，这所"流亡大学"才迅速地从一所"小小的美国成人高校"一变而成为"世界上第一个国际性的社会科学研究中心"。它每周举办一次的专题报告会很快成为世界新思想的讲坛，"美国与欧洲"、"政治民主与经济民主"、"美国的国家权力"、"社会科学方法论"之类的新主题立即吸引了几乎所有美国大学中最著名的学者前来参加；它出版的《社会研究》杂志更是成为当时唯一的一本汇集西方社会科学界内部两种不同的学术思想——德国的韦伯主义与美国民主主义的工具主义——的科学杂志，并为美国社会科学的跨学科发展提供了根本性的推动力。

到 1943 年，这所以德国社会科学家为核心的"流亡大学"，已经发展成为一个拥有"世界事务研究所"、"世界经济研究所"、"社会科学与政治科学研究所"、"戏剧与艺术研究所"以及专门从事法兰西文化研究的"自由高等研究所"的欧洲流亡科学家的共同体。"自由高等研究所"由于得到了戴高乐领导的"自由法国运动"的公开承认，它所授予的美国学位成为在未来获得解放后的法国政府中担任最高级职务的凭证。"戏剧与艺术研究所"的研究与实践成果代表了 40 年代纽约舞台艺术发展的新方向，并引领了 50 年代后美国整个舞台艺术的主流。"社会科学与政治科学研究所"最早开启了"法西斯主义理论分析"与"极权主义社会学研究"，从而主导了美国政治与社会科学研究的新潮流。

"世界经济研究所"与"世界事务研究所"，由于聚集了当时世界上最强大的经济学和国际问题专家班子，因而也最为鲜明地体现了"流亡大学"在社会科学、特别是应用研究上所具有的那种其他美国大学无法取代的特殊地位。"世界经济研究所"中继承"基尔学派"传统的经济学家们，构成了"新政"意识形态的"思想库"，他们提出的"增长活力与技术进步理论"、"积极的财政政策理论"、"经济计划与凯恩斯主义模式"，为罗斯福"新政"的突破阶段奠定了坚实的理论基础；他们向华盛顿政府部门输送的大量人才，创立了美国的国家财政预算制度，并为战后德意志西部占领区设计了"货币改革方案"；他们早在 40 年代提供的"经济计划方案"，也在 60 年代末被德意志联邦共和国的社会民主党政府完全运用于改革实践中。

"世界事务研究所"则开启了对美国最有价值的国际研究。这些研究不仅涉及"德国军事成功的经济前提"、"纳粹宣传工作"、"德国军备经济的制度框架"、"德国妇女工作研究"、"德国资源分配及工资政策"等这些战时直接为反法西斯战争服务的重要研究领域，而且涉及"美国战后对欧洲政策的出发点"、"欧洲战后重建中的德国地位"、"对德国实施占领的政策"、"未来欧洲联邦的宪法草案"、"国际比较中的管理制度研究"、"第三世界与国际公正问题"等这类事关战后世界和平发展战略的重大课题。正是由于"世界事务研究所"以"超越民族界线，为一个和平的战后世界作广泛思考"为己任，以"建立一种稳定的、国际协调的战后秩序"为目标，才使得这座"构造未来的思想工厂"很快成为 26 家美国政府机构的"战略顾问团"，并为美国战后的对外政策直接提供了行动指南。

总之，在这所"流亡大学"里，欧洲大陆和美国的民主主义左派知识分子们走到了一起，为他们共同关心的社会、政治、经济、文化发展方向提供了一种理论上的基础。当这所"流亡大学"在美国成为继承欧洲社会科学传统的阵地时，当它发挥出对社会进行批评性分析的"战斗中心"的功能时，当它阔步走进美国领导性大学的行列时，人们没有忘记，正是阿尔文·约翰逊这位美国伟大的民主主义者，以他非凡的胆识、乐观主义的精神和顽强的努力，才将这所"流亡大学"创立之初的悲剧变成了人类教育、科学发展史上的一场奇遇。

（原载《世界历史》2007 年第 1 期）

纳粹德国知识难民在美国的"失语性"问题

　　在 20 世纪 30 至 40 年代，遭受纳粹德国种族迫害被迫出逃的 50 万中欧犹太难民流向了 75 个国家，美国作为世界上最大的移民国家，接收了其中的 13 万。在犹太知识难民集中到达美国的 1933 至 1941 年间，仅来自德国、奥地利两国的犹太难民就达 104098 人，他们当中的 7.3%，即 7622 人属于知识难民，其中有 1090 名科学家、811 名律师、2352 名医生、682 名记者、645 名工程师、465 名音乐家、296 名造型艺术家、1281 名作家和其他文化艺术工作者。[①] 这意味着从德国、奥地利两国社会和文化生活中遭到驱逐的约 12000 名文化精英中，至少有 63.3% 被美国所接收，而在约 1400 名流亡科学家中，也至少有 77% 被美国所接收。[②]

　　如此之多有犹太血统的知识难民流亡到美国，不仅构成了一场整体性的文化转移，也无疑为这个最大的西方民主国家带来了人才上的巨大收益。但是这场文化转移绝非简单的人才位移，因为来自任何国度的知识精英要想在美国生存下来并有所作为，必须首先适应美国社

<hr>

① Donald P. Kent, *The Refugee Intellectual*, *The Americanization of the Immigrants of 1933 - 1941*, New York: Columbia University Press, 1953, p.15.

② Norman Bentwich, *The Rescue and Achievement of Refugee Scholars*, *The Story of Displaced Scholars and Scientists 1933—1952*, Den Haage: Omniboek, 1953, p.23.

会的文化环境。而这些讲德语的犹太知识难民们却在美国这个英语世界里首先面临了共同的"失语性"（Sprachlosigkeit）问题，在这种情况下，这些"新来者"要想适应这种陌生的文化环境，一个最为根本性的前提在于：必须尽快地掌握这个客居国社会的语言，尤其是他们的职业语言。因此，当人们在思考这场文化转移与美国成为"世界科学、文化中心"两者关系的同时，这个问题是必须提出来的：这些讲德语的犹太知识难民们是如何经历这场"失语性"问题考验的呢？

　　在这些讲德语的知识难民当中，流亡律师、医生、记者和工程师的影响范围只涉及日常生活和物质生产，并不对美国的科学、文化发展直接产生影响和意义，从事这些职业的人在美国也并不被视为"知识分子"，况且这些人要想在美国重操旧业，不仅有克服语言障碍的问题，还涉及"从职业上完全重新学习"的问题。[①]但流亡作家、科学家和艺术家则不同，这些精神产品的创造者只要在美国克服了职业上的语言障碍，就能够发挥自身的才能，因此，能否克服职业上的语言障碍问题，也就成为他们能否对美国的文化、科学和艺术发展直接产生影响和意义的关键性问题。有鉴于此，在本章中，有必要将目光特别集中于这些讲德语的、有犹太血统的流亡作家、科学家和艺术家在美国遭遇的"失语性"问题上。毫无疑问，对这个问题的深入探讨，将有助于对 20 世纪 30 年代产生的这段流亡社会史的深层次研究，并能更好地理解这场来自欧洲的整体性文化转移对美国成为"世界科学、文化中心"的影响及意义。

---

① 例如，讲德语的流亡律师必须重新学习英美法律知识并考取美国的律师资格证；流亡医生必须熟悉美国医疗界的行规并考取美国的行医执照；流亡记者也必须熟悉美国式的新闻写作特点并考取美国的记者证，甚至连流亡工程师也必须通过考取美国的职业技术证书来重新确认其资格。见 Wolfgang Frühwald und Wolfgang Schieder（Hrsg.）, *Leben im Exil*, *Probleme der Integration deutscher Flüchtlinge im Ausland 1933—1945*, Hamburg: Hoffmann und Campe Verlag, 1981, S. 241。

一、"失语性"问题：流亡经历中的共同问题

"失语性"问题，即不同语种的人在外国所遭遇到的"母语丧失"或"母语剥夺"问题，是所有流亡到美国的德意志犹太难民所面临的共同问题。在这里，"失语性"问题并不是一个简单的语言学问题，而是一个有关德意志流亡者们主观知觉与经历层面上的语言问题，一个有关他们流亡生活的社会、政治和心理条件问题。造成这种"失语性"问题的根本原因在于：这些德意志犹太难民从自己原有的家乡被迫逃进了一种陌生的语言环境中，而德语母语，作为他们过去表达信息、理解、思想、情感以及与人沟通的手段，已丧失了功能。为了能在新环境中生存下来，他们不得不去学习一门新的语言，这使他们在与美国人的日常生活交往中变成了不同程度的"结巴"。

流亡美国的德国著名语言文学家京特·安德斯（Günther Anders）这样写道："我们几乎人人都成为'结巴'，甚至是两种语言的'结巴'。因为在我们还没有学会法语、英语或西班牙语的同时，我们的德语却在一块块地脱落，而且大多是悄悄、逐渐地脱落的，以至于我们很少注意到这种丧失。事实上，我们的语言已经不再是完整无损的了，我们也不再能摆脱这种可悲的戏弄，因为这是与我们已经破碎的语言存在相一致的。"①

"失语性"是一切异文化背景的"外来者"在陌生的语言环境中都会面临的问题，但在这样的"外来者"中，却有"移民"与"难民"之别。作为"正常移居国外者"的移民与作为"流亡者"的难民，在

---

① Günther Anders, *Die Schrift an der Wand*, *Tagebücher 1941—1966*, München：C. H. Beck Verlag, 1967, S. 90.

出走动机上是不同的。所谓"移民",就是指那些带着某种理想成分主动移居到外国,以寻找更好谋生机会的人,而所谓"难民",就是若不离开原住地,就会遭受迫害,甚至丧失生命的人。前者是"我想走",明显具有自愿性因素;而后者是"我不得不走",则明显具有被迫性因素。① 这两者出走动机的不同,也导致了一种心理条件上的不同,而这对于在国外生活的新起跑线来说是至关重要的。

当然,不能说"正常移居国外者"的动机中就一定不包括非自愿因素,因为毕竟成功者总是很少移居国外的。一个人决定移居国外,往往是在国内的社会和经济关系不能满足这个个体的需要或实现他的某种愿望的情况下发生的。这种在成功机会上真实或可能遭到拒绝的人,当他宁愿将自己的幸运交付给另一个在他看来更为自由的世界去听天由命时,才会向外移民。② 但这种"正常移居国外者"不是"被革出社会"的,他或是想找到经济上更好的生存条件,或是想根据自己的愿望来躲避国家当局的某种行动,或是纯粹出于冒险的欲望,或是出于多种多样的主观考虑,才移居国外的。

无论怎样,对于"我想走"的移民来说,"他是满怀着希望离开家乡的,移居国外意味着一种更好生活的开端,而那正是他所期待的"。③ 因此,他们往往为向外移居事先作好了准备,这种准备也包括语言上的准备。若是移向同一语种的国家,这种语言准备则是多余的,例如那些从英国、爱尔兰移往美国的移民。但是,对于"我不得不走"的难民来说,情况则完全相反,他们是由于国家政治剧变上的原因而陷入绝望,并被强行"革出社会"的。他们出逃上的

---

① Caroline F. Ware, *Emigration*, In: Encyclopedia of the Social Sciences, *Bd. V*, New York: Macmillan, 1937, p. 488.

② *Ibid.*, p. 489.

③ Helge Pross, *Die Deutsche Akademische Emigration nach den Vereinigten Staaten*, 1933—1941, Berlin: Duncker und Humbolt Verlag, 1955, S. 25.

被迫性，往往导致准备上的不充分，也通常是在没有作好语言准备的情况下发生的，正如大量从纳粹德国移往美国的犹太难民那样。①因此，当他们逃到一种陌生的语言环境之中时，遇到"失语性"问题毫不奇怪。

在陌生的语言环境中，来自同一语种的移民与难民，对待母语的感情也完全不同，这首先与他们如何经历自身的那个财产丧失的过程相关。移民，作为自愿性的向外移居者，认为自己过去在家乡的生活是一种"错误"，他们实际上是主动地放弃自己那份在家乡的财产的，也是主动地去与客居国社会"一体化"的，因此，他们对母语的感情要淡薄得多，学习一门新外语的过程也要顺利得多。而难民，作为被迫性的向外移居者，却认为自己以前在家乡的生活是完全"无罪的"或"无过错的"，他们在家乡的财产是在他们不情愿的情况下被强行剥夺的。因此，"不同于一般的移民，作为难民的他们，永远都在伸张自己的那份感情，包括对自己母语的那份感情"②。由于他们是被动地面临与客居国社会的"一体化"问题的，这往往使他们学习一门新外语的过程要艰难得多。

这些新来的德意志难民若能在美国这个陌生的语言环境中得到先来同胞的同情与帮助，"失语性"问题原本有可能得到某种程度的缓解，因为他们有可能在这里找到一个母语性的"亚社会"，从而使他们与美国社会的"一体化"变得容易得多，正如"1848 年革命"失败后那些德国政治流亡者在美国所遇到的情况那样。然而，这些1933 年后新来的德意志难民偏偏与那些在美国已经形成势力的德意志老移民完全绝缘，至少在 1941 年 12 月美国参战以前是这样的。因

---

① Caroline F. Ware, *Emigration*, In: Encyclopedia of the Social Sciences, *Bd. V*, p. 491.

② Wolfgang Frühwald und Wolfgang Schieder（Hrsg.）, *Leben im Exil*, *Probleme der Integration deutscher Flüchtlinge im Ausland 1933—1945*, S. 35.

为"这些新来美国的德意志人主要是有犹太血统的人，或是有犹太教背景的人；而在美国的老德意志移民主要是有日耳曼血统的人，并绝大多数信仰基督教。这些人已经在美国形成了一个德意志少数民族，其中的绝大多数属于中产阶级下层，这种人通常具有一种反知识分子的情绪"①。

更为重要的是，这些日耳曼血统的移民无论当初离开德国时对祖国有多么不满，也无论他们与美国社会的"一体化"达到了怎样的程度，却一到外国就成了"天然的爱国主义者"，因为他们在美国很可能什么都会有，而唯独没有"祖国"。这样，"祖国"的概念也就变得亲切起来了，因此，"当他们不再是德意志国家公民时，反而往往显得比那些在家乡的德意志人更加具有民族主义倾向"。尤其在1933 年后，这些德裔美国人与 1848 年他们祖先的精神只有很少的联系。不仅如此，甚至"定居者"与"新来者"之间的矛盾还变得更为尖锐了，因为"纳粹主义和反犹主义正在这些德裔美国人中间传播。尽管他们对纳粹主义持保留态度，但从相当大的程度上讲，他们的愿望是与德意志民族主义的目标相一致的"②。在自己的"祖国"与他们的移居国没有发生战争的情况下，"祖国"的强大本身对他们在移居国中的地位是有好处的。而现在这些来自德国的有犹太血统的难民，正是被那个与自己有着民族同源性的"德意志"赶出来的"异族人"，正是被那个不断崛起的"祖国"赶出来的"敌人"，因此，他们不仅拒绝给这些新来的德意志犹太难民以帮助，而且成为在美国最为坚决地反对接纳这些犹太难民的人。在他们眼

① Carl I. Child, *The German Americans in Politics*, *1914—1945*, Madison：University of Wisconsin, 1952, p. 127.
② Helge Pross, *Die Deutsche Akademische Emigration nach den Vereinigten Staaten*, *1933—1941*, S. 32

里，这些德意志犹太难民不过是"国际谅解的破坏者"和"社会主义的第五纵队"。① 这意味着 1933 年后来到美国的德意志犹太难民，无论在宗教上，还是在社会上，都不可能被这个美国的德意志少数民族所接收。

这样一来，在民族、文化、感情上与德意志犹太难民离得最近的就只有美国犹太人了。但美国犹太人中的绝大多数都不是过去来自德国的犹太人，而是来自欧洲或世界其他国家的犹太人，让他们来充当"新来者"与美国社会之间的"中间人"也有问题。这是因为，尽管美国犹太人对德国犹太难民表达了普遍的同情，也从金融上帮助过无数的难民，但他们并不认为自己与这些新来的犹太难民属于同一共同体，否则，在这样的共同体中，新来者本来是能够被接受和受到欢迎的。② 不仅如此，而且 1933 年后新来的这些德意志犹太难民早已走上了与德意志文化的"同化之路"，希伯来语只是在犹太教的宗教仪式上还能听得到的语言。而美国犹太人则在这个民主国家里更快地实现了"美国化"，他们也早已不再使用希伯来语，而是使用英语来进行日常交往的。因此，这两者之间的沟通只有使用英语才有可能。这就使这些"新来者"的"失语性"问题变得非同一般地严峻起来，他们不得不从到达美国后的第一天开始，就要去面对一个完全陌生的语言世界。

过去讲着和思考着的母语中的语句，不仅具有意识、思想和理解上的意义，而且具有附带性的联想和感情上的意义，它是远远超出"信息"范围的。当这些德意志犹太难民被迫去学习另一种新语

---

① Claus-Dieter Krohn, *Wissenschaft im Exil, Deutache Sozial-und Wirtschaftswissenschaftler in den USA und die New School for Social Research*, Frankfurt am Main: Campus Verlag, 1987. S. 29.

② Julius Edith Hirsch, *Berufliche und wirtschaftliche Eingliederung der deutsch-jüdischen Einwanderung in die Vereinigten Staaten, 1935-1960*, Frankfurt am Main: Campus Verlag, 1961, S. 64.

言时，实际上也就意味着他们必须与以前的语言、思想、感情作进一步的分离。这种分离同时也意味着对一种财富的放弃，而"这种财富是他们在丧失了物质存在和社会稳定性以后自己所还能完全拥有并掌握的东西，他们过去也是一直靠这种财富来与他们的环境进行沟通、与人相互理解，并使别人能理解自己的意思的，因而也是令他们最难以割舍的"[①]。

　　然而，对这些讲德语的犹太难民来说，要想在美国这个陌生的社会环境中生存下来并摆脱"孤独"，一种对交往语言的重新学习往往是绕不过去的。但是当对一门新语言的掌握还远远没有达到熟练程度时，这些"次等的讲话者"从语言上讲是受歧视的。京特·安德斯发现："即使'新来者'最后学会使用另一种语言，甚至也掌握了它，但在社会上与人交往时，他所采用的这种'唯一'的讲话形式中，仍然带有他母语中的方言色彩，而这种人，即使取得了美国国籍，也是被'土生土长的美国人'很直接地作为'外国人'来归类的"[②]。

　　母语中的家乡色彩以及这种语言上"个性化"的显露，本身也在阻碍着难民们对一门外语的完全掌握，尤其对一个成年人来说更是如此。流亡美国的著名作家弗里兹·科尔特内尔（Fritz Kortner）这样写道："对我来说，这是很清楚的：当一个人成年之后再来学习一门外语，要想完全掌握它是不可能的。他能够学会一门外语的语法和词汇，却不能在语音构成中学会那种色彩，那是一个人还是小孩子时构成的第一发音，任何成年人都克服不了自己语言中的那种方言色彩。唯有那种与自己的母语不可分离的、并与之具有同一性

---

① Wolfgang Frühwald und Wolfgang Schieder（Hrsg.），*Leben im Exil*，*Probleme der Integration deutscher Flüchtlinge im Ausland 1933−1945*，S. 33.

② Günther Anders，*Die Schrift an der Wand*，*Tagebücher 1941−1966*，S. 88.

的方言，才代表了一种发音上的完美和自由。"① 然而，正是这种发音上的"完美与自由"在阻碍着难民们与新语言环境的同化，甚至连被称之为语言'天才'的托马斯·曼或贝托尔特·布雷希特（Bertolt Brecht）这样的人，也是在极不情愿的情况下才会参与那种只能在其中结结巴巴说话的交谈的。流亡美国的德国著名社会哲学家赫尔伯特·马尔库塞（Herbert Marcuse）后来在谈到他最初学习英语的体会时，这样讲道："人们从来就没有生活在两种语言的世界里，许多流亡者已经放弃了德语，但他们交换来的并不是谈话的真正价值，因为他们只能在两种语言之间讲话，正如一个人同时坐在两张板凳之间，那是很不舒服的。"②

　　流亡者能否学会一门新语言，也是和他们与客居国社会"一体化"的意志和能力联系在一起的。也就是说，一位流亡者是否与客居国社会实现了"一体化"，不仅与他是否愿被"一体化"相关，而且与他是否在心灵上和社会上有足够的灵活性来使自己适应某种文化、忍受那种整体性的学习进程相关，也与他属于哪个社会阶层、从事什么职业、来自什么样的语言环境、又被迫进入了什么样的语言环境相关。在这个问题上，德意志知识难民是最具有典型性的。这些在纳粹统治时期从德国的大学、研究机构、文化领域中被驱逐出来的人，绝大多数当时已年过 30 岁了，有的人甚至都年过 50 岁了，"母语的丧失"对他们来说意味着一场"文化休克"。在这场"文化休克"所造成的打击上、在对母语这笔财富的珍惜程度上、在对一种陌生的语言环境的适应上，不仅不同年龄的人是不一样的，而且从事不同职业和学科专业方向的人也是不一样的，而这与他们

---

① Fritz Kortner, *Aller Tage Abend*, München: C. H. Beck Verlag, 1969, S. 251.
② Herbert Marcuse, *Mein zwanzigstes Jahrhundert*, *Auf dem Weg zu einer Aotobiographie*, München: C. H. Beck Verlag, 1960, S. 292.

各自所从事的职业和学科专业的"国际化"程度，以及他们自身的适应能力紧密相关。

二、流亡作家的"失语性"问题

　　讲德语的、有犹太血统的流亡小说家、诗人和文学评论家构成了一个纯粹靠母语为生的难民作家集团，这个群体中的绝大多数人最初都选择欧洲大陆上的周边邻国作为自己的流亡首选国。然而，难民作家们的这场流亡能否成功，取决于他们能否继续从事职业写作；他们继续作为"自由撰稿人"的物质存在和影响，也决定性地依赖于出版的可能性。因此，对他们来说，出版商甚至显得比客居国的文化环境更为重要。这就导致了难民作家们的流亡与众不同：他们过去围绕着出版商形成自己的职业圈子，而在 1933 年后也往往与这些出版商一起流亡。

　　德国有犹太血统的出版商布鲁诺·卡西尔（Bruno Cassirer）、戈特弗里德·贝尔曼·菲舍尔（Gottfried Bermann Fischer）、库尔特·沃尔夫（Kurt Wolff）、雅可布·黑格内尔（Jakob Hegner）、格斯荷姆·朔肯（Gershom Schokken）、鲁道夫·乌尔斯坦（Rudolf Ulstein）以及格奥尔格·魏登费尔德（Georg Weidenfeld）等人，早在希特勒上台前夕便开始向邻国转移资金，并在流亡中新建或继续经营他们的德语出版社。① 不少欧洲邻国有犹太血统的出版商，如荷兰阿姆斯特丹的埃马努尔·克里多（Emanuel Querido）、阿尔勒特·德·朗格

---

① Horst Möller, *Exodus der Kultur*, *Schriftsteller*, *Wissenschaftler und Künstler in der Emibration nach 1933*, München: C. H. Beck Verlag, 1984, S. 59.

（Allert de Lange）以及瑞士苏黎士的埃米尔·奥帕雷希特（Emil Oprecht）等人，也专门为这些流亡作家办起了重要的流亡出版社。[①] 这些流亡出版商的活动并非出于经济利益，而是出于人道主义和政治上的反纳粹主义立场。正是这些出版社构成了流亡作家群体的核心，并为他们提供了必不可少的出版形式，从而使他们能在很大程度上减轻"失语性"问题的困扰。

纳粹德国于 1938 年 3 月吞并了奥地利，又于 1939 年 3 月肢解了捷克斯洛伐克，走向战争的欧洲紧张局势推动着越来越多的德国难民作家流亡到英语世界，但难民作家的绝大多数仍然留在西欧邻国，仅在法国就聚集了 1000 多人。在纳粹德国"闪击"西线、法国战败之后，他们中的 602 人，在美国民间援救组织"紧急援救委员会"委派的代表瓦里安·费赖伊以及设在"维希法国"马赛的"美国救济中心"的帮助下，于 1940 年 10 月至 1941 年 9 月间，分数批过境西班牙，并乘希腊邮轮最后流亡到了美国。[②] 其中的著名人物有约瑟夫·魏特灵（Josef Wittlin）、利奥·福伊希特万格（Lion Feuchtwanger）、汉斯·萨尔（Hans Sahl）、安娜·赛格尔斯（Anna Seghers）、阿尔弗雷德·德布林（Alfred Döblin）、阿尔弗雷德·波尔加（Alfred Polgar）、阿尔福雷德·诺伊曼（Alfred Neumann）、海因里希·曼、戈洛·曼（Golo Mann）等，此外还有著名社会学家兼电影艺术评论家西格弗里德·克拉考尔（Siegried Kracauer）以及后来在美国成为著名政治学家的汉娜·阿伦特（Hannah Arendt）。他们的到

---

① Alexander Stephan, *Die deutsche Exilliteratur, 1933—1945*, München: C. H. Beck Verlag, 1979, S. 67.

② Jarrell. C. Jackman and Carla M. Borden（eds.）, *The Muses Flee Hitler, Cultural Transfer and Adaptation, 1930—1945*, Washington, D. C. : Smithsonian Institution Press, p. 86.

来，使流亡美国的作家人数猛然上升到 700 人。①

　　然而，流亡出版社已在被逐出中欧和西欧的过程中遭受了沉重的损失，只有当初设在法国的由德国流亡出版商菲舍尔、沃尔夫、乌尔斯坦经营的这几家流亡出版社成功地迁到了美国。由于过去在欧洲长达 7 年的"亏本经营"，他们的财力已大大受损，不可能担负起如此之多流亡作家在出版和生存上的重任。而"早先定居于美国的德国人大多是有日耳曼血统的人，他们在美国参战前通常是对纳粹德国表示友好的，他们的德语出版机构也是拒绝接受这些有犹太血统的流亡作家的作品的"②。因此，在美国，这些讲德语的犹太难民作家们再也无法回避"失语性"问题的尖锐性了，他们现在才深切地感受到："我们原有语言世界的丧失，实际上意味着我们文化上、物质上和心灵上'存在之根'的丧失。"③

　　作家是负担了语言上的特别任务的，特定的描绘内容本身就要求一种特定的语言，只要这种语言变成了感情或暗喻上的形态载体，那么它在功能上就几乎是不可转让的。与其他讲德语的知识难民相比，这些流亡作家对原有的语言观念、语言习惯、语言节奏要重视得多，也要讲究得多，因此在与新语言环境的融合上也要困难得多。

　　阿尔弗雷德·德布林写道："我们这些全心全意献身于语言的人，不想、也不能放弃自己的语言，因为我们知道，语言不是'Sprach'，而是思想、感情和许多其他的东西。这是能替换的吗？这种替换是比被剥夺更加厉害的痛苦，这叫'取出内脏'，这是自杀！

① Richard D. Breitman and Alan M. Kraut, *American Refugee Policy and European Jewry*, *1933—1945*, Bloomington and Indianapolis: Indiana University Press, 1987, p.131.

② Sigrid Schneider, *Deutsche Publizisten in New York*, München: C. H. Beck Verlag, 1985, S.8.

③ Günther Anders, *Die Schrift an der Wand*, *Tagebücher 1941—1966*, S.87.

如果真是这样，那么即使他能过锦衣玉食式的生活，也不过是一具行尸走肉。"①

莱昂哈德·弗朗克（Leonhard Frank）说道："在没有那种来自他自身语言民族源源不断的活力注入的情况下，在没有那种无法描述的、持续不断的来自读者回声的情况下，作为一位有影响的作家，他也就不存在了。在这场流亡中，他等于在一把没有琴码的提琴上、在一架没有琴弦的钢琴上演奏。"②

劳乌尔·奥尔恩海默（Raoul Auernheimer）谈道："不排除人们能学会讲、甚至能书写第二种语言。然而要从事创造性的写作，不仅仅取决于写作本身，更取决于那种观念和经历上的根源，但第二语言只为这些从事写作的人提供了还没有成形的词汇，而他们却只能用这样的词汇来与他们的读者发生联系了。"③

斯特凡·茨威格（Stefan Zweig）则表达了这种绝望："我今天作为一名作家，只是一个'生活在自己躯体背后的人'。我过去40年中在国际上赢得的所有东西，或者说几乎所有的东西，都被一拳打碎了！"④

流亡作家中因绝望走上自杀道路的大有人在。除斯特凡·茨威格自杀外，还有瓦尔特·本杰明（Walter Benjamin）、瓦尔特·哈森克勒弗尔（Walter Hasenclever）、库尔特·图霍尔斯基（Kurt Tucholsky）、恩斯特·托勒（Ernst Toller）、恩斯特·魏斯（Ernst Weiss）、卡尔·爱因斯坦（Carl Einstein）等这样一批具有世界声誉的德语作

① Alfred Döblin, *Als ich wiederkam*, Olten-Freiburg：Walter Verlag, 1977, S. 433.
② Leonhard Frank, *Links, wo das Herz ist*, München：C. H. Beck Verlag, 1952, S. 191.
③ Raoul Auernheimer, *Das Wirtshaus zur verlorenen Zeit, Erlebnisse und Bekenntnisse*, Wien：Ullstein Verlag, 1948, S. 288.
④ Helge Pross, *Die Deutsche Akademische Emigration nach den Vereinigten Staaten, 1933—1941*, S. 47.

家也同样选择了自杀，至于因不能成功地克服职业上的语言障碍而无法在美国站住脚，最后被以其他方式赶进死亡的德语作家，则数量更多。①

流亡美国的现实局势迫使这些德语作家"必须迅速地将自己及其作品调适到客居国的文化传统和读者群方向上来，然而这对于那些年龄更大的作家来说太难了，要想从新遇到的事物中创造出文学上的新篇章，他们太缺乏灵活性了"②。某些人甚至在学会英语日常用语上都有难以克服的困难。例如，那位"讲着诗一般德语的流亡作家兼戏剧艺术家"弗里兹·科尔特内尔（Fritz Kortner），这样谈到他头一次接触到英语时的情景："我的胆怯，只说一个字的胆怯，只被我的无能所超过。我用德语中并不存在的声音来模仿'that'这个词的发音尝试显然是失败的。英国人是这样来发'th'这个音的：他们用舌尖部位顶着上齿，并以奇特的保留方式克制性地让气流通过。……啊，我简直成了语言上的小丑！"③为说明他拒绝学习英语的理由，他还回忆起20年代他在柏林遇到两位俄国难民时的经历："他们讲德语的腔调简直令人无法忍受。吐字别扭，单调乏味，迟钝笨拙，不合理的造句简直侮辱了我的耳朵。我怎么能够想象，一种同样的语言命运会降临到我的头上！我又怎么能够想象，有朝一日竟然我也失去了自己的语言，并长年如受虐待那般，像那两位俄国难民讲德语那样来讲英语呢？"④

这种强加给流亡作家的新语言要求，导致了这一群体的严重分

① Horst Möller, *Exodus der Kultur*, *Schriftsteller*, *Wissenschaftler und Künstler in der Emibration nach 1933*, S. 118.

② Carl H. Beck. *Die deutsche Exilliteratur*, *1933—1945*, München: C. H. Beck Verlag, 1979, S. 145.

③ Fritz Kortner, *Aller Tage Abend*, S. 247.

④ *Ibid.*, S. 107.

化，并首先出现了两种极端。一种极端由"快速美国化的人"来代表。他们数量不多，但有如下共同特点：年纪往往不过 30 出头，具有天生的语言适应能力，来美国之前就对这个社会充满好感，而在过去的成长道路上，他们的内心受到在德国经历的深深伤害，这种突如其来的伤害正好加强了他们已经存在的适应能力和意愿。①这些人拒绝再与流亡圈子中的人讲同样的母语，也是首先试图从语言上切断所有退路的人。他们甚至喊出"忘掉德国！发现美国！""忘掉欧洲！发现美洲！"的口号，②而美国的出版界也只有这种年轻并迅速"美国化"的流亡作家才可能进入。

赫尔塔·保利（Hertha Pauli）、爱娃·利普斯（Eva Lips）等人就属此类，但其中最为典型的是大文豪、诺贝尔文学奖得主托马斯·曼的儿子克劳斯·曼（Klaus Mann）。早在 1927 年，21 岁的克劳斯·曼因其作品集《新小说》被译成英文并应邀来美国作巡回演讲，为背诵简单的演讲稿，他在出发前学会了约 1000 个英语单词。在美演讲期间，这位"文学上的神童"接触到许多美国出版界有影响的人物，这为他 1937 年流亡美国后铺平了出版之路。尽管流亡美国之初他还不得不去上英语课，但他决心"美国化"的信念是坚定的，因为他认识到："人们往往低估了自己的适应性和机敏性。一位失去家园的作家，不应固守他对母语的感情，继续讲它的人只会因为喜欢它而不能抛弃它，最后和他的祖国一起死亡。对他来说，要做的是去学习一门新语言并获取一种新身份，他得发现新词汇、新节奏、新手段，并用一种新媒介来表达他的悲伤、情感、反抗和祈祷。之后，他会惊奇地发现，他曾经认为不可逾越的语言固恋其实什么都

---

① Wolfgang Frühwald und Wolfgang Schieder（Hrsg.），*Leben im Exil*，*Probleme der Integration deutscher Flüchtlinge im Ausland 1933—1945*，S. 74.

② Eva Lips，*Rebirth in Liberty*，New York：Flamingo Publishing Company. Inc，1942，p. 34.

不是，只是一种偏见。"① 由于他年轻、主动、勤奋，并具有语言上的天赋，运用英语的技能迅速提高，加之又是美国出版界熟悉的人物，因而很快受到纽约新世纪出版社的委托，用英语写下了反映德国流亡者的小说《生命的逃亡》、《另一个德国》、《火山》以及自传《转折点》，在美国获得了其他流亡作家无法企及的成功。②

　　另一种极端由"新语言的缺席者"来代表。他们往往年纪更大、也更为知名，其数量远远超过前者。这些人要么生活在失去的过去中，要么生活在想象的未来中，就如同"古典式的流放者"。他们拒绝任何一种现存关系，正如大剧作家贝托尔特·布雷希特（Bertolt Brecht）对自己的流亡经历所作的描述那样，"就仿佛坐在候车室里，绝不会在墙上钉上任何一颗钉子来挂自己的大衣"③。但他们写下的文学作品只能在菲舍尔、沃尔夫、乌尔斯坦经营的这几家流亡出版社出版，或是在自己创办的"流亡文学"杂志上发表。这类杂志往往属于得到美国犹太人慈善机构资助或德国知识难民互助组织捐助的刊物，如汉斯·阿尔伯特·瓦尔特（Hans Albert Walter）主编的《新日记》，威廉·S. 施拉姆（William S. Schlamm）主编的《新世界舞台》，奥斯卡·玛丽娅·格拉芙（Oskar Maria Graf）主编的《新德意志活页》，以及托马斯·曼和戈洛·曼主编的《标准与价值》。④ 由于经济问题的困扰，这类杂志的发行量既小又不稳定，读者也往往只有流亡者们自己。

---

① Helmut F. Pfanner（Hrsg.），*Kulturelle Wechselbeziehungen im Exil-Exile across Cultures*，Bonn：Bouvier Verlag Herbert Grundmann，1986，S. 74.

② Michel Grunewald，*Klaus Mann 1906—1949*，*Eine Bibliographie*，München：Ellermann Verlag，1984，S. 145.

③ Wolfgang Frühwald und Wolfgang Schieder（Hrsg.），*Leben im Exil*，*Probleme der Integration deutscher Flüchtlinge im Ausland 1933—1945*，S. 34.

④ Horst Möller，*Exodus der Kultur*，*Schriftsteller*，*Wissenschaftler und Künstler in der Emibration nach 1933*，S. 57.

由于流亡出版社和杂志所能接受的作品容量已相当有限，因此，"新语言的缺席者们"围绕着它们形成了一个比以前小得多的圈子，成为一批在美国坚持用母语写作并能继续作为"自由撰稿人"勉强为生的人。他们的作品也都是以"流亡"为题材的，例如，阿诺德·茨威格（Arnold Zweig）的《万德斯贝克的刑具》，利奥·福伊希特万格的《流亡》，布鲁诺·弗兰克（Bruno Frank）的《护照》，安娜·赛格尔斯的《过境》和《完全保持年轻》，托马斯·曼的《约瑟夫与他的兄弟》，海因里希·曼的《亨利·克瓦特勒》，阿尔弗雷德·德布林的《哈姆雷特或长夜的尽头》等。"显然，积极维护母语成为他们流亡存在的唯一证明形式。"[1]

绝大多数流亡作家处于这两种极端之间。这些人或是进入不了美国的出版界，或是进入不了围绕着流亡出版社和杂志形成的新圈子，因而出现了生存危机而不得不转行，也不得不去学习英语。这样的人大致可分为四类，在此，指出这些类型的代表人物是很有意义的。

萨拉蒙·迪姆比茨（Salamon Dembitzer）属于患有"美国恐惧症"的代表。为了生存，他"不得不在美国的工厂里打工，并学会了一些英语日常用语，但由于具有共产主义左派思想而拒绝适应美国的文化环境，因而生活极为艰苦，只能在夜间用德语去写自己在美国的流亡感受，并在战后立即返回了欧洲"[2]。

库尔特·克尔斯滕（Kurt Kersten）属于"外表适应型"的代表。"早在1919年他就曾在德国获得过文学博士学位，却不得不在打工之余去读美国的夜校。1949年，他终于拿到纽约教育委员会颁发

---

① Alexander Stephan, *Die deutsche Exilliteratur*, *1933—1945*, S. 215.

② Günther Anders, *Die Schrift an der Wand*, *Tagebücher 1941—1966*, S. 91.

的高校文凭，成为一名夜校的德语教师，并在 1953 年获得美国国籍。但在业余时间里，他只与流亡作家来往，也从未忘记用德语去记载自己的流亡经历。"①

　　尤利乌斯·巴卜（Julius Bab）属于"逐步适应型"的代表。初来美国时，这位著名作家兼戏剧评论家靠他的夫人走家串巷推销小商品为生，这使他有可能去专门学习英语，并终于具备了用英语作报告的能力。1945 年，他成为美国最大的德语报纸《纽约州报》的一名记者，并在 1946 年成为美国公民，但他再也没有赢得过当年在德国的那种名声。为此他感叹道："加入如此了不起的美国世界，对我来说已经太老了，而我还要解决语言上的问题，尽管拥有了美国国籍，但在内心里，我仍然是个欧洲人。"②

　　约翰内斯·乌尔茨迪尔（Johannes Urzidil）属于"保持避难心境者"的代表。为了生存，他甚至在美国成了一名皮革艺术手工匠。利用学到的英语技能和特殊手艺，他与美国社会各阶层都有一种广泛的接触，甚至与一些美国文学界的人士也有来往。但他始终保持着对德语深深的感情："德语是我最爱的语言，德语是我的存在方式和永生的母亲，我所有的文章和书籍都是用德语写的，在我流亡生涯最为艰难和德语名声最坏的时候，我仍然对它保持着一种牢不可破的信赖。""我将自己称为'一个永恒的离别者和寻找家乡的人'。"③

　　生存上的困境使这些转行的流亡作家对这个新环境具有一种特殊的敏感性，也很自然地影响到他们对美国社会的评价。在他们的

① Wolfgang Frühwald und Wolfgang Schieder（Hrsg.），*Leben im Exil*，*Probleme der Integration deutscher Flüchtlinge im Ausland 1933—1945*，S. 70.
② Elisabeth Bab，*Aus zwei Jahrhunderten*，Bonn：Boosey und Hawkes Verlag，1976，S. 194.
③ Johannrs Urzidil，*Bekenntnisse eines Pedanten*，*Erzählungen und Essays aus dem autobiographischen Nachlaß*，München：C. H. Beck Verlag，1972，S. 194，S. 214.

笔下，往往能发现一般人体会不到的有关美国社会严酷性和负面性的深刻描述，以及对美国文明的尖锐批评。例如，利奥·L.马蒂亚斯（Leo L. Matthias）在他的《发现美国》一书中写道："美国的社会结构是排他性地由权力因素决定的。""残暴的商人权力是美国历史的根本内容。"① 而贝尔格曼·汉斯·马尔希维查（Bergmann Hans Marchwitza）在他的《在法国，在美国》一书中写道："曼哈顿的吸血鬼是一群唯利是图的奸商和强盗"，"交易所的战斗是一切投机活动、欺骗、精神错乱以及无数谋杀和自杀的根源"。② 约翰内斯·乌尔茨迪尔则在他的《伟大的哈利路亚》一书中写道："在美国，通过刺激消费行为来追逐金钱已经达到了顶峰：购买！购买！购买！消费！挥霍！生活！""电视广告变成了宗教的替代物：纪念碑式的、大喊大叫的、唱着歌的、押着韵的、跳着舞的、讨好献媚的、信誓旦旦的、竭力申明的、虔诚的、易怒的、有威胁的、提出警告的、假笑的、有节奏的、抽泣着的，啊，永恒的广告，阿门！"③ 不过，这类用德语写下的流亡文学作品都是在战后的欧洲出版的，因而在美国社会并不具有影响力。

文学是最具有民族语言文化色彩的，讲德语的流亡作家也是纯粹靠母语为生的，他们在美国这个陌生的语言文化环境中最深切地感受到"存在之根"的丧失之苦，在克服职业语言障碍上的艰难程度更是其他知识难民所难以体会的。1933 年后出逃的所有难民作家中，只有流亡到瑞典的奈利·萨克斯（Nelly Sachs）和流亡到英国的

① Leo L. Matthias, *Die Entdeckung Amerikas anno 1953 oder das geordnete Chaos*, Hamburg: Rowohlt Verlag, 1953, S. 48, S. 264.

② Bergmann Hans Marchwitza, *In Frankreich*, *In Amerikas*, Berlin（Ost）: Aufbau Verlag, 1961, S. 296, S. 305.

③ Johannes Urzidil, *Das große Halleluja*, München: Langen Müller Verlag, 1951, S. 30, S. 86.

埃利亚斯·卡内蒂（Elias Canetti）在战后获得了诺贝尔文学奖，而流亡美国的所有 700 名德语作家中没有产生出一位诺贝尔文学奖的新得主。这本身也反映出讲德语的流亡作家们对"美国新世界"的一种普遍不适应。他们当中的 32% 都在战后返回了欧洲，这种"返回率"在各类讲德语的知识难民群体中是最高的。[1]流亡作家中选择战后定居美国的人，大多不是以"自由撰稿人"的身份，而是以"改行者"的身份逐渐融入美国社会的。这样的人即使掌握了英语并坚持业余写作，对美国文学所能产生的影响和贡献也是相当有限的。

三、流亡人文科学家的"失语性"问题

讲德语的 1090 名流亡科学家通过美国学术界于 1933 年 5 月成立的"援助德国流亡学者紧急委员会"，被安置在美国大专院校的环境中。尽管他们的生活来源有基本保障，但"失语性"问题同样是他们必须面对的，只不过，不同专业方向上的流亡科学家在克服职业语言障碍上的难度不一样罢了。

在所有的流亡科学家中，人文科学家往往面临了最为严重的"失语性"问题。他们虽不属于那个纯粹靠母语生存的难民作家集团，但由于其专业方向也极大地依赖于他们的语言能力和民族性，因而最初几年专业上的"语言障碍问题"往往不可避免。尤其是那些被分散在美国各高校中的人文科学家，由于必须在"文理学院"中承担对本科生的教学任务，这些站在讲台上的"结巴"，在克服职业语

---

[1] Horst Möller, *Exodus der Kultur, Schriftsteller, Wissenschaftler und Künstler in der Emigration nach 1933*, S. 113.

言障碍方面需要付出更多的艰辛。

著名语言文学家兼戏剧艺术理论家卡尔·楚克迈尔（Carl Zuck-mayer）这样回顾他流亡美国后在纽约戏剧学院初次上课的情景："直到今天，每当回想起我在美国上头一堂课的时候，我就汗流浃背。我当时十分努力地起草了我的手稿，我的女翻译也费了不少劲将我的词汇和造句改造成一种'半美语式的'语言。为了让我能准确地照本宣科，她与我一起研究了这份发言稿，并通过所有可能的发音暗号来对我的手稿作正确的提示，以致这份手稿看上去就像一份极为复杂的古希腊诗歌文本，唯有通过这种发音暗号才可能读出诗行。"① 联想起这样的经历，像楚克迈尔这样的大专家会在战后很快返回欧洲是毫不奇怪的。

德、英两种语言之间的转换对于流亡哲学家来说也同样困难。几乎所有那些在战后接受过采访的流亡哲学家都有这方面的同感："不仅英语语言的特点，还有读、听方面的要求，都迫使我们必须改变自己的表达和书写方式，必须用更简洁、更清楚、让人更好理解的方式来进行表达，要想让别人听得懂得自己的话，就必须抛弃我们所习惯的那种德意志形而上学式的学究气。"② 然而要做到这一步并不容易，不少流亡哲学家刚进入美国高校时，甚至很难用英语与人打交道。正如那位在哈佛大学任过教的流亡哲学家赫尔伯特·菲格尔（Herbert Feigl）所言："我是花了好几个星期的时间，才开始做到与我的学生进行日常交流的。"③ 讲德语的流亡哲学家之所以在

---

① Carl Zuckmayer, *Als Wärs ein Stück von mir*, *Horen der Freundschaft*, Hamburg: Rowohlt Verlag, 1966, S. 553.

② Helge Pross, *Die Deutsche Akademische Emigration nach den Vereinigten Staaten*, *1933−1941*, S. 58.

③ Donald Fleming and Bernard Bailyn (eds.), *The Intellectual Migration*, *Europe and America*, *1930−1960*, Cambridge. Massachusetts: Harvard University Press, 1969, p. 651.

美国没有取得太突出的成就和地位，除了在"实用主义"的哲学环境中美国人对他们的"理想主义哲学"不感兴趣外，更要归因于他们在语言上遭遇到的特别障碍。对于流亡哲学家大多在战后返回欧洲的这一事实，"法兰克福学派"中的著名人物特奥多尔·阿多诺（Theodor Adorno）作过这样的解释："哲学从本质上讲是它语言的哲学，若拿走描绘它的语言，是无法进行任何哲学上的思考的。"①

　　在流亡人文科学家中，只有罗马语族语言文学家和艺术史专家才逃脱了这种语言上的尴尬。像埃利希·奥尔巴赫（Erich Auerbach）、利奥·斯皮泽尔（Leo Spitzer）、赫尔穆特·赫尔茨菲尔德（Helmut Herzfeld）、赫尔伯特·迪克曼（Herbert Dieckmann）这样著名的罗马语族语言文学家，是利用其专业语言上的独特性及其成果才在美国著名大学中获得特殊地位的。奥尔巴赫先后被聘为宾夕法尼亚大学、普林斯顿大学、耶鲁大学和哈佛大学教授；斯皮泽尔任约翰·霍布金斯大学教授长达24年；赫尔茨菲尔德长期受聘于美国天主教大学；迪克曼则先后执教于华盛顿大学和哈佛大学。这些人能在美国学术界"称雄一世"，不仅因为美国当时在这个领域中还十分落后，更重要的是，"这个领域的母语是拉丁语，即使对美国人来说也仍然是外语，因而本身并不具有语言上的优势。相反，这些外来的德国流亡语言文学家与罗马语族语言文学之间的距离要比美国人近得多"。因此，"他们在美国大学课堂上使用的专业语言是拉丁语，而不是美国日常生活中使用的英语。事实上，他们在美国也是很少用英语，而是更多用德语或拉丁语来进行研究和写作的"②。例

---

①　Horst Möller, *Exodus der Kultur*, *Schriftsteller*, *Wissenschaftler und Künstler in der Emibration nach 1933*, S. 113.

②　Donald Fleming and Bernard Bailyn（eds.）, *The Intellectual Migration*, *Europe and America*, *1930-1960*, p. 481.

如，奥尔巴赫的《模仿，西方文学中表达的真实性》[1] 和《罗马语族语言文学研究导论》，[2] 以及斯皮泽尔的《不同国家的语言和文学风格研究》等，[3] 这类重要的代表作，都是由他们的美国学生根据其德文或拉丁文版本译成英文后，才真正为美国人所理解的。

以埃尔温·帕诺夫斯基（Erwin Panofsky）、雅可布·罗森贝格（Jacob Rosenberg）、理查德·克劳特海默（Richard Krautheimer）、保罗·奥斯卡·克里斯特勒（Paul Oskar Kristeller）、汉斯·巴龙（Hans Baron）等为代表的流亡艺术史专家们则更为幸运。艺术史这门学科本身就是由德意志犹太学者于 1813 年在哥廷根大学开创的，因此，"艺术史的母语是德语"。[4] 这使得他们同样"无须在美国的课堂上面临语言上的特殊难题。当他们编辑自己的作品需要说明或帮助时，只花了极少的时间就了解了为数不多的有关英文著作，从而顺利地完成了这场新语言的挑战"[5]。正是他们，创建了美国大学的艺术博物馆，提供了艺术史领域的方法论，开拓出大量被美国忽略的重要学术领域，如圣像学、古代艺术、巴洛克时代的艺术、16 与 17 世纪的艺术与建筑史等，并为美国培养出自己的第一代艺术史专家。"在今天的美国，没有人不承认他们是艺术史领域的权威，而他们的徒子徒孙现已遍布美国各高校。自战争结束以来，他们一直有

---

[1] Erich Auerbach, *Mimesis, Dagerstellte Wirklichkeit in der Abendländischen Literatur*, Bern: Franke Verlag, 1946.

[2] *Ibid.*, 1949.

[3] Leo Spitzer, *Les Etudes de style dans les différents pays in Langue et Littérature*, Paris: Gallimard, 1961.

[4] Horst Möller, *Exodus der Kultur*, *Schriftsteller*, *Wissenschaftler und Künstler in der Emigration nach 1933*, S. 89.

[5] Donald Fleming and Bernard Bailyn (eds.), *The Intellectual Migration*, *Europe and America*, *1930—1960*, p. 607.

规律地在德意志大学讲学，但他们的工作重心仍然在美国。"①

　　然而，那些从事德国史、欧洲史研究的流亡科学家在职业语言问题上远没有这般幸运。例如，研究欧洲法制史的埃伯哈德·弗里德里希·布鲁克（Eberhard Friedrich Bruck）、研究 1848 年革命史的法伊特·瓦伦丁、研究"腓特烈大帝"的恩斯特·康特洛维茨（Ernst Kantorowicz）以及研究德国近代史的汉斯·罗特费尔斯（Hans Roth-fels）等人在美国过得十分艰难。这些著名的德国历史学教授之所以会一直拖到大战爆发前夕的 1939 年才逃出德国，对异文化环境中种种困难的考虑，本身就是造成他们裹足不前的重要原因。他们虽能凭借过去的成就和名声进入美国的大学，但毕竟已人过中年，又是第一次接触英语世界，因而在学术发展上困难重重。一方面，在丧失个人学术收藏、脱离德国档案和欧洲历史材料的情况下，他们很难继续过去的研究；另一方面，美国的大学当时对他们的研究方向并无兴趣，又对他们能否研究美国史持怀疑态度。因此，他们在美国的大学里不仅面临了职业语言上的严重障碍，还遭遇到一种学术地位上的贬值。

　　布鲁克流亡美国时已经 62 岁，他虽"被哈佛大学历史系接受，但由于语言上的问题，却只能当一名研究型的副教授"②。瓦伦丁到达美国时已 54 岁，"尽管在不少美国高校里工作过，但由于口语交流上的困难，直到 1947 年去世时，也只是一名研究型的副教授，始终

---

① Rex Crawford, *The Cultural Migration*, *The European Scholar in America*, Philadelphia：University of Pennsylvania Press, 1953, p. 111.

② Hartmut Lehmann and James J. Sheehan（eds.）, *An Interrupted Past*, *German-speaking Refugee Historians in the United States after 1933*, Cambridge and New York：Cambridge University Press, 1991, p. 120.

没能在美国获得永久性的学术岗位"①。康特洛维茨流亡美国时 44
岁，原想在芝加哥大学工作，却遭到该校副校长的反对，其理由是
"他的英语水平相当一般"，因而只能在加州大学伯克利分院长期担
任讲师，直到 1945 年才重新成为教授。② 罗特费尔斯流亡到美国布
朗大学时已 49 岁，在这个英语的世界里，他度过了极为艰难的岁
月，直到 1946 年才在芝加哥大学重新成为教授。③ 这些年长的著名
流亡史学家，只要还在世，都在战后返回了欧洲，也只有在德语世
界里，他们才能找到施展自身才华的场所。④

　　在讲德语的流亡史学家中，能较快克服职业语言障碍的往往是
更年轻的编外讲师，如哈约·霍尔波恩（Hajo Holborn）、费利克
斯·吉尔贝特（Felix Gilbert）、汉斯·罗森贝格（Hans Rosenberg）
这样的人。他们都出生于 20 世纪初期，都在 1933 年遭到纳粹德国驱
逐后很快流亡到英国，也都在自己 30 岁左右时继续流亡到美国。但
这些人即使在英国学习过 1 至 3 年的英语，初来美国时，其英语能力
也仍不为美国同行所恭维。例如，当霍尔波恩于 1934 年来到美国耶
鲁大学时，被人评价为"应付这个冬季学期，他的英语显然是不及
格的"。而吉尔贝特在 1936 年来到哈佛大学时，得到的评价是："他

① Hartmut Lehmann and James J. Sheehan（eds.），*An Interrupted Past*，*German-speaking Refugee Historians in the United States after 1933*，p. 82.
② Cathering Epstein，*A Past Renewed*，*A Catalog of German-speaking Refugee Historians in the United States after 1933*，Cambridge and New York：Cambridge University Press，1993，p. 145.
③ Hartmut Lehmann and James J. Sheehan（eds.），*An Interrupted Past*，*German-speaking Refugee Historians in the United States after 1933*，p. 89.
④ 例如，汉斯·罗特费尔斯在 1951 年返回新生的德意志联邦共和国后重新焕发出学术上的生机，他不仅写出大量的史学名著，还创建了著名的"慕尼黑当代史研究所"，因而在 1961 年被德意志联邦共和国总统豪斯授予"科学与艺术骑士团勋章"。战后新一代的德国著名史学家特奥多尔·席德（Theodor Schieder）、维尔讷·康泽（Werner Conze）以及汉斯·莫姆森（Hans Mommsen）等人都是他的学生。见 Georg G. Iggers，*Die deutschen Historiker in der Emigration*，in Bernd Faulenbach（Hrsg.），*Geschichtswissenschaft in Deutschland*，München：C. H. Beck Verlag，1974，S. 358。

的英语出口过于羞怯，有些缺乏自信"①。当然，对于这些更年轻的流亡史学家来说，只要自身努力，职业语言上的障碍证明是可以克服的。仅花了一年时间，霍尔波恩的英语水平就受到了赞扬；而吉尔贝特"使用新语言的能力"也被同事们称之为"不仅足够，而且极好"②。

　　只有这些能很快克服职业语言障碍的年轻流亡史学家，才可能在美国赢得更大的影响并获得更高的地位，而这在相当大的程度上要归因于国际局势的剧变。在 1941 年 12 月 7 日美国参战后，美国人试图理解欧洲灾难性局势发展的原因所在，因而产生出一种对欧洲史的强烈兴趣。尤其是德国史，已由美国人过去不太理睬的"外国史"变成一种"受人尊重的热门领域"，对战争对手的研究能提供一种"世界性知识"，因而变得具有"国际性"了，这就为已较好掌握了英语的年轻流亡史学家提供了施展才能的机会。像霍尔波恩和吉尔贝特等这样一些刚开始在美国大学里研究美国史的人，便很快就进入了"美国战略服务局（OSS）"，成了"德国问题分析专家"。1945 至 1949 年间，他们又转入美国国务院，帮助协调在德国占领区的美国政策。当"冷战"来临时，美国政府力图弄清国际局势紧张化根源的兴趣进一步增强，政府委托的研究工程清单导致了许多新学术岗位的开放。③加之美国占领军已将德国大量的国家档案抢到了美国，这些人便重返美国史学界，因为现在唯有他们才能通过自己的德语母语优势来充分利用这种研究条件。这不仅使他们能在美国不断取得德国史、欧洲史研究上的新成果，而且也极快地提高了他们在美国的学术地位。例如，吉尔贝特很快被聘为普林斯顿大学"高

---

① Hartmut Lehmann and James J. Sheehan（eds.），*An Interrupted Past*，*German-speaking Refugee Historians in the United States after 1933*，p. 97.

② *Ibid.*，p. 99.

③ *Ibid.*，p. 132.

级研究所"教授；罗森贝格也很快成为加州大学伯克利分院教授；
而霍尔波恩则在耶鲁大学当上了美国最高等级的教授，并在 1967 年
当选为"美国历史学学会"主席，成为历史上仅有的两位"在外国
出生并接受教育的学者"能获此殊荣的人物之一。[①]

　　对流亡人文科学家来说，在美国这种异文化环境中，过去在德
国学术界赢得的名声基本上是无用的，除非他们的专业方向本身具
有"国际性"。这也正是从事罗马语族语言文学和艺术史研究的流亡
科学家能在美国学术界"称雄一世"的根本原因。而那些从事德意
志语言文学、哲学和历史学研究的流亡科学家，由于其研究方向本
身具有民族文化上的特点，因而必须在美国经受这场"失语性"问
题的严峻考验。尽管美国参战后的特殊局势为流亡史学家提供了"幸
运的转折点"，使他们过去的研究方向突然间变得具有"国际性"
了，但要想在美国学术界赢得地位，熟练掌握英语仍然必不可少。
由于在掌握新语言方面，年过 40 岁的人总要比更年轻的人困难得
多，因此他们利用这种新"国际性"的机会也要少得多。只有更年
轻的流亡史学家，才可能像从事罗马语族语言文学和艺术史研究的
流亡学者那样，为美国人文科学的发展作出重大贡献，并在 50 年代
后成为大西洋两岸人文科学领域里学术交流的先锋。

四、流亡社会科学家的"失语性"问题

　　在克服职业语言障碍方面，流亡社会科学家面临的困难与流亡

---

① Hartmut Lehmann and James J. Sheehan（eds.），*An Interrupted Past*，*German-speaking Refugee Historians in the United States after 1933*，p. 173.

人文科学家相当类似，尤其是那些被分散在美国各高校中的流亡社会科学家，他们中的许多人在专业研究上都出现了"长达数年之久的几近休克的状态"。这方面最为典型的例子发生在年已六旬的奥地利著名心理学家卡尔·布勒（Karl Bühler）的身上。这位社会心理学界的世界级人物，是美国高校破格接纳的少数几位年纪最大的流亡科学家之一，却因"失语性"问题在美国变得无所作为。"由于掌握英语上的困难，直到50年代去世时，他在美国都没有发表过任何东西。"①

当然，人们也能举出相反的例子，但这类例子往往只发生在更年轻的流亡社会科学家身上。例如，卡尔·布勒早年在维也纳大学的学生保罗·F.拉萨斯菲尔德（Paul F. Lazarsfeld）就是在美国成为世界顶尖级的社会学家的，而这首先与他事先掌握了英语有关。早在1933年初，时年32岁的拉萨斯菲尔德就得到了洛克菲勒基金会的资助，并作为"访问学者"在美国待过两年。他是在熟练地掌握了英语之后，当1935年10月奥地利发生政变时，才最后流亡美国的。② 而这次到达美国后，"他在过去进行的维也纳市场调查研究的基础上，很快就在《民族市场评论》杂志上发表了《询问为什么的艺术》一文，这篇用英语写成的论文使他几乎一夜之间就成为这个领域中居领导地位的权威人物"③。后来，他又用英语写下大量的社会学论著，如《人民的选择》、《投票》、《社会研究的语言》、《社会学中的数学思想》等。由于他将数学统计方法引入了社会学，创立了"数学社会学"，因而当选为美国社会学学会主席。像拉萨斯菲

① James F. Bugental (eds.), *Symposium on Karl Bühler's Contributions to Psychology*, in Journal of General Psychology, 75 (1966), p.181.
② Ilja Srubar (Hrsg.), *Exil, Wissenschaft, Identität. Die Emigration deutscher Sozialwissenschaftler, 1933—1945*, Frankfurt am Main: Suhrkamp Verlag, 1988, S.78.
③ *Ibid.*, S.87.

尔德这样熟练地掌握了英语并在流亡美国后取得辉煌学术成就的例子，也能在年轻的流亡经济学家雅可布·马夏克①，以及年轻的流亡政治学家卡尔·W. 多伊奇（Karl W. Deutsch）身上找到②。

法兰克福社会研究所的 20 多名德国流亡科学家却构成了一种例外。早在 1932 年 6 月巴本政府上台时，研究所领导人马克斯·霍克海默（Max Horkheimer）就意识到德国局势的严峻性，并开始着手于整个研究所的向外转移问题。到 1933 年 2 月底"国会纵火案"发生时，这个研究群体连同自己的全部经费和图书资料都已转移到了瑞士的日内瓦。因此，当 1934 年法兰克福社会研究所作为一个研究团体被整体地接纳进美国时，本身是带有经费和图书资料的。由于哥伦比亚大学为其提供了研究空间，并免去了它的成员给本科生上课的任务，因此，"这些德国流亡社会科学家仍然能像在魏玛时代那样，继续专心致力于哲学、语言学、历史学、国民经济学、社会学和法学方面的综合性研究。1940 年 6 月以前，他们的研究成果都是

---

① 流亡经济学家雅可布·马夏克 1933 年被迫流亡时只有 35 岁，这位海德堡大学年轻的编外讲师幸运地成为了洛克菲勒基金会头一批援救的德国经济学家之一，并被安置在英国牛津大学。在熟练地掌握了英语之后，他于 1938 年继续流亡到美国纽约的"社会研究新学院"，又于 1943 年被聘为芝加哥大学教授。由于他将数量分析理论成功地引入了经济学，成为了美国"数量经济学"的奠基人，并当选为"美国经济学学会"主席。正是受他学术思想的影响，他当年的科研助手赫尔伯特·A. 西蒙（Herbert A. Simon）、劳伦斯·罗伯特·克莱因（Lawrence）以及他的弟子弗兰科·莫迪良尼（Franco Modigliani）都在他去世之后成为了新设置的诺贝尔经济学奖得主。见 Arjo Klamer, *The New Classical Macroeconomics*, *Conversation with New Classical Economists and their Opponents*, Brighton: Wheatsheaf Books, 1984, p. 114.

② 流亡政治学家卡尔·W. 多伊奇（Karl W. Deutsch）1938 年流亡美国前刚拿到法学博士学位，作为一名 26 岁的编外讲师，这位从小生活在捷克斯洛伐克的德意志犹太人，一到波士顿就有要"快速美国化"的决心，为此，他甚至进入哈佛大学重新攻读美国的博士学位。在熟练地掌握了英语后，他将德意志的"普遍主义"与美利坚的"技术主义"相结合，并运用于国际政治学领域，成为了著名的国际关系理论家和政治学领域的改革家，并当选为"美国政治科学学会"主席，后又出任"国际政治科学学会"主席，因而成为了"经验性社会研究取得世界性胜利的一位象征性人物"。见 Ilja Srubar（Hrsg.）, *Exil, Wissenschaft, Identität. Die Emigration deutscher Sozialwissenschaftler*, *1933–1945*, S. 175。

用德语发表在自己主编的《社会研究杂志》上的,而这份德文流亡
刊物的编辑部设在巴黎"①。法国沦陷后,杂志编辑部搬到纽约,杂
志也更名为英文版的《哲学与社会科学研究》,这时他们才开始逐步
将英语作为主要的书面语言。即便如此,在以后的 10 年里,"法兰
克福学派"的核心成员,如马克斯·霍克海默、特奥多尔·阿多
诺、弗里德里希·波洛克(Friedrich Pollock)、利奥·洛文塔(Leo
Lowenthal)等人,其绝大多数理论著作仍然是用德语写成的。阿多
诺后来回忆道:"我后来在德国出版的著作中,有 90% 是在美国完成
的,但其中只有极少的一部分是用英语写的。"②

　　这些坚持西方马克思主义"批判理论"的核心成员拒绝用英语
进行写作,实际上表明了他们拒绝与美国社会"一体化"的决心。
阿多诺这样讲道:"在美国这种群众文化的垄断下,我们这些人,自
身生命的再生产与专业上负责任的工作之间有着一种不可和解的断
裂关系。当我们的语言被剥夺时,我们的历史标尺也就被挖走了,
而我们正是从这些东西里吸取知识力量的。"③ 这也正是他们会在
1950 年带着这家研究所回到新生的德意志联邦共和国的决定性原
因。④ 他们在美国流亡期间用德语写下的大量重要理论著作,如《偏
见研究》(五卷本)、《权威主义人格》、《启蒙的辩证法》等,只是
在战后的欧洲才真正引起人们的关注。尽管这些著作对社会科学的
发展具有重大的价值,并导致了 20 世纪 50 年代政治心理学的兴起和

① Helge Pross, *Die Deutsche Akademische Emigration nach den Vereinigten Staaten*, *1933–1941*, S. 53.
② Martin Jay (eds.), *Permanent Exiles*, *Essays on the Intellectual Migration from Germany to America*, New York: Columbia University Press, 1985, p. 40.
③ Theodor W. Adorno, *Minima Moralia*, *Reflexionen aus dem beschädigten Leben*, Frankfurt am Main: Suhrkamp Verlag, 1969, S. 1.
④ Ilja Srubar (Hrsg.), *Exil*, *Wissenschaft*, *Identität. Die Emigration deutscher Sozialwissenschaftler*, *1933–1945*, S. 268.

"意识形态论"的终结，然而这已经是这家研究所撤离美国以后的事情了。而"在美国，当时阿多诺的知名度不过是《权威主义人格》那本著作封面上的第一作者而已"①。

当然，"法兰克福学派"成员中也有主动学习英语的人，如后来在美国学术界大展宏图的弗朗兹·诺伊曼、埃里希·弗洛姆（Erich Fromm）以及赫尔伯特·马尔库塞（Herbert Marcuse）等人。这些人不仅年纪更轻，而且在思想上也更为开放，并都在美国参战后于1942年应聘于"美国战略服务局"，服务多年之后又活跃于美国的学术界。与霍克海默、阿多诺等人不同，这些更年轻的"法兰克福学派"成员们认为，"主动适应美国的环境，在一个决定性的阶段上，甚至能导致一种上升机会的出现，即为法兰克福学派的批判理论找到一种实践上的机会"②。而这与他们更好地掌握了英语上的写作技巧紧密相关。

这些人都曾在流亡美国前接受过不同程度的英语训练，也都在美国走上了用英语写作的道路。在他们当中，弗朗兹·诺伊曼表现得最为典型。1932年12月，随着德国政局的恶化，时年32岁的诺伊曼便开始自学英语，为以后的流亡作准备。1933年1月底希特勒上台后，他曾在英国流亡3年，并获得了英国的政治学博士学位。尽管他并不喜欢英语世界，但在1936年流亡美国并加入"法兰克福学派"时，已经完成了这场从德语到英语的过渡，成为这个圈子中最少发生语言障碍的人。这不仅导致了他不同于霍克海默、阿多诺等人在美国的生活感受，而且使他成为这个圈子中最主动地适应美

① Martin Jay（eds.），*Permanent Exiles*，*Essays on the Intellectual Migration from Germany to America*，p.41.
② Ilja Srubar（Hrsg.），*Exil，Wissenschaft，Identität. Die Emigration deutscher Sozialwissenschaftler*，*1933—1945*，S.254.

国社会环境的人。早在 1942 年，他便通过他那部用英文写成的名著
《巨兽——纳粹主义的结构与实践》，在美国成为研究纳粹主义的权
威人士以及享有盛誉的著名政治学家。[①] 而埃里希·弗洛姆也通过他
英文版的《逃避自由》和《爱的艺术》，在 40 至 50 年代成为美国家
喻户晓的著名学者，至于赫尔伯特·马尔库塞，更是通过他 60 年代出
版的那部英文名著《单向度的人》，在美国成为风靡一时的哲学"新
左派"的代表人物。

在克服职业语言障碍方面，最为幸运的流亡社会科学家是那些
被纽约的社会研究新学院接纳的人。为接纳他们，新学院院长阿尔
文·约翰逊专门创办了研究生院，并取名为"流亡大学"。约翰逊这
样谈到："创办这所'流亡大学'的意义就在于：它不仅能接受数量
更多的德国科学家，而且能真正继续那种在德国已被扫除掉的批评
式的社会研究传统，并使美国的社会科学'国际化'。"[②] 他顶着当
时美国盛行的孤立主义压力，突破了"援助德国流亡学者紧急委员
会"作出的"每所美国高校接受的流亡学者一般不超过 3 人"的规
定，大规模地接受德国流亡科学家。因此，在这所"流亡大学"
里，聚集了一个数量最后高达 182 名之多、以讲德语的社会科学家为
主体的欧洲流亡科学家群体。

在这个完全由流亡科学家们组成的教授集团中，人们首先就没
有那种在通常情况下必然会产生的"孤独感"，加之约翰逊院长的特
别关照，他们在语言问题上得到了更多的谅解和帮助。例如，约翰
逊院长最初甚至允许他们"在脱离本科生教学活动的情况下，专门

① Donald Fleming and Bernard Bailyn（eds.），*The Intellectual Migration*，*Europe and America*，*1930-1960*，p.448.

② Stephen Duggan and Betty Drury，*The Rescue of Science and Learning*，*The Story of the Emergency Committee in Aid of Displaced Foreign Scholars*，New York：Macmillan，1948，p.85.

从事理论研究，但同时要求他们必须尽快学会用英语授课和讨论，为'流亡大学'的学术阵地《社会研究》杂志提供的稿件也必须用英语写成，所有成员的英文学术论著都要事先经过专职的语言学专家的审订之后才能发表或出版"①。尽管这些制度上的强制性要求给不少人带来了压力和负担，但约翰逊院长采用的方法是循序渐进式的："先是为他们配备专门的翻译人员，以便能将他们论著中的'文科中学式的英语'翻译成'美国式的英语'并及时出版和发表，然后让他们逐步学会用英语在堂上授课和指导博士研究生。与此同时，'新学院'还通过每周举行一次的学术讨论会，使他们能不断获得与来自外校的美国本土学者进行面对面交流的机会，因而在'流亡大学'的教授中，很快培养出一种用英语说、写的风气"②。"绝大多数人很快就能讲相当不错的英语，并在后来变得更喜欢用英语而不是德语来进行写作了。因此，在这个群体中，形成了一种'盎格鲁—日耳曼式的、新学院式的自身语言习惯'。"③

由于这些流亡社会科学家都较为顺利地完成了两种语言之间的过渡，因而能在美国发挥出更大的影响和作用。到 1943 年，这所"流亡大学"已成为"世界上第一个国际性的社会科学研究中心"和"构造未来的思想工厂"；像埃米尔·雷德勒、阿道夫·勒韦、格哈德·科姆、汉斯·奈塞尔、雅可布·马夏克、汉斯·西蒙斯、汉斯·施佩尔等这样一批杰出的流亡经济学家、社会学家和政治学家，已在美国学术界和政界崭露头角。同年 1 月 3 日，一份来自洛

① Peter M. Rutkoff, *Interview mit Elizabeth Told Staudinger*, Frankfurt am Main: Suhrkamp Verlag, 1979, S. 28.

② Ilja Srubar (Hrsg.), *Exil, Wissenschaft, Identitat. Die Emigration deutscher Sozialwissenschaftler, 1933-1945*, S. 136.

③ Wolfgang Frühwald und Wolfgang Schieder (Hrsg.), *Leben im Exil, Probleme der Integration deutscher Flüchtlinge im Ausland 1933-1945*, S. 230.

克菲勒基金会的调查报告中这样写道："'流亡大学'的专家们被不少于 26 家美国政府机构有规律地请去做咨询工作，还有大量的成员参与到不少于 25 个政府和军方委员会的工作之中。它的'世界经济研究所'构成了'新政'意识形态的'思想库'；它的'社会与政治科学研究所'引导了'极权主义社会学研究'；它的'世界事务研究所'则开启了对美国最有价值的'国际研究'。"① 所有这些，都是当时那些不问政治并具有保守主义学术倾向的美国社会科学界主流派们所做不到的。

尽管社会科学也需要特定的语言来表述，但它本身具有十分明显的社会实用性和实践性，其发展也是以人类的社会实践活动为基础的。在从危机走向战争，从战争走向世界政治舞台的年代里，美国正急需这些讲德语的流亡社会科学家来提供经济学、社会学、政治学、国际关系理论等领域的新智慧和新知识。因此，凡能顺利地克服职业上的语言障碍，又能主动地适应美国的社会环境、并能找到适宜发挥自身才能场所和方向的流亡社会科学家，几乎都站在了美国社会科学的前沿上。正是他们，不仅主导了当时美国政治与社会科学研究的新潮流，而且为美国社会科学的跨学科发展提供了根本性的推动力。

五、流亡数学家、自然科学家和医学家的"失语性"问题

与流亡人文科学家和社会科学家相比，流亡数学家、自然科学

---

① John H. Willis, The New School and the War, 1.3.1943, Rockefeller Foundation Archive, Record Group 1.1, 200/53/628.

家和医学家，在克服职业语言障碍方面的困难则要小得多，这使他们成为一批到达美国之后很快就能投身于科学研究工作的人。导致这种局面的原因是多方面的。

首先，这要归因于这些学科专业上的"天然国际性"。希特勒上台前的德国是世界科学、文化的中心，包括英、美在内的所有知识难民接受国在这些学科领域里都不如德国发达，但当时德国与外国科学同行之间的学术交往已相当活跃，一个以德国科学家为核心的欧、美"科学家共同体"已经形成。不仅如此，相当多的美国科学界领导人都有曾在德国留学的经历，像约翰·冯·诺伊曼（John von Neumann）、玛丽·迈尔（Maria Mayer）等这样一批在美国学术界占有特殊地位的犹太科学家，本身就是在希特勒上台前夕，刚从德国移民美国的。[1] 而且在 1933 年以前，这些科学领域中最具权威性的刊物还不是英语世界的《科学》和《自然》，而是德语世界的《数学年刊》、《物理学编年史》、《化学编年史》以及《医学编年史》，"就连这些领域中的美国科学家当时也是主要依靠德语的科学杂志和期刊来发表文章的"[2]。这种局面在人文、社会科学领域中从未出现过。因此，1933 年后，来自德语世界的流亡数学家、自然科学家和医学家在与美国同行之间非常容易找到共同语言。

另外，这也要归因于美国高校在接纳德国流亡数学家、自然科学家和医学家上特殊的年龄限制。援助德国流亡学者紧急委员会早在 1933 年 5 月 23 日便作出规定："接收自然科学和医学领域里的德国流亡学者时，除诺贝尔奖得主外，年龄一般限制在 40 岁以下，因为这样的人还有'出产年'，当然，他们必须证明自己是优秀的。"

---

① Donald Fleming and Bernard Bailyn（eds.），*The Intellectual Migration*，*Europe and America*，*1930—1960*，p. 237.

② *Ibid.*，p. 200.

而在接收流亡人文、社会科学家的年龄限制方面，紧急委员会只作出了"30 至 58 岁"的一般规定。[1] 因此，被美国高校接收的绝大多数流亡数学家、自然科学家和医学家的年纪都没有超过 40 岁。[2] 这样的人在掌握一门新语言上要比 40 岁以上的人快得多，也容易得多。而且他们当中的绝大多数人，主要是自然科学家和医学家，都有曾经流亡英国的经历，这则要归因于英国学术界在最初接收德国流亡科学家的问题上采取了比美国学术界更为积极的态度。尽管这些流亡科学家大多只是在英国大学的实验室里做临时性的工作，并在欧洲局势日益紧张化的情况下又继续流亡到美国，但他们在英国这个流亡的"中转站"里，已经事先接受过不同程度的英语训练了。[3] 至于像阿尔伯特·爱因斯坦、詹姆斯·弗兰克、古斯塔夫·赫茨（Gustav Hertz）、维克多·赫斯（Viktor Hess）、彼得·德拜（Peter Debye）、奥托·弗里茨·迈尔霍夫（Otto Fritz Meyerhof）、奥托·洛伊（Otto Loewi）等这些诺贝尔自然科学奖项的得主，年纪虽都超过了 40 岁，甚至大多已过了 50 岁，但他们早在 20 年代的"科学国际化"进程中，就已经作为"科学家共同体"的核心人物，在与英语世界的科学家进行频繁的学术交流了。尽管这些人的英语口语中普遍带有浓厚的乡音，例如，许多美国人在回忆爱因斯坦时，都提及"他带着德语口音所讲的英语很难懂"[4]，但这一点并没有影响到他们在美国的科学研究。

---

① Stephen Duggan and Betty Drury, *The Rescue of Science and Learning*, *The Story of the Emergency Committee in Aid of Displaced Foreign Scholars*, p. 16.

② Donald Fleming and Bernard Bailyn（eds.），*The Intellectual Migration*, *Europe and America*, *1930—1960*, p. 217.

③ Norman Bentwich, *The Rescue and Achievement of Refugee Scholars*, *The Story of Displaced Scholars and Scientists 1933—1952*, p. 13.

④ Abraham Pais, *Einstein Lived Here*, Oxford and New York：Oxford University Press, 1994, p. 300.

最后，这还要归因于这些学科专业语言上的特点。与人文、社会科学相比，数学、自然科学与医学的文字表述相对简单，无论是课堂上的教学语言，还是科研中的学术用语，都相对程式化。因此，对这些领域的流亡科学家来说，掌握一门新外语中的职业语言，要比那些流亡人文、社会科学家容易得多。更重要的是，当数学、自然科学和医学发展到 20 世纪 30 年代时，已经可以在国际上普遍接受的术语方面以及数学描述的基本事实、概念以及技术方面达成一致了，这就使来自不同国家的科学家之间的交流变得更为容易。而且"在美国大学和研究机构里，各科学领域的国际学术期刊及专著的易得性，也使得数学、自然科学和医学领域中的流亡科学家，在个人学术收藏受损所导致的研究阻力方面，相对于人文、社会科学中的流亡科学家来说，其影响要小得多"①。

当然，这并非意味着这些讲德语的流亡科学家在美国完全没有职业语言上的障碍，尤其是流亡数学家，他们遇到的语言障碍明显大于流亡自然科学家和医学家。这既要归因于数学领域的特殊性，也要归因于德国的大学，尤其是有犹太血统的数学家最为集中的哥廷根大学，过去在国际数学界中所特有的"数学的麦加"地位。

数学不同于自然科学和医学。自然科学和医学自 19 世纪 90 年代以来已经发生了由理论研究向实验研究的重大转变，因此，这些科学领域前沿上的突破，不仅越来越依赖于实验设备之类的研究手段和条件，同时为避免在研究中走弯路，也越来越依赖于科学家之间的相互沟通与共同协作。而数学的发展直到 20 世纪 30 年代仍然取决于人的大脑在公理体系基础上的直观、对空间概念的抽象分析能力

---

① Donald Fleming and Bernard Bailyn（eds.）, *The Intellectual Migration*, *Europe and America*, *1930—1960*, p. 221.

以及逻辑推理能力，数学前沿上的突破仍然靠的是数学家个性化的创造力。因此，当 20 年代国际交往与交流变成科学家们的一种主要活动时，德国数学家由于其自身所具有的那种无与伦比的地位，却使得他们不用像自然科学家和医学家那般频繁地走出国门，便能坐等外国学者的"八方来朝"。这就导致了这些领域中的一种相当不同的语言局面：1933 年以前，在自然科学、医学领域的国际交往中，德国科学家与欧、美其他国家同行之间在语言上是互相学习的。当这些领域的德国科学家流亡到美国时，无论在研究上还是在教学中，遇到的语言障碍都相对较小。而在数学领域里的情况则不同：1933 年以前，主要是由外国的数学家来学习德语，从而求得学术上的共同语言的，以致美国大学中相当多的数学教授都是在德国获得过博士学位的人。① 这固然使 1933 年后德国流亡数学家们在与美国同行的学术交流上不存在什么困难，但要在美国高校中应付对本科生的教学活动，仍然存在一定的语言障碍。

绝大多数流亡数学家在教学活动上的语言障碍，是通过一种特别方式来克服的，这种方式本身与他们直接流亡美国有关。流亡美国的德国数学家之所以能"一步到位"，一方面是由于英国的大学所能提供的数学专业岗位十分有限，又不能像安置流亡自然科学家、医学家那样将流亡数学家临时安置在大学的实验室里；另一方面则要归因于洛克菲勒基金会。在这家为紧急委员会提供最重要的经济支持的美国基金会中，数学家本身就具有特殊的地位。例如，该基金会主席马克斯·梅森（Max Mason）以及自然科学部主席沃伦·韦弗（Warren Weaver），不仅都是数学家出身，而且都是在德国的哥廷

---

① Norbert Wiener, *I Am a Mathematician*, Cambridge. Massachusetts: Harvard University Press, 1964, p. 175.

根大学获得数学博士学位的。由于他们对数学家的特殊情结，因此，德国数学家难民都是由洛克菲勒基金会最先出面营救的。[①] 不仅如此，而且当时的美国数学学会主席奥斯瓦尔德·维布伦（Oswald Veblen）以及秘书长罗伯特·G. D. 理查森（Robert G. D. Richardson）也曾留学哥廷根大学，他们对德国流亡数学家同样抱以深切的同情。因此，洛克菲勒基金会、紧急委员会以及美国数学学会在安置他们的问题上，事先考虑到他们在教学上的语言障碍问题，因而与接受他们的美国大学事先达成了协议，使他们一般都享受到"不为本科生授课，只进行数学研究的特权"[②]。

只有像大数学家理查德·库朗（Richard Courant）这样的人，由于被安置在只有他一名数学教授的纽约大学里，才无法享受这种特权。这自然使库朗倍感授课上的语言困难，为此，他还特别"从讲演系请来一位家教，专门教他英语，并随身带着一个笔记本，不断地把他在交谈和阅读中碰到的口语用法记录下来。这使他进步很快，没过多久，他便摸索出一种备课方法：先把精心准备的讲义用德语口述出来，然后再译成他所希望的'不错的英语'"[③]。至于其他的流亡数学家则要比库朗舒服得多，他们根本不用为本科生授课，尤其在那些流亡科学家相对集中的美国大学里，他们甚至完全不用为"语言上的孤立"而苦恼。例如，大数学家赫尔曼·外尔（Hermann Weyl）一走进普林斯顿大学的"高级研究所"就有这种感受："在这里，讲德语的人和讲英语的人一样多"[④]。

---

① Jarrell. C. Jackman and Carla M. Borden（eds.），*The Muses Flee Hitler*，*Cultural Transfer and Adaptation*，*1930—1945*，p. 206.

② Constance Reid，*Couran in Göttingen and New York*，New York：Springer-Verlag，1976，p. 212.

③ *Ibid.*，p. 178.

④ *Ibid.*，p. 163.

　　由于职业上的语言障碍相对较小，这些讲德语的流亡数学家、自然科学家和医学家们在进入美国高校后，很快就有了一种近乎于在"家"的感觉。正如德国流亡物理学家维克多·埃里希·魏茨柯帕夫（Victor Erich Weisskopf）所言："到达美国后不久，我们便很快感受到，那些留在欧洲的人倒更像是难民！"① 因此，他们完全能在美国继续他们的研究工作，并不断取得辉煌的学术成就。这不仅使他们与美国社会的"一体化"变得更为容易了，而且美国也从这些科学家身上获得了巨大的智力收益。仅是在来自纳粹德国的第一代流亡科学家当中，就有15位诺贝尔自然科学奖项的得主，除前文中提及的7位获奖者外，还有奥托·斯特恩（Otto Stern）、费利克斯·布洛赫（Felix Bloch）、尤金·P. 维格纳（Eugene P. Wigner）、沃尔夫冈·J. 泡利（Wolfgang J. Pauli）、汉斯·A. 贝特（Hans Bethe）、马克斯·路德维希·德尔布吕克（Max Ludwig Delbrück）、康拉德·埃米尔·布洛赫（Konrad Emil Bloch）以及弗里茨·李普曼（Fritz Lipmann），这8位都是在流亡美国后获奖的。② 而在数学领域里，赫尔曼·外尔、卡尔·路德维希·西格尔（Carl Ludwig Siegel）与约翰·冯·诺伊曼一起，很快就将普林斯顿大学的高级研究所变成了"世界纯粹数学中心"，理查德·库朗则将纽约大学的"库朗研究所"建设成了"世界应用数学中心"。

　　"学会数理化，走遍天下都不怕！"这个产生于20世纪30年代并在今天广为人知的口号，实际上是当年讲德语的流亡数学家、自然科学家和医学们的典型口号。数学、自然科学和医学由于其本身具

① Donald Fleming and Bernard Bailyn（eds.），*The Intellectual Migration*，*Europe and America*，*1930—1960*，p. 222.

② Alan D. Beyerchen，*Scientists under Hitler*，*Politics and the Physics Community in the Third Reich*，New Haven and London：Yale University Press，1977，p. 48.

有的"天然的国际性",使得从事这些领域的流亡科学家在克服职业语言障碍上遇到的困难要小得多。因此,这些流亡科学家在到达美国后很快就能投身于科学研究工作,而美国也因为这些流亡科学家们的到来,终于成为诺贝尔自然科学奖项得主最多的国家和"数学的新麦加"。

六、流亡艺术家的"失语性"问题

在语言问题上,流亡音乐家和造型艺术家无疑是所有知识难民中最为幸运的人。尽管他们同样面临了"失语性"问题,在与美国人交往的日常生活中也无疑都是"结巴",但由于他们的作品本身就是一种"天然的世界语",因而几乎感受不到职业语言上的障碍问题。首先是那465名流亡音乐家,他们成为在美国最快安顿下来的人。著名音乐史专家博里斯·施瓦茨(Boris Schwarz)这样写道:"被迫流亡的音乐家的运气看来要比那些演员、作家和科学家好得多,因为音乐本身就是世界性的语言。一位音乐演奏家只要有乐器在手,就可以在巴黎、纽约、里约演出并能得到理解,根本没有进行口头语言交流的需要。歌唱家几乎一直就是天然的多种语言的掌握者,作曲家更能去改变各民族音乐兴趣和音乐传统之间的那些细微差别,因此,富有创造力的音乐家在远离他们的祖国时,是能很快地适应新形势的。"①

这些来自西方音乐传统故乡德国的流亡音乐家们,不仅活跃在

---

① Jarrell. C. Jackman and Carla M. Borden (eds.), *The Muses Flee Hitler*, *Cultural Transfer and Adaptation*, *1930—1945*, p. 137.

美国的音乐舞台上，还帮助美国高校建立或发展起音乐学专业。例如，20 世纪最著名的作曲家、"无调性音乐"的开创人阿诺德·勋伯格（Arnold Schoenberg），先后被聘为波士顿马尔金音乐学院、南加州大学音乐学院和加州大学音乐学院教授，并在美国新一代作曲家中产生了强烈影响；大作曲家保尔·欣德米特（Paul Hindemith）一手创办了耶鲁大学音乐学院，并在复兴"文艺复兴时期"和"巴洛克时代"的音乐风格方面发挥了重要作用；斯特凡·沃尔帕（Stefan Wolpe）先后任费城音乐学院、北卡罗来纳黑山学院以及长岛学院音乐教授，素以教授作曲法而著称；而恩斯特·弗雷内克（Ernst Frenek）创办了瓦萨学院、哈默莱学院的音乐系，培养了许多美国著名的作曲家；卡罗尔·拉特豪斯（Karol Rathaus）则创办了纽约城市大学女王学院的音乐系，并引入了一套完整的作曲法课程。正是由于他的努力，这所大学拥有了美国东海岸实力最为雄厚的音乐系。①总之，由于音乐语言特有的"国际性"以及美国在这一领域的落后性，讲德语的流亡音乐家在美国高校中轻易地克服了职业语言上的障碍，成为音乐学这一特殊的艺术学科的创办人，以及教学、研究工作的主要力量。

　　如果说歌唱家、音乐演奏家和作曲家之类的音乐家是靠听觉艺术为生的话，那么画家、雕塑家、建筑设计师之类的造型艺术家就是靠视觉艺术为生的人，因为绘画、雕塑、建筑这类造型艺术是首先建立在视觉效果的基础上的。即使是从事教学工作，这些造型艺术家们也是"从物质的基本特性、材料的形状、直观的结构以及简

---

① Jarrell. C. Jackman and Carla M. Borden（eds.），*The Muses Flee Hitler*，*Cultural Transfer and Adaptation*，*1930—1945*，p. 146.

单的空间关系对生理和精神产生的效果出发，来进行课堂教学设计的"[①]。例如，像瓦尔特·格罗皮乌斯（Walter Gropius）、路德维希·米斯·范·德·罗（Ludwig Mies van der Rohe）、马塞尔·布罗耶尔（Marcel Breuer）、拉茨罗·莫何里-纳吉（László Moholy-Nagy）、瓦尔特·彼特汉斯（Walter Peterhans）、路德维希·希尔伯斯海默（Ludwig Hilbersheimer）这些"世界级"的德国流亡建筑设计师，也同样活跃于美国高校之中。格罗皮乌斯和布罗耶尔执教于哈佛大学，米斯·范·德·罗、彼特汉斯和希尔伯斯海默执教于伊利诺伊技术学院，莫何里-纳吉则在芝加哥创办了自己的建筑学院。他们在美国高校的课堂上从未感到有太大的语言障碍，因为他们"只需掌握英语中最简单的过渡性语言，就能将魏玛时代现代主义的'鲍豪斯建筑风格'传授给他们的美国弟子"。尤其是那位被誉为美国"摩天大楼奠基人"的米斯·范·德·罗，"甚至在流亡美国后从没有努力学过英语，因为无论他走到哪里，都有人专门为他做翻译"[②]。

在296名流亡造型艺术家的行列中，有100多人属于流亡摄影师，他们从纳粹德国到美国新家园的迁徙以及经济上的过渡也进行得非常顺利，而这首先要归因于摄影行业的视觉传播特性和国际流动性。早在魏玛时代，由于在光学、精密机械、化学等领域中的世界领先地位，德国在摄影器材和显影技术方面都是国际上最先进的，加之20年代"魏玛文化繁荣"中焕发出来的自由创造力，因而德国在图片新闻报道方面一直引领着世界的新潮流。当这些摄影师在1933年后流亡到美国时，正好赶上了美国新传播业兴起的时代。

---

① Donald Fleming and Bernard Bailyn（eds.）, *The Intellectual Migration*, *Europe and America*, *1930—1960*, p. 510.

② *Ibid.*, p. 516.

美国此时正急需欧洲、尤其是德国在 20 年代以来积累的技术和经验，而他们的职业特点决定了他们极少面临文字记者必然会遇到的语言问题，只需用不断的影像交流，就能提供即时的世界性认知。因此，他们在美国传媒中如鱼得水，不仅推动了美国的新闻摄影，还开创了时尚摄影和战争摄影，创办了《图片通讯社》和《生活》杂志，并为众多的美国报纸杂志提供了大量引人注目的名人、地点和新闻事件的图片。①

初到美国时，流亡摄影师们往往是从拍摄名人肖像起步的，不少人立即成为美国家喻户晓的人物，其中最著名的有洛特·雅可比（Lotte Jacobi）、菲里普·哈尔斯曼（Philippe Halsman）与吉泽勒·弗洛伊德（Gisele Freund）等人。雅可比专门为诸如库尔特·魏尔（Kurt Weill）、洛特·伦亚（Lotte Lenya）以及阿尔伯特·爱因斯坦这样著名的流亡科学家和艺术家拍摄肖像，这些作品立即被广泛复制，并成为 20 世纪三四十年代的经典摄影作品。她拍摄的爱因斯坦在普林斯顿研究所里休闲的照片，在 1942 年被收入现代艺术博物馆举办的"20 世纪肖像展"中。②哈尔斯曼长期流亡巴黎，1940 年 6 月法国沦陷后，通过爱因斯坦的帮助流亡美国。利用新客观主义和立体主义的欧洲传统，他拍摄的名人肖像在美国获得了巨大的成功，仅是《生活》杂志就刊登了他拍摄的 101 张封面照。③而弗洛伊德拍摄的人物肖像作品也被《生活》、《时代》杂志频频刊登，她

① Helmut F. Pfanner（Hrsg），*Kulturelle Wechselbeziehungen im Exil-Exile across Cultures*, Bonn：Bouvier Verlag Herbert Grundmann，1986，S. 303.

② Lotte Jacobi，*Einstein Portfolio*，New York：Gelatin Silver，1979，p. 13.

③ Lee D. Witkin and Barbara London，The Photograph Collector's Guide，New York：Photographic Arts，1984，p. 157.

的名字在美国几乎无人不晓。①

　　许多流亡摄影师很快就在美国开办起自己的摄影工作室，其中最为典型的是那位来自奥地利的流亡摄影师艾伊克·波利策尔（Eyic Pollitzer）。他在纽约开办的摄影工作室生意十分红火，并为许多杂志社、出版社以及纽约市博物馆和图书馆提供了大量照片。②正如吉泽勒·弗洛伊德所言："就社会功能而言，照片是当今最重要的大众媒介，因为没有哪样东西能像它那样对所有的人都具有说服力或接近性。照片远远不只是一种提供信息的方式，我们还能借助照相机来表达我们的思想。在艺术的等级中，它最接近于一个翻译。"③

　　在语言问题上，流亡音乐家和造型艺术家在知识难民中特别的优势地位，甚至引起了那些日子过得最为艰难的流亡作家们的羡慕和妒忌。流亡作家京特·安德斯这样写道："音乐家和造型艺术家，这些幸运的'国际语言'的占有者们，能迅速地四海为家一点也不奇怪。他们当中只有极少的人像我们这些用方言进行写作的人那样，保持着'职业流亡者'的顽固性。"④而那位受到"语言孤立"强烈震动的阿尔弗雷德·德布林这样写道："一名作家通过语言来负载他家乡的一部分，变换到另一种语言也就意味着死亡。我真羡慕、甚至妒忌那些画家、作曲家，他们可从没有受到过如此严格的束缚和严厉的阻碍。"⑤

　　当然，除这些流亡音乐家和造型艺术家外，还有一批流亡艺术家在语言问题上经历了"先苦后甜"的过程，这就是那些专门从事

① Inrernational Center of Photography, *Encyclopedia of Photography*, New York：Pound Press, 1984, p. 212.

② Helmut F. Pfanner（Hrsg）, *Kulturelle Wechselbeziehungen im Exil-Exile across Cultures*, S. 286.

③ Gisele Freund, *The World is My Camera*, New York：Dial Press, 1974, p. 250.

④ Günther Anders, *Die Schrift an der Wand*, *Tagebücher 1941–1966*, S. 89.

⑤ Alfred Döblin, *Briefe*, Olten-Freiburg：Walter Verlag, 1970, S. 300.

舞台艺术的话剧和电影演员，以及编剧、导演、制片人之类的文化流亡者，其总数高达581人。讲德语的话剧和电影演员属于靠语言的魅力和表演来打动人心的人，但他们在流亡美国后，即使努力地学习英语，也由于其口语中不可避免的方言色彩，而在美国无法发挥他们的表演才能。那时，他们是多么怀念那个刚刚过去的"无声电影的时代"啊！然而他们的"失语性"问题，在1941年12月7日之后意外、幸运、迅速地得到了缓解。由于美国的参战，好莱坞的电影公司为适应市场需求，开始生产一系列的反纳粹影片，急需雇用大量的德语演员，而他们纯正的德语口语非常适合扮演这些角色，因此，他们开始频繁地出现在反纳粹影片中。对好莱坞产出的100部反纳粹电影片的调查表明："90%以上的影片中有讲德语的演员出现，84%的影片中他们扮演了具名的小角色，54%的影片中他们扮演了主角和配角。全部加起来，几乎所有的130名讲德语的流亡演员都在反纳粹影片中获得了工作机会。"① 具有讽刺意味的是，他们在影片中很少扮演德国难民或流亡科学家，更多扮演的是"纳粹分子"，即"他们的撒旦"②。

这一影片潮也意外地给那451名讲德语的流亡编剧、导演、制片人带来了生机。1933年后，绝大多数"流亡电影人"因"失语性"问题在美国不得不改行，但他们在多年的流亡生涯中逐渐掌握了英语的日常语言，而电影剧本中的场景语言以及电影导演、制作过程中的工作语言也往往只是简单的日常语言。这样，在美国参战后，好莱坞的电影公司终于发现，"这些'流亡电影人'恰恰能结合他们

① Helmut F. Pfanner（Hrsg），*Kulturelle Wechselbeziehungen im Exil-Exile across Cultures*，S. 244.
② Jarrell. C. Jackman and Carla M. Borden（eds.），*The Muses Flee Hitler*，*Cultural Transfer and Adaptation*，*1930—1945*，pp. 105—106.

自己在法西斯统治下的个人经历，编写出最好的反纳粹影片剧本，设计出准确无误的德语台词，创造出逼真的艺术气氛"[1]。因此，这些长期被人遗忘的"流亡电影人"，转眼间涌入了好莱坞，某家电影公司甚至一口气就聘用了100多名流亡者。[2]

据统计，大约有60部电影，即占好莱坞战时出产影片的1/3，反纳粹影片的近2/3，是由这些"流亡电影人"编写、导演或制作的。例如，亚历山大·柯达（Alexander Korda）制作了《犹豫不决》（1942），赫尔曼·米拉科夫斯基（Hermann Millakowsky）制作了《被束缚的女人》（1943），赛莫尔·内本察（Seymour Nebenzahl）制作了《希特勒的疯人院》（1943），阿诺德·普雷斯布尔格（Arnold Pressburger）制作了《刽子手的下场》（1943），格雷戈尔·拉比洛维奇（Gregor Rabinovitch）和欧格内·弗伦克（Eugene Frenke）制作了《三个俄国女孩》（1943），鲁道夫·蒙特（Rudolf Monter）制作了《风中之声》（1944），桑姆·斯皮格尔（Sam Spiegel）制作了《陌生人》（1946）。这些"流亡电影人"也通常雇用他们的流亡同伴来拍摄这类电影，仅是以上这7部影片，就有52名流亡者参与其中。他们中的许多人正是通过进入好莱坞，才得到了他们在美国的第一笔存款。[3]鉴于当时好莱坞的全部工作人员中只有220名制作人，250名导演和800名编剧，讲德语的"流亡电影人"对这种类型片的参与的确达到了令人震惊的程度。[4]

讲德语的流亡音乐家和造型艺术家，由于其艺术作品的"天然

① Jan-Christopher Horak, *Fluchtpunkt Hollywood*, *Eine Dokumentation zur Film-Emigration nach 1933*, Münster：Maks Publikationen, 1984, S. 47.

② Myron C. Fagan, *Moscow over Hollywood*, Los Angeles：R. C. Cary, 1948, p. 95.

③ Helmut F. Pfanner（Hrsg）*Kulturelle Wechselbeziehungen im Exil-Exile across Cultures*, S. 248.

④ Leo C. Rosten, *Hollywood*, *The Movie Colony*, *The Movie Makers*, New York：Harcout, Brace and Company, 1941, pp. 246, 286, 323.

世界性",成为一批在职业上对语言依赖程度最低的人,一批能迅速
"四海为家"的人。因此,他们立即就能在美国亟待发展的文化领域
中如鱼得水、大显身手。对于他们中的不少人来说,流亡甚至为他
们提供了赢得国际名声的机会,许多人都因这场向美国的流亡而成
为拥有国际声誉的"世界公民"。至于那些流亡舞台艺术家和"流亡
电影人",他们纯正的德语母语以及他们流亡的苦难经历,在美国参
战的特殊背景下,反而成为他们打入好莱坞的优势。他们正是通过
对具有"世界政治性"的反纳粹电影的制作和参与,才找到了施展
自身才能的用武之地,并最终融入美国社会之中。这样的经历和结
果,往往是他们当年出逃之时所事先没有和无法预见到的。

　　1933 年开始的这场犹太难民流亡潮是德意志极端民族主义对异
民族不加区别地强烈排斥的结果。这些讲德语的犹太知识难民是由
于被纳粹主义者视为"异民族文化的代表"和"国际主义者",才遭
到无情驱逐的。然而就在德意志文化走向民族极端化的这个时代
里,美利坚文化却保持了它的开放性,这反映出这个有移民传统的
社会是能够吸收在它看来有用的异民族文化因素的。当然,美利坚
文化的这种开放性也并不是无度的,它同样具有某种程度的排斥
性,但它对于来自异民族的文化因素,并不是不加区别地一概排
斥,而是采取了有选择的吸收和有选择的排斥。这种吸收和排斥是
通过对"外来者"提出的一种文化适应上的要求来体现的,并尤为
典型地反映在讲德语的流亡作家、科学家和艺术家们在美国遭遇的
"失语性"问题上。

　　正如人们在这些讲德语的知识难民身上所看到的那样,能否在
美国寻求到避难所是一回事,能否在美国继续发挥他们在科学、文
化上的影响力则是另一回事。这两者之间的过渡首先取决于他们能

否尽快地掌握这个客居国社会的新语言，尤其是他们的职业语言。尽管就流亡者具体个人而言，客观年龄和主观意识在相当大的程度上影响了他们对新语言的掌握以及他们与美国社会"一体化"的决心，但从流亡群体的总体来看，他们原有的职业和学科专业方向对母语的依赖性以及"国际性"，对他们流亡经历和命运的影响则是更为根本性的。

讲德语的流亡作家、科学家和艺术家在克服职业语言障碍上的不同经历与命运，恰恰反映出美利坚文化对外来文化既吸收又排斥的双重面貌。对这些"外来者"提出的语言要求就像一把筛子，它使美利坚文化能过滤掉所有不需要的东西，排斥掉所有不能与之相适应的东西，同时又吸收它所有能加以利用的东西，并为具有适应新环境之能力和意志的"外来者"提供施展才能的广阔舞台。正是通过这种有选择的吸收与有选择的排斥，美利坚文化才既做到了自身不断的丰富多彩，又维护了自身的核心内核，并越来越多地体现出"文化国际化"的色彩，最终成为"世界科学、文化中心"。

（原载《历史研究》2008 年第 6 期）

作者主要著述列表

专　著

1.《德意志道路——现代化进程研究》，武汉大学出版社，1997 年第 1
版，2005 年版。

2.《文化的流亡——纳粹统治时期欧洲知识难民研究》，人民出版社
2010 年版。

3.《德国现代史专题十三讲——从魏玛共和国到第三帝国》，湖北教育出版
社 2010 年版。

译　著

[德] 托尔斯腾·克尔纳：《纳粹德国的兴亡》，湖南人民出版社 2005
年版。

词　典

《西方七国词典》德国历史部分，湖北人民出版社 1997 年版。

论　文

1.《罗斯福的欧洲战略与对外政策（1939—1940）》，《武汉大学学报》1988 年第 3 期。

2.《德意志帝国时斯的反犹主义》，《武汉大学学报》1991 年第 6 期。该文被《新华文摘》1992 年第 2 期、《高等学校文科学报文摘》1992 年第 3 期摘录或转载。（收入本论文集）

3.《德国对华文化政策的开端》，载于《中德关系史文丛》，青岛出版社 1991 年版。

4.《魏玛共和国时代的德国反犹主义》，载于《德国史论文集》，青岛出版社 1992 年版。（收入本论文集）

5.《德意志"福利国家化"政策的起源及意义》，《武汉大学学报》1993 年第 3 期。（收入本论文集）

6.《德意志大学与德意志现代化》，载于《中国大学人文启思录》，华中理工大学出版社 1996 年版。

7.《德国魏玛时代"社会福利"政策的扩展与危机》，《武汉大学学报》1997 年第 2 期。该文被《中国人民大学报刊复印资料》世界史 1997 年第 6 期全文转载。（收入本论文集）

8.《战后西欧一体化发展的思想前提》，《北京大学学报》1997 年欧洲历史研究专刊。

9.《现代化的概念与世界历史》，《理论月刊》1997 年第 8 期。

10.《月亮巴巴跟我走，走到黄金口》，载于《沧桑人生——中国特殊群体写真》，湖北人民出版社 1998 年版。

11.《德意志"民族共同体意识"与纳粹主义》，《历史教学问题》1998 年第 6 期。该文被《中国人民大学报刊复印资料》世界史 1999 年第 2 期全文转载。（收入本论文集）

12.《德国现代化进程与威廉时代的德意志民族主义》，《武汉大学学报》（哲学社会科学版）1999 年第 1 期。该文被《中国人民大学报刊复印资料》世界史 1999 年第 5 期全文转载。（收入本论文集）

13.《社会市场经济的理论来源》，载于由德国路德维希·艾哈德基金会与武汉大学联合主办的"1997 国际经济学术讨论会"论文集《德国社会市场经济与中国经济改革》，武汉大学出版社 1999 年版。（收入本论文集）

14.《"社会市场经济理论"在联邦德国的实践》，《武汉交通管理干部学院学报》1999 年第 1 期。

15.《"美国主义"与文化批评》，《世界历史》1999 年第 2 期。该文被《中国人民大学报刊复印资料》世界史 1999 年第 8 期、《人文论丛》1998 年卷全文转载，也被《中国社会科学文摘》2000 年第 1 期摘录，并被收入《二十世纪中华学术经典文库（世界历史分册）》，兰州大学出版社 2000 年版。（收入本论文集）

16.《"柏林大学模式"及其发展》，《人文论丛》2000 年卷。（收入本论文集）

17.《德意志大学中的 Vorlesung 与 Seminar》，《武汉大学研究生学报》2000 年第 2 期。

18.《德意志中间等级与纳粹主义》，《世界历史》2000 年第 6 期。该文被《中国人民大学报刊复印资料》世界史 2001 年第 3 期全文转载。该文也被《中国社会科学文摘》2001 年第 2 期摘录。（收入本论文集）

19.《普鲁士的启蒙运动》，《武汉大学学报》（人文科学版）2001 年第 4 期。该文被《中国人民大学报刊复印资料》世界史 2001 年第 10 期全文转载，并被收入《2000 年环球回顾——社会转型问题天津国际学术会议论丛》，吉林人民出版社 2001 年版。（收入本论文集）

20.《纳粹经济纲领与德意志"经济改革派"》，《历史研究》2001 年第 4 期。该文被《中国人民大学报刊复印资料》世界史 2001 年第 11 期全文转载，并被收入《外国史读本》，北京大学出版社 2006 年版。（收入本论文集）

21.《我所认识的金克木先生》,《人物》2001 年第 7 期。

22.《德意志"历史学派"传统与纳粹主义》,《世界历史》2002 年第 4
期。该文被《中国人民大学报刊复印资料》世界史 2003 年第 8 期全文转
载。(收入本论文集)

23.《德国的大学与德国的现代化》,载于《大学演讲录》,新世界出版
社 2003 年版。

24.《德意志犹太人向巴勒斯坦的移居》,《历史研究》(纪念《历史研
究》创刊五十周年)2004 年第 1 期。该文被《中国人民大学报刊复印资
料》世界史 2004 年第 4 期全文转载。(收入本论文集)

25.《哥廷根大学的历史考察》,《世界历史》2004 年第 3 期。该文被
《中国人民大学报刊复印资料》世界史 2004 年第 9 期全文转载。(收入本论
文集)

26.《纳粹经济纲领及其理论基础资源》,载于《中国人文社会科学博士
硕士文库》(续编)历史学卷,浙江教育出版社 2005 年版。

27.《纳粹德国流亡科学家的洲际转移》,《历史研究》2005 年第 4 期。
该文被《中国人民大学报刊复印资料》世界史 2005 年第 12 期全文转载。
(收入本论文集)

28.《讲授全校通识课"德国现代化"的经验与体会》,《武汉大学教育
研究》2007 年第 1 期。

29.《统一的德国与德国的统一》,载于《强国之鉴——八位央视"大国
崛起"专家之深度解读》,人民出版社 2007 年版。

30.《德国大学的现代化》,载于《经济—社会史评论》,生活·读书·
新知三联书店 2007 年版。

31.《灵魂的乐师、生命的哲人——深切怀念我的父亲李国平院士》,
《人物》2007 年第 8 期。

32.《阿尔文·约翰逊与"流亡大学"的创办》,《世界历史》2007 年第
1 期。该文被《中国人民大学报刊复印资料》世界史 2007 年第 6 期全文转

载。（收入本论文集）

33.《激情：探索历史的动机》，《历史教学》2008 年第 3 期。

34.《纳粹德国知识难民在美国的"失语性"问题》，《历史研究》2008 年第 6 期。该文被《中国人民大学报刊复印资料》世界史 2009 年第 4 期全文转载，并被《高等学校文科学术文摘》2009 年第 2 期部分摘录。（收入本论文集时略有修改）

35.《纳粹德国知识难民在英国的流亡》，《学海》2009 年第 1 期。

报纸文章

1.《解读德国现代化》，《中国青年报》1998 年 7 月 23 日。

2.《最为悲壮的一代》，《长江日报》1998 年 8 月 10 日。

3.《德国的"科尔时代"》，《长江日报》1998 年 10 月 9 日。

4.《度尽劫波雄风在——德国柏林勃兰登堡门》，《武汉晚报》2001 年 2 月 20 日。

5.《保留城市的历史记忆》，《长江日报》2005 年 7 月 21 日。

6.《德国大学的现代化》，《天津日报》2007 年 10 月 8 日。

7.《上社会中学，下德国洋乡》，《长江商报》2007 年 12 月 6 日。

8.《不要把文化糟粕拿来杂交》，《武汉晚报》2008 年 2 月 24 日

9.《要鼓励青少年多读书》，《武汉晚报》2008 年 3 月 3 日。

10.《农村妇女也不愿意多生了》，《钱江晚报》2008 年 9 月 2 日。

后 记

　　收入本书的这 18 篇论文，是从笔者研究德国史 20 年来发表的 30 余篇论文中挑选出来的。我从事德国史研究始于 1988 年。那年 10 月，我前往德意志联邦共和国特里尔大学留学，在我的德国导师、著名历史学家库尔特·迪威尔（Kurt Düwell）教授指导下，选定了"德国现代化进程研究"作为未来的研究方向。那次留学经历对我的学术生涯来说意义重大，从库尔特·迪威尔教授那里，我不仅认识了德意志人特有的"一丝不苟、精益求精、勤奋严谨"的生活态度和工作作风，而且了解到德国史研究上的新思路和新方法，并收集到大量的相关史料和资讯。更为意想不到的是，库尔特·迪威尔教授还主动帮我与"德意志研究基金会"（DFG）建立了联系，这些年来，我先后免费地从这家德国著名的基金会获取了至少价值达 10 万马克以上的德国史料和书籍。对于一位立志于研究德国历史的中国学者来说，这是何等的幸运！

　　不过，我也有我的不幸。我属于"文革十年"中"被耽误的一代人"，属于"老三届"中最没有读到书的 68 届初中生，只读了一年中学，便逢"史无前例"的年代。由于我父亲是位从海外留洋回来的著名数学家，又是 1955 年中国科学院首批（院士）学部委员、国家一级教授，因而很快就被作为"武汉大学最大的反动学术权威"、"七国特务"打倒在地，那时几乎天天都有人来抄家，连家里的地板也被撬开，挖地三尺"找电台"！1968 年底，实际上只有小学文化程度的我，却作为"知识青年"到湖北省公安县插队落户，1970 年返城后，我已 18 岁，也就是今天年轻人走进大学之门的这个年龄，却被分配到武汉市的服务性行业工作，在汉口江汉路的"老南京理发厅"里做了一名理发师，一干就是 8 年！

　　然而就是在这 8 年里，我开始了我的学习，这要感谢我的父母。我的父亲一有机会到汉口，总要到理发厅里来看我。他经常鼓励我："法国有位哲学家是个修眼镜的，萧楚女是个跑堂却能写很美的文章，当年留学生里多少人曾在海外刷过盘子、洗过碗。只要能白天理发，晚上做学问，也照样能有所作为。""你要想将来有所作为，就自己读书，30 岁以前给我把床板竖起来！"从那以后的整整 8 年里，我每天白天为顾客理发，晚上打烊后就自己看书学习，夜里睡在顾客排队的椅子拼成的床铺上。所有的书籍都是从我母亲当时工作的武汉大学图书馆借出来的，文学的、历史的、哲学的、美术的，音乐的……什么都有。

　　1978 年恢复高考后，我最初想报考理科，学数学专业，因为我一家人都基本上是搞理科的。尽管我的数学从小就一直不错，但我毕竟只读过一年初中，物理、化学从未学过，自学起来很茫然。幸运的是，我的母亲是位学教育哲学出身并真正懂教育的人，在这个决定我前途命运的关头，给我指明了方向。她讲道："如果我是你，我就不考理科，而考文科。搞自然科学的人，在学习上是最讲究连续性的，'文革'十年对你来说已经造成了无法弥补的损失；而选文科，'文革'十年的苦难对你很可能就是一笔取之不尽的财富。"正是由于听了我母亲的话，我才能在我 26 岁时顺利地考上武汉大学历史系。

上大学后，父亲与我进行过一次特别的谈话，他说："真正的学问不是靠老师教出来的，而是靠学生自己钻研出来的，老师要教的实际上是让学生学会能自己学习的方法，唯有能自学的人，才有可能成为真正的学问家。"1985年我硕士毕业留校任教，商品经济大潮已经袭来，父亲告诫我："做学问的人要过得了三关：一是不怕受穷，二是耐得住寂寞，三是不为名利所累。因此，想钱、想名、想利的人，最好不要谈学问，学问往往是由一群'傻子'来做的，当他们'傻到头'时，他们就是最聪明的人，一个民族不能没有这样一群'傻子'！""历史学家最难做，没有'左丘失明'、'司马宫刑'的毅力与决心，怎么有胆量去客观评价天下之事呢？"

父亲经常与我讨论学者应具有的精神状态问题。记得有一次，他将一本由他的老学生赵中立、许良英编译的《纪念爱因斯坦译文集》送给我，要我熟背其中的一篇文章，并以此作为座右铭，那是爱因斯坦于1918年4月23日在柏林物理学会举办的马克斯·普朗克60岁生日庆祝会上的讲话——《探索的动机》，并特别告诉我，其中，他最喜爱的一句就是："促使人们去做这种工作的精神状态是同信仰宗教的人或谈恋爱的人的精神状态相类似的，他们每天的努力并非来自深思熟虑的意向或计划，而是直接来自激情。"因为，正如他所说的："这是对所有那些真正献身于科学的人们的精神状态最为真实的写照。"

正是在这种精神的激励下，时年33岁的我，又老老实实地去读了一次大学，因为我要研究的对象太特殊了，不是用大学期间学会的英语就能胜任的英国史或美国史研究，而是必须要学了德语之后才能从事的德国史研究，而这就是1985年留校任教后我所要承担的任务。我与武汉大学外文系德语专业八五级的本科生一起，又读了3年多的德语专业。当学完所有的德语课程（只差一篇毕业论文未作）时，我通过考试获得了前往联邦德国特里尔大学做访问学者的机会。

当我从联邦德国留学归来时，已经快 38 岁了，但还没有发表过一篇德国史方面的论文。不过这时，我充满了投身于研究工作的强烈欲望，并相信，我研究德国史的各方面条件已经成熟。因此，我开始"就地卧倒，顺藤摸瓜"，而一个个的新领域也在我的眼前展现开来。

1991 年 12 月，也即我 40 虚岁的时刻，我的第一篇德国史论文《德意志帝国时期的反犹主义》终于发表，并获得了湖北省首届社会科学优秀成果奖。从这篇论文的发表到今天，也不过 18 年时间。因此，在本书编辑之时，我决定用这 18 篇论文来纪念过去的 18 年。

在中国学术界，比那些从事英国史、美国史研究的人，从事德国史研究的人，付出的艰辛要多得多，门槛也要高得多。因为他们既得学习历史学，又得学习德语，而在中国大学里，非外语专业所硬性要求的外语是英语。这就导致了这种局面：如果他本身来自历史专业，那么他得在掌握英语之余，再去学习一门德语；如果他本身来自德语专业，那么他得在掌握第二外语之余，再去学习一门历史学。我想，这大概就是在中国真正从事德国史研究的人会那么少的原因吧。试想，在今天这样一个社会空气如此浮躁的年代里，又有几位年轻人愿意去"吃这二遍苦、受这二茬罪"呢？

我真感激那个培育我成为学者的"改革开放"的初期年代，没有 1978 年恢复高考，也许我今天还是汉口闹市区里的一名理发师，而当我在离开中学 10 年后再度跨进大学门的时候，那时的学风是多么的朴实，那时人们的志向是多么的远大！

我真怀念我的父母亲大人，没有他们的鼓励和教诲，我这个过去只读过 1 年初中、下过农村、有过 8 年理发师生涯的人，怎么可能成为一名历史学博士、武汉大学历史学院教授、博士生导师呢？父亲于 1996 年 2 月 8 日去世了，享年 86 岁。母亲也在父亲走了整整 6 年后的 2002 年 2 月 8 日去世了，享年 90 岁。

在此，谨以这部论文集献给我慈祥、智慧的父母亲大人！

李工真

2009 年 3 月 24 日于武昌珞珈山